Eugen Roth
Sämtliche Werke 3

Eugen Roth
Sämtliche Werke

Dritter Band
Verserzählungen

Hanser Verlag

ISBN 3-446-12340-7
Einmalige Sonderausgabe der Harenberg Kommunikation
Alle Rechte vorbehalten
© 1977 für Sämtliche Werke
Carl Hanser Verlag München und Wien
Umschlag Klaus Detjen
Gesamtherstellung
May & Co Nachf., Darmstadt
Printed in Germany

Tierleben

ZUM GELEIT

Seit alter Zeit schon geben wir
Uns viele Mühe mit dem Tier,
Indes vermutlich umgekehrt
Das Tier auf uns legt weniger Wert.
Daß dem so ist, meint auch schon Brockes;
Den Menschen, nimmt er an, verlock es,
Daß er sich viel Gedanken macht,
Woran der Walfisch nicht gedacht.

Im Anfang, wie es bibelklar
Geschrieben steht, der Logos war.
Das Zoon kam sodann, das Vieh:
Und so entstand *Zoologie.*

Die Zoologie lernt man bequem,
Seit sich der hochberühmte Brehm
Bemüht hat, die zuviel gewordnen
Vielfältigen Viecher neu zu ordnen.
Leicht werden's einsehn die Verständigen:
Zehn Bände braucht' er, sie zu bändigen.
Die Wissenschaft, sie ist und bleibt,
Was einer ab vom andern schreibt.
Doch trotzdem ist, ganz unbestritten,
Sie immer weiter fortgeschritten;
Drum eins: seid nur nicht gleich ergrimmt,
Wenn irgendwas bei mir nicht stimmt,
Weil es an Wissen mir gebrach –
Schlagt halt im großen Grzimek nach!

Der Leser, traurig, aber wahr,
Ist häufig unberechenbar:
Hat er nicht Lust, hat er nicht Zeit,

Dann gähnt er: »Alles viel zu breit!«
Doch wenn er selber etwas sucht,
Was ich, aus Raumnot, nicht verbucht,
Wirft er voll Stolz sich in die Brust:
»Aha, das hat er nicht gewußt!«
Man weiß, die Hoffnung wär zum Lachen,
Es allen Leuten recht zu machen.

Wie stehn zum Tiere nun die Menschen,
Besonders wir, die abendländschen?
Die Erde wird stets öder, glätter,
Und gar der Allerwelts-Großstädter
Tut mit dem Tier sich heute schwer:
Er kennt es kaum in Freiheit mehr.
Der Mensch, entfremdet der Natur,
Steht selbst sich gegenüber nur.
Dafür sieht er im Buch, im Bilde,
Im Farbenfilm das Tier, das wilde,
Und weiß von all den Bestien mehr
Als vor ihm wußte irgendwer.
Ja selber reist er auf Safari –
Nicht grade in die Kalahari –
Und, abgesehn von dem Gebrüll,
Erlebt er dorten das Idyll,
Daß in die Fotografen-Linsen
Die Löwen und Giraffen grinsen
Und daß an allen Kreuzungsampeln
Vergnügt die Elefanten trampeln.
Was noch so selten, zeigt der Zoo.
Und doch, wir werden nicht recht froh;
Erleben wir doch nur am Rand
Dies alles und aus zweiter Hand.
Ach, es ersetzt uns kein Bestseller
Die kleinste Maus im eignen Keller –
Was für dies Buch genauso gilt:

Es bietet auch nur Wort und Bild.
Noch lebt im Volksmund, ernst und heiter,
Das Tier in Redensarten weiter,
Und wer den Nächsten haßt und liebt,
Ihm eines Tieres Namen gibt,
Vergleicht mit Büffel ihn und Zecke,
Mit Lamm und Maus, mit Spatz und Schnecke.
Dies Tierbuch selbst, geheim verwandelt,
Vom Menschen letzten Endes handelt.

Nun stellt der Fachmann fest, natürlich,
Daß der Vergleich oft ungebührlich.
Er fordert, daß vom krausen Irrtum
Bezüglich Menschentum und Tiertum
Man endlich sich entschlossen löse;
Und übers »sogenannte Böse«
Schrieb Konrad *Lorenz* schon vor Jahren
Ein Buch, aus dem wir viel erfahren,
Was wir vordem noch nicht gewußt,
Vom Sinn der tierischen Angriffslust.
Ganz neu entdeckte der Professor,
Wie sich's verhält mit dem »Aggressor«.
Man kommt heraus nicht aus dem Staunen:
's geht um Gesetze, nicht um Launen!

Nun hoff ich nur, der hochverehrte
Und längst berühmte Fachgelehrte
Wird mir, als einem argen Laien,
So manchen Irrtum wohl verzeihen.

Noch halten viele für das beste
Die alten Aberglaubensreste,
Die aus der fernen, düsterfrommen
Vergangenheit auf uns gekommen,
Wo noch beschwörend die Schamanen
Im Tier Dämonen sahn und Ahnen,
Wo es ein Gott ward in Ägypten

Und wo in den romanischen Krypten
Vor tausend Jahren Menschenhand
Es magisch in den Stein gebannt.

Ist's denn nicht ganz belanglos, ob
Als Zoolog besteht Äsop,
Ob unsre großen Tiererzähler
Rein wissenschaftlich voller Fehler –
Lebt doch in aller Dichtung dies
Erinnern an das Paradies,
Wo Mensch und Tier sich glücklich fanden,
Ja, ihre Sprache selbst verstanden.
Noch heute spricht dem Pferd, der Kuh,
Dem Hund der Bauer menschlich zu,
Und fürchten würde er sich Sünden,
Zu sagen, daß sie's nicht verstünden.
Der Stadtmensch noch folgt innerm Triebe
Und glaubt, der Star pfeif ihm zuliebe.
Laßt gelten – seid nicht allzu klug! –
Vom Tier zum Menschen den Bezug!

Gleich anfangs unterscheiden wir
Ein großes Viech, ein hohes Tier.
Verschiednes kommt heraus dabei;
Dort nichts wie lauter Viecherei,
Hier tierischer Ernst und, sehr zum Schaden
Der Menschheit, höhere Tieraden.

Heut sieht ein jeder Trottel es:
Der Mensch, sagt Aristoteles
Vor dritthalb Tausend Jahren schon,
Ein Zoon ist politikon,
Und deshalb problematisch, kritisch.
Das Tier, gottlob, ist unpolitisch,
Weshalb, dem Lärm des Tages fern,
Wir uns dem Tiere widmen gern.

Wenn nach Methoden auch, nach Freud'schen,
Abgeben sich mit ihm die Deutschen,
Obgleich wir höhere Fähigkeiten
Dem Tiere keineswegs bestreiten –
Der Mensch, voll von Gewalt und List,
Allein zu *allem* fähig ist.
Und aus Erfahrung wissen wir:
Der Mensch ist ein Gewohnheitstier.

Aut delectare aut docere
Volunt poetae: meine Ehre
Will gleicherweis ich darein setzen,
Euch zu belehren und ergetzen.
Die Möglichkeit ergreife gerne
Ein jeder, daß er spielend lerne
Und wiederhol, was halb und halb
Er schon gewußt von Bär und Kalb,
Von Elefanten, Mücken, Fischen. –
Es schadet nie, was aufzufrischen.
Natürlich sollt Ihr manchmal lachen. –

Doch fleißig faule Witze machen,
Das konnte niemals ganz allein
Die Absicht dieses Buches sein.
Denkt immer, daß das Schwergewicht
Liegt auf dem Worte: *Lehrgedicht*.
Sucht nicht um jeden Preis den Witz!
Und lest's nicht gleich auf einen Sitz:
Dann wird die Gabe, die ich bot,
Euch wohl gefallen!

Eugen Roth

Gott schuf, soweit die Bibel gilt,
Den Menschen als sein Ebenbild.
Vom Affen ist nur die Statur,
Vom lieben Gott die Frohnatur,
Vom Teufel aber – er beweist
Es nur zu oft – sein bißchen Geist.
Jedoch, daß man gerecht ihm bliebe:
Von Engeln hat auch er die Liebe,
Und wenn er gut ist, wirklich gut,
Kein Wesen ihm zuvor es tut.

Halb willensfrei und halb entmündigt,
Hat nun der Mensch sofort gesündigt,
Und hofft jetzt, daß ihn Gott erlöse.
Das Tier weiß nichts von Gut und Böse.
Die *Bibel* nun erklärt das lange
Mit Paradies, mit Apfel, Schlange,
Erbsünde, Sintflut und Messias –
Der Forscher aber sucht im Trias
Und späterhin im Tertiär,
Ob nicht darin zu finden wär
Das langgesuchte Bindeglied,
Aus dem es auch der Blinde sieht,
Daß wir, vermeintlich Gottes Kind,
Nur ganz gemeine Affen sind.
Das Wort vom ersten Menschenpärchen
Hält so ein Forscher für ein Märchen –
Gleich Grimmschen oder Andersenschen –
Und er glaubt fest dran, daß die Menschen
Genauso wie die Fisch und Löwen
Entwickeln sich aus den Amöben.
»*Natura*«, heißt's, »*non fecit saltum*«:

Sie bildet nie was mit Gewalt um;
Je nun, sie hat ja auch viel Zeit,
Von Ewigkeit zu Ewigkeit.
Wir müssen, statt gleich weit zu schweifen,
Zurück tief in die Vorzeit greifen:
Die Welt, ursprünglich wüst und leer,
Hat sich bevölkert mehr und mehr,
Und wir sehn längst, nicht ohne Groll,
Die Welt ist heute wüst und voll!

Zuerst war eine Zeitlang nix,
Dann gab's den Archäopterix,
Der, längst vor Senefelder, hatte
Benutzt die Solenhofner Platte,
Darauf er, wunderschön verschiefert,
Sich selbst der Nachwelt überliefert.
Nach weiterm Hunderttausendjahr
Kam Urgreif schon und Kasuar
Und auch der Dinosaurier trat
Jetzt auf – noch nicht im Din-Format –
Es lebte, hinten weit im Taurus
Der mächtige Pelorosaurus;
Die Zeit war damals noch viel krasser:
's gab Saurier auch im süßen Wasser.
Zum Glück sich nährend von Gemüsen,
Ging – und auf was für Riesenfüßen! –
Der Orthopode, tonnenschwer.
»Nach uns die Sintflut!« dachte er.
Und tappte mitten schon hinein. –
Denn irgendwann mußt es ja sein.

Die Wissenschaft setzt an die Hebel
Beim Urschleim und beim Urweltnebel
Und zählt vom Nichts zum Leoparden
Ganz rücksichtslos mit Jahrmilliarden,
Wobei sie es nicht tragisch nimmt,

Wenn es nicht aufeinander stimmt.
Dann war's, kam irgendwas verquer,
Halt noch viel viel viel länger her.
Noch war die sämtliche Natur
In jenen Zeiten nichts als Ur-:
Der Urhai schwamm, noch ziemlich dumm,
Im Ur-Meer urfidel herum,
Dann machte er, zuerst als Lurch,
Verschiedne Änderungen durch,
Teils selbst erzeugt, teils als Erzeuger –
Und endlich war er Ur-Stamm-Säuger.
Als Wirbeltier hineingestellt
Nun in den Wirbel dieser Welt,
Hatt er – und wär's auch nur als Eule –
Zum Glück die feste Wirbelsäule.
Wie durch die Sintflut er gesintert,
Wie in der Eiszeit überwintert,
Ist noch nicht bis ins kleinste klar,
Doch daß er schon ein Affe war,
Eh er zum Menschen aufgedämmert,
Wird uns vom Fachmann eingehämmert.
Vielleicht ist's wahr, vielleicht gefabelt:
Ein Ur-Viech, heißt's, hat sich gegabelt,
Und blieb zurück als Affe teils,
Schritt teils als Mensch den Weg des Heils.
Denkt man sich eine Weltzeituhr,
So lebt der *homo sapiens* nur
Von vierundzwanzig vollen Stunden
Auf dieser Erde fünf Sekunden!
Der Weg nun vom Neandertaler
Zum nächsten besten Steuerzahler,
Ja, von dem Fund von Heidelberg
Zum allerletzten Geisteszwerg,
Verschlang, so kalkulieren wir,
Von diesen fünf Sekunden vier.

Wie aber erst kam so ein Vieh
So rasch zur Neunten Symphonie,
Zum Faust, zu Kant, zur Himmelskunde –
In einer einzigen Weltsekunde?
Wie sollte man da Brücken schaffen,
Wo noch so große Lücken klaffen
Vom allerersten Affenmenschen
Zum Menschen selbst, dem Abendländschen?
Kurz, aus dem ganzen Plane grinst
Uns greulich an ein Hirngespinst.
Die Wahrheit läßt sich nicht erreichen:
Es bleibt ein großes Fragezeichen.
Und mancher sehnt sich nach dem Glück
Der Bibelfestigkeit zurück,
Die sich nicht einläßt mit dem Affen
Und sagt: Der Mensch ist gotterschaffen.

Wir halten uns mit aller Kraft
Hier an exakte Wissenschaft
Und sind natürlich überzeugt:
Der Mensch ist auch ein Tier, das säugt,
Und das, betrachtet man es platt,
Vom Affen einfach alles hat.
Daß immer dies der Mensch bedenk,
Sieht er, in Zügen, ungelenk,
Geschrieben stehn von Kinderhand:
»Du bist ein Aff!« an jeder Wand.
Es scheint wohl viel daran zu liegen,
Erst mal die Hände frei zu kriegen:
Zum Menschsein ward das Tier verpflichtet,
Sobald es erst, stolz aufgerichtet,
Und fürbaß gehend auf zwei Beinen,
Begann zu reden, lachen, weinen. –
Fort mit Beweisen, also schwachen!
Nur wer kein Mensch ist, kann heut lachen;

Und der Verdacht plagt von uns jeden,
Es dürften bloß die Viecher reden;
Und weinen könnte selbst ein Tier –
Kein Mensch weint – ach, so arm sind wir!
Ja trennen uns denn wirklich Welten?
Doch *ein* Beweis muß doch wohl gelten:
»Der Affe würd sich glücklich schätzen,
Könnt er nur auch ins Lotto setzen«
Und bares Geld sich so verschaffen.
Der Mensch, zum Unterschied vom Affen,
Wird so *ein Mensch* erst, überhaupt. –
Versuch es selbst nur, wer's nicht glaubt,
Und das Ergebnis macht ihn baff:
Ja, wer kein Geld hat, ist ein Aff!

AFFEN

Es lebt der *Affe (simia)*
In Afri- und Amerika,
In Asien, wo's nicht so kalt,
Und meistenteils haust er im Wald.
Von Früchten nährt sich dieser Schlecker,
Der Affenbrotbaum ist sein Bäcker.

Wir glauben, ihn verlange sehnlich,
Daß er uns Menschen sähe ähnlich:
Wenn wir in unsern Hochmutsräuschen
Uns nur nicht sehr darüber täuschen!
Mehr scheint es, daß er uns verachtet,
Wenn er uns *unverwandt* betrachtet.
Er läßt nicht gerne sich behelligen.
In Herden lebt er, in geselligen;
Es ist genau wie hierzulande:
Ein Leitaff führt die ganze Bande;
Dem stärksten Arm, dem längsten Zahn
Sind alle andern untertan.
Der Leitaff bei »Gefahr voraus!«
Stößt einen langen Warnruf aus
Und sorgt für rasche Flucht und Tarnung.
»Gefahr vorbei« – folgt die Entwarnung.

Den Affen haben wir nicht lieb,
Weil er teils boshaft, teils ein Dieb –
Wodurch sich wohl auch die Affären,
Darin er immer steckt, erklären –
Teils sich als Lausaff, Grasaff ziert,
Sich schnippisch zeigt und affektiert,
Maulaffen feilhält und sich striegelt,
Kurz – unser eignes Wesen spiegelt:

Wobei die Spur sich längst verlor,
Ob er's uns nachmacht oder vor.

Der kleinste Aff versteht sich schon
Auf die »Organisation«.
So weiß er oft mit großem Nutzen,
Die Früchte andern zuzuschutzen
Und, sollt dem Arm die Länge mangeln,
Mit Stöcken etwas herzuangeln,
Mit Steinen was herabzuschmeißen,
Die Palmnuß, die nicht aufzubeißen,
Zu schmettern aus dem hohen Baum –
Mit einem Wort, man glaubt es kaum,
Wie kunstgeschickt und voller List,
Ein Affe, geht's ums Fressen, ist.

Nun sagen andrerseits die Neger –
Die keine schlechten Überleger –
Er sei ein Mensch, der sich verstellt,
So daß man für verrückt ihn hält
Und ihn, den sonst so starken Mann
Zur Arbeit nicht heranziehn kann.

So manche, die nicht gerne schaffen,
Stelln wirklich an sich wie die Affen,
Bis endlich man, in Wut gebracht,
Sie fortschickt und es selber macht.

Die Affenmutter kann nicht ruhn,
Hat mit dem Säugling stets zu tun,
Der an ihr festhängt wie mit Kitt,
Sie trägt ihn mit auf Schritt und Tritt.
Es braucht zum Glücke das Gesindel
Nicht Wiege, Waage, Wanne, Windel.

Die Menschen werden auf der Welt
In Massen billig hergestellt.
Jedoch für äußerst kostbar gelten
Die Menschenaffen: sie sind selten!

Aufs Leben der Anthropomorphen
Hat man von je sich sehr geworfen;
Lang hielt man sie für wilde Männer,
Und eh's als Witz entlarvt die Kenner,
Hat vom *Gorilla* man geglaubt,
Daß er sich Menschenfrauen raubt
Und wild mit ihnen lebt zusammen.
Sollt man die Weiber drum verdammen,
Wo man bei uns doch sieht die Schmach:
Sie laufen jedem Affen nach?
Gorillas kann man bloß entdecken
In Afrika, wo weite Strecken,
Am Kongo beispielsweise, nur Wald
Und selbstverständlich lauter Urwald,
Der freilich wiederum bezweckt,
Daß man Gorillas nicht entdeckt.
Der bis zwei Meter hohe Affe
Hat eine fürchterliche Waffe
In seinem mächtigen Gebiß,
Das weit mehr, als bei uns im Miß-
Verhältnis steht zum kleinen Hirn:
Er hat drum eine niedre Stirn.
Von wildem Affenblut durchpulst,
Mit ungeheurem Augenwulst,
Schaut in die Welt er, meistens traurig,
Mitunter grunzt er laut und schaurig.

Wie manche auch von uns, als Kind,
Noch nett und menschenähnlich sind,
Und werden später Attentäter,

Unmenschen und Kommerzienräter,
Ist jung auch der Gorilla zart –
Obzwar schon affenhaft behaart –
Und mehr des Menschen Ebenbild,
Doch macht auch ihn das Leben wild,
Und er sinkt tief und immer tiefer,
Zum Schluß ist er fast nur noch Kiefer. –
Ja, könnt man ihn erfassen, schulisch,
Und seine Kräfte, die herkulisch,
Recht lenken mit Verstand und Güte,
Dann würde dieser Troglodyte
Herangebildet mit der Zeit
Zum Wohl der ganzen Affenheit.

Es fangen andre, grad so gut, an
Die Reihe mit dem *Orang-Utan;*
Auch er, *Pithecus satyrus,*
Als Menschenaffe gelten muß.
Jetzt lebt er noch auf Borneo,
Auf Java, Sumatra und so
In den verwandten Breitegraden.
Die Majas haben schwache Waden,
Sind überhaupt schlecht auf den Beinen;
Sehr menschenähnlich sind die Kleinen.
Im Alter werden sie dann bärtig,
Mitunter auch recht widerwärtig.

Lang wurde über sie gefabelt,
Bis Forscher einen aufgegabelt
Und ihn gebracht dann nach Berlin.
Jetzt selbstverständlich kennt man ihn.
In seinem hohen, warmen Nest
Schläft er des Nachts, und meistens fest
Und ziemlich in den Tag hinein.
Er soll ein Spätaufsteher sein. –

Er ist der Stärkste ringsherum,
Und deshalb ist kein Tier so dumm
Und greift ihn an – der Mensch allein
Läßt sich mit weitaus Stärkern ein
Und wundert sich, daß er, besiegt,
Dann fürchterliche Prügel kriegt:
Es kommt halt nicht nur auf den Mut an!
In Java gilt der Orang-Utan
Auch als ein Mensch, er könnte sprechen,
Wollt er nur selbst sein Schweigen brechen;
Was ihm, dem Schlaukopf, nicht behagt:
Gleich heißt's sonst, er hätt was gesagt!

Vom Orang-Utan faseln viele,
Er töte selbst die Krokodile,
Wenn auch nicht auf den ersten Streich:
Er klopfe sie im Panzer weich.

Sind wirklich diese Quadrumanen,
Vierhänder, unsre echten Ahnen,
So sehen wir, wie weit bereits
Vom Greif-Fuß wir gediehn zum Spreiz-
Fuß oder vielmehr gar zum Plattfuß,
Dem leider jetzt so häufigen Stadt-Fuß.

Als Pflastertreter, umgekehrt,
Wär der *Schimpanse* wenig wert:
Bald würd er vor Verzweiflung röcheln. –
Die Arme gehn ihm bis zu 'n Knöcheln:
Ihm würden – Glück, das kaum zu fassen –
Die Ärmel fertiger Hemden passen,
Die uns schier in die Suppe rutschen. –
Auch kann er an vier Daumen lutschen.
Der Affe lebt, wie wir erfahren,
Teils in Familien, teils in Paaren,

Im Inneren von Afrika –
Wo ein Herr Tulp zuerst ihn sah,
Der nach Europa gleich geeilt
Und es der Presse mitgeteilt. –
Hingegen traf natürlich Nansen
Am Nordpol nicht auf den Schimpansen.

Der Aff, wie Ihr von Busch schon wißt,
Ganz ungeheuer heikel ist.
Und er frißt nichts, was angefault –
Allein im Dunkeln er sich grault
Und will mit einem »Gute Nacht«
Brav werden in sein Bett gebracht.
Im Sommer liegt er ausgestreckt,
Im Herbst gerollt und zugedeckt.

Zu unsrer Menschenaffen Sippen
Zählt man den *Gibbon* auch (sprich Gibbn),
Nach Edward Gibbon so benannt,
Doch weiter nicht mit ihm verwandt.
Der Gibbon, nicht gerade edel,
Gilt dennoch, nach Gesicht und Schädel,
Als menschenähnlich wie kein zweiter.
Bald ist er traurig und bald heiter,
Doch keinesfalls ein tiefrer Denker,
Geht aufrecht, doch mit Armgeschlenker,
Wie's Kinder machen, die noch nicht
Gekommen recht ins Gleichgewicht.
Sein Fell ist dicht und seidenweich,
Das Waldgewipfel ist sein Reich.
In Indien, Siam (weiland Thailand)
Auf manchem nächstgelegnen Eiland
Macht er die schönsten Bauchaufschwünge
Und dreizehn Meter weite Sprünge.
Mit Schreien er die Wälder füllt. –

Doch wie der Gibbon wirklich brüllt,
Darüber die Berichte gehen
Weit auseinander, wie wir sehen:
Ein Forscher sagt, er schreie »Wuut«
Und er behauptet, 's klänge gut.
Der andre: »Waa« aus aller Kraft,
Und es sei einfach schauderhaft.

Es weiß sogar ein höherer Schulmann
Bei uns beinahe nichts vom *Hulman,*
Indes in Indien jedes Kind
Hört, daß das heilige Affen sind.
Hiermit erklär ich nur, ganz friedlich,
Das Wissen ist oft unterschiedlich.
Nun, mit dem Hulman ist es so:
Er hat schon Schwielen (wer weiß wo?)
Und einen riesenlangen Schweif
Und einen Haarkamm, schwarz und steif.
Einst rettete – was nicht bewiesen –
Er eine Göttin vor dem Riesen
Und stahl ihm dabei auf der Flucht
Auch die berühmte Mango-Frucht.
Die Inder wissen ihm drum Dank;
Er darf sie, straflos, ärgern krank
Mit Garten- und mit Hausgeplünder.
Sie treiben mit dem argen Sünder
Gar einen ehrfurchtsvollen Kult.
Und reißt dem Fremden die Geduld, –
Dann macht er, erstens, sich verhaßt
Und, zweitens, besser drauf gefaßt,
Daß ihn – und nicht den Ruhestörer –
Verprügeln werden die Empörer.
Zum Zeichen, daß die Heuchelei
Auch Indiens Frommen dienstbar sei:
Tat wem ein Nachbar was zuleide,

Streut man ihm auf das Dach Getreide;
Der Hulman holt's aus allen Ecken
Und muß dabei das Dach abdecken
Drei Tage vor der Regenzeit,
Wo's keinen Schindler weit und breit
In Vor- und Hinterindien gibt:
Trotzdem, der Hulman ist beliebt.

Hundsaffen – auch noch: Nase schmal –
Gibt's siebzig Arten an der Zahl.
Der Leser, wenn auch sehr beflissen,
Will's aber so genau nicht wissen;
Der wichtigste geht jeden an:
Der Hundskopfaffe, *Pavian*,
Der, von Benehmen äußerst viechisch,
Heißt Cynocéphalus auf griechisch;
Und hält man dies auch für Lateinisch –
Gleichviel, der Aff benimmt sich schweinisch.
Ein wüster Bursche ist das Vieh,
Mit Hunde-Physiognomie.

Der Pavian ist zynisch, geil
Und hat ein buntes Hinterteil.
Drum schauen diesen nackten Mann
Die Damen nur mit Abscheu an;
Doch immerhin – und sie gestehn,
Daß so was sie noch nie gesehn.

Der Pavian läuft kreuz und quer
In Afrikas Gebirg umher;
Er liebt dort weniger die Wälder,
Er plündert dafür mehr die Felder.
Dem Landwirt, der sich plagt so redlich,
Wird er, in ganzen Herden, schädlich;
Denn ob arabisch oder nubisch,

Er ist und bleibt stets lausebubisch.
Obgleich ein Wüstling und ein Dieb,
Ist er, gefangen, kinderlieb.

Schwarz von Gesicht, rot von Gesäß
Haust eine Art auf Celebes
Und – schon Gedrucktes laß ich drucken –
Den Philippinen und Molukken:
Der *Mohrenpavian* oder Schopf-,
Ist innerlich ein heller Kopf;
Und würd nicht Bosheit seine Lust sein,
Hätt er ein bißchen Pflicht-Bewußtsein,
Hieß es vom Mohren-Pavian,
Der Mohr hat seine Pflicht getan.
Nennt freilich Schurkerei man Pflicht,
Tut sie auch dieser Bösewicht.

Vergeßlich, Du mitunter weißt
Von einem nicht mehr, wie er heißt,
Jedoch vom Ansehn kennst Du ihn:
So ist es mit dem *Babuin*.
Er ist der komische Heldenvater
Von manchem äffischen Theater:
Oft hast Du über ihn gelacht,
Weil er ganz tolle Streiche macht.
In Freiheit träfest Du ihn an,
Kämst Du dorthin, in Kordofan,
Wo hoch er in den Tamarinden
Und Dattelpalmen ist zu finden,
Der metergroße, grünlichbraune,
Der, immer voll vergnügter Laune,
Die Kleinen hinten aufgehuckt,
Auf Fremde Dattelkerne spuckt.

Es hat der *Mantel-Pavian*
Auch sommers einen Mantel an,
Und zwar jahraus, jahrein denselben
Aus Ringelhaaren, braun-grün-gelben.
Vom Fels zum Meer sich, so bemantelt,
Der Aff durch Abessinien hantelt.
Man sagt, daß seines Haares Tracht
Einst die Ägyptrin nachgemacht:
Manch Bild bestätigt solchen Brauch;
Doch leider kündet's uns nicht auch,
Ob sie, wie er, das Fell sich gerbte
Und knallrot ihren Hintern färbte.

Geweiht dem großen Gotte Thoth,
Der Aff einst aller Schrift gebot.
Auch spät noch sehn wir seine Kraft
Ausstrahlen in die Wissenschaft:
Betrachten etwa wir genauer
Den großen greisen Schopenhauer,
So finden wir ihn, auch rein mähnlich,
Ein wenig Hamadryas-ähnlich.
Auch war, was man beweisen kann,
Der alte Herr ein Grobian.

Von dem, was wir ansonst gelernt,
Von den Mormonen, weit entfernt –
Es sei denn die Vielweiberei,
Der leider frönen alle zwei –
Lebt, oft mißbraucht zum Affen-Hormon,
Der meist *Mandrill* genannte Mormon.
Er gilt, obwohl von Gott erschaffen,
Als allerhäßlichster der Affen;
Doch dürften ihn nur die verachten,
Die völlig lieblos ihn betrachten,
Ja, selten dachte Gott so kühn:
Das Fell, blau- und olivengrün,

Gelb an der Brust und weiß am Bauch,
Der gelbgesträhnte Kinnbart auch,
Die ungeheuren Augenbrauen,
Die Wangenwülst, die kobaltblauen,
Die Nase, die zinnoberrote,
Die wie mit Ruß geschwärzte Pfote,
Die grelle Röte, mitten-hinten –
Es könnte kaum in noch mehr Tinten
(Besonders an besagten Schwielen)
Ein Vieh wie der Mormone spielen. –

Der *Drill* gilt, wenn kasernen-höflich,
Der ganzen Welt als kataströphlich.
Denn vieles ward durch Drill erreicht,
Was heute sie nicht will, vielleicht.
Der *Drill*, von des Mandrillen Art,
Hat einen weißen Backenbart.
Als den gelehrigsten Affen will
Man gelten lassen den Mandrill.
Des klugen Affen sich die Gaukler,
Menagerien, Turmseilschaukler,
Schaubudenleute und so weiter
Schon früh bedienten als Begleiter,
Als Possenreißer, Akrobat
Er auf in manchem Zirkus trat.
Er kann wie Menschen essen, trinken,
Er braucht sich gar nicht erst zu schminken,
Wenn er, was ihn an sich empfiehlt,
Den Bonvivant auf Bühnen spielt
Und ganz behutsam zu dem Zweck
Umgeht mit Gläsern und Besteck –
Nur, wenn er unbemerkt, allein,
Frißt er mit Händen wie ein Schwein. –
Ja, selbst wie man Zigarren paffe,
Zeigt uns der wohldressierte Affe,

Fährt auf dem Rade, sogar Kunst-
Und dankt für jede Beifallsgunst –
Dran er sich herzlich labt wie Kinder –
Indem er stolz schwenkt den Zylinder.
Zum Schluß schürzt aus dem Publikum
Ein Herr, den man gebeten drum,
Mit Bärenkräften einen Knoten,
Den der Mandrill mit flinken Pfoten
Entwirrt, was jedermann erfreuet.
»Wenn man ihm mit dem Finger dräuet«,
Sagt Gesner schon – und es ist wahr –
»So weiset er den Hintern dar,
Den er so mehr bekanntlich zeigt,
Je höher daß er selber steigt.«
Wir brauchen nicht drauf einzugehn –
Beispiele kann man täglich sehn.

Der Aff mit wohlgezognem Scheitel,
Auf seine Künstlermähne eitel,
Auf lobende Kritik begierig,
Persönlich sehr nervös und schwierig
Und äußerst schamlos im Intimen,
Ist so das Urbild eines Mimen.
Kurz sei genannt an dieser Stelle
Als Lieferant der Affenfelle
Der *Stummelaff,* der irgendwo,
Zum Beispiel auf Fernando Poo
Lebt, wo es ungesund und heiß,
Was aber dieser Aff nicht weiß.
Den *Teufelsaffen (satanas)*
Zu schießen, macht den Negern Spaß.
Meist tun sie's noch mit Pfeil und Bogen –
Und werden schauerlich betrogen,
Wenn sie die Haut zu Markte tragen. –
Es wäre manches noch zu sagen;

Doch kämen wir nur ins Gedränge.
Es sind ja auch bloß Übergänge
Zur *Meerkatz*, die hier recht am Platz,
Obzwar als Hundsaff keine Katz.
Meerkatzen nämlich und Makaken –
Auch schwielig an den Hinterbacken –
Sind, seit die Welt die Sonn umkreist,
Das, was man schlechthin Affen heißt:
Wohin Du horchst, wohin Du schaust,
Ob Thebens Tempel, Goethes Faust,
Ob Gesner oder Plinius –
Du triffst den Cercopithecus,
Der nicht sehr groß, doch lang geschwänzt,
Durch seine lustigen Streiche glänzt.
In Afrika lebt der *Husar*,
Hutaffen gibt's in Malabar.
Mbukumbuku, Nonnen, Pfaffen
Und andere *Mangabe*-Affen
Mit bunten Mützen, Bärten, Schärpen
Sah ich im Tierpark von Antwerpen.
Der *Weißbart*-Aff den ganzen Tag
An seinen Bart nur denken mag.
Je nun, wir wissen, daß auch heute
Das tun so manche jungen Leute.

Der *Rhesusaffe* oder *Bunder*
Den Indern gilt als heiliges Wunder.
Man braucht – so hat es wohl den Schein –
In Indien nur ein Viech zu sein
Und schon wird göttlich man verehrt –
Bei uns ist's freilich umgekehrt,
Hier sind es andere Affen eben,
Die führen ein Schlaraffenleben.
Der Rhesus-Faktor ist zu loben:
Man kann durch ihn das Blut erproben.

Der *Bunder* hat (zu hören, freut's)
Auch schon so was wie 's Rote Kreuz:
Wird nämlich einer angeschossen,
So tragen fort ihn die Genossen.
Weit würdiger der *Wanderu*
Schaut allen miteinander zu
Und denkt, schon müde des Gewanders,
Je nun, die Welt ist halt nicht anders.
Mit seinem Vollbart, dicht und weiß,
Schaut er schon jung aus wie ein Greis,
Ist aber doch kein Spielverderber.
Der Magot, Türke oder Berber
Ist schwanzlos fast – ein Unterschied,
Den auf den ersten Blick man sieht.

Klein, die Gesichter runzlig-fleischern
Und welche von den schlimmsten Kreischern,
Mit dichtem Bart bis zu den Hälsen
Beziehn die Affen all die Felsen
Von Tripolis bis nach Marokko.
Ihr Urbild ist der Affe *Joco*.
Im Felsennest von Gibraltar
Gibt's heut noch Affen, wenn es wahr.
Und Reisende, die in den Ferien
Nach Tunis kommen und Algerien,
Sehn, schon entartet ganz bedenklich,
Gelangweilt, räudig, alt und kränklich,
Der Wüsten-Wildnis letzte Zeugen
Die Piefkes ihrerseits beäugen.

Die Affen, die zuletzt wir nannten,
Sind, wie gesagt, die weltbekannten,
Sie sind's, die oft gleich dutzendschläfig
Gepfercht sind in den muffigen Käfig,
Sie sind es, die behängt mit Flittern,

In ihrem Affenjäckchen zittern,
Sie sind es, ach, die armen Seelen,
Auf Hunden reitend und Kamelen,
Die als Soldaten mit Verdrießen
Den Stöpsel aus der Büchse schießen).
Umfallen und maustot sich stellen,
An ihren Ketten hündisch bellen,
Im Zirkus tanzen, wohl dressiert,
Bis einer die Geduld verliert
Und sich, ganz jäh, benimmt natürlich
Und, selbstverständlich, ungebührlich.
Denn »*naturalia*«, denkt sich da
Der Affe, »*non sunt turpia!*«

Sie sind's, mit anderen Gefährten,
Die in den zoologischen Gärten
Mit kleinen Händen nach uns greifen,
Doch nicht – das will nur kurz ich streifen –
Daß Tölpel, die den Zoo durchbummeln,
Sie füttern mit Zigarrenstummeln!
Daß Tante Emma, sonnbeschirmt,
Der kleine Maxl, frisch gefirmt,
Und Onkel Oskar mit dem Stecken,
Die Ärmsten hinterm Gitter necken.

Sie bitten nur: »Wollt uns verstehen!
In Freiheit müßtet ihr uns sehen:
Da sind, mit Drolligkeit nicht geizend,
Wir unter uns und wirklich reizend!«
Sie glauben's selbst – doch ob's auch stimmt?
Ein böser alter Aff benimmt
Sich dort genauso als Tyrann,
Wie man's im Zoo bemerken kann,
Wo er, die Zähne fletschend, wandelt
Und Frau und Kinder schlecht behandelt.

Und sind denn Affen lustig? Nein:
Meist sind sie traurig und gemein.
Ihr Anblick kann oft so bedrücken,
Als säße man in Bühnenstücken
Von Ibsen, Strindberg, Wedekind –:
Nur, weil sie Menschen ähnlich sind,
Teilhabend schon an ihrem Fluch,
Dem Neid, dem Arme-Leutgeruch;
Fürwahr, sie wirken schier moral'sch!
Ist etwa die Erklärung falsch,
Die Darwin oder Haeckel gab? –
Der Aff, scheint's, stammt vom Menschen ab!
Und eine solche Affenbande
Empfindet gar als Affenschande
Und Grund genug, sich selbst zu schämen,
Wie sich die Menschen schlecht benehmen!

Genug – 's heißt sich zusammenraffen,
Um zu beendigen die Affen.
Wir haben bisher dargestellt
Das Affenvieh der alten Welt.
Die *neue* tritt zu unserm Glück
Als Affenheimat stark zurück.
Auch ist, nach Meinung aller Jäger,
Der Affe dümmer dort und träger.

Die unsern schmale Nasen hatten,
Die drüben nennen wir die platten,
Mit breit getrennten Nasenlöchern,
Meist auch mit einem Brüllsack, knöchern.
Zwei Arten Aff sich hier ergänzen:
Und zwar *a)* mit nur schlaffen Schwänzen,
Und *b)* mit überlangen Schweifen,
Erdacht zum Wickeln oder Greifen.

Zuerst, wir fassen uns da ganz knapp,
Von jenen Affen was, die schwanzschlapp.
Beim *Kurzschwanz (Brachyurus Spix)*
Bedarf's nur eines raschen Blicks,
Um festzustellen, dieses Vieh
Sahn wir vermutlich noch gar nie,
Zum mindesten nicht in natura
Es wohnt im Urwald, am Japura,
Ist im Gesichte scharlachrot
Und geht, gefangen, sehr bald tot.

Die meisten dieser Affen hocken
In Wäldern, welche warm und trocken,
Auch in Amerika – nur Süd-! –
Am Tage sind sie meistens müd;
Am Abend wird der Faule fleißig:
Da kommen aus dem Walde dreißig,
Vielleicht auch tausend (was wir lassen
Dahingestellt), kurz, ganze Massen,
Und machen dann, so Mann wie Frau,
Bis gegen Morgen wüst Radau.
Sie sind bebartet, wie dort meist;
Gefangen sind sie dumm und dreist.
Ob graue Affen, schwarze, gelbe,
Im Grunde ist es stets dasselbe:
Was in dem Lande, riesengroß,
In grünen Hölln, bei Indios,
Bei Negern und bei Botokuden
Rumspringt an Satans- oder Juden-,
An Kapuziner- oder Zottel-
Man würde drüber selbst zum Trottel,
Gält's immer wieder aufzuwärmen,
Daß tags sie schlafen und nachts schwärmen.
Der *Nachtaff* macht das Märchen wahr
Vom todgetreuen Ehepaar!

Was, nach dem Heimgang des Gefährten,
Die Menschen, heuchelnd, nur erklärten,
Sie wollten, liegend still beim andern,
Durchs Leben nicht mehr weiterwandern –
Und essen dazu Apfeltörtchen:
Der arme Schlaffschwanz spricht kein Wörtchen,
Doch was der Mensch nur sagt, er tut's,
Er welkt dahin, gebrochnen Muts.

Greifschwänze können auch den Affen
Mehr Vorteil als die schlaffen schaffen,
Was man begreift, auch sieht man es
Beim *Klammeraffen (Ateles),*
Der, ab und zu mit goldner Stirn
An Ästen, am Lianenzwirn
Sich anhängt, schaukelt, lenkt und schwenkt,
Der seine Glieder toll verrenkt.
Nichts ist vollkommen: auch der Klammer-
Aff hat so seinen Herzensjammer:
Statt Daumen hat er nur vier Stümmeln. –
Als Klammeraff gilt dreisten Lümmeln
Die Jungfrau auch, die am Motorrad
Anklammert sich – als »Liebesvorrat!«
Nicht bang, ob sie als Mädchen fällt –
Wenn sie nur nicht vom Rädchen fällt!

Der *Wollaff* ist ein nettes Vieh,
Heißt *Lagothrix Humboldtii.*
Auf seinem ersten Weltgewander
Traf der berühmte Alexander
Auch auf den kleinen Venezueler
Und wurde alsbald sein Empfehler.
Daß man nach Humboldt ihn benannt,
Ist ihm persönlich unbekannt.

»April-Aff!« wird hier aufgezwickt
Ein Mensch, in den April geschickt. –
Doch gilt's bekanntlich nur am ersten.
Der *Brüllaff* brüllt, als wollt er bersten.
Es hockt im ganzen Urwald ein
Gewaltiger Gesangverein!

Brüllaffen konnten kennen lernen
Besonders oft wir in Kasernen.
Noch heut, der bessern Welt zum Hohn,
Zählt Angebrüll zum guten Ton.
Auch gibt's ein rotes *Prediger-Äffchen,*
Doch fehlen ihm die weißen Bäffchen;
Und ein gar schlechter Kirchendiener
Ist zweifellos der *Kapuziner.*
Er nennt sich deshalb lieber Say,
Geht nördlich bis nach Paraguay.
Daß er sehr böse, gar nicht reinlich,
Ein Weiberkittler, ist schon peinlich,
Jedoch besonders muß erbosen,
Sein großer Hang zu Spirituosen.
Er söffe, ließe man ihn dran,
Sich täglich einen Affen an.
Wahrscheinlich ist's ein Aff des Typs,
Den Busch beschrieb als Affe Fips.

Zum Schlusse noch das *Totenköpfchen,*
Ein kaum halbellenlanges Tröpfchen
Mit allerdings viel längerm Schwanze,
Gelb wird's wie eine Pomeranze.
Es lebt dem üblen Land zunächst
Wo, wie man sagt, der Pfeffer wächst.
Daß furchtsam ist das kleine Tier
Dort in Cayenne, begreifen wir:
Denn, schon an sich eins von den Schwächern,
Hat's Angst vor all den Schwerverbrechern.

Was man hier, Seit auf Seite las,
War schmale Nas und breite Nas.
Jetzt – wieder meistens in Brasilien –
Kommt noch die dritte der Familien;
Zum Glück – vor völliger Ermattung –
Bestehnd aus einer einzigen Gattung,
Die kein Betreff, kaum ein Betreffchen:
Es sind die putzigen *Krallenäffchen,*
Auch Pinseläffchen: Sie sind klein
Und bilden sich durchaus nicht ein,
So Hochbedeutendes zu schaffen
Wie unsre großen Pinselaffen.
Sie schauen, wie bei uns zuhaus,
Im deutschen Wald, die Eichkatz aus.

Die Affen nähmen noch kein End,
Hätt man sie künstlich nicht getrennt,
Indem man – fraglich, ob's ein Treffer –
Halbaffen abzog oder Äffer.
Trotz ihrer Kleinheit sind die zähnlich
Mitunter einem Raubtier ähnlich.
Groß sind die Ohren, auch die Augen;
Die Schwänze nicht zum Greifen taugen.
Liest man im Brehm nach, wird auch das klar:
Sie leben gern auf Madagaskar.
Langfinger gibt es zwar auch hier;
Doch dorten nur das *Fingertier.*
Lichtscheu sind aber alle zwei.
Das Fingertier heißt auch Ay-Ay.
Im Gegensatz zu den Ay-Ayen
Lebt auf den Inseln der Malayen
Der *Kobold-Maki,* auch Gespenster-,
Mit runden Augen, hell wie Fenster.
Was seinen Blick so feurig macht:
Holzkohlen frißt er bei der Nacht!

Einst war er wie ein Löwe groß,
Jetzt ist er wie ein Laubfrosch bloß
Zehn Zentimeter lang, doch schwanzig
Allein mitunter fünfundzwanzig.
Gefangen ist er nett und reinlich,
Nur frißt er viel, ganz unwahrscheinlich,
Und wenn er Hunger hat, dann piepst er.
Den *Vari*, auch ein allerliebster,
zu schildern, würde sich nicht lohnen –
Das sind nur Vari-Ationen.

Als Halbaff wiederum bloß halb,
Ein Viertelaffe nur deshalb,
Der *Halbmacki*, ein Lemuride,
Zeigt dann noch weitere Unterschiede.
Gar leicht packt, spricht man von Lemuren,
Ein Graus auch kräftige Naturen.
Und 's ist uns ein memento mori.
Doch völlig harmlos ist der *Lori*,
Faulaffe, auf lateinisch stenops.
Die Inder durch ihn hörn und sehn, ob's
Im Haus bald eine Leiche gibt:
Dem Kauz gleich ist er unbeliebt.
Sein Schwanz ist nur ein kleiner Stumpen;
Es gibt den schlanken und den plumpen.
Nichts weiter zu berichten weiß ich:
Am Abend wird der Faulaff fleißig
Womit ich – und ich hoffe, trefflich –
Geschildert alles hätt, was äfflich.

DICKHÄUTER

Setzt auch die jüngre Wissenschaft
Jetzt diese Ordnung außer Kraft,
Verteilt sie auch nach neuem Schlüssel
Die Tiere je nach Huf und Rüssel:
Sei's drum – im allgemeinen halten
Wir hier zur Ordnung treu, zur alten,
Die es mit klarem Blick gedeutet:
Ein Stamm ist das, was dick gehäutet.

Das *Mammut* (Morgensterns Gig-ant)
Sei hier an erster Stell genannt,
Verehrung ich für dieses Tier heisch,
Wir kennen's nur noch als Gefrierfleisch.
Es lebte von ihm kein Beweis mehr,
Wenn auf den Inseln nicht im Eismeer,
Sowie auch auf dem Land, dem festen,
Man's fände in gewaltigen Resten
In Höhlen, im gefrornen Boden,
Bedeckt mit starkem, zottigem Loden,
Woraus man schließt, daß diese Art
Von Elefanten war behaart.

Sogar bei uns stößt man auf Knochen,
Die leider meistenteils zerbrochen.
Die Kälte wirkte, die sibirische,
Auch auf das Leben, auf das tierische:
Die Mammutschwänze waren Lappen
Mit sogenannten Afterklappen,
Damit der Eiswind – welche Finten! –
Dem Mammut nicht hineinzog, hinten,
Und ihm das bißchen Körperwärme
Herausblies so aus dem Gedärme.

Klein war natürlich auch das Ohr,
Damit's das Mammut nicht dran fror.

Das Mammut gab es erst, seit's kälter;
Wald-Elefanten sind noch älter.
Sie lebten, als das Klima milder –
Man kennt von ihnen keine Bilder,
Weil, zu der Forschung größtem Ärger,
Der erste Mensch, der Heidelberger,
Vor rund fünfhunderttausend Jahren
Im Malen war noch unerfahren.
Das Mammut, weiß man ungefähr,
Bezog Quartier erst im Quartär,
Weshalb es, um die Hälfte neuer,
Erlebte erstens noch das Feuer
Und zweitens, ebenso verderblich,
Den Menschen, der schon kunstgewerblich.
So daß, in harten Fels geritzt,
Man heute noch sein Bild besitzt.

Der *Elefant,* man weiß nicht wo
Und wann er ward des Daseins froh,
Ist heute längst schon weltbekannt.
Er ist nur mit sich selbst verwandt,
Hat keine Erben, die ihn pflegen,
Und geht dem Untergang entgegen
Mit Riesenschritten, hören wir,
Wie's zukommt solchem Riesentier.
Er schrieb sich früher mit p-h
Und lebt zum Teil in Afrika,
Zum Teil in Indien und es
Gibt ihn auch noch auf Celebes.

Der indische ist älter, weiser
Und im Benehmen etwas leiser.
Der afrikanische ist größer

Und hat auch mächtigere Stößer.
Vor allem kennt man's an den Ohren,
Ob er in Afrika geboren.
Sie sind dann groß wie eine Schüssel.
Des Tieres Wesen liegt im Rüssel.
Der läuft vom Hirn aus, vom Verstand
Geradeswegs in Nas und Hand:
Der ungeheure Rüsselschwinger
Macht alles mit dem kleinen Finger,
In den, Natur macht manchmal Witze,
Ausläuft des Rüssels feine Spitze.

Im Urwald, meist in größern Herden,
Die Tiere angetroffen werden,
Wo sie im Gänsemarsch spazieren
Und nachts, daß sie sich nicht verlieren,
Sowohl die jungen wie die alten
Einander an den Schwänzen halten.
Das größte nicht und ungefügste
Tier ward der Führer, nein, das klügste!
Und zwar, da es auch rechte Nullen
Gibt unter'n Elefantenbullen,
Bekommt, wir lesen es mit Rührung,
Sogar ein Weibchen oft die Führung.

Der Elefant sucht seine Freude
Sowohl im Wald wie auf der Heide
Und lebt, wo er in Freiheit wohnt,
Nur dort, wo sich's zu leben lohnt,
Wo grüne Auen, schöne Flüsse
Ihm bieten allerhand Genüsse.
Sogar ins Hochgebirge geht er
Hinauf bis zu dreitausend Meter.
Nur Wasser, selbst die kleinsten Pfützen,
Will täglich er zum Bad benützen.

Verborgen hinter einem Busche
Nimmt er schon morgens eine Dusche
Und wendet seinen Rüssel an
Als wasser-schöpfrisches Organ.
Doch kann er ihm auch dazu taugen,
Um damit lustig Staub zu saugen.
Das Baden hat oft wenig Zweck,
Weil er hernach sich wälzt im Dreck.

Der Elefant ist gut daran,
Hat je nur einen Backenzahn,
Der sich, sobald er abgescheuert,
Nach vorwärts schiebt und so erneuert.
Der Kenner sagt, es brächt ein Mäuschen
Die Elefantin aus dem Häuschen.
Bei Menschen ist es uns vertraut:
Wer wie ein Elefant gebaut,
So daß beim ersten Blick man meint,
Er trample nieder jeden Feind,
Die Flucht als Ausweg häufig wählt,
Von seiner *Riesen*-Angst gequält.

's ist auf der Welt schon alles da:
An Simson denkt und Delilah!
Gefangen ward durch Weibchenlist er,
Ein Elefant, durch die Philister.
Genauso, ohne viel Moral,
Treibt man das Tier in den Korral,
Wenn es, vertrauend von Natur,
Errötend folgt des Mädchens Spur,
Das den Geliebten, ehrvergessen,
Verrät, bloß um ein bißchen Fressen.
Man legt den Ärmsten dann in Ketten:
Nichts als die Arbeit kann ihn retten.

Ein solcher Fang bringt reichen Lohn:
Vor mehr als hundert Jahren schon
Ward Stück für Stück, gefragt sehr stark,
Bezahlt mit baren tausend Mark.
Den Kauf kann sich nicht jeder leisten;
Gezüchtet werden drum die meisten,
Wenn man nicht einfach, über Nacht,
Aus Mücken Elefanten macht.

Wer hätt im Zirkus nicht gesehn
Das Riesentier auf Flaschen gehn,
Und läppisch-täppisch, voll Erbosen
Radfahren gar in Lederhosen?
Ein Spießer hält sich wohl den Bauch –
Ein Mensch verspürt der Freiheit Hauch
Und denkt, auch wenn er's niemals sah,
An Indien und an Afrika,
Wo oft ein einziger Wald bereits
So groß ist wie die ganze Schweiz
Und wo das Tier, vom Glück geadelt,
Lustwandelte, das da jetzt radelt.
Er wird sogar in einem Zoo
Des Anblicks nicht von Herzen froh,
Sieht er den Riesen angekettet,
Wie er sich ein Stück Brot erbettelt.

Der Mensch, der listig und verrucht,
Für jede Untat Gründe sucht
Und wärn sie noch so fadenscheinig:
Hier findet er sie, elfenbeinig:
Er fühlt in seinem wilden Wahn
Dem Elefanten auf den Zahn.
Weh dem – wir wissen's selbst, gewitzt –
Der irgendwas von Wert besitzt;
Wer etwas kann, wer was geworden,

Läuft schon Gefahr, daß wir ihn morden.
Im Urwald – und echt Elfenbein? –
So denkt der Mensch sich – muß das sein?
Und ach, schon wird das arme Tier
Erschossen – nur für ein Klavier.

Den Elefanten kennt die Bibel,
Er steht in jeder Kinderfibel.
Viertausend Kilo er oft wiegt,
Frißt Heu nach Zentnern, wenn er's kriegt.
Müßt einer schildern ihn genau,
Schrieb' er am besten: »*groß* und *grau*«.

Der Elefant, alt, faltig, knittrig,
Meist still, doch manchmal auch gewittrig,
Mit Rüssel- und mit Beingeschlenker
Hindämmernd als ein tiefer Denker,
Kleinäugig, dafür riesenohrig,
Verkniffen schmunzelnd, fast humorig,
Mit – wenigstens die indische Sippe –
Schlaffhängend dicker Unterlippe,
Hat eigentlich kein großes Kinn:
Nicht nach Gewalttat steht sein Sinn.
Man hat den Eindruck, er verlasse
Sich ganz auf seine graue Masse.
Man sagt, er denke unablässig
An den Beleidiger, gehässig
Um ihn für die Verwegenheit
Zu strafen bei Gelegenheit,
Und ein Gedächtnis ohne Lücke
Bestärke ihn in seiner Tücke.

Es wär mit Recht hervorzuheben
Das herzliche Familienleben.
Heiraten erst mit zwanzig kann

Ein junger Elefantenmann.
In Liebesdingen unerfahren
Sind Mädchen noch mit sechzehn Jahren.
Und dann auch machen sie's bequem:
Ein Kind ist durchwegs ihr System.
Doch das, und das ist ja wohl wichtig,
Erziehn sie dafür wirklich richtig.
Sie sind ein friedlicher Verein,
Nur alte Onkel gehn allein,
Und werden so, den Kopf voll Schrullen,
Am Ende bitterböse Bullen.

Bei uns sprach, als von Elefanten,
Man von den alten Anstandstanten;
Doch seit die Jugend so verdorben,
Sind diese Tiere ausgestorben.

Ein Elefant kann sehr viel tragen,
Wenn auch nicht, wie die Inder sagen –
Symbolisch nur – auf ihrer achten
Das Weltall steht in seinen Prachten.
In Indien ward, als seiner Wiege,
Das Tier schon früh gebraucht zum Kriege,
Längst, ehe mit den Panzerwaffen
Wir jetzt dafür Ersatz geschaffen.
In Persien kannte, laut Vermerks es
Von Ktesias, schon Artaxerxes.
Es wurde später große Mode,
So daß, nach Alexanders Tode,
Als man dran ging, den ganzen Park –
Mehr als dreihundert Tiere stark –
An Pazifisten zu verganten,
Die Welt ward voll von Elefanten.
Auch Pyrrhus führte, ohne Glück,
Einst gegen Rom an zwanzig Stück,

Was für Europa noch ein Schlager.
Und der gefürchtete Karthager
Verfrachtete um jeden Preis
Sie durch der Alpen Schnee und Eis.

Zur Treibjagd wird der Elefant
In Indien heute noch verwandt:
Mit Goldzahn, prächtigen Schabracken
Den braunen Kornak auf dem Nacken ...
Wir freilich sehen's nur im Kino. –
Erwähnt sei schließlich ein Albino,
Der – uns scheint so was ganz verkehrt –
Gleich einer Gottheit wird verehrt.
Durch Rilke dann und wann bekannt,
Ist es der weiße Elefant.

Das *Nilpferd,* Hippopotamus,
Vom griechischen Worte »Pferd« und »Fluß«,
Gab's einst wohl auch am untern Nil,
Im heiligen Land Ägypten viel;
Seit es gelang den Massenmördern,
Zum Ober-Nilpferd 's zu befördern,
Lebt's nur am Nil noch, wo er nubisch,
Sein Kopf ist eckig, beinah kubisch,
Die Schnauze ist so aufgeschwollen,
Daß seine Äuglein ganz verquollen.
Es blinzt, als wär's voll tückischer List –
Was es in Wahrheit gar nicht ist.

Schon in der allerältsten Zeitung,
Die in der Welt einst fand Verbreitung,
Der »Hiobspost«, wird es genannt.
Dann blieb es lange unbekannt,
Bis, von des Niles heiligem Strom
Die Kaiser brachten es nach Rom

Und bis Lucullus es entdeckt,
Wie prachtvoll seine Zunge schmeckt.

Bei den Ägyptern hieß es Rer,
Es wird bis fünfzig Zentner schwer.
Die Zähne wuchern immer tiefer,
Es beißt sich selbst in seine Kiefer.
Oft weint's im Mondschein nachts sich satt,
Weil es so scheußlich Zahnweh hat.
Es dürft ihm nicht zu helfen sein. –
Doch nimmt der Mensch das Elfenbein
Und macht aus diesem, leider, leider
Die häßlichen Zigarrnabschneider.

Wenn auch das Nilpferd schläft bei Tag
Und nicht gern aus dem Wasser mag,
Wird es als Landplag oft verschrien;
Es soll in fremde Gärten ziehn
Und, daran ist wohl nicht zu rütteln,
Die Äpfel von den Bäumen schütteln.
Im Wasser auch ist's selten brotlos,
Weil es Papyrus frißt und Lotos,
Und zwar so viel, daß es ein Graus –
Papier macht's freilich nicht daraus.
Seit Ururzeiten kennt es schon
Die Schwemm-Kanalisation,
Und es ist von Natur aus reinlich.
Gewiß, es ist ihm selber peinlich,
Wenn es, gewöhnt an einen Fluß,
Im Zoo »herin hinausgehn« muß,
Es sei denn nur ein kleines »Wieserl«;
Der Münchner nennt es meistens »Lieserl!«,
Was es, wenn's ein gestandner Mann,
Natürlich schmerzhaft kränken kann.
Es kommt dann durchaus nicht empor

Und horcht nur, mit gespitztem Ohr,
Ob's Publikum sich nicht verzieht
Und erst, wenn's nichts mehr hört und sieht,
Dann taucht es auf, fängt an zu gähnen,
Daß ihm vor Langerweil die Tränen,
Die bittern, aus dem Auge rinnen. –
Was sollt es sonst wohl auch beginnen
In seiner Wanne aus Zement?
Wer es aus Afrika nicht kennt,
Wo seine Lust es ist, zu wandern,
Vergnügt von einem Fluß zum andern,
Und umzuwerfen selbst ein Schiff –
Für den ist's halb nur ein Begriff.

Es währte lange, bis eins zahm
Kam in den Zoo von Amsterdam;
Jetzt aber trifft man allerwegen
Das plumpe Tier in den Gehegen
Und freut sich sehr als Mensch und Christ,
Daß man nicht auch so häßlich ist.
Ein Nilpferd selbst ist zum Entzücken,
Trägt es sein Junges auf dem Rücken.
Der grantigste Vater noch wird heiter
Und duldet gern den kleinen Reiter.
Sogar ein Nilpferdkind ist niedlich,
Auch später bleibt es meistens friedlich,
Und all die greulichen Geschichten,
Die Neg- und Jäger uns berichten
Von Äthiopien bis Uganda,
Sind nichts wie wüste Propaganda.
So wollen wir das Nilpferd segnen –
Wenn ich mich auch, ihm zu begegnen
Auf freier Wildbahn, gar nicht sehne –
Vom *Nil* pferd, kurz, *nil* nisi bene ...

»Um das *Rhinozeros* zu sehn,
Beschloß einst Gellert, auszugehn.«
So meldet uns ein altes Lied.
Auch heut noch selten man es sieht.
Selbst Goethe, schon den achtzig nah,
Im ganzen Leben keines sah,
Obwohl er sonst doch ab und zu
Seelöwen oder Känguruh
Beehrt mit einem Staatsbesuch,
Wie es vermerkt sein Tagebuch.
Pompejus, einst voll Pracht und Macht,
Hat eins den Römern mitgebracht.
Ein andres, aber auch nur solo,
Sah dann viel später Marco Polo,
Der bei den Indern und Chinesen
Vor dreizehnhundert schon gewesen,
Und der, als erster Europäer,
Beschrieben auch das Nashorn näher. –
Nach andern tat's schon Martial. –
Und Manuel von Portugal
Hatt' eins von einem Kundschaftsführer.
Das zeichnete dann Albrecht Dürer.
Der Zoo in London hat noch eins –
In München gab es lange keins,
Obwohl hier jeder Volksgenoss'
Den andern nennt Rhinozeros.

Die indischen *Nashörner* gelten
Mit Recht als ungewöhnlich selten.
Der Fachmann weiß, das kommt daher:
Es gibt beinahe keines mehr!
Weil nämlich schon seit alten Tagen
Der Menschen danach, es zu jagen
Und auszubeuten, dürsten: drum
Lebt es nur noch im Fürstentum

Von Nepal, fern an Tibets Grenzen,
Wo hoch herab die Gletscher glänzen
Und Nabobs nur das Recht genießen,
Ein solches Nashorn abzuschießen.
Weit rarer ist (noch fehlt's im Brehm)
Das Morgensternsche Nasobem.
Nur um das Nasen-*Horn* zu kriegen –
Das Nashorn selber läßt er liegen –
Bezahlt Dir so ein gelber Hund
Aus China an die tausend Pfund
Und macht daraus ein Liebesmittel
So stark, daß ohne viel Gekrittel
Die, die es eingeflößt bekäme,
Den Teufel selbst zum Manne nähme.

Den Liebeszauber in der Nasen
Müßt, meinen wir, das Nashorn rasen
Von unstillbarer Leidenschaft.
Doch zeigt sich's hierin mangelhaft,
Lebt gern allein und ungesellig,
Die Weibchen sind oft ungefällig.
Trotzdem sieht man auch viele Jahre
Vereinigt manche Nashornpaare.
Die Mütter sind, wie man's beschrieb,
Zu ihren Näschen-Hörnchen lieb.

Ein Mensch, der's antrifft, doch nicht trifft,
Halt sich an diese Jagdvorschrift:
Schoß er vorbei, daß das erzürnte
Nashorn nun losgeht, das gehürnte,
Spring er zur Seite, Schritter drei:
Dann schießt das Nashorn auch vorbei.

Angst vor dem Tiere ist erklärlich,
Denn ausschaun tut es sehr gefährlich.

Der Fachmann aber lächelnd spricht:
Bösartig ist das Nashorn nicht!
Aus Neugier nur, und weil's halb blind,
Kommt's näher, harmlos wie ein Kind,
Und bleibt, sobald es recht kann sehn,
Zwei Meter vor dem Menschen stehn.
Läuft der natürlich querfeldein,
So rennt das Nashorn hinterdrein,
Und es entsteht der Eindruck nun,
Als wollt's dem Menschen etwas tun.
Drum raten, die das Tier beschreiben:
Am besten, einfach stehen bleiben!

So manche Tiere haben Namen,
Nicht wissend, wie sie dazu kamen.
Da hat's das Nashorn gut, es weiß,
Daß ganz zu Recht es Nashorn heiß!
Das indische trägt ein starkes Horn
Und mitten auf der Nase, vorn,
Das afrikanische zwei Hörner,
Davon das eine noch viel vörner,
Damit das zweite, weiter hinten
Auch noch genügend Platz kann finden.
Daß man sie auseinanderkennt,
Man letztres Doppelnashorn nennt.
Amerika – ich sag's ja bloß –
Beherbergt kein Rhinozeros!

Das Nashorn frißt Unmengen Kraut,
Die es entsprechend auch verdaut,
So daß man sieht an solchen Haufen,
Wo jüngst ein Nashorn ist gelaufen.
Wenn zu erwähnen solchen Mist,
Auch für gewöhnlich shocking ist,
Die Jäger, sonst oft feine Herrn,

Bereden grade so was gern,
Wenn's nötig ist, sogar bei Tisch:
Wo, wann und wie, ob alt, ob frisch;
Ja, sie durchforschen, mit Liebkosung
Höchst eigennäsig Nashorn-Losung.
Den schweren Panzer muß es büßen:
Das Nashorn steht auf krummen Füßen,
Und schwitzt, da tut's uns wirklich leid,
Ganz schrecklich in dem dicken Kleid.

Selbst die Natur hat oft Versager:
Der *Klippdachs* wollte nur ein Nager,
Im höchsten Fall vielleicht ein Schwein,
Doch keineswegs Dickhäuter sein.
Schon sank er ein paar Sippen tiefer
Und ist, als kleiner Klippenschliefer,
Entfernt des Elefanten Schwager,
Nur ein Kaninchen, arm und mager.
Hals, Schwanz und Schnauze sind verkürzt,
Die Oberlippe ist geschürzt;
Es steht sehr schwach auf seinen Beinen;
Zum Glücke gibt es nur den einen,
Der sich in mehrern Orten knapp
Von Syrien fortpflanzt bis zum Kap.
Nun macht der Mensch aus seiner Pisse
Duftstoffe allerdings, gewisse,
Doch wär der Klippdachs nie geboren,
Man hätt nicht viel an ihm verloren.
Ihm's mitzuteilen, wäre roh;
Wahrscheinlich weiß er's sowieso.

HUFTIERE

Erst in der letzten Jahre Lauf
Kam unsre ernste Forschung drauf,
Daß Gott erschaffen hat, vermutlich –
Und leben lassen, vorsintflutlich –
Weit weniger Tiere, als man glaubt;
Und daß die meisten überhaupt –
Wir sehn's an denen, die versteinert –
Sich mit der Zeit erst so verfeinert
Und abgewandelt je nachdem
Wie's nützlich schien und angenehm.
Modelle bloß nahm beispielsweise
Einst Noah mit auf seine Reise,
Urstücke, deutsch zu reden, Muster,
Aus denen, immer selbstbewußter,
Falls sie die Eiszeit nicht begraben,
Die andern sich entwickelt haben.
Das Hirsch-Gazellen-Ziegen-Schwein
Könnt etwa solch ein Urstück sein,
In dem natürlich Schaf und Rind
Und andere enthalten sind.

So nämlich nur erklärt sich's *auch*,
Daß in der Arche weitem Bauch
Für alle Tiere, je ein Paar,
Dann wirklich Platz genügend war.
Den Fisch, der ohnehin geschwommen,
Hat er ja nicht erst mitgenommen.

Das *Huftier* in der Vorzeit Duster
Bedurfte nicht des Schmieds als Schuster,
Denn in der ersten Daseinsstufe
Hatt's je fünf Zehn und keine Hufe.

Dann – niemand weiß, wodurch gereizt –
Ging's auf drei Zehen, sehr gespreizt,
Die andern zwei, noch jetzt zu schauen,
Verkümmerten zu Afterklauen.
Die Welt war steinig und war dornig,
Die Zehennägel wurden hornig;
Dann kam die Sintflut; und im Feuchten –
Klar, um dem Rind selbst einzuleuchten –
Genügen zum Spazierengehen
Mit nassen Füßen schon zwei Zehen.
Und weiter trieben's noch die Pferde:
Sie stehn mit einer auf der Erde.
Paarzeher heißen drum die ersten –
Und Wiederkäuer sind die mehrsten –
Die andern hat ein Wortverdreher
Genannt, entsprechend, Unpaarzeher.

PAARZEHER

Zum schönsten wohl, was Gott geschaffen,
Zählt man von jeher die *Giraffen*.
Der Forscher nennt sie ein Gedicht,
Wenn sie im weißen Tropenlicht
Still stehn, bei einer Schirm-Akazie,
Ein Bild voll wunderbarer Grazie.
Zwei Meter zwanzig sind sie lang,
Ein plumper Paß ist oft ihr Gang.
Doch wenn sie in Galopp sich setzen,
Kann sie ein Rennpferd kaum erhetzen.

Sechs Meter hoch Giraffen werden;
Schaun also nieder auf die Erden,
Als wenn wir – ohne Nervenschock! –
Uns beugten aus dem zweiten Stock.
Der alte Witz schafft schier Verdruß,
Daß sie den Hals nicht waschen muß.
Doch daß an Wirbeln mehr nicht als
Beim Menschen zählt der lange Hals
Hat mancher noch nicht wahrgenommen.
Auf einen grünen Zweig zu kommen,
Fällt ihr verhältnismäßig leicht,
Weil sie bis an die Wipfel reicht.
Mimosen, selbst empfindlich zart,
Entsprechen ihrer sanften Art.
Da sie ein Wiederkäuer ist,
Geht jeder Bissen, den sie frißt –
Und das ist wahr und kein Geblödel –
Im Hals ihr auf und ab als Knödel.
Ihr Schwanz mißt einen Meter zehn
Und läßt am End ein Quästchen sehn.
Der Kopf hat Hörner, wie bei Schnecken,

Der Leib zeigt große braune Flecken,
Mit denen sie im Busch sich tarnt.
Sie selber, als die Höchste, warnt –
Ein Scherenfernrohr von Natur –,
Zeigt wo sich eines Feindes Spur,
Das Zebra und die Antilope,
Die, trauend solchem Periskope,
Mit ihr von der Sahara Rand
Hinweiden bis ins Zululand.

Daß sie mit Wasser sich besäufe,
Spreizt sie geschickt die Vorderläufe:
Denn zu den Fluten reicht sie nur
Als geometrische Figur.
Das edle Tier – es gaben ihm,
So wie den Engeln Seraphim,
Den Namen »Holde« die Araber –
Ist zwar nicht leicht zu fangen, aber
Wenn man's erst hat,
Ist's nicht mehr scheu,
Und bleibt in dem Gehege treu.
Nur werden in Gefangenschaft
Giraffen leicht dahingerafft.
Zwölfhundertzwölf
Post Christum natum
Mann kennt noch heut
Genau das Datum –
Die erste hier in Deutschland war;
Dann keine mehr,
Sechshundert Jahr!

Man weiß, wer Mammi
War und Papi
Noch nicht gewiß von dem *Okapi*.
Vorm Jahre neunzehnhunderteins

Sah man ja überhaupt noch keins.
Hirsch, Esel und Giraffe scheinen
In diesem Tier sich zu vereinen.
Paßgänger ist's; wahrscheinlich, daß
Es lang lief unter falschem Paß.

Wir mühen uns mit ganzer Seele,
Zu unterscheiden die *Kamele,*
Und sind uns nie darüber klar:
Was ist Kamel? Was Dromedar?
Und welche Rolle spielt denn hier
Das sogenannte Trampeltier?
Wir lesen's nach in dicken Schmökern:
Das, was herumläuft mit zwei Höckern
In Asien, fern, bei den Chinesen,
Das ist ein trampeltierisch Wesen.
Doch was, verhältnismäßig nah,
Einhöckrig lebt in Afrika,
Das wird ein Dromedar genannt.
Gleichwohl sind sie ganz nah verwandt:
Was sie auch, höckrig, unterscheide,
Kamele sind sie alle beide.
Nachdem, durchs Lesen neu bestärkt,
Wir's uns ein halbes Jahr gemerkt,
Beginnt aufs neu das alte Lied:
Vergessen ist der Unterschied,
Bis wir's zuletzt uns nicht verhehlen:
Wir zählen selbst zu den Kamelen!

Wüst tut oft dieses Schiff der Wüste,
Spürt es nach Paarung ein Gelüste.
Aus seinem Brüllsack schreit's voll Kraft,
Wird störrisch, spuckt ganz ekelhaft,
Kurz, scheußlich wild wird das sonst zahme –
Doch liebt's so die »Kameliendame«.

Es mästet sich nicht dick den Bauch:
Im Gegensatz zum Menschenbrauch
Frißt es in seinen Buckel alles,
Um's zuzusetzen, schlimmsten Falles,
Wenn es gerät in schweren Sandsturm.
Selbst ausgedient und schon beim Landsturm
Geht's, mit dreihundert Kilogramm
Beladen, noch durch Wüsten stramm,
Und, ging es ihm auch contre cœur,
Notfalls selbst durch ein Nadelöhr.

Kamele dienen vielen Zwecken:
Zum Reiten, zu Kamelhaardecken,
Zur Torfgewinnung – weil ihr Mist
Ein ziemlich guter Brennstoff ist.
Nur ein Kamel ist abzurichten,
Aufs Trinken lange zu verzichten.
Als Nahrung liebt es, was gestrüppig,
Sein Wert läßt nach, lebt es zu üppig.
Nehmt euch (das wäre zu empfehlen!)
Ein Beispiel drum an den Kamelen.

Das *Lama* lebt in fernen Landen,
Und zwar hauptsächlich in den Anden
Von Chile; und nach Norden zu
Trifft man's noch häufig in Peru.
Als äußerst boshaft und durchtrieben
Wird es seit jeher schon beschrieben:
»*Cet animal est très méchant,*
Si on l'attaque, il se défend.«
Und zwar als Luder, als verdrucktes,
Wenn man ihm nahe kommt, dann spuckt es.
Nie werden in den Kordilleren
Die Fremden wie bei uns verkehren.
Denn hier: wer spuckt die Fremden an? –

Obwohl man manchmal nahe dran! –
Das Lama aber tut das immer. –
Auch gibt's dort wenig Fremdenzimmer.

Es wehrt sich schließlich jedermann,
Wie er's am vorteilhaftsten kann.
Nur sieht's der Gegner nicht gern ein
Und nennt dann scheußlich und gemein
Des lieben Nächstentieres Waffen,
Die eigens Gott für es geschaffen.
Der Löwe, der den Feind zerfleischt,
Dafür den Ruhm des Helden heischt!
Der Aar, der ihm zerhackt den Schädel,
Ja, der ist edel, der ist edel!
Doch schon auf niedrigerer Stufe
Steht etwa Schlagen mit dem Hufe.
Vom Spucken etwa, Stinken, Pissen –
Pfui Teufel! – wollen wir nichts wissen.

Des Lamas Lippe ist gespalten.
Es wird ob seines Fells gehalten;
Gezähmt sind *Lama* längst und *Pako*,
Wild läuft herum der *Guanako*.
Vicunja hat die feinste Wolle,
Lebt obendrein, das ist das Tolle,
Hoch auf dem Kamm der Kordilleren
Und läßt sich gleich zu Kammgarn scheren.
Hätt sich, statt einfach auszusterben,
Der Inka mehr verlegt aufs Färben
Und – er war Meister drin – aufs Weben:
Er könnt noch heut gemütlich leben.
Das Lama kann sehr lange fasten;
Auch trägt es ungeheure Lasten,
Wenn man bedenkt, daß es ja bloß
Rund einen Meter zwanzig groß.

Die Meinung geht gewiß nicht fehl,
Das Lama oder Schafkamel
Bedeute für die Roten Häute
Dasselbe, wie das *Rentier* heute
Den Samojeden und den Lappen.
Sie machen Kleider, Schuhe, Kappen
Und hundert Dinge aus dem Filz,
Und auch als gutes Milchtier gilt's.
Verfolgt vom Lassoschwung der Treiber
Zieht's, nur ein Mann auf dreizehn Weiber,
Durch des Gebirges grüne Gründe.
Doch gibt's auch reine Männerbünde;
Nur selten kommt's zum Ehedrama:
Unproblematisch ist das Lama.

Vom Tibet-Lama, der voll Frieden
Noch jüngst gelebt, wird's unterschieden,
Und zwar verhältnismäßig leicht,
Obwohl es ihm in vielem gleicht.
So gehen sie zum Beispiel beide
In einem dicken wollnen Kleide,
Bewohnen Berge, hohe Ebnen.
Doch zwischen jenem Gottergebnen
Und ihm als Abstand gilt, als größter:
Die Tibet-Lamas haben Klöster,
Indes das unsre, sollt's selbst schneien,
Was selten vorkommt, lebt im Freien
Und, was an sich sehr für es spricht:
Mahlt nicht Gebete, bettelt nicht.

Vom *Horntier* haben wir gelernt,
Schon in der Schul, daß es gehörnt.
Leicht bietet wer der Welt die Stirn,
Hat er darunter nicht viel Hirn.
Grad die, die von Begriffe stutzen,

Sind oft von ungemeinem Nutzen.
Wie würden wir uns kleiden, nähren,
Wenn nicht die braven Horntier' wären?
Sie sind's, die Ochsen, Kühe, Kälber,
Die ihre Metzger wählen selber
Und ohne Klassenkampf und Rassen-
Sich ganz geduldig schlachten lassen.
Die Stimmvieh-Zucht ist vorteilhaft,
Viel mehr oft als die Landwirtschaft ...
Spät lernte erst der Mensch zu pflegen
Des Ackerbaus, der Viehzucht Segen.
Als halber Aff, die Stirn viel schräger,
Lief durch die Vorzeit er als Jäger,
Eh' er dranging, den Wald zu roden
Und Frucht zu ziehen aus dem Boden.
Doch nach wie vor im Menschen ruht –
Und wallt oft auf – das Jägerblut;
Und ganz besonders in den Alpen
Wild, wie die Rothaut nach den Skalpen,
Sind hier die Burschen auf den Fährten
Der *Gemsen,* wegen ihren Bärten.
Und würd man nicht behördlich bremsen,
Gäb's nirgends im Gebirg mehr Gemsen.
Am Königssee wie auch am Schachen
Die Fremden große Augen machen
Und schauen durch das Fernrohr emsig,
Ob sich nicht wo was rühre, gemsig.
Sie finden dann, im Fels verstiegen,
Im besten Falle ein paar Ziegen,
Doch wähnen, bis zum Lebensabend,
Sie Gemsen sich gesehen habend.

Der *Steinbock* war einst so beliebt,
Daß es ihn jetzt fast nicht mehr gibt.
Nur in den Alpen wo bei Krimml

Und noch im Tierkreis, hoch am Himmel.
(Wir hören gern, daß man ihn jetzt
Erfolgreich wieder eingesetzt.)
Zu jagen nach dem Ziegenschafe
Verboten war bei Todesstrafe,
Und doch ward es so ausgerottet,
Daß wir's noch jüngst nur, stark vermottet
Und ausgestopft, in den Museen
Gesehn, auf gips'nen Felsen stehen.
Des Steinbocks Bart, am Kinne kneblich,
Weicht ab vom Gamsbart ganz erheblich:
Das, womit wir die Hüte schmücken,
Wächst nämlich auf des Tieres Rücken.
Auch weiß natürlich jeder Bayer:
Die *Gemsen* legen keine Eier!
Des Horntiers Hörner nur entwickeln
Sich zu den sogenannten Krickeln,
Die, daß in ihrem Übermut
Die Gams sich selbst und uns nichts tut,
Krumm sind, so daß sie jedermann
Als Kleiderhaken brauchen kann.
Sie ziern des Preußen Alpenstock;
Das Steinbockshorn, schon im Barock
Gedrechselt ward mit mehr Geschmack
Zu Dosen für den Schnupftabak.

Die *Ziege* ist verbreitet heute
Als Lieblingstier der armen Leute.
Selbst feine Damen sind im Kriege
Darauf verfallen, eine Ziege
Mit Selbstverachtung sich zu züchten
Und mit ihr auf das Land zu flüchten.
Willst Du nicht selber stehlen, dann
Schaffst Du Dir ein paar Ziegen an,
Die in die fremden Gärten hupfen

Und Laub und Gräser rupfen, zupfen
Und Dir, aus andrer Leute Kräutern,
Heimbringen Milch in ihren Eutern.

Es springt ein junger Ziegenbock
Unbändig über Stein und Stock
Und ist, neugierig, treu und heiter,
Des Alpenwanderers Begleiter.
Nur wird er leider immer kecker,
Verfolgt uns weithin mit Gemecker.
Nichts hilft da, als die Flucht, die rasche,
Daß er nicht völlig uns zernasche.
Ja, wenn es nur bei *einem* blieb!
Doch oft folgt uns der ganze Trieb
Und frißt uns auf mit Sack und Pack
Einschließlich Geld und Rauchtabak.
Willst Ziegen Du besonders freuen,
Brauchst Du nur ihnen Salz zu streuen.
Doch wehe Dir, wenn Du's getan:
Du bringst sie nie und nimmer an!

In Asien stand des Tieres Wiege.
Und Prisca hieß die erste Ziege.
Auch eine andre, Bezoar,
Bekannt schon dem Homerus war.
Die Ziege Heidrun fraß am Blatt
Der Weltesch Yggdrasil sich satt,
Und der Tragödie Uranfang,
War, wie bekannt, der Bocksgesang.
Ich bring als Wolle nur ganz rasch hier
Die besten euch: Angora, Kaschmir.

Die Böcke, mit des Hornes Bürde,
Besitzen kämpferische Würde,
Man tut drum gut, sie nicht zu kränken
Durch die Behauptung, daß sie stänken.

Hier, schriftlich, sei's getrost getan,
Weil ja der Bock nicht lesen kann.
Kein Mensch hat ernsthaft dran gedacht,
Daß er den Bock zum Gärtner macht.
Der Maibock schuf uns frohe Stunden,
Der Sündenbock wird schnell gefunden.
Ins Bockshorn, das wär noch zu sagen,
Laß Dich nicht ohne weiteres jagen;
Doch auch das Meckern lasse Du:
Hast Du schon Hörner, dann stoß zu!
Laß Dich, ein Rat ganz allgemein,
Niemals mit alten Ziegen ein,
Gar Schraubenziegen, die verschroben. –
Wer grün sich macht, ist nicht zu loben:
Die Ziegen fressen ihn zusammen. –
Und: wer gern bockt, muß auch gern lammen.
Ein Bub, der hüten muß die Geißen,
Kann selbstverständlich Peter heißen,
Doch wäre sicher nichts verdrehter,
Als ihn zu nennen Ziegenpeter,
Was eine – falls Ihr's noch nicht wißt –
Ohrspeicheldrüsen-Krankheit ist.

Schon in der grauen Vorzeit traf
Als braves Haustier man das *Schaf*.
Und wirklich, wie bequem ist das:
Statt daß man mähen läßt das Gras,
Läßt man vielmehr das Mäh gleich grasen.
Es freut sich am geringsten Rasen
Und macht, indem's sich frißt dran satt,
Noch außerdem ihn fest und glatt.
Denkt, von sechshundert rund im ganzen
Kennt es vierhundertfünfzig Pflanzen!
Nur wehe, wenn es Wölfisches spürt:
Die Wolfsmilch selbst läßt's unberührt.

Ein Grieche sagt: Der Mann verliert
Am Tag, wo er ein Sklave wird,
Die Hälfte seiner Tüchtigkeit.
Und auch beim Schaf war's schnell soweit.
Denn, reich an Mut und Männertugend,
Durchlebt noch seine Heldenjugend
Auf freien Bergen, nicht der Sklav
Des Menschenvolks, das wilde Schaf.
Ein Höhentier, steigt's nur gezwungen
Herunter in die Niederungen,
Wenn es an Nahrung ihm gebricht.
Neidhammel gibt's da droben nicht.
Kaum, daß die Menschen 's unterjochen,
Wird's knechtisch schon bis auf die Knochen.

Des *Hausschafs* Leben und sein Lieben
Ist klar im Zuchtbuch vorgeschrieben.
Die Unzucht läßt man nur so weit,
Als auch die Zucht durch sie gedeiht.
Der Schafbock sei nicht allzu jung,
Wenn man ihn bringt zum Wintersprung.
Das Schaf läßt man im Sommer lammen.
Der Nachwuchs bleibt zuerst beisammen,
Doch wenn sich die Geschlechter kennen,
Muß man sie unverzüglich trennen.
Ja, die Ko-Edukation
Versagt beim sanften Schafe schon.
Ob eines recht zum Bocke taugt,
Prüft man schon, wenn das Lamm noch saugt.
Wenn nicht, verhammelt man es gleich;
Drum ist die Welt an Hammeln reich.
Das Wildschaf, der Ururgroßvater,
Der war noch durchaus kein »Spinater«,
Der vor dem Regen gleich geflüchtet.
Das Hausschaf wurde überzüchtet,

Drum sehn wir bei den Ururenkeln,
Daß sie an Rheumatismus kränkeln,
Läßt man sie längre Zeit im Feuchten.
Es scheint uns deshalb einzuleuchten,
Daß Kluge gern vor allen Dingen
Ihr Schäfchen auf das Trockne bringen.

Wir können mit den Einzelrassen
Des Hausschafs hier uns nicht befassen;
Es gibt ja auch, gar heutzutage,
Für Schafe keine Rassenfrage.
Ob *Fettsteißschaf*, ob *Heideschnuck*,
Ob mit, ob ohne Hörnerschmuck,
Ob es *Merino* oder nicht,
Ob englisch gar das Schafsgesicht,
Wir könnten bis zum Goldnen Vlies
Zurückverfolgen das und dies.

Daß ich den Leser nicht lang peinige,
Von wilden Schafen auch bloß einige:
Sehr groß, doch ohne arge List
Der *Argali* in Asien ist,
Haust zwischen Altai und Altau –
Die Gegend kenn ich nicht genau;
Der *Katschkar* wird zwei Meter lang
Und wohnt im wilden Tienschang.
Das *Dickhorn*, nicht gerade zwergig,
Lebt in Amerika, wo's bergig.
Doch weiß, auch wer kein Geograph,
Das Finsteraarhorn ist kein Schaf.
Das *Mähnenschaf* ist sehr gedrungen,
Vollbärtig sind bereits die Jungen.
Wir lernten einst schon in der Schul',
Daß von dem Schafe *Karakul*,
Und zwar vom Lamm, das schön geflammt,
Der teure »Persianer« stammt.

Vom *Mufflon* gibt es ihrer zwei:
Weit hinten lebt in der Türkei
Der eine, doch der andre, näher
Ist eigentlich ein Europäer,
Wenn eng begrenzt auch durch die Linien
Von Korsika und von Sardinien.
So dumm die Schafe sind – der Hirt
Nur immer weiser davon wird.
Als Wunderdoktor allenthalben
Gesucht ob seiner guten Salben,
So, daß als Schäfer nur verkleidet,
Oft ein Professor Schafe weidet,
Dem seine Praxis ging zurück:
Jetzt macht er unverhofft sein Glück.

Um zu bewachen Schaf und Schöpse,
Nimmt man als Hunde keine Möpse,
Wie's Dichter möchten, insgeheim
Erfreut von diesem raren Reim. –
Wie fröhlich doch die Kinder werden,
Sehn sie inmitten grauer Herden
Im dumpfen, blökenden Getrampel
Ein weißes Lämmchen oder Lampel.
Als Opferlamm verfällt's der Strafe,
Die zugedacht dem schwarzen Schafe;
Es war der Kinder schönster Traum
Ein Osterlamm aus Zuckerschaum.
Dem Schweinedarm ist alles Wurst.
Der Schafdarm ist voll Schönheitsdurst:
Er ward seit ältesten Zeiten viel
Benutzt zum edlen Saitenspiel.

Ein Schaf zu sein, ist kein Vergnügen,
Und auch beim Ochsen müßt man lügen.
Schafochse aber gar zu werden,

Ist wohl das härteste Los auf Erden.
In Nordamerika und Grön-
Land rumzulaufen, ist nicht schön.

Der Moschus- oder *Bisamochs*
Lebt so, zwar ledig jedes Jochs,
Doch stumpf und dumpf im hohen Norden.
Er ist schon ziemlich rar geworden
Und seine Uhr steht fast auf zwölfe.
Die Indianer und die Wölfe
Und Kälte, bis zu fünfzig Graden,
Die tun dem armen Tiere Schaden.
Es harrt, in seinen Pelz gehüllt,
Bis sich sein Schicksal ganz erfüllt.

Nicht zu verwechseln bitten wir
Den Ochsen mit dem *Moschustier,*
Von dem man sagt, daß es dem Reh
In jeder Hinsicht ähnlich seh.
Es wohnt ganz hoch in Fels und Busch
Von China bis zum Hindukusch,
Und es erfüllt dortselbst die Luft
Weithin mit seinem Moschusduft.

Der Schafochs ist, wenn man nicht blind,
Das Bindeglied vom Schaf zum Rind.
Das Rind und was mit ihm verwandt,
Als *Wiederkäuer* ist bekannt.
Um Gras und Heu gut zu vertragen,
Ist vierfach aufgeteilt der Magen,
Den Gott dem Wiederkäuer gab:
Wanst (oder Pansen), Netz-, Blatt-, Lab-.
Doch werden oft auch Professoren
Als Wiederkäuer schon geboren,
Wobei, stark mit Kathederblüte
Gemischt, ihr Heu nur zweiter Güte.

Die abendländische Kultur
Verdanken wir dem Rindvieh nur.
Als man den Stier ins Joch gespannt
Und auch den Wert der Milch erkannt,
Ward – und verhältnismäßig leicht –
Das Übrige von uns erreicht.

Das Hornvieh hat uns schon als schwer-
Hinwandelnd dargestellt Homer.
Der Nutzen unsres *Hausrinds (Bos)*
Ist wirklich ohne Beispiel groß,
Weil's von der Haut bis auf den Mist,
Dem Menschen restlos dienstbar ist.
Nicht rastlos: meist braucht's nichts zu tun,
Als sich vom Nichtstun auszuruhn. –
Jedoch, obwohl's auch nicht verständig,
Nützt es uns *a)* solang's lebendig,
Durch Milch und Butter und die zarten
Höchst mannigfachen Käsearten:
Aus Limburg, Edam, Emmental,
Aus Parma – Namen ohne Zahl –,
Weißlacker, Kräuter-, Bel Paeser:
Da würd zum Esser gern der Leser!
Es nützt uns *b)* nach seinem Tod
Durch Suppenfleisch, *Bœuf à la mode,*
Durch Nierenbraten, Herz und Lunge,
Durch Lende, Haxe, Schweif und Zunge.
Auch müssen Kerzen wir und Seifen
In diesen Segen einbegreifen,
Die Schuhe, Riemen, Lederlaschen –
Und sehn wir Leut mit Aktentaschen,
Dann müssen – ohne wen zu kränken –
Wir gleich an einen Ochsen denken.
Wer so die Welt – und alles das
Nur um ein bißchen Heu und Gras! –

Beschenkt, verdient sein bittres Los:
Zu gelten als ein Rindvieh bloß.
Und doch, sich beugend jedem Joch,
Der Mensch ist ja viel dümmer noch.
Was für ein – o bedenkt's, Ihr Lieben! –
Kuhhandel wird mit uns getrieben?
Gemolken wird das Volk doch stets –
Fürwahr, auf keine Kuhhaut geht's!

Gar viel, was man vom Tiere spricht,
Ist falsch: Der Büffel büffelt nicht,
Der Stier bemüht sich nicht wie Du
Oft hoffnungslos um eine Kuh.
Und gar vom Ochsen nimmt man an
Verschiednes, was er gar nicht kann.
In Indiens Städten nur mit Mühe
Ist, weil sich da die Heiligen Kühe
Oft mitten auf die Straßen flegeln,
Selbst heut noch, der Verkehr zu regeln.
Bei uns hingegen hat man's eilig:
Die Kuh, die stört, ist keinem heilig,
Weil uns, wie Ihr ja selber wißt,
Die heilige Kuh das Auto ist.

Dem Spanier ist es nicht genug,
Daß ihm die Ochsen ziehn den Pflug,
Daß ihn mit Milch die Kühe laben:
Er will auch seinen Stierkampf haben!
Ob die Regierung links, ob rechts,
Er freut sich seines Stiergefechts;
Das läuft zwar der Moral zuwider,
Doch findet schön es der Madrider,
Schaut bald mit Augen, ganz verglast,
Dem Mörder zu, bald tobt er, rast,
Besonders wenn ein Stier, ein heller,
Ganz einfach streikt als Hauptdarsteller.

Es trägt zwar schwer der grimme *Yak*
Im fernen Tibet Sack und Pack,
Doch wird der wilde seltner schon,
So wie bei uns das Ypsilon.
Er läßt auf sich herum auch reiten:
Nur wird er sich bewußt zu Zeiten,
Daß schnöde ihn der Mensch mißbraucht,
Worauf er ihm gewaltig raucht.
Und er schlägt um sich, wild und blind. –
Dann wird er wieder wie ein Kind.
Noch Cäsar wußte es genauer,
Was sei ein *Wisent* und ein *Auer*.
Seitdem verlor sich oft die Spur
Sowohl von jenem wie vom Ur.
Den Wisent traf viel später man
In Auenwäldern Polens an,
Indes die Auer auf den Wiesen
Sich seither nicht mehr sehen ließen.
Drum hat sich, dienend gutem Zweck,
Der Münchner Zoologe Heck
Zu einem seltnen Trick geflüchtet:
Er hat den Auer rückgezüchtet,
Obwohl man's nicht mehr braucht, das Vieh,
Weil längst die Trinkhorn-Industrie
Der herrlichen Germanenwelt
Ward auf den Maßkrug umgestellt.

Den *Bison* sah man zu Millionen
Den Wilden Westen einst bewohnen. –
Das heißt, sobald man ihn gesehen,
War's leider schon um ihn geschehen.
Er durft von einem End zum andern
Dort, die Prärie durchtrampelnd, wandern.
Er war des Indianers Speise –
Bis dann die Bahn ließ legen Gleise,

Wodurch die Riesensteppe mitten
Ward unversehns entzweigeschnitten.
Die Bahnarbeiter, die da kochten,
Das schönste Beefsteak nicht mehr mochten.

Und da nun überall Schilder drohten:
»Gleisüberschreiten streng verboten!«
So warn die Bisons jetzt behördlich
Getrennt in südlich und in nördlich;
Selbst durch Familien ging's oft halb:
Hier war der Stier, dort Kuh und Kalb.
Und Abenteurer, dumm und roh,
Wie jener Bill aus Buffalo –
Von Narren heute noch gepriesen,
Begannen, Bisons abzuschießen;
Man schlachtete sie ab in Massen,
Um sie dann liegen nur zu lassen.

Heut hat sich, wie die Zeitung lehrt,
Der Bison wieder stark vermehrt.
Jedoch ist, wenn man näher schaut,
Er leider nicht sehr gut gebaut:
Ein alter Bulle, gar im Zorn,
Dräut schrecklich – aber nur von vorn,
Am Widerriste hoch und mächtig.
Doch hinten ist er gradzu schmächtig,
Und er wirkt komisch – wie beim Baden
Ein fescher Jüngling ohne Waden.

Der *Gayal* lebt, sehr stirngewaltig,
Jedoch als Denker recht einfaltig,
Und ähnlich auch der *Gaur*, im Dschange
Und hat an Nahrung keinen Mangel.
Im Kampfe mit dem wilden Tiger
Bleibt häufig dieses Rindvieh Sieger.

Der *Büffel* badet seine Wamme
Bei Tage gern im warmen Schlamme.
Aus Asien, seinem Vaterland,
Der *Arni* kam zum Donaustrand.
Der *Kaffernbüffel* ist für Jäger
Gefährlich – und nicht nur für Neger:
Er scheut sich nicht vor einem Mord
Sogar an einem echten Lord,
Und wirft ihn in die Luft voll Wut. –
Drum schieße gar nicht, oder gut.

Das *Zebu*-Rind ist bräunlichgrau;
Leicht kennt man es am Körperbau:
Sein Buckel ist besonders groß. –

Bei uns sind Rinder höckerlos;
Schwarz, bräunlich sind sie, grau und scheckig
Das *Durhamrind* ist fast viereckig.

Man teilt das Rind in viele Rassen,
Die wiederum sich teilen lassen,
Am Wuchs erkennbar und an Schnäuzen,
Doch kann man andrerseits sie kreuzen,
Durch Einheirat sie so vermischen,
Daß Gegensätze sich verwischen.

Bald nach der Eiszeit, in der Stein-,
Gab es die Torfkuh, braun und klein.
Verhutzelt ist sie immerzu –
(Was andres ist die Butzelkuh).

Das brave *Rind* hat selbst zwar nie
Bedürfnis nach der Poesie.
Doch wirkt's poetisch seinerseits
Am Nordseestrand wie in der Schweiz.

Den Dichter aus der Großstadt freut
Das wunderschöne Almgeläut
Und Fabeln weiß er zu ersinnen
Von holden, jungen Sennerinnen,
Von ihrem Leben, ihrem Lieben –
Im Herbste wird dann abgetrieben.
Lebfrisches Volk der Alpenkinder!
Lang warn Dein einziges Glück die Rinder;
Denn spät erst lerntest Du erfassen,
Daß sich auch Fremde melken lassen!

Vom Ochsen, der, weil ungeschlacht,
Geschlachtet erst uns Freude macht,
Vom Goldkalb, angebetet stets –
Doch, ach, auf keine Kuhhaut geht's! –

Kuhställe – nun, wir wissen das
Von denen noch des Augias –
Warn einst wohl schmutzig, doch gemütlich.
Im halben Dunkel tat sich gütlich –
Ein Bild des Friedens und der Ruh –
Die milde, mütterliche Kuh.
Jetzt sind sie, sachlich, glatt und helle,
Nichts mehr als eine Milch-Tankstelle,
Mit keiner Spinnweb im Gebälke,
Mit Zentrifugen, Blitzkraftmelke,
Tabellen, die das arme Wesen
Zum Glücke selber nicht kann lesen,
Denn darauf schreibt man ungerührt,
Daß man es bald zum Metzger führt,
Weil hinter dem, was es verschluckt,
Zurückblieb schon ihr Milchprodukt.
Ja, ja, der Fortschritt überall!
Trotzdem, wir wünschen: »Glück im Stall!«

Die *Antilopen* ähneln bald
Dem Hirschen mehr und Reh im Wald,
Bald mehr den Ziegen, mehr dem Rind:
Man sieht, daß sie verschieden sind.
So gibt's zum Beispiel in den Tropen
Sogar Hirsch-Ziegen-Antilopen.
Die Gemse auch, die vörner wir
Gebracht schon als ein Hörnertier,
Gehört genau an diese Stelle.
Noch mehr natürlich die *Gazelle.*

Gazellen, auch gebraten köstlich,
Durchstreifen Afrika, nordöstlich.
Der *Riedbock,* grad so unermüdlich,
Lebt auch dort unten, weiter südlich.
Ob ihrer Schönheit, ihrer Schnelle
Liebt jeder die *Giraff-Gazelle.*
Es hat kein Mensch mehr je erfahren,
Was wohl einmal die Lopen waren:
So gründlich haben sich zuletzt
Die *Anti-Lopen* durchgesetzt.

Die Steppenantilope, *Saiga,*
Zieht nördlich fast bis an die Taiga,
Und nährt sich schlicht von armen Gräsern.
Ihr Angesicht ist fast nur näsern.
Der *Wasserbock (ellipsiprymnus)*
Verdiente einen eignen Hymnus.
Der Jäger daran ihn erkennt,
Daß er sofort ins Wasser rennt,
Um, untertauchend in den Pfützen,
Sich vor des Feindes Blick zu schützen.
's ist mit der Wissenschaft ein Graus:
Im Grund weiß keiner was Genaus.
Wir sehn ein ziemliches Gewirr

Von *Buntbock, Hartebiest* und *Schirr-
Kuh-, Pferdeantilopen, Elen-,*
Hier wär nur Grzimek zu empfehlen.

Durch Afrika siehst schweifen Du
Das Gnu, vorweg das *Streifengnu.*
Und bis herüber an den Kongo
Zieht auch bis heute noch der *Bongo.*
Vom *Nilgau* würde jeder meinen,
Er stammt vom Nil; doch dort gibt's keinen.
Im Gegenteile, meist zu Paaren
Lebt er in Indien, lang von Haaren.
Auch der *Goral,* der Ziege gleich,
Durcheilt des Himalaya Reich.
Doch ist in USA der *Gabel-
Bock* leider nur noch eine Fabel.
Als Gabelfrühstück in den Bäuchen
Verschwand er, oder starb an Seuchen.

Vom Horntier man nicht weit zu pirschen
Braucht, um zu kommen zu dem *Hirschen:*
Von ihm besonders die bekannten
Zwölfender (auch Kapitulanten),
Hauptschaufler, bis zum Range frührer
NS-General-Arbeitsführer
Und kapitale Schaufler, die
Mehr bei Finanz und Industrie.

Längst ausgestorben ist der Schelch,
Doch lebt sein Reimpart noch, der *Elch.*
Um dieses große Tier zu sehen,
Mußt man einst weit nach Norden gehen,
Was Mühe schuf und Geldausgaben.
Jetzt kann man so was billiger haben.
Man fährt bloß mit der Straßenbahn

Zum Tierpark und schaut's dorten an.
Man geht an das Geheg der Elche
Und wenn man Glück hat, sieht man welche.

In grauer Vorzeit hören wir
Von Jagden auf das Elentier,
Das eilig, trotz dem plumpen Rumpf,
Hinschreitet über Eis und Sumpf,
Weil seine Schalen, breit gespalten,
Es sicher überm Schlamme halten.
Jedoch durch unsern Dreck zu waten,
Müßt sogar diesem Tier mißraten.

Es schwimmt der Elch, wenn es sein muß,
Recht tüchtig über See und Fluß.
Man jagt ihn, teils, weil es vergnüglich,
Doch teils auch, weil das Fleisch vorzüglich,
Besonders von den jungen Elchen,
Sei es zum Braten, sei's zum Selchen.
Schußfest, so hat man einst gedacht,
Ein guter Elen-Koller macht.

Gleich einem riesenhaften Kelche
Erhebt sich das Geweih beim Elche.
Ostpreußen war das einzige *Inland,*
Wo es ihn gab, sonst nur noch Finnland,
Norwegen, droben hoch in Schweden,
In Rußland, bei den Samojeden,
Vereinzelt wohl im baltischen Tiefland,
Litauen, Kurland oder Livland.

Ob er noch dort den Wald durchtrottet?
Der Krieg hat ihn wohl ausgerottet.
Wo heute steht die Stadt Berlin,
Sah Elche man in Herden ziehn,

Was die Erfahrung längst bewies:
Beim Schaufeln man auf Schaufeln stieß.
Es gibt verschiedne Parallelen
Von unserm Elche oder Elen
Zu einer Hirschart, die ich kenn
Von Nordlandreisen selbst: zum *Ren*.
Lappländler führn, in bunten Hemden,
Es gegen Trinkgeld vor den Fremden,
Daß auch der Rentier (sprich Rentjeh)
Bequem das brave Rentier seh.
Die Indianer wie die Lappen
Verfertigen Kleider, Schuhe, Kappen
Aus schöngegerbten Rentier-Häuten.
Auch sonst ist leicht es auszubeuten:
Man melkt es – nur, sofern es weiblich –
Und rennt mit ihm ganz unbeschreiblich
Auf Schlitten über Schnee und Eis.
Die Lappen, je nach Lebensweis
Teilt man in Rentier- allgemein,
In Wald- und Fischerlappen ein. –
Waschlappen freilich wird's daneben
Genau wie hierzulande geben. –
Der Rentierlappe wird schon selten,
Er wohnt im Sommer meist in Zelten
Und treibt die Herden, als Nomade,
Bis weit zum siebzigsten Breitengrade.
Hat so ein Rentierlappe Glück,
Dann bringt er es auf tausend Stück,
Mit hundert tut er noch nicht groß,
Der Lapp nimmt's als Lappalie bloß.
Der zehnte Teil von unserer Erden
Ernährt sich nur von Rentierherden.

Die richtige Familie *Hirsch*
Durchstreift, meist wohlgenährt und wirsch,

Von dem mit Wald bedeckten Mittel-
und Nord-Europa rund zwei Drittel.
Der *Damhirsch* trägt den schönen Namen
Nicht, wie's könnt scheinen, von den Damen,
Dam-Dama heißt er auf Latein –
Und nicht auf das der Jägerlein! –
Doch wurzelt seines Namens Stamm
Auf daman: zähmen – siehe Damm.
Den Hirschen gab's einst in Algerien,
Doch macht er dort schon große Ferien.
Man hält das Damwild meist im Park,
In Kiefernheiden, in der Mark;
Besonders ist er bei den Briten
Als malerisches Tier gelitten –
Und noch beim Fürsten Thurn und Taxis.

Ein andrer Hirsch ist dann der *Axis*,
Der weiß gefleckt ist, wie mit Pinseln.
Sein Reich sind Indien und die Inseln.
Auch sind in Nordamerika
Noch ein paar echte Hirsche da:
Es lebt, nicht freilich in der City,
Nein, tief in Wäldern, der *Wapiti*,
Und zwar, wie's für dies Land gebührlich,
Als größter Hirsch der Welt, natürlich.
In Rudeln noch von vielen hundert
Wird der *virginische* bewundert;
Leicht brechen die den Lauf durch Sturz;
Ihr Lebenslauf ist dann sehr kurz.

Als unsrer Schöpfung Krone muß
Wohl gelten *cervus elaphus*
Der *Roth-Hirsch*, welcher durchwegs edel
Von der Geweihspitz bis zum Wedel.
Er schreitet wunderbar einher;

Zwei Meter wird er lang und mehr,
Hat Schulterhöhe anderthalb –
Viel kleiner sind dann Stück und Kalb.
Fünf Zentner wiegen oft die Starken
Im Krieg gab sie's auf halbe Marken.
Der Hirsch, so meint man, lebt vergnügt,
Doch sieht man, wie der Schein oft trügt:
Die Tränengruben lassen's kennen,
Wie bitterlich grad Hirsche flennen.
Auch abgekümmert und verhetzt
Trifft man sie, und zurückgesetzt.

Ist's Liebeskummer, still verborgen?
Sind's gar die bösen Wechselsorgen?
Auf keinen Fall ist's das Geweih:
Der Hirsch im Holz trägt's stolz und frei.
Es schmückt ein halbes Jahr ihn knapp:
Im Hornung wirft er's wieder ab.
Kann er sein Leben ganz vollenden,
Bringt er's auf vierundzwanzig Enden.
Der Hirsch nährt sich recht gut zumeist.
Im Herbst ist er besonders feist.
Da zeigt er, gar die alten Männer,
Sich als gewiegter Schwammerlkenner,
Sucht Pilze schon in aller Früh
Und macht vergeblich unsre Müh.
Wildschaden bringt er ganz unmäßig,
Weil er sehr heikel und gefräßig.
Die Roßkastanien und die Eicheln
Besonders seinem Gaumen schmeicheln.
Im Winter geht, bei Schnee und Frost,
Beim Oberförster er in Kost,
Des Gastfreundschaft er froh genießt,
Obwohl der immer auf ihn schießt.
Den Anstand zwar kein Jäger schilt,

Doch höher noch die Pirsch ihm gilt.
Mit Treibern und mit Hund zu jagen
Ziemt sich nicht mehr in unsern Tagen.
Par force ist unfein – mit Gewalt! –
Das Halali ist längst verhallt.
Doch sehr in Schwung ist noch das Wildern.

Gern würd ich Hirschen länger schildern,
Doch müßt, vom Ohr bis zu den – –,
Die Jägersprache ich beherrschen.
»Der Schrank ist ein gerechtes Zeichen...«
Kein Laie würde je erreichen,
Selbst, wenn man's mehrmals ihm erklärte,
Zu deuten so des Wildes Fährte.
Die Jagd – wie Börse oder Sport –
Hat überall ein eignes Wort.
Der Hirsch fegt, äugt, färbt, äst, trollt, schält,
Verhofft, plätzt, windet, schreckt und schmält.
Es heißt bei ihm das Maul Geäs,
Hingegen Weidloch das Gesäß;
Das Blut ist Schweiß, die Rippe Feder,
Und Decke ist das (Hosen-) Leder.
Die Ohrn sind Schüsseln, Augen Lichter –
Kurzum, die Jäger sind halt Dichter.
Der Hirsch, der durch das Hohe Lied
Zur Wasserquelle dürstend zieht,
Hat Bild und Beispiel stets gegeben
Für ein entschloss'nes Liebesleben.
So lernten wir schon in der Schule:
Er wünscht nicht, daß man nebenbuhle
Klug ist er nie, und in der Brunft
Verliert den Rest er von Vernunft
Und wird dann, meistens im Oktober,
Ein Raufbold, ein gewaltig grober.
Er führt sich auf, er orgelt, röhrt,

Daß man es weithin schallen hört:
»Geh her, du Feigling, wenn d' dich traust!«
Dem Wanderer im Bette graust,
Froh, daß er nicht als Hirsch geboren,
Zieht er die Decke an die Ohren
Und lauscht dem wilden Liebeswerben,
Das gleich auf Leben geht und Sterben:
Zorn prallt auf Zorn. Und beide Zörne
Mit ihrem riesigen Gehörne
Gehn finster aufeinander los.
Es kracht der Wald von Schlag und Stoß.
Den Platz behauptet dann der Platzhirsch,
Und grollend weicht ihm der Ersatz-Hirsch.

Nicht oft glückt's, daß man Hirsche seh;
Doch kennt – *noch!* – jedes Kind das *Reh*,
Das, *Capreolus* schon genannt,
Kurch Kapriolen ist bekannt;
Denn fehlt's an Mut auch unserem Rehchen,
Anmutig ist's vom Kopf bis Zehchen.
Wie freun die Tierlein uns, die frommen,
Die abends aus dem Walde kommen
Und friedlich in dem Kleefeld grasen.
Wir, die im Zug vorrüberrasen,
Schrein laut: »Ein Reh!« und winken, deuten
Und zeigen's glücklich fremden Leuten;
Die werfen, um's zu überraschen,
Nach ihm mit leeren Seltersflaschen.

Der Bock, von Eifersucht gequält,
Horcht, ob nicht wo ein Schmaltier schmält.
Oft bellt er laut, das heißt, er flucht,
Weil er, umsonst, sein Weibchen sucht,
Das, steigernd seine Liebespein,
Nicht einstellt sich zum Stelldichein.

Besagtes Schmaltier oder Ricke
Ahmt nach der Jäger mit Geschicke,
Indem auf einem Blatt er fiept.
Wenn er den Bock, der sehr verliebt,
Dann glücklich vor der Büchse hat,
Dann schießt er einfach ihn »aufs Blatt« –
Vorausgesetzt, daß gutes Schußlicht.
Das Reh hat eine Art von Schlußlicht,
Und zwar der Bock wie auch die Geiß:
Ihr Spiegel hinten leuchtet weiß.
Der Jäger, der sonst jede Spur
Von Mißwuchs haßt in der Natur,
Ist wie ein Narr darauf erpicht,
Beim Rehgehörne, beim »Gewicht«.
Sei's eines von Perückenböcken,
Sei's eines mit drei Rosenstöcken –
Er hängt es stolz, mit Nam und Zahl
Daheim in seinen Ahnensaal
Und bildet sich auf seinen Mord
Noch etwas ein, gar als Reh-kord. –
Das Reh lebt einzeln und in Rudeln
Und schmeckt sehr gut zu breiten Nudeln.

Von Hirsch und Reh gleich auf das Schwein
Zu kommen, wäre wohl gemein,
Wär nicht, daß uns das leichter fällt,
Auch noch der *Schweinshirsch* auf der Welt –
Der uns als Bindeglied und Mittler
Dient gegen allzu strenge Krittler.
Das *Schwein* zählt nicht, nach den bisherigen
Erfahrungen, zu den gelehrigen
Und klugen Tieren; seines *Lebens*
Sinn würde suchen man vergebens.
Ganz anders, wenn man es betrachtet
Im Hinblick darauf, daß man's schlachtet.

Dann nämlich gibt's nichts edlers schier
Als dieses brave Säu-getier.
Des Todes reinigende Kraft
Erhärtet da die Wissenschaft:
Vergessen ist mit einemmal
Die ganze schweinische Unmoral,
Vergessen, daß es schmatzt und grunzt,
Daß es in Litratur und Kunst
Sich wälzt und Nuditäten schnüffelt.
Der Schweinskopf, wenn er, gar getrüffelt,
Zitronen im geschabten Rüssel,
Schön sauber liegt auf einer Schüssel,
Freut nicht nur seinen rohen Henker,
Nein, sogar Dichter oft und Denker. –
Und nur bei netten, kleinen Spansaun
Wankt uns der Appetit, beim Anschaun.

Sein Leben mag's im Dreck vertrödeln,
Man liebt das Schwein mit Kraut und Knödeln
Und Schinken etwa in Burgunder
Verehren wir als wahres Wunder.
Wir ließen zu, daß man verworste
Selbst Walhalls Eber, Gulliborste.
Wie wüst's auch selber frißt am Trog –
Doch halt! Laß ich, als Zoolog
Nicht Messer gleich und Gabel sein? ...

Das wilde Halsband-Nabelschwein
Pekari auch, ein Tier voll Kraft,
Ist ständig auf der Wanderschaft.
Schlank, borstig, schwarzbraun, seitlich gelber,
Durchschwimmt's den Amazonas selber
Es darf schwarz unter Schwarzen sein
Das urgewaltige *Warzenschwein*.
Wer darauf stößt, fühlt sich erlöst,

Wenn es nicht auf ihn selber stößt,
Denn fürchterlich sind seine Hauer.
Und es genügt ihm auf die Dauer,
Daß es ganz ausgewachsen, nicht,
Auswüchse kriegt's noch im Gesicht!
Das *Pinselschwein* wär auch zu nennen –
Doch wer möcht all die Schweine kennen,
Die leider Gotts, in ganzen Haufen,
Dreist mensch-getarnt, auf Erden laufen?
Weh dem, der feig und unbedacht
Manch solches Schwein mit fett gemacht!

Bei uns stellt sich im Fasching ein
Das lüstern-wilde *Maskenschwein,*
Um, meist in Nächten, zauberschwülen,
In fremdem Fleisch herumzuwühlen.
In Japan wird es zahm gehalten;
Dort hat es dicke Sorgenfalten.
Das *Bartschwein* hängt gern seinen Rüssel
Laut schmatzend in die Suppenschüssel.

Hirscheber (Babyrussa) – freilich
Würd nur aus Irrtum, unverzeihlich,
Mit Barbarossa er verwechselt! –
Besitzt vier Hauer, stark gedrechselt.
Erzählt von Barbarossa ward,
Ihm wüchse durch den Tisch der Bart.
Beim Baby-russa stimmt's genauer:
Ihm wachsen durch das Hirn die Hauer.
Feistnackig meist und hängeschwärtig:
Das *Pustelschwein* ist widerwärtig.

Bedeckt mit Schmutz und groben Borsten
Haus unser Wildschwein in den Forsten,
Sogar im deutschen Dichterwald –
Aussterben wird's noch nicht so bald –.

Geregelt ist der Schweinebären
Laufbahn, wie wenn's Beamte wären.
Als Frischlinge, noch jung und feurig,
Erhalten sie den Titel »heurig«.
Im nächsten Jahr sie nichts erlangen:
Sie werden einfach »übergangen«.
Im dritten wird der Aufstieg steiler:
Fest angestellt, sind sie jetzt »Keiler«.
Auch führen, stärker schon und dicker,
Sie nun den Titel »Hosenflicker«.
Fünfjährig und schon leicht ergrauend,
Erhalten sie den Rang von »hauend«.
Doch erst im siebten soll erlaubt sein,
Sich zu bezeichnen als ein Hauptschwein
Der höchsten Klasse: grobe Sau.
Desgleichen darf die Schweinefrau,
Erst, wenn sie firm in ihrem Fache,
Sich nennen eine grobe Bache.

Die *Sau*, daß ich als Jäger spreche,
Geht, statt zum Fressen, ins Gebreche.
Auch wird fachmännisch nur gesprochen
Von Rauschzeit als von Flitterwochen.
Das Schwein jagt man zumeist mit Hunden,
Die bellen, wenn sie eins gefunden...
Oft hat's den Jäger angenommen
Und soll dann rasch gefahren kommen
Ein Ausdruck, der uns endlich klar
Den Sinn erhellt des Worts: Gefahr.
Weil's, statt zu gehen in die Schule,
Nur dumm und faul liegt in der Suhle,
Räumt man dem armen, wilden Schwein,
Auf Erden keine Schonzeit ein.
Der Mensch, das ärmste aller Schweine,
Hat selbstverständlich gleichfalls keine.

Der Schweinefraß kann uns nicht laben;
»Schwein« muß man stets im Leben haben;
Jedoch das *Hausschwein,* weil sich's lohnt,
Wird dick gefüttert und geschont.
Rein specklich läßt sich's nicht bestreiten:
Das Schwein hat viele gute Seiten.
Zu rühmen sind nicht nur die Würste:
Die Borste gibt die beste Bürste.
Schweinsleder – schön; und lange hält's.
Ganz wertlos ist der Schweinepelz.

Von all den Rassen, die es gibt,
Ist die mehr hier, die dort beliebt.
Es handeln stets die gleichen Gauner
Mit deutschem *Marschschwein* und *Bakauner.*
Ob magerer und krausgelockt,
Ob glatt und ganz von Fett verstockt,
Mit kurzem oder großem Ohr –
Es kommt uns schließlich doch so vor,
Als gäb es Schweine überall,
Als sei die Welt *ein* Schweinestall,
So, daß der Bauersmann nicht log,
Der sprach: »Es ist der gleiche Trog,
Draus alles frißt in alter Treue. –
Was wechselt, das sind nur die Säue!«

UNPAARZEHER

Den *Esel* nennt man meist mit Tadel;
Doch ist's ein Tier von altem Adel.
Der große Gesner, um den Fluch
Von ihm zu wenden, schrieb ein Buch:
»*De honestate asini.*«
Ach, wären auch dem armen Vieh
Bedeutendste A-Sinologen
In Wort und Schrift durchaus gewogen:
Verscherzt hat's nun einmal sein Heil –
Wie Mauern steht das Vorurteil!
Der größte Esel, der noch wild,
Der *Kiang,* nur als halber gilt.
Der Kulan oder *Dschiggetai* –
Equus A. hemionus Gray –,
Von Farb nicht grau, mehr isabell,
Durchtrappelt, ungeheuer schnell,
Ganz Mittelasien, bis weit hinter
Zu Tibets Bergen, um im Winter
In wärmere Täler sich zu flüchten.
Mongolen lernten nie ihn züchten.
Ein wilder Esel, der *Onager,*
Ist, wie der halbe, flink und mager.
Von Syrien bis nach Persien trifft
Man ihn teils selbst, teils in der Schrift.
Die Bibel nennt ihn, wild und zahm:
So etwa, daß den Bileam
Ganz dreist hat angeredet seiniger
Und ihn beschimpft als seinen Peiniger.
Auch Saul, den später Gott verflucht,
Hat Eselinnen nur gesucht
Und fand dafür ein Königreich,
So was geschieht nicht jedem gleich.

Doch reich wird mancher immerhin,
Sucht er die rechte Eselin.
Voll Edelsinn, statt einem Schwert
Mit einem Eselskinn bewehrt,
Schlug Simson – ja, wer kann, der kann! –
Einst die Philister, tausend Mann.
Und auch das Neue Testament
Uns dreimal einen Esel nennt:
Erst stand er an des Heilands Krippe,
Dann half er ihm und seiner Sippe
Zur Flucht in das Ägypterland,
Und drittens zog, vom Jordanstrand,
Der Herr auf Eselinnenhufen
Umringt von lauten Jubelrufen
Ein in die Stadt Jerusalem.
Damals schien er dem Volk genehm;
Doch schlug es ihn, sechs Tage später
Ans Kreuz, als einen Missetäter –
Wobei ich auf Moral verzichte:
Hier geht's nur um Naturgeschichte.
Palmesel – wie der Pfingstochs auch –
Sind weniger Tiere als ein Brauch.

Es nennt der alte Xenophon
Den schnellen, wilden Esel schon
Als heimisch um den Euphratfluß. –
Auch Strabon tut's und Plinius. –
Du träfst ihn noch dort, kämst Du hin.
Doch fragtest Du, selbst in Berlin,
In München oder in Sankt Blasien
Den *asinus*, ob er aus Asien,
So schriee jedes Langohr: »Ja!«
Doch kommt es auch aus Afrika.
Heut heißen alle Deppen Esel:
Sie wissen nichts vom *Steppenesel*,

Von dem sie alle stammen her.
Er lebt am Nil und Roten Meer.
Der Esel – nehmt mir das nicht krumm –
Ist klug und listig – Ihr seid dumm,
Wenn Ihr dies Tier, so hübsch gestaltet,
Kurzweg für einen Esel haltet
Und ihn beschimpft, ja prügelt gar –
Habt Ehrfurcht doch vorm grauen Haar!
Bei uns nur kam er so herunter!
Hingegen ist er heut noch munter,
Ein guter Renner, braver Traber,
Im Land der Perser und Araber,
Und mehr mitunter als ein Pferd
Ist dort ein guter Esel wert.
Man sagt, daß aus dem Lande Jemen
Die größten und die besten kämen.

Als ein getreuer Pflichterfüller
Lieh voreinst er auch unserm Müller
Und Landwirt seine beste Kraft.
Jetzt ist er leider abgeschafft,
Und bald, ersetzt durch den Benzin-,
Ist wohl der letzte echte hin.
Kommt man hingegen weiter südlich,
Trifft man den Esel, unermüdlich.
Muß dort man schon den armen Bauern
Aus tiefstem Herzensgrund bedauern,
Wie seinen Esel noch erst recht,
Der ja des Allerärmsten Knecht!
Ja, preisgegeben allen Tücken,
Der Sommerhitze wie den Mücken,
Läuft er dahin, vergnügt und fügsam,
Sowie unvorstellbar genügsam!
Die größten Lümmel auf ihm hocken;
Bald trägt er Holz und Steinerbrocken,

Bald schleppt von Schilf er eine Last,
Daß drunter er verschwindet fast,
Bald zieht er bergwärts schwere Karren;
Die Kinder halten ihn zum Narren.
Er rackert sich und gibt von früh
Bis spät sich eine Eselsmüh.

Durch seine rührende Geduld
Ist er am Ende selber schuld,
Daß – da ja Menschen nie was rührt –
Er ein so traurigs Leben führt.
Denn merkt die Welt, wie zahm Du bist
Und daß Du sogar Disteln frißt,
Ist Deine gute Zeit gezählt:
Man schindet Dich und stichelt, quält
Und spielt sich auf als Deinen Herrn.
Zu spät fängst Du jetzt an zu plärrn.
Wer einmal sich hat hergegeben
Zum Esel, bleibt's fürs ganze Leben
Und seine Leiden macht's nicht quitt,
Glückt ihm einmal ein Eselstritt.

Der Esel geht, wie jeder weiß,
Wenn ihm zu wohl ist, auf das Eis.
Bei alten ist's nicht schön, doch sei
Verziehn die Jugend-Eselei.
Dem Pergament, der Eselshaut,
Wird höchste Weisheit anvertraut.
Wenn erst sein »Ia« ein Esel schreit,
Gleich schreien alle, weit und breit.
Kein Buch mit Eselsohren schmücke,
Verwende keine Eselsbrücke
Und denke, wenn's drauf ankommt, an
Den Esel des Herrn Buridan:
Hast Du zwei Bündel Heu zur Wahl,

So bleibe keinesfalls neutral.
Das eine laß, das andre friß,
Denn sonst verhungerst Du gewiß.

Das *Maultier (equus mulus)*, Muli,
Macht für die ganze Welt den Kuli.
Der schlaue Mensch zieht's aus dem Blute
Von Eselshengst und Pferdestute. –
Der Grundsatz ist nicht zu erschüttern:
Der bess're Teil kommt von den Müttern! –
Denn der *Maulesel*, umgekehrt,
Hat durchaus nicht denselben Wert,
Wenn er auch macht ein groß Parlaren,
Daß seine Eltern Pferde waren.

»Ein schneller Hund, ein braves *Pferd*
Sind mehr als zwanzig Weiber wert!«
So sagt ein Sprichwort der Araber.
Ganz ähnlich heißt's auf Bayrisch aber:
Der Bauer sagt: »Wenn d' Weiber sterb'n,
No is des weiter koa Verderb'n.
Wenn aber d' Roß amal verreckn,
Oh, saggera, des is a Schreckn!«

Man sieht daraus, wie alle Welt
Das edle Pferd in Ehren hält.
Nützt's auch nicht so wie Kuh und Kalb,
Es gilt als Mensch schon, halb und halb,
Wenn der Kentaur auch, bis zum Nabel
Ein Mensch, dann Roß, nur eine Fabel.
Der *Tarpan* schweifte einstmals frei,
Den *Mustang* gibt es bei Karl May.
Ihn brachte erst Columbus ja
Hinüber nach Amerika,
Wo längst ein Pferd gewesen wär –

Doch starb es aus, *im Tertiär.*
Der Cowboy ließ dann in den Pampen
Der neuen Welt das Pferd verschlampen,
So daß heut große Herden ziehn,
Fast wieder wild, durch die Prärien.

Nachdem die Eiszeit kaum verebbt,
War weit das Abendland versteppt;
Es wimmelte von wilden Pferden,
Hindonnernd in gewaltigen Herden.
Der Mensch macht', noch auf niedrer Stufe,
Sich langsam dienstbar ihre Hufe.
Pfahlbürgern, braven, allerdings,
War so ein Wildpferd was gerings.
Es sind vielleicht dann die Chinesen
Die ersten Reiter schon gewesen.
Das allerfrüheste Sagenpferd
War allerdings ein Wagenpferd;
Der Berber, edel, groß und hager,
War schon ein Liebling der Karthager.
Im Reiten wurden alsbald Führer
Araber, Perser und Assyrer.
Und Pferdezucht und Kriegskunst blühten
Früh bei den Parthern und den Skythen.
Berüchtigt sind die Reiterscharen
Der wilden Hunnen und Avaren.
Das höchste Glück auf dieser Erde
Sahn auf dem Rücken sie der Pferde.
Vom Säugling bis zum alten Dattel
Saß auch der Ungar fest im Sattel;
Er hat, mit Brennen und mit Morden –
Wie später die Mongolenhorden –
Zu Pferd halb Deutschland einst durchstreunt.
Philippus, das heißt Pferdefreund,
Benannten den die alten Griechen,

Der Pferde brauchte nur zu riechen,
Um zu gebärden sich wie toll.
Das Pferd war heilig dem Apoll.
Geflügelt ward's zum *Pegasus;*
Gezügelt bis zum Überdruß,
Ist er – des Welt an sich der Himmel –
Gekoppelt mit des Amtes Schimmel,
Ja, wie uns Schiller machte klar,
Mit einem Stier – welch ungleich Paar!

Die Römer warn einst gut beritten
Bis dann verfielen ihre Sitten
Und sie, statt daß sie Pferde pflegten
Aufs Wechselreiten sich verlegten.
Germaniens Göttervolk, die Asen,
Fast alle wohl zu Pferde saßen.
Nur Loki – doch man soll sich hüten
Zu schweifen durch verschollne Mythen!
Die Pferde waren anfangs klein ...
Drum fiel's dem großen Karl ein –
Nachdem's ihm aufgefallen war –
Zu züchten größere, und zwar
Ließ er sie in Gestüten wachsen
Im reichen Land der Niedersachsen;
Und als erfolgreich die Normannen
Noch ihre Pferdezucht begannen,
Entstanden – und das ist historisch –
Die schweren Gäule, welche norisch,
Die spielend trugen einen Ritter
Einschließlich der oft zwanzig Liter
Bier oder Met, die er getrunken –
Falls er nicht dann vom Roß gesunken.
Zerfallen sind die Ritterschlösser
Und sehr erleichtert sind die Rösser,
Seit man sie solcher Last entbunden,

Da man den »Schwolischer« erfunden.
Bei Mähre, Klepper oder Heiter
Dacht vormals sich ein Mensch nichts weiter
Und eine edle Mähre gar
Berühmt in jedem Marstall war.
Der Mähre-Schalk, der Pferdeknecht,
Als Marschall macht er sich nicht schlecht,
Doch hängen blieb in manchen Fällen
Der Stallgeruch an Feldmarschällen.

Von Pferdezucht bring ich nur wenig;
Arabiens Hengst war stets der König.
Im Kreuzzug kreuzte man ihn schon,
Jedoch man merkt nichts mehr davon.
Erst *England* hatte dann Gestüte
Für Rassenpferde erster Güte,
Und zwar aus vollem, altem Blute;
Doch auch bei halb- und kaltem Blute
Sucht man, an Körperbau und Schädeln,
Die Tiere ständig zu veredeln.
Manch edler Hengst ward arg verkannt:
Vor einen Karren sah gespannt
Ein Quäker jenen Godolphin;
Er kaufte nur aus Mitleid ihn
Von seinem dummen Quäler los:
Doch jetzt ist sein Geschlecht »ganz groß«!
Die Stuten, strenge nach Statuten,
Zieht man in eignen Instituten.
Erfülln sie ihre Mutterpflicht,
Kommt bald ein Füllen an das Licht;
Wenn das kein Fohlenmantel wird,
Wird's eines Tages eingeschirrt
Und endet, grad so wie die vielen
Mit-Kreaturen in den Sielen.
Geht's gut, kriegt's noch sein Gnadenbrot,

Geht's schlecht, schlägt es der Schinder tot.
Nur wenige, des Glückes Buhlen
Beziehen später Hohe Schulen
Und machen schließlich gar das Rennen;
Die wird sogar die Zeitung nennen! –
Gar mancher Kluge hat zuletzt
Da doch aufs falsche Pferd gesetzt. –
Selbst Sieger tun sich schwer im Alter:
Personenpferdefahrzeughalter,
»Gaulleiter«, wie die Münchner sagen,
Erwerben sie für ihren Wagen;
Im »feschen Zeugl« ist der Renner
Noch jahrelang die Lust der Kenner.
Zum Schluß wird's der geschenkte Gaul,
Dem man nicht schauen soll ins Maul.

Des Wodanslieblings sichrer Sproß,
Das edle Teutsche Dichterroß,
Als militärfromm ist berühmt –
Bigott nennt's mancher unverblümt.
Und wie der nächste beste Jucker,
Nimmt's, wo's es kriegt, sein Stückchen Zucker.
Doch will ich keineswegs hier hetzen; –
Statt mich aufs hohe Roß zu setzen,
Bitt um Verständnis ich bescheiden
Für seine jahrelangen Leiden:
Rechts soll es gehen und drauf grob,
Spornt man es scharf zum Linksgalopp,
Und so möcht's weit und immer weiter
Mißbrauchen der Prinzipienreiter.
Das Tier, einst wirklich hoch verehrt,
Wird bestenfalls zum Steckenpferd.

Vielleicht vermißt noch der und jener
Den *Lippizaner,* den *Trakehner,*

Der schweren Gäule Prachtgespann,
Die seit dem Kriege wieder man
Bewundert beim Oktoberfest –
Wie überhaupt man gelten läßt
Das Pferd fast wie in alten Zeiten:
Die Welt will heute reiten, reiten!
Selbst meine Ehefrau und Herrin
Ist eine große Pferdenärrin.

Das Goethewort wär überspitzt:
»Das, was man schwarz auf weiß besitzt,
Kann man getrost nach Hause tragen.«
Vom *Zebra* würd das ausgeschlagen.
Das *Quagga* gab's in großer Zahl
Vom Kap einst bis zum Flusse Vaal.

Das *Tigerpferd* noch nördlich weiter;
Nur ungern duldet es den Reiter.
Und da sich leider, außer Bebra
Nichts reimen will auf unser Zebra
Zeigt es, ein störrischer Pegasus,
Dem Dichter selbst den Pferdefuß.
Daß wir nicht blind durch Straßen schweifen,
Erfand man heut den Zebrastreifen.

Das Zebra ist von Kopf bis Schwanz
Nicht Pferd und auch nicht Esel ganz.
Indes ein echtes Pferd – *soit honny
Qui mal y pense*, ist unser *Pony*.
Zum Schluß kommt jetzt auch noch der *Tapir*,
Doch wird schon knapper uns das Papier,
So daß wir, auch wenn wir's ihm gönnten,
Ihn nicht so lang beschreiben könnten,
Wie er's verdiente als der letzte
Und, immer, ach, Zurückgesetzte.

Gar wunderlich ist seine Sippe:
Sein Maul, halb Rüssel, halb noch Lippe,
Verzieht beleidigt dieser Gute;
Er macht mit Recht uns eine Schnute.
Man schubst ihn hin, man schubst ihn her –
Wohin er soll, weiß er nicht mehr:
Ist er ein Pferd? Ist er ein Schwein?
Als Elefant ist er zu klein.
Unglücklich, weil es überall hapert,
Der Tapir durch die Gegend tapert.
Zwei Arten man bis dato sah
In Indien und Amerika.
Obgleich sie als Verwandte gelten,
So treffen sie sich doch sehr selten.
Ja, nur, wenn sie zu diesem Zweck,
Vereint der Vater Hagenbeck.

RAUBTIERE

Obwohl das Leben täglich lehrt,
Daß nur bestehn kann, wer sich wehrt,
Sagt Ihr getrost: Der Mensch ist gut;
Ihr hofft, daß er nicht wieder tut,
Was er – nur aus verirrtem Wahn –
Seit Ur-Ur-Zeiten hat getan:
Mit Wut, die der Beschreibung spottet,
Gemordet den und ausgerottet,
Der ihm beim Fraß kam in die Quer,
Der andrer Meinung war als er.
Ja, selbst – und das ist beinah rührend –
Zwei furchtbar blutige Kriege führend,
Gebt Ihr nicht nach; nein, eisern glaubt Ihr,
Der Mensch sei harmlos und kein Raubtier.
Und ich will gern, als Mensch und Christ,
Annehmen, daß dem auch so ist.
Denn ganz ersichtlich werden wir
Schon mehr und mehr zum Herdentier.
Gelingt's, den letzten Wolf zu töten,
Sind wir befreit von allen Nöten.

Wie? Kann man nicht erziehn den Bären,
Von Milch und Honig sich zu nähren?
Des Wolfes Blutdurst so vermindern,
Daß er als Hund spielt mit den Kindern?
Hält's nicht die Katze ohne Maus
Rein vegetarisch bei uns aus?
Nur Löwe gelten noch und Tiger
Als unbeugsame alte Krieger.
Mit der Moral, der wirklich frommen,
Wär solchem Vieh nicht beizukommen?
Fraß etwa nicht vor Tag und Jahr

Der Neger noch den Missionar,
Der ihm das Himmelreich versprochen –
Und jetzt ist er zu Kreuz gekrochen!?
Bekehrt wird einst – es gibt kein »Nie!« –
Das Raubtier zur Demokratie,
Läßt brav sich stutzen seine Krallen
Und wird der Welt ein Wohlgefallen!
Als Zoologe stell jedoch
Ich fest: »Raubtiere gibt es noch!«

Als erstes Raubtier unbedingt
Die *Katze* uns ins Auge springt.
Gemeint sind *echte* Katzen nur, –
Wobei der Zwiespalt der Natur
Schier was Gespenstisches gewinnt:
Man weiß, wie falsch die Katzen sind,
Und muß den Grundsatz nun verfechten:
Am falschesten sind grad die echten.

Die Katze kommt als Leisetreter;
Die Krallen zeigt sie uns dann später.
Drum ist's – *ex ungue,* heißt's, *leonem* –
Auch durchwegs ratsam, erst bei so 'nem
Untier zu schauen auf die Pfoten:
Die größte Vorsicht ist geboten!
Desgleichen kennt man ganz gewiß
Das wahre Raubtier am Gebiß:
Ein solches Vieh kann scheußlich beißen,
Den Reißzahn läßt es sich nicht reißen.

Es liefen im *Diluvium*
Ganz riesige Katzen noch herum,
Wohl viermal, als die heutigen, größer,
Ganz grauenvolle Furchteinflößer.
Und wir gedenken ohne Neid
Der wirklich guten alten Zeit.

Es lebt der *Löwe* noch zur Frist,
Er, der der Tiere König ist,
Soferne überhaupt beim Vieh
Noch Geltung hat die Monarchie.
Genau betrachtet, ist er wenig,
Er ist ja bloß der Wüste König.
Nur ungern sehen wir es ein:
Das Raubtier muß der Herrscher sein!?
Das edle Pferd, der treue Hund,
Sie wären's wohl mit besserm Grund.
Wer brav und nützlich, wird geschlachtet
Und obendrein auch noch verachtet.
Doch brüllt uns einer richtig an,
Zeigt uns die Tatze und den Zahn,
Dann sind wir still, wenn auch nicht gern
Und anerkennen ihn als Herrn.
Dem Löwen schon war wohlbekannt
Dies: »*Oderint dum metuant!*«

Der Löwe galt seit langer Zeit
Als Muster wilder Tapferkeit.
Dann wurde durch die neuern Forscher
Dergleichen Meinung morsch und morscher,
Denn sie erklären frank und frei,
Daß er ein großer Feigling sei,
Der bis zum Herzensgrund erschrickt,
Wenn man ihm fest ins Auge blickt.
Trotzdem, wir wollen nicht vergessen,
Daß er schon manchen aufgefressen
Und tun drum gut dran, wie die Alten,
Für höchst gefährlich ihn zu halten.

Hebt er die Stimme furchterregend,
Im Grimme seinen Schwanz bewegend,
Vor Blutdurst riechend ganz betäubend

Und seine mächtge Mähne sträubend,
Dann wird's – wie's schon beschrieben Schiller –
Im weiten Umkreis still und stiller,
Und jeder denkt von diesem Tier:
»Am Ende will er was von mir!«
Den Christen wie den Muselmann
Kommt heimlich ein Gegrusel an.

Der Löwe kann, den Stier im Rachen,
Drei Meter hohe Sprünge machen,
Und hat er Menschenfleisch gefressen,
Soll den Genuß er nie vergessen;
Er weint, wenn er den weißen Mann
Als Greis nicht mehr recht beißen kann
Und sich begnügen muß mit Aas.
Es kommen dann zu seinem Fraß
Hyän' und Geier, aller Bafel,
Um von der königlichen Tafel
Zu holen kümmerliche Reste –
Der Löwenanteil ist das Beste.
Das heißt, das taten seine Ahnen –
Die Zeit der Auto-Karawanen
Ist nicht für die Ernährung günstig. –
Laut brüllt der Löwe, wenn er brünstig;
Und trifft auf seinem Wüstenwandern
Er einen weibertollen andern,
Dann fressen sie, bis auf den Schwanz,
Sich manchmal gegenseitig ganz.

Die Löwin gibt, aus Mutterpflicht,
Den Jungen zeitig Unterricht:
Nach ihrem Schwanz läßt sie sie haschen;
So üben sie den Griff, den raschen,
Mit Sicherheit, wenn sie noch klein:
Gelernt will selbst der Raubmord sein!
Bekannt ist wohl dem Leser lang

Die beste Art von Löwenfang:
Man gräbt ein Loch im Wüstensand,
Deckt's zu, mit Reisig und Verstand,
Und schreibt, an den gedrangen Steg,
Auf Tafeln hin: »Verbotner Weg!«
Der Tiere König geht aus Trotz
Und fällt ins Loch mit Plump und Plotz.
Auch diese Fangart ist beliebt,
Daß man den Sand der Wüste siebt,
Bis, wenn man gründlich es betreibt,
Zuletzt im Sieb der Löwe bleibt.
Drauf ziehn ihm ab das Fell die Neger,
Verkaufen es als Bettvorleger
An Leute, welche gern sich rühmen
Der Jagd nach solchen Ungetümen.
Im Berberlande wie am Kap
Wird leider schon der Vorrat knapp,
In Persien wurde klein die Zahl,
Noch viele gibt's am Senegal.

Recht milde Sorten wir erwarten
Durch Züchtung jetzt im eignen Garten:
Der Löwe nämlich, der beweibt sich
Und pflanzt sich sogar fort in Leipzig,
Und mancher ist geborner Sachse,
Statt daß er in der Wüste wachse.

Er ist das Zirkustier schlechthin:
Rom war die große Zeit für ihn,
Doch durft er, was nicht zu vergessen,
Dort nicht bloß selber Christen fressen;
Der brave Kaiser Marc Aurel
Gab beispielsweise den Befehl –
Nur um den Anblick zu genießen –
Mit Pfeilen hundert totzuschießen.

Es zählt der Löwe des Salones,
Ob seines selbstbewußten Tones
Zugleich gefürchtet und umworben,
Hierher – jetzt fast schon ausgestorben.
Versandet sind ja die Oasen,
Wo, um sich seelisch anzugrasen,
Um des Äs-Teetischs sanfte Quelle
Vereint sich Esel und Gazelle –
Von letztern freilich überwiegen
Sah meist man alte Schraubenziegen. –
Wohltätigkeitshyänen waren
Zu treffen dort in ganzen Scharen,
Von Affen gab's ein eitles Spiel,
Es weinte süß das Krokodil;
Die Natter probte ihren Zahn –
Da trat der Löwe auf den Plan
Und schüttelte die Künstlermähne:
Im Plüschgebüsch schwieg die Hyäne,
Zu schnattern hörte auf die Gans
Beim Anblick dieses großen Manns.

Zwar noch im dunkeln tappen wir,
Seit wann's ihn gibt als Wappentier;
Im Schilde wird geführt der Leu
Von Löwenherz und Löwenbräu,
Vom Löwenwirt nach altem Brauch
Und Löwenapotheker auch.
In Böhmens Wappen, zwiegeschwänzt,
Beneidenswert der Löwe glänzt,
Und England hat ihn nicht zuletzt
Ins stolze Wappen sich gesetzt.
In Bayern gern der Löwe wohnt;
Hier hat der »Schwarze« ihn geschont.

Es dient den Dichtern aller Grade
Der Löwe häufig zur Ballade.
In Erz gegossen, Bild-gehauert,
Jahrtausende schon mancher dauert.
Und gerne stets zu Rate zog
Ihn Astronom und Astrolog.

Der *Tiger* wird drei Meter lang.
Mit seinem leisen Katzengang
Ging er noch jüngst vom Amurfluß
Bis weither in den Kaukasus.
Jetzt aber geht, zu unserm Glück,
Der Tiger überall zurück.
In Indien, Vorder- sowie Hinter-,
Und in Sibirien, selbst im Winter,
Wo es doch ganz erbärmlich kalt
Sucht Aufent- er und Unterhalt.
Selbst quergestreift, streift kreuz und quer
Sogar in China er umher,
Und munkelt überall im Dunkeln;
Bengalisch seine Augen funkeln.
Jedoch in Afrika, am Niger
Zum Beispiel, gibt es keine Tiger.

Vom alten Hellas weiß man bloß,
Daß Tiger dem Dionysos
Den Wagen des Triumphs gezogen
Bis fernhin zu des Ganges Wogen.
Schwer hat's oft schon ein Tigerjäger,
Doch schwerer noch ein Landbriefträger:
Denn, unterwegs mit Liebesbriefen,
Muß er durchs feuchte Dschungel schliefen
Und fürchten jeden Augenblick,
Ein Tiger spräng ihm ins Genick. –
Und das bei windigstem Gehalt!

Doch freilich: Überläuft's ihn kalt,
Ist's bei der Hitze ein Genuß,
Der nicht auch noch belohnt sein muß.
Trotzdem, verglichen mit Europen,
Sind all die Bestien in den Tropen
Nur harmlos – von den wilden Fliegern
Und von den Panzer-Königstigern
Zu schweigen: Nur der Kraft-Verkehr
Im Frieden tötet Menschen mehr
An einem Tag, als Tigerkrallen
Im ganzen Jahr zum Opfer fallen.
Wenn es dem Tiger wohl ist, schnurrt er,
Doch wenn er grantig wird, dann knurrt er.
Dann ist es – wenn's nicht schon zu spät –
Die höchste Zeit, daß einer geht!
Den Leuten, welche Tiger zähmen,
Rät gut man, sich in acht zu nehmen,
Denn leicht versteht ein Tier uns miß –
Was peinlich ist, bei dem Gebiß!
Es steht drum auch mit gutem Grund
Am Käfig stets: »Nicht necken und
Nicht füttern!« Denn mit Schwiegermüttern
Würd jeder sonst die Tiger füttern!

Der Tiger ist ein schönes Tier.
Er weiß das wohl, so gut wie wir.
Es schaut ein älterer Tigerkater
Oft würdig aus wie ein Senator,
Und pflegt so Schnurr- wie Backenbart;
Die Tigrin, echt nach Weiberart,
Kratzt, das erzählt man sich, vom Schaft
Des wilden Lackbaums roten Saft
Und manikürt sich ihre Pfoten –
Doch sind das wohl nur Anekdoten.

Den *Jaguar* erkennt man schnell
An dem getüpfelt braunen Fell –
Von Mexiko bis Paraguay
Ist's sicher, daß es einer sei.
In Asien ist es ein Verwandter,
Der (fast zwei Meter lange) *Panther*
Und einen *Leoparden* sah,
Wer ihn erspäht in Afrika.
Soferne man im Zoo ihn trifft,
Halt man sich an die Überschrift.
Der Jaguar, der heikel ist,
Vom selben Schmaus nur zweimal frißt,
Worauf, wenn er die Lust verliert,
Der Geier alles abserviert.
Er ist bescheiden und schlägt nie
Auf einmal mehr als ein Stück Vieh.
Den Jaguar heißt man auch Unze,
Sein Brüllen ist mehr ein Gegrunze.

Die Unze feig ins Dickicht rennt,
Solang den Menschen sie nicht kennt.
Doch wenn sie merkt, mit einiger List,
Daß der ja noch viel feiger ist,
Bleibt ihre Achtung nicht mehr groß,
Und mutig geht sie auf ihn los.
Drei Jäger, gibt ein Forscher an,
Flußab einst fuhrn in einem Kahn
Und trafen – trafen nicht, vielmehr –
Ein Tier, den Strom durchschwimmend quer.
Der Jaguar, in seiner Not,
Sprang kurz entschlossen in das Boot,
Die Jäger ihrerseits heraus –
Die Katze fuhr zu Schiff nach Haus.

Weil sehr weit weg Amerika
Und wir aus Zufall grade da,
Erwähnen wir hier gleich den *Puma*.
Ihn sahn zuerst bei Montezuma
Die Spanier in Mexiko
Im kaiserlich aztekischen Zoo –
Der, außer jenen der Chinesen,
Der älteste Tierpark wohl gewesen,
Längst eh nur einen Hamster zahm
Man sah in Wien und Amsterdam.
Und sicher war's der Erde größter,
Denn was die Fürsten und die Klöster
In ihren Zwingern hielten, war
Im allgemeinen nicht so rar,
Als daß man großes Lob erhöbe. –

Der Puma also, Silberlöwe
Ist, ohne Mähne oder Bart,
Nur eine mindre Löwenart.
In einem Land, voll Goldgeklirr,
Herunter bis zum Nachtgeschirr,
Hätt es, so möcht man meinen, leicht
Zu goldnen Löwen noch gereicht:
Was gilt denn schon das Katzengold!? –

Heißt einer bei uns Leopold,
Wird er gerufen Poldl meist:
Der *Leopard* auch Pardel heißt.
Verfehlt sind Kosenamen hier,
Denn er ist kein gemütlich Tier.
Der Leopard viel Schaden tut,
Denn oft nimmt er zum Baden Blut.
Der *Panther*, mit mehr runden Flecken,
Bewohnt noch heute weite Strecken
Groß-Asiens, während er in Klein-

Bereits soll ausgerottet sein.
Ein andrer, schwärzer noch als Lava,
Erscheint auf Sumatra und Java,
Springt dreißig Fuß auf einen Satz.
Doch auch die Zeller Schwarze Katz
Kann uns – mißtraut der hinterhältigen! –
Durch Katzenjammer überwältigen!
Der Panther ist ein Pantheist,
Und kommt ihm mit Moral ein Christ,
So lächelt grausam er dazu
Und denkt im stillen: »Na – und du?!«
Er schaut durch seine Gitterstäbe,
Als ob es tausend Stäbe gäbe
Und hinter diesen keine Welt. –
So hat ihn Rilke dargestellt.
Der Panther, wenn ihm Hunger droht,
Fällt plötzlich um und stellt sich tot.
Die Affen kommen dann, die dummen,
Und spotten aus den Steif- und Stummen,
Bis der sich mit Gebrüll erhebt
Und peinlichst nachweist, daß er lebt.
Den *Gepard* noch ganz kurz ich nenn,
Sonst meint Ihr, daß ich ihn nicht kenn.
Man schätzt ihn wegen seiner Schnelle
Und jagt mit ihm auf die Gazelle.
Als Autor käm er in Betracht,
Weil er so schöne Sätze macht.
Ob seines schönen Felles droht
Der Untergang dem *Ozelot.*

Die *Katze* kennt so ziemlich jeder;
Nicht viel braucht's da aus meiner Feder.
Aus überreichem Weisheitsschatze
Schöpft unser Volk in puncto Katze.
Sprichwörter gibt's da einen Haufen:

Man soll sie nicht im Sacke kaufen,
Doch auch nicht aus demselben lassen.
Man sagt: Wie Hund und Katz sich hassen,
Gleich ihr verbergen seine Krallen,
Stets wieder auf die Füße fallen,
Wie sie gehn um den heißen Brei,
Daß sie nur treib Katzbalgerei,
Daß man ihr nicht den Speck vertrau,
Daß nachts sei'n alle Katzen grau,
Daß sie das Mausen nie verlerne –
Kurz, ziemlich lieblos ist's im Kerne,
Was man so von der Katze spricht:
Mit einem Wort, man traut ihr nicht,
Und will sich vor ihr hüten drum:
Doch wer hängt ihr die Schelle um?
Die Welt zu entkatzifizieren,
Die Mäuse Tag und Nacht studieren.
Was hilft der ganze Weisheitsschatz?
Es ist doch alles für die Katz!
Des Muskelkaters sei gedacht,
Auch der Musik, meist nachts gemacht,
Wenn die verliebten Katzen tollen,
Grad, wenn die Menschen schlafen wollen.
Laufkatzen, ebenso wie Geld-,
Man nicht für echte Katzen hält;
Doch bringt das Katzenauge Glück
Strahlt es an Deinem Rade rück.

Die wilde Katze oder *Kuder*
Ist uns bekannt als böses Luder;
Man braucht sie weiter nicht zu schildern.
Doch auch die Katzen, die verwildern,
Die Gartenschleicher, Vögelfresser,
Sind unsrer Meinung nach nicht besser.
Trotzdem in summa sich ergibt:

Kein zweites Tier wird so geliebt;
Wo längst verschwunden Ratz und Maus,
Hält Pietät die Katz im Haus
Und alle Welt umschmeichelt sie
Und füttert sie und streichelt sie.
Natürlich darf man niemals gegen
Den Strich das Fell der Katzen fegen.
Mit Unrecht aber heißt sie ja
Hauskatz, *felis domestica:*
Ins Los der andern Domestiken
Braucht sie sich nämlich nicht zu schicken.

Der Hund gehorcht noch dem Befehle –
Die Katze nur der eignen Seele.
Ihr Rätselblick (nach Baudelaire)
Trifft haargenau das Ungefähre.
Ganz unberührt von Lob und Tadel,
Setzt sie sich durch als alter Adel,
Man muß sie nehmen, wie sie ist,
Und ihr noch danken, wenn sie frißt.
Selbst dort, wo man sie schlecht behandelt,
Bleibt sie im Grunde unverwandelt.
Verhungert, struppig und verlassen
Schleicht sie im Süden durch die Gassen,
Doch ihren Willen keiner bricht:
Sie stirbt, doch sie ergibt sich nicht.

Jahrtausende der Weltgeschichte
Sah sie mit steinernem Gesichte:
In ihr geheimnist noch Ägypten,
Das Land, wo Alle Katzen liebten
Und vieles taten ihr zum Ruhme,
Noch ist die Mumie ihre Muhme,
Und alles, was dazwischen lag,
Ist ihr, der Katze, wie ein Tag.

Die Katz, nach wildestem Gestreune,
Wirft Junge, oft gleich »alle neune«,
Wie da und dort der Volksmund meint,
Was freilich übertrieben scheint.
Und holt's nicht jemand, dem man's schenkt,
Wird so ein Kätzchen meist ertränkt;
Für einen einzigen Lebensfrister
Hinsterben sieben, acht Geschwister:
Das eine aber, das geblieben,
Wird dann verhätschelt gleich für sieben.
Es geht der Katze fast genau
Im Leben so wie einer Frau:
So lang sie jung ist, lieb und nett,
Nähm jeder gern sie mit ins Bett.
Und gönnt so einem Schmeichelkätzchen
Nicht nur am Katzentisch ein Plätzchen.
Die *alte* Katz! Ein jeder stöhnt –
Doch ist er sie dann schon gewöhnt.
Glühäugig, bucklig, mitternächtig,
Ist sie der Hexerei verdächtig.

Unheimlich ist sie schier den Frommen,
Die nie ihr auf die Schliche kommen.
Gebildet selber nicht die Spur,
Spielt sie doch in der Litratur
Und in der Kunst die größte Rolle,
Man schaue hin nur, wo man wolle.
Kam nicht gestiefelt gar der Kater
Als Märchenheld schon aufs Theater?
Ward Murr und Hiddigeigei nicht
Berühmt in Prosa und Gedicht?

Mit einem Katzensprung erreichen
Wir die Verwandten, welche schleichen.
Die *Zibet-Katze,* die Civette,

Begabt mit einem duftigen Fette,
Das als ein Mittel zu Parfümen
In Afrika die Wilden rühmen.
Die Leute, die dort eingeborn,
Die nehmen Löffel, meist aus Horn,
Und kratzen, was sie gar nicht liebet,
Der Katze hinten raus den Zibet,
Den wunderbaren Nasenschmaus,
Und lassen sie dann wieder aus.

Hierher zählt auch der selbstbewußte
Ichnéumon oder die Manguste.
Nicht ich – betont, zerteilt er sich
Ins bessre und ins schlechtre Ich:
Das bessere Ich frißt Ratt und Maus,
Das schlechtre steigt ins Taubenhaus.

Der *Mungo,* auch ein Artvertreter,
Wird lang mitunter einen Meter –
Wovon die Hälfte fast genau
Trifft auf den Schwanz – ist silbergrau,
Durchwandert Indien, und zwar Ost-,
Die Brillenschlang ist seine Kost.
Er greift sie an, wo er sie trifft.
Fest hält das Volk ihn gegen Gift.
Er sagt bescheiden: »Weit entfernt! –
Doch was gelernt ist, ist gelernt!«
Man schätzte seinen Rattenmord
Und nahm ihn eines Tags an Bord
Und führte ihn nach Indien-West:
Das war ein einzig Rattennest.
Der Mungo zwar die Ratten fraß;
Dann aber dieses Tier vergaß
Die Würde seiner Heldenahnen
Und frißt jetzt selber die Bananen.

Der Fachmann weiß, daß sich's hier handel
Um den bekannten Nahrungswandel,
Der oft sich äußert unterschiedlich:
Ein Vegetarier, sanft und friedlich,
Frißt plötzlich Fleisch und dürstet Blut –
Wie's mancher Vogel bei uns tut. –
Ein Raubtier umgekehrt, wie juste
Die hier geschilderte Manguste,
Frißt eines Tages nur noch Obst,
Wird unwert so, daß Du sie lobst.
Non disputandum'st (ist mein Schluß
In dem Fall –) *de man-gustibus*.

Der *Luchs* wär eigentlich am Platze
Schon weiter vorn als echte Katze.
Er heißt darum auch Felis Lynx;
Sitzt lange still wie eine Sphinx,
Um dann mit seinen langen Krallen
Den großen Elch selbst anzufallen,
Ihm aus dem Hals das Blut zu saugen.
Berühmt sind seine guten Augen.
Er war im ganzen Mittelalter
Für scharfen Blick der Titelhalter,
So daß das Sprichwort draus erwuchs,
Man habe Augen wie ein Luchs.

Die *Marder* teilen sich in solche,
Die Krallen haben, spitz wie Dolche,
Und solche, die mehr stumpf gewachsen.
So ist's vor allem bei den Dachsen.
Als Kind, vor siebzig Jahren bald,
Traf ich den *Dachs* noch selbst im Wald.
Rar wurde seitdem seine Spur –
Vermehrt hat sich der Frechdachs nur.

Man kennt, teils einzeln, teils als Pärchen
Noch Meister Grimbart aus dem Märchen.
Aus Liebe pfeifen sie und tanzen;
Fachleute sagen dann: sie ranzen.
Der Dachs sich niemals ehe-irrt,
Selbst wenn die Ehe ranzig wird.
Doch mit den Jungen kommt die Fähe
Dem Vater niemals in die Nähe
Und bleibt auch wirklich besser fern,
Denn er hat sie zum Fressen gern.

Der Dachs bewohnt mit seiner Frau,
Noch lieber einsam, seinen Bau
Und sitzt auf seinem moosigen Sessel
Recht grüblerisch in seinem Kessel.
Gerühmt wird schon seit alter Zeit
Des Dachsbaus große Reinlichkeit.
Der Röhrenbau ist voll Komfort,
Getrennt sind Wohnung und Abort.
Obwohl's gemütlich wär zuhaus,
Gehn Dachse jeden Abend aus,
Sei's auf den Weinberg, um zu rüffeln,
Sei's, um zu suchen Schnecken, Trüffeln,
Auch Obst und Honig von den Hummeln,
Sei's, nur um so herumzubummeln.
Sein Gang ist plump, fast ein Gewackel. –
Der Dachshund ist sein Feind, der Dackel,
Der in den Bau schlüpft, ganz verwegen;
Die Jäger, meistens nachts, verlegen
Dem Dachs die Röhren und dann graben
So lange sie, bis sie ihn haben:
Mit Zangen packen sie ihn schnell,
Und ziehn ihm übers Ohr das Fell,
Wenn er auch noch so seufzt und brummet.
Mit seinem Pelz schmückt man das Kummet,

Als ABC-Schütz, noch im Flachshaar,
Kriegt' einen Ranzen ich aus Dachshaar;
Und dem rasierbedürftigen Manne
Gilt hoch des Dachses milde Granne,
Die er, getunkt in Seife, leicht
Am Kinne hin und wider streicht.
Die Maler auch nicht zu vergessen:
Sie sind aufs Pinselhaar versessen.
Besonders ist der *Honigdachs*
Auf Honig aus und Bienenwachs.
Ein Vöglein, heißt es, ihm verrät,
Wo es die Waben ausgespäht.

Der Stinkdachs, *Stinktier* oder Stänker
Ist wie der Dachs, nur etwas schlänker.
Die *Chinga* mit zwei weißen Bändern
Lebt meistens in den Hudsonländern,
Hat einen Pelz, so dicht wie Plüsch
Und schläft am Tage im Gebüsch.
Leert sie auf Dich den Unratkübel,
Wird wochenlang Dir davon übel.
Drum Leser geb ich einen Wink Dir:
Laß niemals ein Dich mit dem Stinktier,
Das heißt, in übertragnen Worten:
Hüt Dich vorm Pöbel aller Sorten.

Entledigt seines schlimmen Stunks
Verkauft den Pelz man gern als Skunks.
Zutreffend, was vom Stinktier gilt, is'
Auch auf den »Meister Ratz«, den *Iltis*.
In Mauern, Büschen und an Weihern
Lebt dieser noch in Oberbayern
Als ein wüster Mordgeselle,
Mit dunklem oder hellem Felle –
Jedoch die dunkleren sind besser.

Bös ist er wie ein Menschenfresser
Und schont mit seinem grimmen Zahn
Im Stalle weder Huhn noch Hahn –
Die sind oft schon vor Schrecken tot.
Doch stinkt der Iltis nur aus Not.
Tief ist der Schlaf des Nimmersatts;
Drum heißt's, es schläft wer »wie ein Ratz«!

Der *Marder*-Mörder ungezügelt
Stürzt sich auf alles, was geflügelt –
Von Büchmanns »Worten« abgesehen,
Davon scheint nichts er zu verstehen. –
Sehr häufig ist auch als Bastard er,
Als Post- und Überzieher-Marder, –
Mustela paletotis L. –
Der echte hat so schönes Fell,
Daß er sich schleunig stets empfiehlt,
Eh man ihm selbst den Mantel stiehlt.
Schnurrbärte auf der Oberlippe
Und einen Kehlfleck trägt die Sippe
Nebst Flecken je am Hinterbein,
Die dunkler solln im Winter sein,
Wie überhaupt ihr Haareskleid
Mehr wert zu dieser Jahreszeit.
Der Marder lebt in unsrer Welt
Teils von der Etsch bis an den Belt,
Teils bei den Schotten, Türken, Schweden,
Von Rußland gar nicht erst zu reden.
Fürs Männchen spielt, das liebestolle,
Die Rollzeit eine große Rolle;
Das Weibchen zeigt sich teilnahmslos,
Es wartet auf den Sieger bloß.

Kein Pelz auf Erden ist so nobel,
Wie der vom armen, kleinen *Zobel*.
Ja, wirklich arm! Habt Ihr bedacht,

Wie in Kamtschatkas Winternacht
Das Tier sich nährt in Dürftigkeit,
Nur, daß sein dichter Pelz gedeiht?
Die ganze Welt ihn drum beneidet,
Daß er sich gut und teuer kleidet –
Nur daß sie dabei ganz vergißt,
Daß das sein einziger Mantel ist.
Die Krone, die einst trug der Zar,
Ursprünglich Zobelmütze war.
Vom kaiserlichen Kürschner kamen
Für hohe Herrn und schöne Damen
Geschenke oft von Zobelpelzen:
Da mußten sie zusammenschmelzen.
Je nördlicher die Zobel streifen,
So schöner sich die Haare steifen.
Sie leben – bald nicht mehr im Plural –
Von Ostsibirien bis zum Ural.
Vom Amur kommt für die Amouren,
Ja, selbst für ausgemachte – –,
Das Fell, das goldgelb, weiß, schwarzrötlich
Und das für den Besitzer tödlich.
Oft ist wer kein' Schuß Pulver wert;
Beim Zobel ist es umgekehrt:
Zu wertvoll ist er für das Schrot,
Drum schlägt man ihn mit Knütteln tot.
Man zahlt, so heißt's, auf dieser Welt
Mit seiner Haut, hat man kein Geld.

Obgleich sie nicht bewiesen, rieseln
Beim Traume schon von Riesenwieseln,
Wie Kubins Fantasien sie schmücken,
Uns Ängsteschauer übern Rücken.
Wir wollen drum zufrieden sein,
Daß unser *Wiesel* winzig klein;
Und Gott den Tieren überhaupt

Nur ein erträglich Maß erlaubt.
Wärn mannsgroß beispielsweis die Wanzen,
Hätt 's Ministerium der Finanzen,
Um auszusaugen alle Welt,
Sie längst persönlich angestellt.
Wär wie ein Laubfrosch eine Laus,
Der beste Kopf hielt' das nicht aus.
Und wär das Rindvieh von Natur
So riesig, wie ja Menschen nur
Man nennt nach ihrer Dummheit Maß:
Die Welt hätt nicht genügend Gras.
Die Gans, groß wie der Vogel Rock,
Säh dreist herein beim ersten Stock –
Wer machte da die Gänseliesel?
Doch jetzt zurück zu unserm Wiesel:
Der Marder zierlichster Vertreter,
Mißt knapp nur sechzehn Zentimeter.
Es ist ein fürchterlicher Beißer,
Ist sommers bräuner, winters weißer.
Das Wiesel, häufig noch in Bayern,
Nährt meistens sich von Hühnereiern.
Doch wagt es sich in seinem Rasen
Mitunter selbst an junge Hasen.
Sogar den Menschen fürchtet's nicht
Und springt ihm wirklich ins Gesicht,
Wenn auch nicht mit dem nackten H–;
Ganz weiß ist, gar in strengen Wintern,
Das *Hermelin*, sein größrer Vetter.
Aus Höhlen, Haufen morscher Bretter,
Aus Scheunen, ja selbst alten Burgen
Springt's vor, um alles zu erwurgen.
Man trifft – und stets mit schwarzen Schwänzen –
Die Hermeline von den Grenzen
Hispaniens und des Balkan
Bis weithin nach Sibirien an.

Vom Hermelin wird uns erzählt,
Daß lieber es das Feuer wählt
Und drin verbrennt in bittrem Tod,
Als daß es spränge durch den Kot.
Wenn wir die Reinlichkeit auch lieben,
Hier scheint sie doch uns übertrieben.
Mit seinem Pelz, der höchst geschätzt,
Sind Königsmäntel stets besetzt.
Oft ist er nachgemacht und schlecht –
Sind Könige denn immer echt?
Gefangen lebt das Tier bescheiden –
Musik kann's um die Welt nicht leiden.

Das *Frettchen*, Laien sei's verziehn,
Hält mancher für ein Hermelin,
Doch ist es, so wie jener groß,
Vom Iltis ein Albino bloß.
Ein Hund taugt nichts, den man zum Jagen –
So sagt der Volksmund – erst muß tragen.
Jedoch in einem weichen Bettchen
Trägt man zur Jagd das flinke Frettchen,
Wo's abgerichtet auf den Pfiff –
Geschwindigkeit ist kein Begriff –
Rast hin und her, ein Perpendikel,
Und aus dem Bau holt die Karnickel.

Weil ich des Iltis' grad gedenk,
Erinnre ich auch an den *Menk*,
Mink, Wasserwiesel, Steinhund, Nörz,
Der, so auch in der Grafschaft Görz,
In halb Europa einst kam vor,
Wo er sich aber fast verlor.
Am schönsten, kündet Brehm uns, sei er
Als Bayer, doch als Hudsonbay-er.
Er haust, ich las es nur in Büchern,

In Sümpfen dort und wilden Brüchern,
Im stillen Dickicht alter Erlen,
Sein Fell zählt zu des Pelzwerks Perlen,
Und Männer gelten leicht als herzlos,
Die ihren Frauen lassen nerzlos.

Die halbe Welt als Globetrotter
Bewanderte einst der *Fischotter*.
Vom Amur bis zum Brahmaputra
Gab's ihn einmal (lateinisch *lutra*).
Jetzt ist er ziemlich rar geworden;
Gar nicht gibt's ihn im hohen Norden.
Der ohne Schwanz fast meterlange,
Kriecht ziemlich schnell, wie eine Schlange.
An Seen und an der Flüsse Ufer
Hört man den gellend lauten Rufer.
Gut tauchend unter Wasser geht er,
Wo, etwa einen halben Meter,
Die Haustür unterm Wasserspiegel.
Drum braucht er weder Schloß noch Riegel
Zum wohlgelüftet weiten Bau.
Dort lebt er brav mit seiner Frau
Und soll, wie Kenner uns versichern,
Wenn er verliebt ist, fröhlich kichern.
Er weiß von Untreu nichts und Kebsen,
Nährt sich von Fischen und von Krebsen,
Nur daß er ziemlich heikel ist
Und bloß die Mittelstücke frißt
Und überhaupt der Fischzucht schadet.

Wenn er im Mondenscheine badet,
Was er auch winters gerne tut,
Schießt ihn der Jäger aus der Flut.
Weit über Land soll schnell er reisen;
Oft fängt man ihn im Tellereisen.

Gewiß, er greift auch Gans und Schwan
Mit seinen scharfen Zähnen an;
Dadurch hält sich der Mensch berechtigt,
Daß er des Otters sich bemächtigt.
Der Schütz scheint das nur vorzuschützen:
Es geht ihm um die Ottermützen!

Wie waren die vor vielen Jahren,
Als wir noch kleine Buben waren,
In Oberbayern doch so häufig!
Jetzt ist die Tracht nicht mehr geläufig.
Doch gingen einst die Frauen stölzer
Der Starenberger und der Tölzer.
Den Pelz wir gern als Krägen tragen –
Drum geht's ihm selber an den Kragen!
Auch sagt man, daß die Katholiken
Kein Unrecht weiter drin erblicken,
Den Otter, der nicht Fleisch noch Fisch
Zu bringen auf den Fastentisch,
Und daß vor allem ihn die Klöster
Hochschätzten einst als Magentröster.
Heut täten sich die Mönche schwer:
Wo brächten sie den Braten her?

Der *Vielfraß*, heißt es, wird erzogen;
Beim echten ist das ganz verlogen!
Ja, ihm ist, nur aus Sprachversehen
Ein bitteres Unrecht wohl geschehen.
Fjäl-Fräs, das ist: Felsenkatze
Nimmt jetzt man an, wär mehr am Platze,
Denn auf den Vidden, an den Fjorden,
Kriegt er nicht viel, im hohen Norden.
Man sagt, er soll in Hungersnöten
Versuchen, selbst den Elch zu töten.
Auch hätt er, wenn nichts sonst zu haben,

Schon Menschenleichen ausgegraben.
Daß er so viel freß, bis er kotz, dem
Ist nicht so, doch man sagt es trotzdem.
Wenn er sich vollgefressen hat,
Ist er, so faselt man, plumpsatt
Und muß im Wald, bei dichten Stämmen,
Die Eile seines Rückzugs hemmen —
Man sieht, ein falscher Nam genügt,
Daß man ganz scheußlich darauf lügt. —
Woraus man wieder einmal sieht
Daß »*semper haeret aliquid*«.
Noch gibt's ihn bei den Kamtschadalen.
Sein Fell läßt er sich hoch bezahlen.
Vielfräße nicht, dafür Vielfresser
Lernt kennen man in München besser.

Mag der und jener auch schon gähnen —
Ich fahre fort, zu den *Hyänen*.
Oft mußten vor den (Heeres-)Streifen-
Hyänen wir die Flucht ergreifen;
Und immer häufiger wird's auf Erden,
Daß Weiber zu Hyänen werden.
Ob selber glücklich so ein Tier?
Wohl kaum; — was aber wissen wir?
Hyänen jedenfalls sind häßlich.
Mitunter lachen sie ganz gräßlich
Und wissen sicher nicht, warum.
Sie sind auch ganz entsetzlich dumm.
Sie weinen wie ein kleines Kind,
Ja, manche, heißt es, weint sich blind.
Und übel ist auch ihr Geruch —
Auf den Hyänen liegt ein Fluch.
Auch uns am wenigsten wohl taugen
Die Menschen mit Hyänenaugen.
Uns grade schauen ins Gesicht,

Das können diese Leute nicht.
Des Schlachtfelds scheußliche Hyänen
Sind hier mit Abscheu zu erwähnen.
Die Hygiäne Nutzen bringt,
Weil allen Unrat sie verschlingt.
Schon manchen Wüstenschläfer weckten
Mit ihrem Heulen die gefleckten
Hyänen, welche hungrig, mager
Sich schlichen um die dunklen Lager.
Jedoch vertreibt das kleinste Feuer
Die widerwärtigen Ungeheuer.
Nicht sollen, unterm Leichenstein,
Vor ihnen Tote sicher sein.
Doch die Hyäne, die gestreift,
Ist schon moralisch mehr gereift:
Der Leichenschändung sie sich schämt
Und wird auch ziemlich leicht gezähmt.
Das mag man tun – in Gottes Namen:
Was aber tut man mit den zahmen?

Vom *Bären* steht in jeder Chronik,
Daß er sich nährt von wildem Honig;
Er sucht sich Kräuter auf der Weide,
Und frißt das Brot schon als Getreide.
Das Fleisch kann er an sich vermissen,
Bis er, betäubend sein Gewissen,
Zum ersten Male Blut geleckt:
Dann weiß er auch, wie gut das schmeckt.
Drum achte stets man darauf scharf,
Daß Blut nicht erst geleckt sein darf.
's ist wie beim Menschen mit dem Rauchen:
Er tät's im Grunde gar nicht brauchen.
Ist aber erst drauflos gepafft,
Wächst's rasch zur wilden Leidenschaft.
Der Bär wird teils im Wald gefunden,

Teils in der Stadt uns aufgebunden;
Die größten Bären immerhin
Bezog man vormals aus Berlin.
Und mitten in dem Sterngewimmel
Sieht man zwei Bären auch am Himmel,
Wobei genau zu teilen wär in
Die kleine und die große Bärin,
Welch erstere – im deutschen Wagen –
Uns klar den Nordpol weiß zu sagen.
Der Bär, zwei Meter lang und länger,
Ist ausgesprochner Sohlengänger.
Kein Schuster 's Leben ihm verteuert,
Natur die Sohlen selbst erneuert
Des freilich einzigen Paar Schuhs.
Er ist dann zeitweis schlecht bei Fuß.
Der Fachmann sagt, daß Zottelbären
Ganz ausgemachte Trottel wären;
Auch sähn sie nur so drollig aus
Vermöge ihres Körperbaus.
Jedoch der Bär ist gar nicht dumm –
Mißtrauisch wohl – er weiß, warum.
Gemütlich ist der Meister Petz,
»Nur mit der Ruhe!« sein Gesetz.
Als vor so manchem Tausendjahr
Er noch der Tiere Herrscher war –
Waldkönig, Goldfuß, Honighand –
War gute, alte Zeit im Land.
Wie hat der Mensch sich noch geplagt
Mit ritterlicher Bärenjagd,
Wenn er auch oft, voreilig schnell
Verhandelt schon das Bärenfell.
Wie hat in Märchen und in Sage –
Noch schimmert's bis in unsre Tage –
Der Bär sich gut geführt im Grunde:
Er ging ja drum auch vor die Hunde!

Man kennt die Mär von jenem braven
Einsiedler, dem, als er geschlafen,
Sein sonst so wohlgezogner Bär,
Vermeinend, daß er nützlich wär,
Die Fliegen scheuchte mit 'nem Stein. –
Er schlug ihm so den Schädel ein.
Seitdem sagt man in bessern Kreisen:
Wem einen Bärendienst erweisen.

Der Bär hat es an sich ganz fein:
Im Wald lebt er für sich allein,
Er kommt – urahnische Erfahrung? –
Zu seiner Bärin bloß zur Paarung.
Nur einmal blüht im Jahr der Mai ...
Und ist es wiederum vorbei,
Dann trabt er, satt von seinem Glück,
Bärfuß in seinen Wald zurück.
Bärbeißig wird er mehr und mehr
Im Alter und ein Höhlenbär.
Nichts lockt ihn mehr aus seiner Klause,
Er bleibt jahrein, jahraus zu Hause.
(Was andres ist der Bärenhäuter –
Doch jeder sei sein eigner Deuter.)

Die Bärin selbst ist tief durchdrungen
Von Mutterliebe zu den Jungen,
Erzieht sie gut, damit auf Erden
Rechtschaffne Bären sie einst werden,
Setzt sie manierlich an die Schüssel,
Haut sie auch manchmal auf den Rüssel.
Ein neugeborner Bär ist *sehr* klein:
Nur ungefähr so wie ein Meerschwein.
Er kommt zur Welt (wie ich) im Jänner,
Die Bären sind drum Wassermänner.
Die kleinen Töchter heißen ja

Schon von Natur aus Ursula;
(Doch etwa unsre Sekretärin
Ist drum noch lange keine Bärin.)
Die Petze, drollige Gesellen,
Bereit stets, Dummes anzustellen,
Die werden stärker stets und dreister
Und eines Tages sind sie Meister.
Ein alter Bär nimmt oft nichts krumm,
Entfernt sich höflich mit Gebrumm
Und läßt sich weiter nicht beleidigen,
Doch gilt's, die Kinder zu verteidigen,
Und ihnen zu verschaffen Futter
Wird tollkühn eine Bärenmutter,
Und ohne jeden Weiberscharm
Nimmt sie den Gegner in den Arm,
In dem, schon beinah sagenhaft,
Der Bär hat eine Bärenkraft.
Begegnet tief im Walde drinnen
Ein Bär den Beerensucherinnen,
So nimmt er das nicht weiter übel,
Er leert ins Maul den ganzen Kübel,
Natürlich, ohne was zu kaufen.
Die Weiber läßt er wieder laufen.

Es hauste einst der *braune Bär*
In ganz Europa ungefähr –
Wogegen man in Afrika
Noch niemals etwas Bäriges sah. –
Im Lauf der Zeiten freilich schwand
Er sogar aus dem Alpenland,
Angeblich wegen seinem Schaden.
Der letzte fiel in Berchtesgaden,
Als er bei Sankt Bartholomä
Wollt schwimmen übern Königssee.
Gewiß, ein Bär bringt wenig Nutzen:

Man schoß ihn ab in den Abruzzen.
Als Kinder in der Schul wir lernten,
Es gäbe Bären noch in Kärnten,
Doch hat auch dort schon längst man jetzt
Den letzten Meister Petz verpetzt.
In Jugoslawien, heißt es, darf
Man schießen noch auf Bären scharf –
Natürlich nicht gleich jedermann:
Nur wer viel Geld bezahlen kann.
Man möchte weinen bittre Zähren,
Daß ausgestorben sind die Bären,
Bis auf die Riesen in Sibirien.
Ein weißer Bär lebt einst in Syrien,
Vorzüglich auf dem Libanon,
Es kannte ihn die Bibel schon.

Ganz Nordamerika einmal
Durchzog der wilde *Baribal*;
Er endete zumeist durch Mord.
Jetzt zieht durchs Land nur mehr der Ford.
Denn auch der *Grisly*, einst dort Regel,
Verschwand schon längst mit Kind und Kegel.
Und kommt man an den Bärensee,
Sagt man bloß noch: Hier wären sie,
Hätt nicht seit Lederstrumpf vom Gritzel-
Bärn man gemacht sich dauernd Schnitzel.

Pelz waschen und nicht naß ihn machen,
Das Sprichwort sagt's, das wär zum Lachen;
Der *Waschbär* wäscht an See und Fluß
Sein Futter nur vor dem Genuß.
Er ist nicht groß, wirkt beinah gnomisch
Und, wenn auch unfreiwillig, komisch,
Trägt um die Augen weiße Binden –
Bald wird der letzte wohl verschwinden.

Die kleinen Bären der *Malayen*
Sind wirklich drollig oft zum Schreien:
Es steht drum auch das Publikum
Laut schreiend um den Zwinger rum.
Noch Wichtiges zu sagen wär
Von *Lippen-, Nasen-, Kragenbär.*
Als ob sie nur Karnickel wären
So winzig sind die *Wickelbären.*
Der Teddybär, einst große Mode,
Geht auch entgegen schon dem Tode.
Der *Eisbär* haust am kalten Pol:
Und ohne allen Alkohol! –
Dem alten Seebärn andrerseits
Ist Alkohol der höchste Reiz,
Vom Nordpol bis zum Spitz des Kaps
Trinkt er bei Kält und Hitze Schnaps.
Doch beide gehn aufs Land zum Tanzen
Und auch, um sich dort fortzupflanzen. –
Die Bärin, winters fern dem Gatten,
Wirft Junge, winzig fast wie Ratten.
Eisbären, wenn verreisen wollen,
Besteigen einfach Treibeisschollen
Und stechen, also eingeschifft,
Ins weite Nordmeer mit der Drift.
Doch schwimmt auch gut und geht zu Fuß
Oft weit *Ursus maritimus,*
Obwohl er manchmal nicht recht weiß:
Wohin gehn in dem ewigen Eis?

Zu liegen auf der Bärenhaut
Sich ein Erwachsner kaum mehr traut.
Den Säugling aber legt man meuchlings
Auf weiße Eisbärfelle, bäuchlings,
Und knipst den kleinen Erdengast,
Eh er die Lage ganz erfaßt.

Auch mich, den erst sechs Wochen alten,
Hat man im Bild so festgehalten.

Wir denken – schon, weil's so sein muß –
Des (Bären-) Führers noch zum Schluß.
Bekanntlich liebt der Bär Musik,
Am meisten Militärmusik.
Dann wird er, wie verzaubert, still
Und tanzt so, wie der Führer will.

Die Redensart ein jeder kennt:
Spricht man vom *Wolf,* kommt er gerennt.
Und wer Lateinisch kann, sagt da:
»*Ecce! Lupus in fabula!*«
Daß da ein echter Wolf persönlich
Erschiene, wäre ungewöhnlich.
In Frankreich sind sie zwar im Sterben,
Doch bei den Polen, bei den Serben,
In Rußlands weiten Steppen gar,
Da wimmelt es ganz schauderbar
Von dem gefährlichen Gelichter;
Und Jäger, Reisende und Dichter –
Münchhausen etwa, der Baron –
Berichteten uns immer schon,
Treu schildernd Rußlands Art und Sitten,
Daß winters hinter jedem Schlitten,
Sogar durch Städte quer hindurch –
Natürlich nicht grad Petersburg –
Von Wölfen mindestens fünf Dutzend
Her hetzten, so, daß weg sie putzend,
Neuladend, schnaufend, Wodka saufend,
Beschäftigt warn die Leute laufend.
Denkt selbst Euch: Steppe, nicht als Steppe,
Schnee, lauter Schnee – und nur die Schleppe
Von Wölfen hinterm Schlitten her,

Sonst ringsum alles öd und leer,
Eiskalt natürlich und stockdunkel
Und nichts zu sehn als das Gefunkel
Der Augen all der phosphorgrünen –
Sollt da vielleicht nicht selbst dem Kühnen
Das Mannesherz vor Angst erzittern,
Glatt in den Tod hineinzuschlittern?
Doch weiß es Grzimek, der Professor,
Heut, wie so vieles andre, besser.
Er nennt die Wölfe lieb und treu,
Hält sie daheim, ganz ohne Scheu.
Des Wolfs Erscheinung ist – sofern
Er grade nicht (er tut das gern)
In einem Schafspelz sich versteckt –
Sehr hager, groß und langgestreckt,
Hochbeinig und geländegängig.
Das macht ihn dreist und unabhängig.
Was weiß heut noch ein Kind von ihm?
Doch einst war Meister Isegrim
Als ein gewaltiger Kinderschrecken
Höchst wirksam zu Erziehungszwecken:
Rotkäppchen ist ein Märchen zwar;
Doch war der Wolf auch wirklich wahr!
Hingegen heute nennt man ihn
Nur noch in übertragnem Sinn:
Sei es, daß unsre Hausgehölfin
So bös wie eine alte Wölfin,
Sei es, daß er als Werwolf spukt,
Als Aktenwolf Papier verschluckt,
Das er gerissen aus dem Schlund
Dem dienstergrauten Aktenhund. –
Der Wolf fällt uns oft an auf Märschen,
Mit Schmerzen, kaum mehr zu beherrschen.
Dem Kenner sagt da schon der Reim,
Wo dieses Untier sucht uns heim.

Die Wölfe einzeln nichts bedeuten:
Gefährlich werden sie als Meuten.
's zählt zu der Weisheit sieben Säulen,
Man müsse mit den Wölfen heulen.
Doch ist das nur ein böser Wahn:
's hat's mancher Jahre lang getan –
Und jedem – dadurch wurd's nur schlechter –
Schien es, der andre sei ein echter;
Jetzt sehn wir, von Verblendung frei,
Daß fast kein echter war dabei.

Des Wolfes Milch ist so beliebt,
Daß es selbst Wolfsmilchschwärmer gibt:
So etwa nährten sich als Kinder
Von Wolfsmilch Roms gewaltige Gründer.

Als mit den Wölfen noch verwandt
Ist uns auch der *Schakal* bekannt.
Er hat's, als Heuler in der Nacht,
Selbst weiter als der Wolf gebracht.
Man zählte ihn zur Gattung Canis –
Jetzt zweifelt man, ob da was dran is.
Den Urhund (nicht die neuen Sorten!)
Hat nur der Wolf verantzuworten.

Ein Held so manches Fabelbuchs
Ist Meister Reineke, der *Fuchs*.
Schon bei Äsop gelernt wir haben
Das mit dem Käse und dem Raben.
Der Fuchs legt nicht viel Wert auf Treue;
Er macht's, und besser, mit der Schläue,
Doch wird, das ist der Lauf der Welt,
Mitunter selbst ein Fuchs geprellt.
Man kennt die Sache mit den Trauben;
Dem Fuchs darf man nicht alles glauben,

Darf ihn den Weg nicht messen lassen,
Man darf ihn nie vergessen lassen,
Daß über ihn und seine Gilde
Man einigermaßen sei im Bilde.
Was er verspricht, ist meist Geflunker.
Jedoch, daß er in einem Bunker –
Noch eh ein Mensch daran gedacht –
Gelebt, hat den Beweis erbracht,
Daß an der vielbesprochnen List
Des Fuchses doch was Wahres ist.

Ein schlauer Fuchs stellt in der Not,
Wenn sonst nichts hilft, sich einfach tot;
Und wirklich ist's, in manchen Fällen,
Am besten, sich maustot zu stellen.
Die Freiheit liebt der Fuchs so sehr,
Daß er, gibt's keine Rettung mehr,
Die ihn aus dem schon sichern Grab reißt,
Den Fuß im Eisen kurzweg abbeißt.

Dem Leibfuchs, wie der Name sagt,
Hat nie der Geist zu sehr behagt;
Er kommt heut nicht mehr häufig vor –
Noch seltner ist der Fuchsmajor.
Den Schulfuchs aber es noch gibt;
Der Pfennigfuchs ist unbeliebt.
Der Fuchsschwanz wächst als Gras auf Wiesen
Und wird als Säge auch gepriesen.
Der Goldfuchs hat sich längst verflüchtet;
Der Silberfuchs wird noch gezüchtet.
In Gegenden, nicht allzu warmen,
Pflegt man den Blaufuchs auf den Farmen.
Er ist nun nicht gerade waschblau,
Vielmehr ist seine Farbe aschgrau.
Wild lebt er noch in Ländern, arktisch,
Und wird sehr hoch bewertet, marktisch.

Daß er im Schwinden, uns nicht wundert;
Doch noch im achtzehnten Jahrhundert
Gab es, wie Steller uns beschrieb,
Weit mehr im Norden, als ihm lieb.
Sie fraßen nachts, gleich gierigen Ratten,
Den Forschern alles, was die hatten.
Erschlagen mußt man sie mit Prügeln
Die Leichen türmten sich zu Hügeln:
Und lauter blaue! Millionär
Würd man, wenn's heute noch so wär!

Den Fuchs erlegt man meist mit Büchsen;
Sprichwörtlich fängt man ihn mit Füchsen –
Was heißen soll, so ungefähr:
Man muß so listig sein wie er.
Teils auch in Gruben, wohl verdeckt,
Worin man eine Gans versteckt.
Er kann, das ist vorauszusehn,
Nicht lang der Lockung widerstehn,
So daß er, durch die Gans verführt,
Gradwegs in sein Verderben schnürt.
Bekanntlich manchem Freier kann's
So ähnlich gehn mit einer Gans.
Besonders haben gern die Briten
Mit Hunden sich den Fuchs erritten.
Früh zog man aus im roten Rock
Und war daheim zum *five o'clock*.

Man fängt auch, was an sich kein blöder
Gedanke, Füchse mit dem Köder
Und läßt, hat man erst einen Haufen,
Die Weibchen alle wieder laufen,
Von Männchen doch nur jedes dritte,
Und zwingt dadurch den Fuchs zur Sitte
Der scheußlichen Vielweiberei.

Ein alter Fuchs ist gleich dabei –
Falls er der dritte ist, der lacht –
Zwei werden nämlich umgebracht!

Trotzdem – man gräbt mit solcher Tücke
Am fuchsischen Familienglücke.
Denn, was der Schelm ansonst auch triebe,
Getreu ist er in puncto Liebe.
Und auch als Hausherr ist er schlau:
Er wildert nie bei seinem Bau,
Bezieht die Gänse, Hasen, Rehe,
Nur selten aus der nächsten Nähe;
Wenn der Bezirksinspektor fragt,
Kein Nachbar über Diebstahl klagt.

Wenn Du nach Fuchsgeschichten suchst,
Und Dich's, daß Du nichts findest, fuchst:
Wir wüßten Fabeln ohne Zahl.
Indes genügt uns die Moral:
Was bleibt vom sündigen Lebenswandel?
Die Haut, wenn's hochkommt, für den Handel.
Was frommen selbst die guten Taten? –
Der Fuchs frißt nicht bloß Gänsebraten,
Nein, er vertilgt auch Ungeziefer! –
Doch seine Laster ziehn ihn tiefer.
Die Jäger nicht und nicht die Bauern,
Nein, niemand will den Fuchs bedauern.
Der Rabe, selbst ein Gangster, spricht:
»Fort mit dem alten Bösewicht!«

HUNDE

Von Wolf und Fuchs, nicht ohne Grund,
Kommt man gewöhnlich auf den *Hund.*
Sieht doch der Laie selbst, der Schäfer-
Hund ist ein Wolf, nur etwas bräver.
Trotzdem verliert sich leicht die Spur, und
Selbst wer zurückgeht bis zum Ur-Hund,
Kennt bald sich nicht mehr weiter aus und
Weiß noch recht wenig übern Haushund;
Schon in der Steinzeit gab's den Torfhund;
Es war ein Spitz der Pfahlbaudorfhund.
Man kommt nicht drüber klar ins Bild und
Nimmt an, daß es beim Ur- und Wildhund
Schon war, beim Hunde, so wie später:
Er hat vermutlich mehrere Väter.

Die klugen Fachgelehrten kochen
Aus den fossilen Hundeknochen
Dem Laien breite Bettelsuppen
Von den verschiednen Hundegruppen,
Doch viele Köche mit Geschrei
Verderben, wie so oft, den Brei.
Ob schon die Hunde artig waren,
Ist heute nicht mehr zu erfahren.
Doch hunde-artig, heißt es, wären
Gewesen Marder selbst und Bären.

Der *Hund,* so wie er heute *ist,*
Ist ein Geschöpf der Menschenlist:
Er wurde immer neu gekreuzt,
Sein Ohr gestutzt, sein Schwanz geschneuzt,
Ja, manchmal schnitt man beides wurzweg:
Ein armer Hund kam stets zu kurz weg –

Falls er nicht in den Sternen stund,
Wie Sirius, der Himmelhund,
Der, grad so wie der Cerberus,
Der Höllenhund, erwähnt sein muß.
Die Schwierigkeit, die wir geschildert,
Erhöht sich, weil der Hund verwildert
Und einst schon registrierte Rassen
Der Tugend schmalen Pfad verlassen
Und mit der Steppe wildem Sendling
Erzeugen Blendling über Blendling.

Der *Dingo,* mehr dem Fuchs verglichen,
Jetzt, seit dem Menschen er entwichen,
Ganz scheußlich in Australien wütet;
Der *Paria* schweift unbehütet,
Längst nicht mehr zum Vergnügen frei,
In Rußland und in der Türkei,
Und sucht, dem Bettler gleich, im Kot
Der Städte sich sein täglich Brot.
Doch auf der ganzen Welt im Grunde
Gibt's noch viel ärmere Großstadt-Hunde,
Die wir viel mehr bedauern wollen:
Sie hätten Menschen werden sollen!

Man glaubt nicht, was das Hundevieh
Müh macht der Rassentheorie!
An Menschen schon gebunden stark
Vom Alpenrand bis Dänemark,
Somit vor allem auch ein Bayer,
War *Canis f.p.* Rütimeyer
Vermutlich noch ein kühner Hund,
Halb *Wachtel-* und halb *Hühnerhund.*
Vom indischen stammt ein ganzes Rudel:
Schweiß-, Jagd-, Wind-, Vorstehhund und *Pudel.*
Und auf Ägyptens Gräbern hocken
In Stein gehauen, deutlich *Doggen.*

Der Inka, Haushund in Peru,
Gab *Mops* und *Dackel* noch dazu.

Der erste Hund kam wohl gelaufen
Freiwillig zu den Abfallhaufen,
Wie sie sich vor der Haustür bilden,
Ein Haustier ward da aus dem wilden.
Und als, bespitzelnd selbst die andern,
Der Hund durft mit den Herden wandern,
Nur dafür, daß er beißt und bellt,
Fest als Beamter angestellt –
War rasch gelegt ein sichrer Grund
Für das Verhältnis: Herr und Hund.
Dem Hunde war meist auch bequem
Das, was dem Menschen angenehm.
Zur Arbeit war er viel zu klug –
Es wäre denn, daß man als Zug-
Tier ihn benützte früher roh,
Wie's heut noch tut der Eskimo,
Der, wie man schon seit Nansen weiß,
Herumkutschiert in Nacht und Eis.
Dem Kettenhund geht's wohl noch schlechter,
Er ist, wie ja so oft der Wächter,
Der aller-, allerärmste Sklav
Und fragt sich, warum's *ihn* grad traf.

Drum fordert nicht, das ging zu weit,
Von einem Hofhund Höflichkeit.
Doch, halb zur eignen Kurzweil, jagen,
Gelehrig Hut und Stock Dir tragen,
Auf Dein »Wie spricht der Hund?« wauwauen,
Mit treuem Hundeblicke schauen,
Das macht dem Hunde selbst Behagen.
Doch schlägst Du ihn, wird er verschlagen.

Wie schwankend, ach, verhält im Grunde
Der Mensch sich selber gegen Hunde.
Sie sind ihm Sinnbild höchster Treue,
Der Förster preist des Dackels Schläue,
Selbst große Denker sehen wir
Gewogen einem Pudeltier.
Dann wieder sagen diese Herrn,
Der Teufel sei des Pudels Kern.
Auch spricht man roh und voller Hohn
Von »hündisch« und von »Hundesohn«.
Der Schoßhund ist von Lieb umgeben,
Doch »möcht kein Hund so länger leben«.
Der Mensch wüßt gerne, gramzerwühlt,
Wie sich ein Hund denn selber fühlt:
Ob menschenüberlegen, freudig,
Ob minderwertig, mies und räudig,
Ob dummer Hund, ob krummer Hund –
Doch schweigt des Hundes stummer Mund.
Und bis der Mensch herausgekriegt,
Wo denn der Hund begraben liegt,
Kann selbst er vor die Hunde gehn –
Wie soll der Hund da uns verstehn?

Wohltätig ist der Kreuzung Macht,
Wenn sie der Mensch bezähmt, bewacht;
Doch wehe, wenn sie losgelassen,
Die Gassi-Geher, auf die Gassen,
Wo jeder freche, fremde Köter
Herzudrängt sich als Schwerenöter.
Gelingt die unverhoffte Flucht mal,
Dann ist's vorüber mit der Zuchtwahl!
Dann kommt's zu Spitzdachspudelpinschen
Und solchem Zeug, das wir nicht wünschen,
Bekannt als Promenadenmischung.
Der Mensch mißgönnt die Herzerfrischung

Dem Hund, wie umgekehrt genau
Dem Liebespaar sie der Wauwau.

Verschieden sind der Hunde *Rassen:*
Weil manche Menschen runde hassen
Und schwärmen für die hagern mehr,
So zieht man auch die magern her.
Doch einen Rat weiß ich für jeden:
Mit Hundenarren gar nicht reden,
Wenn man nicht eine Stunde lang
Nichts hören will als Hundefang,
Als Hundehaut und Hundehaar,
Als Hundezüchter-Honorar,
Als Hundehort und Hundesucht –
Kurz, bis vor lauter Hundezucht
Sich einem ganz der Kopf verwirrt
Und einem hunde-übel wird.

Zum Freunde darfst Du alles sagen,
Er kann Kritik recht gut vertragen;
Selbst seine Frau darfst Du bemäkeln. –
Doch willst Du ihm den Hund verekeln:
Mit Nachdruck hätt er sich's verbeten –
Er fühlt sich auf den Schwanz getreten.
Wenn beim Kaffee sich alte Tanten
Durch die verwickeltsten Verwandten –
Nicht ohne reichliches Bemängeln –
Mit staunenswerter Kenntnis schlängeln,
Ist's nichts, gemessen dran, wie gründlich –
Fachleute sind im Bilde, hündlich:
Sie wissen es im Augenblick,
Daß der Notar in Wurmannsquick
Vom Bonzo des nach Duderstadt
Versetzten Rats den Bruder hat,
Und daß nach England, nach Manchester
Kam vor dem Kriege eine Schwester.

Da selbst der Hund nicht schreiben kann,
Legt ihm der Mensch ein *Stammbuch* an;
Ein Präsident bestätigt ihm,
Daß er seit Urzeit legitim,
Daß er ein wirklich feiner Hund,
Ein vorschriftsmäßig reiner Hund. –
Doch dann beginnt man abzuwinken,
Er fängt vor Feinheit an zu stinken,
Und schon der nächste Hundesohn
Stirbt an Degeneration.

Treu ist die hündische Gemeinde. –
Doch auch ein Hund hat seine Feinde:
Sei's, daß wer wo hineingetreten,
Vergebens sich Gebell verbeten,
Sei's, daß wer seinen Haß auf wen
Läßt dessen armen Hund entgehn –
Er fordert höchste Hundesteuer:
Was einem lieb ist, sei ihm teuer!
Gern würfe solch ein Hundehasser –
Die ganze junge Brut ins Wasser. –
Doch so was geht oft für ihn krumm,
Wie wir es sehn bei Plisch und Plum.

Daß andre Leut man kennen lerne,
Dazu benützt man Hunde gerne,
Als Mittler zwischen Herrn und Damen;
Man frägt nach Rasse und nach Namen,
Sagt, daß man sehr für Hunde schwärmt –
Und schon ist das Gespräch erwärmt;
Es dankt gar manchen Ehebund
Man der Begegnung mit dem Hund.

Doch, Scherz beiseit – von Hundeseelen,
Unsterblichen, kann man erzählen:

Odysseus, lange irr gefahren,
Kam wieder heim nach zwanzig Jahren,
Wo scheußlich hausten die (Be-) freier –
Und jeder glaubt, ein Bettler sei er,
Penelope wie Telemach...
Sein Hund allein, schon altersschwach,
Hat freudig ihn als Herrn entdeckt
Und sterbend ihm die Hand geleckt.
In ihrer treuen Hunde Hut
Die Römer schliefen einst sehr gut,
Nach langem Tagwerk, wohlgetanem;
Ja, schon die Warnung: *cave canem!*
War – wie auch heut, ganz ohne Hund –
Zur Vorsicht jedermann ein Grund.
Bei den Germanen, bei den alten,
Leithunde mehr als Pferde galten;
Und wohlgeordnet war die Meute
Wie eine Fußballmannschaft heute:
Mit Stürmern, Läufern und so fort.
Sie folgten ihrem Herrn aufs Wort.
Die Cimbern waren schon vernichtet,
Doch ihre Hunde, abgerichtet,
Daß treu sie das Gepäck bewachten,
Dem Feind noch viel zu schaffen machten.
Berühmte Hunde und Geschichten –
Von ihnen könnt man viel berichten.
Verzweifelnd an des Menschen Witz
Fand Trost beim Hund der Alte Fritz;
Verstanden hat sich auf die Dauer
Nur mit dem Pudel Schopenhauer.
Auch Bismarck, zweiten Reichs Begründer,
Nahm mit stets seine großen Hünder...
Und sahn wir nicht noch selbst zuletzt –?
Doch halt! Hier schweigen wir entsetzt,
Weil uns da der Gedanke bräunt,

Ob uns nicht doch ein *Menschen*freund
Bedeutend lieber als ein *Tier-*,
Wenn schroff der Gegensatz wie hier.
Der Mensch- *und* Tierfreund, der ist selten;
Doch darf dafür als Beispiel gelten
Der liebe heilige Franziskus,
Der, unerfreulich für den Fiskus,
Als Bettelmönch das Land durchzogen,
Dem Menschen wie dem Tier gewogen.

Liebt er das Tier nicht ungebührlich,
Ehrt man den Hundefreund natürlich:
Wie mancher teilte in der Not
Mit seinem Hund das letzte Brot;
Hat Hebbel nicht sein armes Hündchen
Betreut bis an sein letztes Stündchen?
Noch vieles könnt ich so erwähnen –
Ich weine meine besten Tränen,
Die ich im Herzensgrunde hab,
Auf solch ein traurigs Hundegrab!
Der Hund – dies muß noch in dies Buch –
Hat meist untrüglichen Geruch –
Und macht von diesem leider auch
Höchst unmoralischen Gebrauch!
Auch sein Gehör, je nach Bedarf,
Ist bis zu fünfzigmal so scharf
Wie unseres – woraus man sieht,
Was durch Musik ihm Leid geschieht.
Doch wenn der Herr dem Hunde droht:
»Du hörst wohl nicht, du Sapperlot?«,
Nimmt selber ernst die Frag er nicht –
Hörn tät der Hund – doch mag er nicht.
Hingegen solln des Hundes Augen
Viel weniger als unsre taugen.

Warum, so fragt man sich im stillen,
Macht man dem Hunde keine Brillen?
Ist doch der abgefeimte Schwänzler
Schon durch und durch Intelligenzler!

Wenn man's mit Indiens Weisen hält,
Besteht durch Hundsverstand die Welt –
Das ist zu viel! – Doch glaubt man gern:
An Hirn beschämt er manchen Herrn.
Schlimm ist es, kriegt ein Hund die Wut.
Kaltschnäuzig hält man ihn für gut.

Haushunde (canes familiares)
Empfindet – und dran ist was Wahres –
Manch einer *zu* familiär;
Auch sagt ein Hundefeind, es wär
Ein Irrtum nur, ein abgeschmackter,
Beim Hund zu reden von Charakter:
Mit jedem leidlich guten Brocken
Könnt man ihn vor den Ofen locken.
Von Geist erblick man nicht die Spur,
Im höchsten Fall sei es Dressur.

Nun wird sich's nicht vermeiden lassen,
Doch noch zu nennen ein paar *Rassen.*

Der Hunde fester Untergrund
Ist immer noch der *Schäferhund.* –
Die Ältern von uns kennen ihn
Wohl aus dem Filme Rintintin. –
Selbst militärisch eingerückt,
Hat große Lorbeern er gepflückt.
Man braucht den sonst geschwinden Hund
Auch langsam oft als Blindenhund.
Der Schäferhund trägt bei den Schotten,

Mehr als in Deutschland, lange Zotten.
Der *Spitz* ist an sich auch so einer,
Nur ist er anders und viel kleiner.
Der Polizeispitz uns verkläfft:
Verachtenswert ist sein Geschäft.
Hier geb ich zwischendurch Bericht
Von einer traurigen Geschicht:
Ein Vater mit dem Sohne trat
Ganz ahnungslos vor ein Plakat,
Darauf genau beschrieben stund
Ein jüngst entlaufner edler Hund,
Des' Herr dem, der zurück ihn brächte,
Gern hundert Mark zu zahlen dächte.
Wer kann der beiden Schmerz ermessen:
»Das war ein teures Abendessen!«

Der *Pinscher* uns begeistern kann:
Er stellt als Wächter seinen Mann.
Ein hohes Tier, das ihn nicht kannte,
Den Pinscher als ein Schimpfwort nannte.
Vom Pinscher kommen viele her
Wie *Dobermann* und *Terrier*.
Der Hundezüchter höchster Treffer
War einst der *Schnauz*, wie Salz und Pfeffer.
Am Riesen-Anschnauz, den man kriegt,
Hingegen einem nicht viel liegt.
Vom Pinscher auch der *Pudel* rührt,
Teils halb geschoren, teils geschnürt;
Stets wohlfrisiert – man kennt den Hund
Von früher als Studentenhund.
Als Wasserhund liebt er das Wasser
Und kommt heraus als pudelnasser.
Oft schert man ihn auch pudelnackt.
Der Pudel nicht 'ne Nudel packt,
Ja, nicht den schönsten Knackwurstzipfel,

Eh nicht – Dressur, das ist Dein Gipfel! –
Sein eigner Herr, auf den er schielt,
Es ihm erlaubt, ja gar befiehlt.
Der *Pully* leicht gerät in Zorn,
Man weiß nur, wo es *bellt*, ist vorn.

Aus Kreuzungen mit dem *Molosser*
Entstanden mehrere Kolosser:
Die deutsche *Dogge* Schönheit paart
Mit Kraft, als Hund von edler Art.
Der »Bulldogg« hat zwar viel mehr Kraft,
Doch stinkt er manchmal schauderhaft.
Der *Boxer* ward einst gern gehalten;
Er trägt die Nase nie gespalten.
Infolge starken Wachstumsstops
Verkleinert er sich gar zum *Mops,*
Der fett und faul und immer krank gleich.
Die *Zwergbulldogge* stammt aus Frankreich;
Und wie der Mops in deutschem Land
Bei alten Jungfern Liebe fand,
Ist's hundewohl nur dieser in
Der Obhut der Pariserin.

Manch einem Wanderer zum Stern ward
Schon das Hospiz auf dem Sankt Bernhard.
Dort ist, im Dienste frommer Väter,
Der *Bernhar-Diener* Sanitäter,
Aus Nächstenliebe, ohne Lohn.
Stimmlage: dunkler Bary-Ton.

Der *Fleischer-* und der *Wasserhund*
Die schlossen einen Liebesbund.
Es kam ein Ungetüm heraus,
Das wandert' nach *Neufundland* aus.

Im Gegensatz zu solchem Großhund
Steht, wie man denken kann, der *Schoßhund.*

Wertvoller wird er stets, je kleiner:
Am teuersten ist: beinah keiner.
Rehpinscher etwa und *Malteser*
Kennt sicher der geneigte Leser.
Es weisen nach Ostasien hin
Der *Pekinese*, *Tschau* und *Chin*.

Teils aus der Schäfer-Doggenmischung,
Teils sonst aus Frischung und Verwischung
Von Schlägen, wechselnd schwer und leicht,
Der *Jagdhund* endlich ward erreicht.
Kaum ist er, wie man sich's ersehnte,
Genügen schon ein paar Jahrzehnte,
Und Unterschiede nach den Ländern,
Um neuerdings ihn zu verändern,
So daß man wirklich sagen muß,
Der Hund ist immer noch im Fluß.
Daß man, zumal bei Hundstags-Hitze,
In Bayerns Bergen wandernd, schwitze,
Hat guten Grund, doch ist's gesund.
Dem bayrischen *Gebirgsschweißhund*,
Der sich seit alters schon bewährte
Im Suchen nach gerechter Fährte.
Als Wilderer, als Lump, als schlechter,
Im Suchen auch nach ungerechter,
Wobei er – was genau belegt! –
Mitunter eine Maske trägt.
Man sah es leider längst voraus:
Der echte Bayer stirbt bald aus.
Baracken wurden, Holz- und Stein-,
In Deutschland einst schon allgemein,
Ja, nahmen scheußlich überhand. –
Holzbracken gab's im Sauerland,
Steinbracken eher in der Eifel.
Sie nehmen ab ganz ohne Zweifel.

Die *Bracken* sind von schlankem Bau,
Die einen glatt, die andern rauh;
Das Ohr – Verzeihung!: der Behang –
Ist bei den Tieren mittellang.
Ihr Zweck ist, Wild erst aufzuspüren
Und dann dem Jäger zuzuführen.
Die gute Bracke gibt nur, falls
Sie warm bereits am Wild ist, Hals.
Sie sucht danach mit niedriger Nasen. –
Der *Windhund* aber jagt den Hasen –
Der Fachmann sagt's – mit dem Gesicht;
Denn riechen kann der Windhund nicht.
Was so das Volk vom »Windhund« denkt
Den echten Briten maßlos kränkt.
Und auch der russische, *Barsoi*,
Ist schön und dumm zwar, aber treu.
Der *Bluthund* schaut gemütlich aus,
Wer denken kann, der lernt daraus.

Der Hundekämpfe wüster Schauplatz
War die einst so beliebte Sauhatz.
Der *Sauhund* (der kein Schweinehund!)
Macht rasch sich auf die Beine und
Versucht, das Wildschwein aufzustören.
Der Packer hält's an den Gehören –
Was, ihrerseits nun auch ergrimmt,
Die Wildsau äußerst übel nimmt:
Sie reißt den Hund mit ihren Hauern –
Wen soll, gerecht, man mehr bedauern?
»Den Hund« ruft jeder gleich »den schneidigen«!
Wie? Soll das Schwein sich nicht verteidigen?
Hinnehmen feige mit Gequiek
Den längst geplanten Angriffskrieg?
Doch liegt der Rechtsfall hier verworrn,
Denn meistens hat die Sau verlorn.

Den *Vorstehhund* schätzt jeder Kenner.
Er ist, als Jagdhund, was für Männer
Und Spielzeug nicht für alte Schachteln.
Er steht vor Hühnern, Hasen, Wachteln.
Hochnäsig, heißt es, muß er sein
Und, selbstverständlich, hasenrein;
Das heißt, er darf nicht hinter Hasen,
Die vor ihm aufstehn, blindlings rasen,
Vor eigner Leidenschaft wie toll,
Wenn er aufs Rebhuhn anstehn soll.
Er muß, falls er das Wild gefunden,
Fest stehen bleiben, wär's auch Stunden.

Die glattern *Pointer* sind die Vettern
Zu den sehr lang behaarten *Settern*.
Der höchste Trumpf des deutschen Michel
Ist überhaupt der kurz- und stichel-
(Draht-)*haarige (Amts-) Vorsteh*-Hund,
Auf den wir kommen, wohl mit Grund!
Selbst eine sanfte Frau vergröbert
Leicht in den Zeiten, wo sie stöbert,
Im Wasser pritschelt und sich plagt
Mit einer Art von Niederjagd.
Der *Stöberhund,* ein Spaniel,
Ist bei der Jagd mit Leib und Seel.
Doch unterscheidet dies die zwei:
Beim Hund ist stets der Herr dabei,
Indes, beim Stöbern, ihren Mann
Die Hausfrau gar nicht brauchen kann.
Wir selbst, der Leser soll's erfahren,
Auch einen Hund seit dreizehn Jahren
Besitzen, einen *Dalmatiner,*
Als schönstes Hundebeispiel dien' er.
Doch falle ich nicht in den Fehler,
Ihn lang zu rühmen als Erzähler.

Ein heute ziemlich abgetaner,
Der silbergraue *Weimaraner*,
Ist nicht der Hund, durch welchen Goethe
Als Bühnenleiter kam in Nöte:
Der Hund trat *auf* in einem Stück
Und Goethe trat darauf *zurück*.
Es scherzt oft frecher Buben Mund
Laut belle nachts der Grubenhund.
Doch, wie die Laufkatz keine Katz,
So wär auch er hier fehl am Platz.

Vielleicht ward auf dem ganzen Erdrund
Kein Hund beliebter als der *Erdhund*.
Zwar ist er längst der Pflicht entwachsen
Zu jagen nach den Füchs und Dachsen,
Denn diese sind fast ausgestorben.
Jedoch der Ruhm, den er erworben,
Ist heute nach wie vor lebendig:
Daß er sehr kühn sei und verständig.
Lieb ist oft der sonst gröbste Lackel
Zu seinem Foxel oder Dackel;
Und jeder bessere Förster schwört,
Daß wahr sei – wenn auch unerhört! –
Was sich sein Waldl jüngst geleistet!
Weh, wenn sich sonst ein Hund erdreistet
Nicht gleich zu folgen seinem Herrn:
Beim Teckel sieht das jeder gern
Und pocht nicht weiter auf sein Recht:
Ja, heißt's, der Dackel, der ist echt!
Auch konnte einst das kluge Tier
Leicht unterscheiden Münchner Bier,
Ja, sogar Löwenbräu vom Spaten-,
Jetzt kann's kein Mensch mehr richtig raten.

Obwohl er nur ein kleiner Hund,
Ja, manchmal selbst kein feiner Hund,
Hat er mitunter einen vollern
Stammbaum als selbst die Hohenzollern.
Doch wäre so ein Dackel groß,
Wär er schon nicht mehr makellos!
An sich gebaut, um in die Tiefen
Des Dachsbaus ganz bequem zu schliefen,
Darf jetzt, wo so viel wird geschloffen,
Er eine große Zukunft hoffen. –

Bekanntlich ist ein gut Gewissen
Das sanfteste der Ruhekissen.
Doch sucht gewissenlos der Teckel
Sogar im Bett sich frech sein Fleckel,
Wo, in die Kissen sanft geschmiegt,
Grad, weil's verboten, gut er liegt.

Ein junger Bürschi oder Stamperl
Wird leider häufig ein Herr Wamperl:
Es wälzt, halb Seehund und halb »Fackel«,
Kurzatmig sich dahin der Dackel.

An seinem frühen Grab erschüttert
Stehn jene, die ihn überfüttert.

INSEKTENFRESSER

Gar reiche Auswahl hat auf Lager
Natur auf dem Gebiet der *Nager*.
Denn eine Reihe wundersamster
Geselln, vom *Biber* bis zum *Hamster*,
Vom *Hasen* bis zum *Wasserschwein*,
Schließt diese Gattung in sich ein.
Fast jeder nennt zuerst die *Maus* –
Doch nur der Fachmann kennt sich aus
Und trennt mit einem scharfen Messer
Vom Nager den *Insektenfresser*,
Zum Beispiel *Spitzmaus, Maulwurf, Igel,*
Sowie das *Fledermaus*-Geflügel.

Der *Igel* ist ein Sohlengänger.
Zum Glück hält seine Sohle länger
Als die, die uns heut macht der Schuster.
Das brave Tier lebt gern im Duster,
Und kommt, selbst in der Nacht nicht blind,
Im Dämmern erst, samt Weib und Kind.
Vielleicht scheut er das Tageslicht,
Rasiert hat er sich nämlich nicht!
Man sieht in Fabeln es gemalt
Wie er von plattem Wohlsein strahlt
Und kreuzfidel sein Pfeifchen schmaucht.
Ganz falsch! Der Igel niemals raucht –
Vielmehr muß man von ihm grad sagen:
Tabakrauch kann er nicht vertragen,
Ist sorgenvoll – was man draus sieht,
Daß er die Stirn in Falten zieht.

Betrachten wir den Igel näher,
Ist er ein guter Europäer;

Wie Wilhelm Busch schon festgestellt,
Bewaffnet, doch ein Friedensheld.
Pfui! Ihm so vieles anzudichten!
Ein Schweinigel ist er mitnichten,
Er haust allein in Wald und Au
Und höchstens noch mit seiner Frau;
Kein schönres Beispiel kann es geben
Für rührendes Familienleben.
Daß ihm der Maul- den Vor-wurf macht,
Er hätt ums Wohnrecht ihn gebracht,
Ist zweifellos noch abgeschmackter:
Sanft ist der Igel von Charakter.
Wir, selbst genötigt, einzumieten,
Sehn, was uns Hausherrn manchmal bieten
Und daß man diesen groben Klacheln
Mitunter zeigen muß die Stacheln.
Man müßt, statt gleich sich zu empören,
Erst auch die Gegenseite hören.
Gewöhnlich wohnt ja außerdem er –
Der Igel – schöner und bequemer
In einem Bau voll wundervollster
Gras-, Laub-, Woll-, Moos- und Roßhaarpolster,
Die er auf seine Stacheln spießt,
Indem er Purzelbäume schießt.
(Man glaubte das so manches Jahr –
Heut, leider, heißt's, es sei nicht wahr.)
Dem Burschen, der im Garten streunt,
Ist jeder, der vernünftig, freund,
Auch wenn der Igel sich vergißt
Und Obst anstatt Insekten frißt.
Gereinigt erst von Floh und Laus,
Wird er Genosse selbst im Haus,
Der allerdings um Mitternacht
Mitunter viel Spektakel macht.
Der Hund, der Uhu sind sein Feind;

Der Fuchs, auch wenn er freundlich scheint.
Der Igel sich zur Kugel rollt,
Worauf der Fuchs sich meistens trollt –
Es sei denn, er gebraucht die List,
Daß er auf solche Igel pißt;
Der arme Igel denkt: »Nanu?«
Und schaut heraus – der Fuchs beißt zu.

Der Igel, allen Giftes Spotter,
Verschlingt mit Hochgenuß die Otter.
Und macht auch sonst sich sehr viel nützlich,
Teils ungern, etwa igelmützlich,
Teils gern, indem er Mäuse fängt
Und das Geziefer stark bedrängt.

Ihr sollt's dem braven Burschen lohnen
Und ihn in Feld und Garten schonen!
Noch eins: fahrt ihn nicht übern Haufen,
Will nachts er über Straßen laufen!

Des Laien Kenntnis ist meist null
Von unserm *Maulwurf* oder Mull.
Er hält ihn für ein schädlich Tier
Und, wie so häufig, irrt er hier.
Kurzsichtig haust, doch ohne Brille
Der Mull in Finsternis und Stille,
Indes er vor der Sonne flieht,
Weil er in ihrem Glanz nichts sieht.
Er ist, sofern wir nicht vergessen,
Den Größenunterschied zu messen,
Gleich einem Rennpferd schnell im Laufen.
Bekanntlich macht er große Haufen.
Ein Höhlengräber und Verstopfer,
Sucht er sich nachts meist seine Opfer.
Den Frosch selbst packt er roh am Bein
Und zieht ihn in den Bau hinein.

Der Mull, der ausschaut so gemütlich,
Ist nämlich bös und mörderwütlich.
Wenn, was nicht auszudenken wär,
So groß er wäre wie ein Bär,
Dann müßten wir uns fürchten alle.
So fängt man leicht ihn in der Falle:
Am Galgen hängt der Bösewicht. –
Doch hört nun auch, was für ihn spricht:
Daß er an Keim und Wurzel nage,
Ist eine, leider alte, Sage.
Daß er es nicht tut, ist gewiß,
Denn das bezeugt schon sein Gebiß.
Was Menschen oft nicht tun um Geld,
Tut er umsonst: er pflügt das Feld.
Wo blieben wir, wenn er nicht finge
Die Raupen und die Engerlinge?
Ist doch sogar im Winter er
Tief unterm Frost dahinter her!
Der Mensch hinwiedrum fängt die *Talpen*
Aus Gier teils nach den schönen Skalpen,
Teils weil er es noch nicht ermißt,
Wie nützlich ihm der Maulwurf ist.

Als Ehemann ist er gemein:
Er sperrt das arme Weibchen ein
Und hält es so lang unter Tag,
Bis es aus Langeweile mag.
Trifft er auf Nebenbuhler gar,
So frißt er sie mit Haut und Haar.
Doch – sind die Weibchen lauter Lilien?
Wir mischen uns in die Familien-
Verhältnisse des Maulwurfs nicht.
Denn keiner, der das Stäbchen bricht,
Weiß, ob er nicht dem Maulwurf gleicht. –
Drum werde ihm die Erde leicht!

Beinahe schaut's nach einem Witz aus:
Der blutigste Mörder ist die *Spitzmaus!* –
Und scheint so zierlich und gefällig!
Die Waldspitzmaus ist ungesellig.
Die Bauernspitz-maus ist durchtrieben –
Man sollt sie eigentlich nicht lieben.
Die Hausspitzmaus, die winzigohrige,
Schaut fast genau aus wie die vorige.
Die Wasserspitzmaus, nicht zur Freude
Der Menschen, geht auch in Gebäude.
Beim Schwimmen macht sie sich nicht naß.
Fischzüchter töten sie voll Haß.
Die kleine Elefanten-Spitzmaus
In Afrika hält große Hitz aus.
Dem Bisamrüßler, *Wychuchol,*
Ist heute noch in Rußland wohl.
Man sieht ihn teils im Lexikon,
Teils an der Wolga und am Don;
Ob Bücher- oder Bucharei,
Das scheint ihm völlig einerlei.

HANDFLÜGLER

Auf ziemlich wunderliche Weise
Gelangen unsre *Fledermäuse* –
Von denen Ähnlichkeiten man
Mit Menschen kaum behaupten kann –
Als wiedrum sehr entfernte Vettern
Des Affenstamms, des nasen-plättern,
Zum Ruhm – wir sehen's nicht gern ein –
Dem Menschen selbst verwandt zu sein.
So kommen wir gar in Familien-
Beziehung zu den Vespertilien.

Daß wir verwandt mit Schaf und Rind
Sieht auch der Laie, der nicht blind,
Weil man, mit gutem Grunde meist,
Einander Schaf und Rindvieh heißt,
Hingegen sich viel weniger leicht
Mit einer Fledermaus vergleicht; –
Der Fachmann aber nimmt's genau,
Er prüft den ganzen Körperbau
Und weniger Schwanz und Rüssel, nein –
Ein nicht vorhandenes Schlüsselbein,
Ein Vorder- oder Hinterzahn:
Auf so was kommt's dem Forscher an!
Der Flughund wie die Fledermaus,
Sie schaun wie Regenschirme aus,
Wenn der Vergleich auch ziemlich hinkt.
Die Fledermaus hängt, eingeklinkt,
Tagsüber dicht in ihren Häuten.
Doch kaum, daß sie zur Vesper läuten,
Klinkt sie sich aus, fängt sich im Sturz
Und flattert, wenn auch wirr und kurz.
Kann sie die Augen auch nicht schärfen,

Ist doch die Flughaut so voll Nerven
Und ihr Gehör so wunderfein,
Daß sie geschickt fliegt, insgemein,
Sogar durch ein Gewirr von Fädchen.
Daß sie ins Haar flög Fraun und Mädchen
Ist falsch, und ganz zu Unrecht haßt
Man unsern kleinen Abendgast.

Hört, was die ernste Forschung spricht:
Moralisch sind die Tiere nicht!
Weil wahllos sie ein Weib begatten,
Von dem auch andre schon was hatten.
Doch gibt's Gesetze immerhin:
Die Fledermäuse-Weiber ziehn
Zurück in Frauenhäuser sich,
Wohin kein Fledermäuserich –
Die Vorschrift ist da äußerst scharf –
Sich ungestraft begeben darf.
Von ganz besonderer Bedeutung
Ist für die Flattrer die Behäutung:
Es braucht die kleine Fledermaus
Schier einen halben Meter Flaus.

Glattnasen heißt die eine Art.
Blattnasen sind ihr Widerpart:
Ein solches blattgenastes Tier,
Das jeder kennt, ist der *Vampyr*.
Ein Nasenblättchen hat die Sippe
Und Warzen auf der Unterlippe,
Lebt in Brasilien, wo es heiß –
Was vom Vampyr ein jeder weiß:
Daß er vom Menschen sauge Blut,
Ist falsch, weil's grade er nicht tut!
Jedoch von den *Hufeisennasen*
Soll's wirklich sich beweisen lassen.

Es fliegt die große wie die kleine
Bei uns herum im Dämmerscheine.
Zwar Maus, ist doch ihr Schwanz ein Stumpen.
Oft hängen sie in ganzen Klumpen,
Besonders winters, wenn es kalt,
An Felsen und Gebälk verkrallt,
In Höhlen, Kirchentürmen, Schuppen.

Die andre von den beiden Gruppen,
Die um die Nase völlig glatt,
Dafür stets Ohrendeckel hat:
Weil all der Unsinn, den man hört,
Die Ruhe des Gemüts nur stört.
Genug – nun kennt sich jeder aus
Im Hinblick auf die Fledermaus.

NAGETIERE

Nur ein paar Stellen ausgenommen,
Sind Nager übrall hingekommen.
Fand das Karnickel einen Platz,
Gleich drängt sich hinterher der Ratz,
Und schon gibt's von den miesen Rassen
In jedem Weltteil Riesenmassen.
Der Elefant stirbt langsam aus.
Die Welt beherrscht demnächst die Maus,
Die Ratte gar – manch andres Vieh
Vertrieb schon aus der Heimat sie,
Denn hat sie erst wo Platz gegriffen,
Ist auf Gemütlichkeit – gepfiffen!

Das *Eichhorn* selbst, von ältestem Adel
Ein Ritter ohne Furcht und Tadel,
Das voreinst manches Tausendjahr
Die vornehmste Familie war,
Mußt längst schon mindern Sippen weichen.
Auf Fichten haust's, auf hohen Eichen,
Leutselig ist's, ein liebes Ding,
Die Nuß beißt's wie den Schwammerling –
Mühselig sucht es seine Nahrung –
Erfreut durch üppige Behaarung.
Man weiß, daß Hebbel eins besaß
Und liebte über alles Maß.
Ganz anders urteilt in dem Punkt,
Wenn Ihr ihn fragt, der Forstadjunkt,
Der's wegen seinem Waldgefrevel
Ausrotten möcht mit Pech und Schwefel.

Zum Eichhorn zählt seit Anno Tobak
Man gleichfalls *Murmeltier* und *Bobak*.

Sie sind, als Winter-Tiefschlaf-Nager,
Im Herbste fett, im Frühling mager.
Das Mankei schläft vom Jahr zwei Drittel,
Sein Fett galt einst als Wundermittel.
Die Blase hat es oft so voll,
Daß es davon erwachen soll.
Sobald es wieder sich entwässert,
Fühlt's seinen Zustand sehr gebessert.

Es sitzt vor seinem Bau und pfeift,
Hat Bauch und Backen aufgesteift;
Das Echo klingt vom Felsen schrill –
Es ist ein rechtes Bergidyll:
Bei Edelweiß und Alpenrosen
Die Murmeltiere spieln und kosen,
Die Sennrin drunten jodelt laut,
Die Gemse kühn vom Felsen schaut,
Den sie soeben froh erklommen –
Bis dann die ersten Preußen kommen.
Dann murmelt unser Murmeltier,
Was, weiß man nicht, doch ahnen's wir.
Des Mankeis Nahrung ist nicht schlecht,
Denn vollfett sind, natürlich echt,
Die Alpenkräuter, die es frißt.
Nur selten trinkt's, wenn's durstig ist.
Doch kummervoll benagt sein Zahn
Die bittere Wurzel Enzian.
Und wollt, es wäre ihm vergönnt,
Daß es als Schnaps ihn schlürfen könnt.
Kaum sprengt der Lenz des Frostes Fessel,
Verläßt es seinen Winterkessel
Und baut sich eine kleinere Nische
Hoch droben aus als Sommerfrische.

Man sieht noch heut auf Bildern, rührend
So ein *Marmottchen* mit sich führend,
Die armen Savoyardenknaben
Als Bettler durch die Städte traben:
Vor Mitleid schmolz Europa schier. –
Uns tät mehr leid das Murmeltier.
Der *Bobak* hält für das Gegebne
Nicht so die Alpen wie die Ebene.
Von Polen weit bis nach Sibirien
Fällt er im Herbst in Traumdelirien,
Und dann in tiefen Schlaf, in späten.
Tungusen halten und Burjäten
Sie für von Gott verdammte Schützen
Und machen aus dem Pelze Mützen.

Bei rund zweitausend Nagerarten
Wird wohl kein Mensch von uns erwarten,
Daß wir, um sie und uns zu quälen,
Sie alle nach der Reihe zählen.
Pfeifhasen, jedem zu begreifen,
Sind Hasen, die auf alles pfeifen.
Die Taschenratte oder *Goffer*
Hat Backentaschen, groß wie Koffer.
Die *Wüstenspringmaus* ist nicht wüst;
Die Seitensprungmaus schwer oft büßt,
Nur daß sie bellt, ist doch kein Grund,
Daß die *Prärie-Maus* man nennt -Hund –
Der friedlichste Amerikaner:
Noch keinem je hat was getan er! –
Es schaut die kleine *Zieselmaus*
Beinahe wie ein Wiesel aus,
Wogegen ihr, zum Unterschied,
Das Wiesel fast nicht ähnlich sieht.
Wenn Du den *Siebenschläfer* lobst
Tust Du nicht recht: er stiehlt das Obst.

Und wer das züchtet am Spalier,
Der haßt das nette, kleine Tier.

»Oh, friß, solang du fressen kannst!«
Denkt sich der *Bilch* und füllt den Wanst.
Er ist geschickt im Eiertrinken
Und maust auch gerne Speck und Schinken.
Und Vater wie auch Mutter Bilch
Labt sich an guter Buttermilch.
Chinchilla ist ein armes Mäuschen,
Trägt in den Anden brav sein Fläuschen.
Und doch, der Mensch, der bringt es drum:
Er bringt es nämlich einfach um.
Des Flatterhörnchens sei gedacht:
Der *Taguan* lebt nur bei Nacht.

Der *Hase* ist ein liebes Tier,
Des Feldes und des Waldes Zier.
Doch stellt ihm nach die ganze Welt,
Wie er sich's nie hätt vorgestellt.
Man spottet noch: »Du Hasenherz!«
Fürwahr, das ist ein schlechter Scherz.
Mit Unrecht wir ihn Feigling nennen:
Davon würd' auch ein Löwe rennen,
Und finge wohl zu zagen an,
Hätt er nur einen Nagezahn.
Was heißt da tapfer? Bist denn Du's?
Du wärst erst recht ein Hasenfuß,
Strebt' alle Welt Dir, wie dem Hasen,
Das Lebenslichtlein auszublasen.
Da ist der Jäger mit der Büchse,
Da sind die Hunde, Krähen, Füchse,
Sind mit den Schlingen auch die Wilderer –
Nur Dante wär der rechte Schilderer
Der Hölle, die dem Hasen droht –

Ja, viele Hunde sind sein Tod.
Obwohl der Hase nun kein Held,
Muß er doch täglich neu ins Feld.
Gezwungen, immer auszurücken,
Weiß er auch trefflich sich zu drücken.
Er legt sich stundenlang geduldig
Wenn's mulmig wird, dorthin, wo's muldig.
Der Has ein Leben gern genösse,
Wenn man nicht immer auf ihn schösse.
Zum Glück sind es nicht lauter Treffer.
Doch wenn, legt man ihn gern in Pfeffer,
Den Rücken aber und die Schlegel
Die spickt und brät man in der Regel.
Daß man ihn jagt uns in die Küche
Sind meistens leider leere Sprüche.
Des Hasen Vorsicht ist sehr groß:
Nie geht aufs Ziel er grade los
Und will man kurzerhand ihn packen,
Schlägt unversehns er einen Haken.
Sprichwörter gibt's von ihm gehäuft:
»Man weiß nie, wie der Hase läuft.« –
»Zwei gehn zum Busch, zwölf kommen wieder.«
Sogar des Volkes schlichte Lieder
Berichten uns so allerhand
Von seinem Braut- und Ehestand.
Das »Haserl« – (Faschings-, Schi- und Bett-)
Gilt jung als ganz besonders nett,
Doch kann dergleichen sich entwickeln
Im höhern Alter zu Karnickeln.
Wie reizend war's, als wir es fingen –
Wie schwer ist's wieder anzubringen!
Ein alter Has kennt alle Jäger
Und sieht er sie, geht aus dem Weg er.

Der Has, sonst immer auf der Flucht,
Wird tapfer selbst aus Eifersucht
Und kühlt mit kräftigen Backenstreichen
Sein Mütchen dann an seinesgleichen.
Auch als Familienvater ist
Der Hase oft voll Mut und List.
Jedoch die Frau des Meisters Lampe
Ist leider häufig eine Schlampe,
Die sich nicht häslich-häuslich zeigt:
Nie Abenteuern abgeneigt,
Brennt sie schon wieder durch zum Rammeln –,
Noch eh die Kleinen »Mutti« stammeln.

Der Winter tut den Hasen weh;
Wenn ringsum nichts als Eis und Schnee,
Die einzige »Blume« weit und breit
Ihr Schwänzchen in der Einsamkeit.
Was nützt's dann, daß sie »Löffel« haben?
Und kein Gemüs? Und nur die Raben
Ganz bös und gierig sie umkrächzen
Und wild nach Hasenbraten lechzen? –

Im Sommer ist dem Hasen wohler,
Da kann im grünen Klee und Kohl er,
Wenn auch mit Vorsicht nur, sich letzen.
Die Hasenscharte auszuwetzen,
Macht er im Lenz als Osterhas
Der jungen Welt den größten Spaß.
Der Hase *(lepus timidus)*
Ist ungewöhnlich gut zu Fuß.
In Ruhe macht er Männchen, hoppelt;
Doch wenn ihm Angst die Kraft verdoppelt,
Dann läuft ein Rennpferd kaum geschwinder.
Aus seinem Balg macht man Zylinder.
Der Hasenfuß – nach seinem Tode –

War früher bei den Schreibern Mode –
Ich denkt noch selber an den meinigen –
Um Pult und Bord von Staub zu reinigen.

Verwandt dem Hasen, nur viel kleiner
Und auf der ganzen Welt gemeiner
Ist das *Kaninchen;* ist's verwildert,
Wird es als Landplag oft geschildert.
In Ländern, wo man's ausgesetzt,
Hat es sich so vermehrt zuletzt,
Daß in Australien, lese ich,
Zur Landplag 's wurde, fürchterlich.
Ein Meister, andre umzubringen,
Schießt es der Mensch, fängt es in Schlingen,
Vergiftet's, jagt's mit Hund und Frettchen,
Aus seinem selbstgegrabnen Bettchen,
Er gräbt mit Schaufel und mit Pickel
Aus Sand und Erde das Karnickel –
Umsonst: mit jedem neuen Satz
Behauptet's zwölfmal seinen Platz.
Das Junge, eben noch gesäugt,
Schon wieder neue Kinder zeugt,
So daß Urahne, Mutter, Kind
In dumpfer Stub beisammen sind,
Und aus den Ur-Ur-Ur-Großvätern
Und den Geschlechtern all den spätern,
Verhältnisse sich oft ergeben
Die der Moral zuwiderstreben.
Doch lieben – was an sich erfreulich –
Sich Mann und Frau meist recht getreulich.

Als Stallhas wird der rasche Flüchter
Gehalten gern vom Kleintierzüchter.
Der Mensch sucht Löwenzahn im Gras;
Wie gern frißt den der brave »Has«,

Der mümmelnd sitzt in seinem Stalle.
Das gute Tier! Wir lieben's alle!
Es stehlen Kinder, Vater, Mutter,
Wo sie nur können, für es Futter
Und küssen – welch ein süßes Häschen! –
Es zärtlich auf sein rosigs Näschen –
Um unvermutet, eines Tages
Vermittels kräftigen Nackenschlages
Es rasch zum Tode zu befördern.
Vorzüglich schmeckt das Fleisch den Mördern.
Bedenken wir die Sache reiflich,
Sind Menschen doch oft unbegreiflich.
Denn wüst ist's, daß sie, treuvergessen,
Den Freund von gestern einfach fressen
Als, sozusagen, Kaninbalen.
Hoch läßt man sich das Fell bezahlen,
Das man, um Biber vorzubluffen,
Zu Kragen umfärbt und zu Muffen
Und mancher Seal, manch Hermelin
Ist nur gewöhnliches Kanin.

Wohl dem Kaninchen, das noch warm –
Darf friedlich hocken in der Farm   !
Rupft man ihm auch sein Seidenfellchen –,
Hupft es doch lustig durch sein Ställchen.
Doch wehe dem, das in Verhaft
Nimmt die exakte Wissenschaft!
Zum bösen Spiel ein gutes Mienchen
Muß machen das *Versuchskaninchen.*

Und auch das *Meerschwein* (aus Peru)
Zwingt man besonders gern dazu,
Zu dienen medizinischer Kunst. –
Man heißt es Schweinchen, weil es grunzt. –

Ich wüßt nicht viel davon, erführ ich
Nicht eben, daß es kam nach Zürich
Als rares Wesen, bunt gefleckt,
Kaum daß Pizarro es entdeckt,
Wo's ein Gelehrter, ein belesner,
Der gute alte Konrad Gesner
Der Welt zum erstenmal beschrieb.
Den Kindern ist das Tierchen lieb,
Wenn auch die große Meerschweinmode
Sich längst gelaufen hat zu Tode.
An Fähigkeiten sonst nicht groß,
Fortpflanzungsfähig grenzenlos,
Hat es durch seine Zeugungsmacht
Zum Sinken Schiffe schon gebracht!

Das Meerschwein lebt am liebsten trocken;
Es fürchtet sich vor feuchten Socken.
Jedoch als Beispiel nasser Schweine
Erwähnen wir die *Wasserschweine*,
Die auch dem Namen nach nur schweinlich.
Sie baden täglich und sind reinlich.

Das *Stachelschwein*, lateinisch *hystrix*,
Macht manchmal ein Geräusch, ein flüstrigs,
Wenn's zornig mit den Stacheln rasselt.
Die Fabel deshalb davon quasselt,
Daß es, was aller Wahrheit fremd,
Verspiele selbst sein Flötenhemd:
Es fallen nur aus seinem Flaus
Durch die Bewegung Stacheln aus.
Das Stachelschwein hat Nagezähne,
Am Halse eine Borstenmähne,
Doch rückwärts ist's, sogar am Schwanz,
Bedeckt mit langen Stacheln ganz.
Es ist vergeßlich, boshaft, dumm,

Grunzt manchmal laut, ist meistens stumm.
Bald läuft es ungeheuer schnell,
Bald tritt es taglang auf der Stell.
So unterschiedlich sich bewegend,
Bewohnt es lauter klassische Gegend,
Wo ihm Homerus Sonne lächelt,
Stumpfsinnig ist's, doch spitz bestächelt.
Der Mensch vom Sachelschweine lern:
Drängt nicht zu nah, bleibt nicht zu fern!
Es gilt, das wußten schon die Alten,
Den rechten Abstand stets zu halten!

Es haben neugeborne Schweine
Nur weiche Stacheln, winzig kleine.
Denn wenn sie lang und borstig wären,
Wer möcht ein Stachelschwein gebären?
Zum Glück ging über von den Stacheln
Das Kunstgewerbe zu den Kacheln.
Sonst würd' das arme Stachelschwein
Schon völlig ausgerottet sein.

Zeitweise war die Biberzucht
Bei uns schier eine Fiebersucht;
Doch es verkrachten meist die Armen
Mit ihren schönen Pelztierfarmen;
Es widmeten sich diesem Tiere
Meist abgedankte Offiziere –
Doch hat ein einziger Hauptmann bloß
Verdient am Biberpelz ganz groß!
Der *Biber* selber *(castor fiber)*
Denkt sich: »Je freier, desto lieber!«
Baut seine Burgen sich und Villen
Nicht grade stilvoll, doch im stillen.
Und er entzieht sich mit Geschick
Dem Landbauamt und der Kritik.

Doch haust der arge Wälderroder
Kaum mehr an Elbe oder Oder.
Den dicksten Stamm durchnagt er glatt,
Klopft Lehm mit seinem Schwanze platt,
Nichts wird verschont; er stürzt und gräbt –
Denn gut gewohnt ist halb gelebt.
Der Biber kommt fast nur noch vor
In Kanada, in Labrador,
Sibirien, kurz, wo's halbpolar.
Bei uns er einmal häufig war.
Doch wenn man, statt das Tier zu schützen,
Es nur mißbraucht zu Muff und Mützen
Und ihm das Bibergeil noch nimmt –
Duftstoff, zum Heilzweck meist bestimmt –
Dann ist's begreiflich, daß derselbe
Nicht mehr an Oder lebt und Elbe.
Die *Bisamratte*, biberähnlich,
Ward, kunstgezüchtet, unansehnlich,
Bekam ein struppig graues Fell,
Vermehrte sich jedoch sehr schnell.
Sie nagt so dreist an allen Dämmen,
Daß Fluß und Meer uns überschwemmen.

Die *Lemminge* rennen grade aus,
Weit in die wilde Welt hinaus;
Sie sind, im Pleistocän einmal,
Gewandert bis nach Portugal.
Nur in Alaska und in Schweden
Macht noch der Lemming von sich reden,
Trägt an den Füßen Filzpantoffeln
Und stiehlt den Bauern die Kartoffeln
Wenn er genug von Flechten hat;
Macht ihn die Heimat nicht mehr satt,
Dann wandert aus der arme Fresser –
Als wäre es woanders besser!

Dabei kommt's oft zum Massenmord:
Die Spitze stößt auf einen Fjord,
Zehntausend drängen hinterher –
Die Wanderschar verschlingt das Meer.

Der *Hamster* ist in Kriegsnotzeit
Gewandert übers Land oft weit:
In Bayern konnt' man Hamsterer fangen,
Die bis aus Preußen hergelangen;
Mit Backentaschen, Rückenbeuteln
Begegnete man bravsten Leuteln,
Doch andre, in den Fruchtgefilden,
Benahmen oft sich wie die Wilden,
Statt selbst sich nur zu nähren redlich:
Als Schieber ward der Hamster schädlich!
»Durchhalten!« schrien aus ihrem Bau
Dann Hamstermann und Hamsterfrau. –
Das Paar, der Rammler und die Betze,
Hat seine eignen Wohngesetze:
Ein jedes haust für sich allein
Und deckt sich dementsprechend ein. –

Dem Hamster, wenn er selbst nur satt,
Ist's gleich, ob sonst wer auch was hat.
Ganz fürchterlich ist er ergrimmt,
Wenn man ihm nur ein bißchen nimmt;
Er klagt uns vor schier alle Tage,
Daß er am Hungertuche nage,
Damit man ja Verdacht nicht schöpfe,
Ob seiner wohlgefüllten Töpfe –
Ein Zeitgenosse, unerfreulich:
Doch auch das Darben war abscheulich!

Was aber soll in unsern Tagen
Man erst zur bösen *Wühlmaus* sagen?

Ob's Land-, ob's Wasserratten seien:
Schermäuse machen Scherereien:
Kann man der Zukunft Bäume pflanzen,
Solang sie an den Wurzeln schanzen?
Kann man des Chaos Wogen hemmen,
Solang sie nagen an den Dämmen?
Ist nicht der Boden so schon steinig?
Die Wühlmaus, drüber sind wir einig,
Ist leider durch und durch verderbt.
Darüber nur, wie sie gefärbt,
Sind die Gelehrten, je nach Zeit
Und Umstand, fürchterlich entzweit.
Der eine sieht's mit finsterm Staunen,
Wie man gewähren ließ die braunen;
Der zweite warnt besonders herzlich
Vor jeder Wühlmaus, welche schwärzlich.
Ein dritter haßt sie, wenn sie röter. –
Dies rät ein alter Wühlmaustöter:
Man lasse sie ein bißchen wühlen,
Bis sie sich leidlich sicher fühlen.
Dann aber packt man sie und haut se
Mit ihrer allzufrechen Schnauze
Aufs harte Pflaster des Prinzips:
Hin sind sie, ohne einen Pips.
Die Wühlmaus haßt's, wenn man sie nennt:
Sie möcht, daß man sie gar nicht kennt.

Weltbürger sind die *Mäus* und *Ratten:*
Von Heimatliebe keinen Schatten.
Der brave Has bleibt bis zuletzt
Am liebsten dort, wo er gesetzt.
Die Ratte, die ganz anders da,
Sagt: »*Ubi bene, patria!*«

Das üble Tier, das wir nicht lieben,
Hat Heinrich Heine uns beschrieben:
Es gibt, sagt er, zwei Sorten Ratten,
Die Hungrigen sowie die Satten.
Die Satten bleiben brav zu Haus,
Die Hungrigen, die wandern aus –
Wobei er wohl im Auge hatte
Die radikale Wanderratte.
Sie frißt in ihrem blinden Wahn
Den Menschen, ja sich selber an,
So daß oft der verwünschte Pilger
Der eignen Art wird zum Vertilger;
Sie kann auch, nicht nur durch ihr Nagen,
Recht böse Seuchen übertragen:
Millionen zu den Schatten riß
Die Pest, erzeugt durch Rattenschiß.
Kein Lebewesen breitet besser
Sich aus als so ein Allesfresser:
Und daraus wird ja auch erklärlich,
Warum der Mensch so sehr gefährlich. –

Der Löwe wenn Gemüs bekäme,
Ein unerwartet Ende nähme.
Gäb Fleisch man andrerseits den Rehen,
Wärn sie genötigt einzugehen.
Der Mensch jedoch hält unerschüttert –
Sogar mit Phrasen nur gefüttert –
Auf Erden selbst den kargsten Platz:
Er ist noch zäher als der Ratz.

Die Ratte schrecklich viel verbraucht;
Ein Glück, daß sie nicht auch noch raucht!
Es künden der Statistik Barden:
Der Schaden geht in die Milliarden!
Wo grau ein Rattenschatten huscht,

Ist halb das Leben schon verpfuscht.
Dem Kaiser selbst, Napoleon,
Ein Ratz das Frühstück trug davon,
So daß man in Sankt Helena
Den großen Korsen hungern sah.
Erwähnt sei noch die nimmersatte,
Meist nachts erst muntre Leseratte.
Wenn sie auch manchmal nicht die Spur
Versteht von Kunst und Litratur,
Frißt sie doch, ohne viel Gekrittel,
Papier als geistiges Nahrungsmittel.
Man nehme, um sie zu vergiften,
Parteibroschüren, Dienstvorschriften.
Die Ratte, wenn sonst nichts zu kriegen,
Macht sich aus Wiegendrucken Wiegen
Und legt ganz sorglos ihre Kleinen
Auch in ein Nest von D-Markscheinen.
Doch tut das keineswegs die nette
Sündteure Ratte vom Ballette!

Ein Rattenfänger tat in Hameln
Einst alle Ratten um sich sammeln,
Und er versprach, sie zu bewegen,
Er führ' sie großer Zeit entgegen:
Doch führte er, und grad mit Fleiße,
Sie graden Weges in die – Weser.
Was dachtest Du, geliebter Leser?
Auch stimmt's, daß Ratten oft in Massen
Das Schiff, bevor es sinkt, verlassen,
Tun sie es aber erst nachträglich,
Geht's manchmal schief und wirkt recht kläglich.
Doch was ne echte Ratte ist,
Sucht einen neuen Trog und frißt.

Oft bringt ein süßes kleines Mäuschen
Verliebte Kater aus dem Häuschen.
Doch wehe, wenn es alten Katzen
Geraten sollte in die Tatzen!
Mus musculus, die kleine Hausmaus,
War eine solche nicht von Haus aus:
Längst eh' der Mensch ein Häuschen baute
Und sich hinein das Mäuschen traute,
Lief es herum im freien Feld.
Jetzt lebt es längst in aller Welt;
Wohin der Mensch kam, kam das Tier
Auch, als ein blinder Passagier.

Sie klettert trefflich, springt und läuft.
Sie schwimmt sogar, doch sie ersäuft.
Der nasse Pelz zieht sie hinunter.
Gern trüg die Maus sich etwas bunter:
Daß sie in Grau stets gehen muß,
Das macht ihr sicher viel Verdruß.
Zwar arm gekleidet, aber reinlich,
Ist sie doch eitel, höchstwahrscheinlich.
Auf ihre Füße, zierlich klein,
Da bildet sich die Maus was ein.

Warum beim Rufe: »Eine Maus!«
Bei Fraun bricht eine Panik aus,
Wogegen Männer kaum sich rühren –
Das müßt so wer wie Freud erspüren.
Ist sie doch wirklich wundernett,
Wenn sie hervorkommt unterm Bett,
Ein Männchen macht, ihr Bärtchen putzt
Und beim geringsten Lärme stutzt,
Ins nächste Mauseloch verschlüpft,
Hoch bis in die Gardinen hüpft.
Ein Mann hat meist die Maus recht gern,

Selbst wenn sie – siehe Morgenstern –
Nachts durch die hohlen Ärmel trabt
Des Rocks, am Tage angehabt.
Sucht Mäuse Euch je nach Geschmack aus:
Die *Riesenrennmaus,* die *Tabakmaus*...
Die Micky-Maus ward schier zur Plage –
Man kennt sie kaum mehr, heutzutage.
Die *Tanzmaus* der Japanzer zieht,
Die *Singmaus* zwitschert süß ihr Lied.
Man hält sie künstlich in Gehäusen.
Das tut man auch mit weißen Mäusen
Ob ihres reizenden Benehmens.
Jedoch ist es *delirium tremens,*
Wenn solche man zu sehen glaubt,
Die gar nicht da sind, überhaupt.

Die *Landmaus* frißt oft, wie wir lernten,
Schon auf dem Feld die halben Ernten.
Die andre Hälfte in den Scheuern
Und hilft so mit, das Korn verteuern.
Sie selber lebt in Saus und Braus –
Arm bleibt allein die *Kirchenmaus.*

Die *Stadtmaus* und die *Landmaus* sind
Bekannt als Fabel jedem Kind –
Im Kriege lief die Großstadtmaus
Verhungert auf das Land hinaus,
Wo, äußerst gierig nach Gewinn –
Nicht mehr wie einst voll Biedersinn –
Mit allen Wassern wohl getauft,
Die Feldmaus teuer hat verkauft,
Was – mit viel Fleiß, sei zugegeben –
An Mitteln sie besaß zum Leben.
Ja, selbst sein letztes, eignes Fläuschen
Gab hin für Fett das Großstadtmäuschen.

ZAHNLÜCKER

Nicht ausgesprochne Weltbeglücker
Sind offensichtlich die Zahnlücker,
Wenn auch der Zahn mehr Unheil stiftet,
Sei, wie bei Schlangen, er vergiftet,
Sei, wie beim Tiger, er zu reißig,
Sei, wie beim Nager, er zu fleißig –
Vom Zahn der Zeit ganz abgesehn,
Dran alle wir zugrunde gehn.

Es lebt das Ur-*Faultier*, das Tillodontier längst nur mehr fossil;
Wahrscheinlich, wenn ich's auch nicht weiß,
Hat man es umgebracht mit *Fleiß!*
Man fand auch ganze Knochenserien
Von sogenannten *Megatherien*
In mehr als einem Höhlengrab,
Von Riesenfaultiern, die's einst gab,
Und zwar, unglaublich klingt es ja –
Allein in Nordamerika!
Sie waren elefantengroß
Und faul natürlich, bodenlos –
Millionen Jahre, ehe Ford
Erfunden des Gemütes Mord
Mit seinem Bande, welches fließend –
Das reinste Nichtstun süß genießend,
Noch heute, unter Angestellten,
Trifft man das Faultier gar nicht selten.

Ein jetzigs Faultier namens *Ay*
Haust in Uru- und Paraguay,
Hat einen Kopf, dem Affen ähnlich,
Und einen Schwanz, der kaum erwähnlich.

Auch, wie ich in den Büchern finde,
Vorn Augen eine weiße Binde.
Es nistet sich auf seinem Balge
Die grüne Pleurococcus-Alge,
So daß man's, hängend hoch im Baum,
Vom Laub kann unterscheiden kaum.
Um aber nicht vom Ast zu fallen,
Besitzt es große Sichelkrallen.
Mit denen klettert's, wenn es munter,
Doch meist hängt's reglos da, kopfunter.
Die Früchte wachsen ihm ins Maul,
Doch ist's zum Fressen noch zu faul.
Daß je den Spruch gehört es hätte,
Daß uns allein die Arbeit rette,
Ist meines Wissens nicht erwiesen.
Es lebt in grünen Paradiesen
Und hat noch nie daran gedacht,
Wie weit durch Arbeit *wir's* gebracht:
Zu was für technisch großen Siegen,
Zu völkermordend wilden Kriegen,
Zum Ende der Gemütlichkeit –
In jeder Hinsicht herrlich weit!
Vielleicht kehrt, als zum einzigen Glück,
Der Mensch zur Faulheit noch zurück!

Der Faun verschwand aus Wald und Flur.
Die Fauna blieb erhalten nur
Und macht mitunter tolle Zicken:
Wir brauchen bloß einmal zu blicken
Auf *Gürtel-* oder *Schuppentier,*
So sehn bei beiden Gruppen wir,
Daß in des Schöpfungs-Akts Verzeichnis –
Wobei bekanntlich nur ein Gleichnis
Auf dieser Welt ist das Vergängliche –
Zu finden auch das Unzulängliche.

Das Gürteltier sowie der *Schupp*
Beziehn die Panzer nicht von Krupp.
Gott selbst hat sie so ausgerüstet.
(Wer weiß, ob sie's darnach gelüstet?)

Obwohl nun, wie uns Brehm belehrt,
Das *Gürteltier* so wohlbewehrt,
Geht es, ja vielleicht grad deswegen,
Stracks seinem Untergang entgegen.
Denn erstens ist der Panzer ohne
Die zugehörige Kanone
Und zweitens hat er wenig Zweck:
Das Gürteltier kommt kaum vom Fleck.
Und drittens, die Matrosen bringen,
Nebst andern kuriosen Dingen,
Als *souvenir* aus weiter Ferne
Den Mädchen solche Panzer gerne.
Statt seinen Kindern einen Haufen
Von teurem Spielzeug erst zu kaufen,
Läßt sie der Indio mit den vielen
Harmlosen Gürteltieren spielen,
Was, nur das Tier selbst ausgenommen,
Dort aller Welt scheint höchst willkommen.

Dem Gürteltier wird nachgesagt –
Und leider auch drum nachgejagt! –
Daß, durch sein Wühlen in der Erde,
Es Menschen selbst gefährlich werde:
Kommt etwa ahnungslos und heiter
Quer durch die Pampas Roß und Reiter,
So falln – und brechen Hals und Bein –
Sie in die Gruben leicht hinein,
Die dort das Gürteltier gegraben. –
Das Sprichwort scheint nicht recht zu haben,
Daß selbst, wer andern Gruben grübe,

Hereinfiel! – Und doch geht es trübe
Mit unserm Gürteltier hinaus:
Man rottet es ganz einfach aus.

In München zeigt man auf der »Wiesen«
Ein Gürteltier, und zwar das Riesen-,
In einer von den bunten Buden
Nebst Schlangenmensch und Botokuden,
Dem Phänomen »halb Fisch, halb Weib«,
Der Dame ohne Unterleib,
Als einen Haupt- und Massenschlager,
Als »ganzen-Erdteil-wüst-Zernager!«
Doch wenn die Menge schaudernd meint,
Daß jetzt ein Ungetüm erscheint,
Kommt, ach, ein Ferklein, halb erfroren,
Das wünscht, es wäre nie geboren.

Das *Schuppentier*, lateinisch manis,
Voll Schuppen, aber ohne Zahn is',
Ganz einsam, manisch-depressiv,
Wohnt es in Höhlen, ziemlich tief,
In Asien und in Afrika.
Erstaunt war jeder noch, der's sah.
Hingegen sagt man von dem Schupper,
Daß er die Menschen kaum beschnupper;
Sie haben ihm auch nichts zu bieten –
Der Schupp schwärmt nur für die Termiten,
Und alles andre ist ihm schnurz.
Sein Schwanz ist lang bald und bald kurz;
Die Zunge aber, immer lang,
Steckt es in den Termitengang,
Um sie, wenn hundert daran pappen,
Vergnügt ins Maul zurückzuschlappen.

Genauso gut, vielleicht noch besser,
Kann das der große *Ameisfresser.*
Er pflegt, mit einem Schwanz zum Greifen,
Von Chile bis Peru zu schweifen.
Sein Kopf ist spitz wie die Pinzette,
Sein Pelz, der vorn von kurzer Glätte,
Wird hinten zottig mehr und mehr;
Drum heißt er auch *Ameisenbär.*

Das *Erdschwein* lebt zumeist am Kap.
Es geht uns hier nicht weiter ab.
Beinahe, nota bene, kahl,
Lebt es auch noch am Senegal.
Zwei Meter etwa mißt es, ganz,
Doch ist davon die Hälfte Schwanz.
Sehr ähnlich manchmal finden wir
Dies arme Schwein dem *Muske-tier:*
Fühlt sich's bedroht, gräbt ungemein
Behend sich's in die Erde ein.
Es schlürft – sein einziges Vergnügen –
Ameisen gern in vollen Zügen.

BEUTEL- UND KLOAKENTIERE

Von allen andern Tieren deutlich
Sind die verschieden, welche *beutlich*.
Vereint mit dem Kloaken-vieh
In einer Sippe staken sie.
Jedoch seit man sie näher kennt,
Hat man sie wieder mehr getrennt.

Selbst in Krähwinkel oder Kalisch
Weiß jedes Kind: sie sind australisch.
Australien ist ein seltsam Land,
Fast allen Menschen unbekannt.
Sogar, wer selbst in Sidney lebt,
Wer Gold sucht und die Schafzucht hebt,
Kennt diesen Erdteil nicht viel besser
Und sah noch keine Menschenfresser,
Nicht Kiwi oder Kakadu –
Ja, kaum einmal ein *Känguruh*.

Die *Beuteltiere* gab's einmal
Sogar bei uns in großer Zahl.
Doch sind, woran wohl niemand deutelt,
Wir längst schon völlig ausgebeutelt.
Amerika, das viele hatte,
Besitzt nur noch die *Beutelratte*,
(Opossum), das bekanntlich längs der
Virginschen Küste lebt als Gangster,
Voll Mordsucht plündert Hühnerställe,
Doch dafür zahlt mit seinem Felle.

All die australischen Gewächse,
Wie Wombat oder Beuteldächse,
Wie Beutelfische, Wölfe, Hunde,

Gehn uns nichts weiter an im Grunde.
Vielleicht, daß noch zu nennen wär
Der *Koala,* Australiens Bär.
Berichten kann ich nichts davon,
Ich sah ihn nur im Lexikon.
Daß man ihn nachschlägt dort, verträgt
Er gern – nicht, daß man nach ihm schlägt.
Die *Kusus* und die Beutel-*Kuskus,*
Fuchsähnlich, bringen ich zum Schluß muß.
Oft bringt sie selbst wer mit dem Dampfer.
Sie stinken – sonst recht nett – nach Kampfer.
Man soll sie deshalb nicht verspotten,
Sie tun's gewiß zum Schutz vor Motten.

Von diesen Beuteltieren allen
Scheint keines ins Gewicht zu fallen –
Nehmt den *Spruchbeutel* selbst dazu –
Verglichen mit dem *Känguruh,*
Dem Tier, das – nicht von mir erdacht! –
Leerbeutig große Sprünge macht.
Es lebt – und heißt drum Makropus –
Von Jugend an auf großem Fuß;
Auch stellt sich's auf die Hinterbeine;
Doch tut es dieses nur zum Scheine,
Denn ängstlich ist der Beutelhas.
Er nährt von Blättern sich und Gras.
Es wird das *Riesenkänguruh*
Mitunter länger als zehn Schuh.
Im Sitzen selbst hat's Manneshöhe –
Ach, höchstwahrscheinlich hat's auch Flöhe;
Und kann sich, das ist zum Erbarmen,
Nicht kratzen mit den kurzen Armen.
Das Känguruh mißt, neugeboren,
Zwei Zoll vom Schwanz bis zu den Ohren.
Acht Monde es im Beutel lebt,

Bis es den Kopf zum Lichte hebt;
Es hat das Glück, genau genommen,
Gleich *zweimal* auf die Welt zu kommen.
Der Beutel ihm noch lang auch jetzt
Die Wiege – wie bequem! – ersetzt,
Und, was noch wichtiger, die Windel.
Nachts wird das lustige Schlafgesindel,
Nachdem's im Freien tags getollt,
Schwupps, in den Beutel eingerollt.
Man braucht nicht erst drauf hinzuweisen,
Wie Mutter ist und Kind zu preisen!
Auch uns die Kinder, die wir kriegen,
Meist jahrlang auf dem Beutel liegen.

Wir kommen zum *Kloakentier* –
Schon finden einen Haken wir:
Denn einerseits spricht dafür viel,
Daß auf dem Wege vom Reptil
Zum Säuger einfach es blieb stecken;
Doch andrerseits konnt man entdecken,
Daß es den Beuteltieren ähnlich.
Und sicher wünscht es selber sehnlich,
Sich zu entwickeln vor und rück.
Denn so zu leben ist kein Glück:
Zu stehen immer in dem Rufe,
Zu sein der Säuger tiefste Stufe.
's gibt Gott sei Dank nur ihrer zwei,
Fern in Australiens Wüstenei.

Die Wissenschaft darf sich nicht scheuen
Vor dem Berichte, dem getreuen,
Auch wenn er bis zu Punkten führt,
Die man gemeinhin nicht berührt.
Für Kinder keine Themata:
Einlöcher, Monotremata,

Heißt man Kloakentiere auch
Mit einer Öffnung nur im Bauch –
Als einzige Tiere, welche säugen;
Dies muß der Fachmann wohl beäugen.

Wir bringen erst das *Schnabeltier*;
Es ist das reinste Fabeltier –
Denn was von Ente, Hamster, Biber
Dem lieben Gotte noch blieb über,
Hat er zusammen hier gesetzt
Und mußte lachen selbst zuletzt:
Es ward ein Tier, ein schlecht gefügtes,
Doch für Australien genügt es;
Dort wird es weiter keinen stören.
Es gräbt sich einen Bau mit Röhren,
Füllt sich, in tagelangem Naschen,
Mit allerlei die Backentaschen,
Stets ängstlich in die Gegend lugend;
Und während es in seiner Jugend
Noch leidlich gute Zähne hatte,
Trägt jetzt es eine Gaumenplatte,
Gleich einem Entenschnabel hornig.
Meist ist es brav, wird selten zornig,
Weil fünfundzwanzig Grade nur
Beträgt die Körpertempratur.
Es liebt sehr innig, aber dumpf,
Und ist zwar sinnig, aber stumpf.
Rund einen halben Meter lang,
Fällt's auf durch seinen Wackelgang.

Mit ihm wirft in denselben Tiegel
Man nur noch den *Ameisenigel,*
Der lang hervor die Zunge streckt
Und damit die Termiten leckt.
Hingegen frißt er kaum Gemüse.

Auch hat er eine eigne Drüse,
Sich abzusondern, denn der Kleine
Lebt gern ganz still für sich alleine.
Als Säugetier an letzter Stelle
Steht dieser komische Geselle
Im unabsehbarn Tiergewimmel;
Und hat ein Anrecht drum, im Himmel,
Wo's umgekehrt ist wie auf Erden,
Der allererste einst zu werden.

WALTIERE

In alter Zeit – es war einmal –
Da lebte noch im Wald der *Wal;*
Die Haut, vor weiß Gott wie viel Jahren,
War noch bedeckt mit dichten Haaren,
Er hatte Füße, gar mit Hufen:
Zum Seemann schien er nicht berufen.
Ob nun der Wal aus freier Wahl,
Ob nur gezwungen, sich zur Qual,
Gewöhnt sich hat, im Meer zu wohnen
Und obendrein in kalten Zonen,
Wo es nur Wasser gibt und Eis,
Gehört zu dem, was niemand weiß –
Obwohl wir, grad im Augenblick,
Viel wissen übern Moby Dick.

Zwei Sorten *Wal* sind zu erwähnen:
Die eine ist bewehrt mit Zähnen,
Die andere, schon mehr entartet,
Ist statt gezähnt, nur noch bebartet.
Doch Haare auf den Zähnen nie,
Gottlob, hat dieses Riesenvieh.
Der Bart, draus Fischbein wir gewinnen,
Wächst ihnen bloß im Maule, drinnen;
In hornigen Platten, tief und tiefer,
Hängt er im Schlund, vom Oberkiefer.
Versteinert trifft, nur noch als Mahnmal,
In den Museen man manchen *Zahnwal*.
Fossil ist meistens auch sein Zögling –
Bis auf den Entenwal, den *Dögling*.
Er taucht, wie auch der *Schweinsfisch*, munter
Bald einmal auf, bald einmal unter.
Ob Schwein, ob Fisch: auch wenn er schwimmt,

Ein Säu-getier ist er bestimmt,
Was sich ja daraus schon erklärt,
Daß er sein Kind an Brüsten nährt.
Der Laie nennt, nebst andern, ihn –
Den Schweinsfisch, kurzerhand *Delphin*.
Und in der Tat, er ist sein Vetter.
Sie beide ziehn bei schönem Wetter
Als unermüdliche Begleiter
Mit unsern Schiffen weit und weiter,
Und wem's vor Seekrankheit nicht kötzlich
Der findet's sehr ergötzlich, plötzlich,
Selbst spielend in dem Spiel der Wellen
Zu sehn die spielenden Gesellen.

Gefürchtet ist zwar oft der *Tümmler*
Als Heringsfresser, Netzverstümmler,
Doch tut, den Fischern zum Gewinste,
Lockspitzel- er und Bütteldienste
Und hilft, das wußten schon die Alten,
Die Heringszüge anzuhalten.

Arion war der Töne Meister,
Als Sänger Griechenland bereist' er.
Die bösen Schiffer von Korinth,
Die waren übel ihm gesinnt,
Beschlossen, wild nach seinen Schätzen,
Im offnen Meer ihn auszusetzen.
Da nahm auf seinen Rücken ihn
Und trug ihn heimwärts ein Delphin.

Delphine sieht man, mit dem Schnabel,
Und oft auch mit der Dreizackgabel
Neptuns – dem dieser Fisch geweiht –
Auf Städte-Münzen früher Zeit,
Von Delphi etwa – nicht von Husum.

Hingegen: »in *Delphini usum*«
Schlag nach – 's ist zu erklären schwierig –
Im Lexikon, wer drauf begierig.

Besonders tapfer stets und schön fand
Schon immer man den Wal aus Grönland.
Der Butzkopf, Schwertfisch oder *Schwertwal*
Hat zwar kein Schwert aus deutschem Wertstahl,
Doch stark genug, scharf und geschmeidig,
Um zu verletzen weheleidig.
Er fällt, in seinem blutgen Wahn,
Sogar den Walfisch wölfisch an.
Von diesem Schwertwal heißt's, er sei
Gefräßiger als selbst der Hai.

Der *Grindwal,* auch noch irgendwie
Ein dem Delphin verwandtes Vieh,
Auch Schwarzwal da und dort geheißen,
Ist schlecht bezahnt und kann kaum beißen.

Der *Weißwal,* ebenfalls ein Onkel,
Ist in der Jugend ziemlich donkel,
Doch wird er, als ein hoher Greis,
Im Alter heller, beinah weiß.
Der *Narwal* oder See-Einhorn
Hat einen Stoßzahn, meist links vorn,
Der lang und grad ist, schön gedrechselt.
Daß ihn der Leser nicht verwechselt
Mit dem bekannten Karne-wal,
Gibt's Unterschiede sonder Zahl:
Der Narwal – das genügte schon –
Einzahnig ist er, monodon;
Doch monoton, wie Ihr wohl wißt,
Der Karneval gar niemals ist.
Lang hielt der Mensch in seinem Wahn

Fürs echte Einhorn diesen Zahn
Und mußt viel Geld dafür berappen.
Old England führt ihn noch im Wappen.

Der *Pottwal* heißt nicht so zum Spotte;
Sein Kopf gleicht einem großen Potte
Und birgt – vom ganzen Fisch ein Drittel –
Das Walrat als ein Wundermittel.
Bei Kranken findet sich im Kot
Das Ambra – hundert Mark das Lot!
Im Anfang ist er klein; doch später
Wird so ein Pottwal zwanzig Meter,
Und wirft durch seine wilden Stöße
Selbst Schiffe um von einiger Größe.

Schlechthin der *Walfisch* ist allein
Uns so bekannt ganz allgemein,
Und im Gedächtnis uns so frisch,
Daß jeder weiß: er ist *kein Fisch;*
Gesehn hat ihn fast keiner freilich.
Und das ist auch durchaus verzeihlich,
Denn wo sollt man ihn sehen, wo?
Ein solches Untier hat kein Zoo.
Doch hat man hier und da von toten
Uns die Skelette dargeboten.

Um gleich mit Zahlen aufzuwarten:
Fünf Meter lang sind seine Barten,
Von denen, unten zugespitzt,
Er rund dreihundert Stück besitzt.
Ein Goliath selbst schwer sich täte,
Vom Wal zu schlucken eine Gräte.
Der größte Wal ist – nach dem Fang
Gemessen – dreißig Meter lang
Und, gar nicht übertrieben sehr,

Bis hunderttausend Kilo schwer;
Der Speck, darin sein Hauptwert liegt,
Mehr als ein Drittel davon wiegt.

Das Maul ist bei dem Riesentier
Sechs Meter lang, breit aber vier.
Jedoch sein Schlund ist winzig klein,
Kaum daß ein Hering geht hinein.
Drum lebt, trotz seinem mächtigen Kiefer,
Der Wal von Meeresungeziefer.
Eh's fast gelang, ihn auszurotten,
Durchzog der Wal in ganzen Flotten –
Der Fachmann redet hier von Schule –
Das Nordmeer von der ultima Thule
Bis weit herab in den Atlantik.
Das waren Zeiten voll Romantik,
Als, noch am Bug die Zauberrune,
In starken Händen die Harpune,
Starr das Gesicht wie eine Maske
Der wilde Norweg oder Baske
Auf dieses Ungeheuer zielte
Und dabei mit dem Leben spielte.

In Zwanzigtausend-Tonnen-Kähnen
Zur Trangewinnung, ohne Tränen,
Fährt jetzt der Mensch in jedem Jahr
Ganz ohne eigene Gefahr
Ins Eismeer rasch für ein paar Wochen,
Selbst ausgekocht, den Tran zu kochen.
Das Schiff, zur Walstatt wird's und Küche
Voll widerwärtiger Gerüche.
Den meisten Völkern wird durch Noten
Der Walfang, Gott sei Dank, verboten,
Sei's teilweis, sei es überhaupt.
Nur noch der Wahlfang ist erlaubt.

Bewahrt dem Walfisch Eure Huld:
Am Lebertran ist er nicht schuld!
Der kommt, wie leicht ist zu erforschen,
Von echten Fischen, meist von Dorschen.
Doch wenn der Ahn sich auf der Kirmes
Den Luxus eines neuen Schirmes
Geleistet, anno dazumal,
Dann warn die Stäbchen nicht von Stahl,
Von echtem Fischbein waren sie
Bei Parasol und Paraplui.
Und wenn die Großmama ihr Fett
Entschlossen zwängte ins Korsett –
Heut eine unbekannte Qual –,
Dann nahm die Barten sie vom Wal.

Der *Wal* kann auch aus Nasenschlitzen
Gewaltige Wasserdämpfe spritzen
Und eine Herde, wild empört,
Schon meilenweit man pritscheln hört.
Walfahrten macht er manchmal weite;
Einst gar – was man mir nicht bestreite –
Kam er selbst bis nach Askalon.
Dort gab's den »schwarzen Walfisch« schon,
Ein Gasthaus von berühmter Güte,
Als der Philister Reich noch blühte.
Doch kränkte's ihn, daß ihn die Juden
Mit dem Verdachte dort beluden,
Daß er den Jonas hätt verschluckt
Und nachher wieder ausgespuckt.
Seitdem hält er, als Tier, als weises,
Sich in der Nähe stets des Eises.
Denn wenn er auch an sich kein Fisch:
Das weiß er: Eis erhält ihn frisch.

Zum Schluß erwähn nur aus Moral
Ich noch den armen *Buckelwal*.
Infolge dauernd schlechter Haltung
Kam er zu solcher Mißgestaltung.

Die *Seekuh* oder auch *Sirene*
Ist, wie sich leicht versteht, nicht jene,
Die wüst beim Fliegerangriff lärmte,
Noch die, für die Odysseus schwärmte,
Als er, gebunden an den Mast,
Verging bei ihrem Singen fast.
Die Wissenschaft, erwägend reiflich,
Sie findet heute es bezweiflich,
Ob unsrer Seekuh überhaupt
Die Wal-Verwandtschaft sei erlaubt.
Es fanden ernste Sich-Bemüher:
Ein paar Millionen Jahre früher,
Da lebte, und sogar bei Brüssel,
Die Seekuh, hatte einen Rüssel
Und auch vier Beine, also war
Sie keine Seekuh, das ist klar;
Vielmehr von einer schier frappanten
Beziehung zu den Elefanten.
Die Seekuh stand wohl auch einmal
Für Viehzucht mit in engster Wahl;
Doch weil der Mensch – das alte Lied! –
Sich für die Torfkuh dann entschied,
Ergriff sie jäh ein Neid, ein blasser,
Und tief gekränkt – ging sie ins Wasser.
Man nannte sie auch Borkentier
Und leichter als ein Korken schier
Schwimmt sie bei ihrem Fettgehalt.
Auch ist's im Eis ihr nie zu kalt.

Hier müßten eigentlich wir stoppen.
Doch nehmen wir hinzu die *Robben* –
Walrossig, hundig oder öhrig –
Als mittelbar zum Wal gehörig.
Zum Fische noch nicht ganz entschlossen,
Besitzen sie, geformt zu Flossen,
Noch ihre Beine, alle viere.
Doch äußerst mühsam gehn die Tiere
Spazieren auf dem trocknen Land.
Im Wasser sind sie höchst gewandt.
Wenn sie noch einen Rest von Haaren,
Und zwar sehr schönen, sich bewahren,
So tun sie's kaum wohl mit dem Ziel,
Die Damen zu erfreun als *Seal*.
Wes Haut die ganze Welt begehrt
Und wer sich dieser Haut nicht wehrt,
Der wird bekanntlich ausgerottet
Und obendrein als dumm verspottet.
Zu Ende geht's drum im Galoppe
Mit der so massenhaften Robbe.
Fast überall, wo sie's einst gab,
Trifft man nur noch ein Robbengrab.
Man tötet diese armen Luder
Ganz roh durch Schläge mit dem Ruder
Und sonstigen nächstbesten Prügeln.
Statt seine Mordbegier zu zügeln,
Bringt ja der Mensch, gemein und dumm,
Dreimal so viele manchmal um,
Als er vermag, an Tran zu schmelzen
Und zu verwerten gar zu Pelzen.
Dann werden, nur daß auf der Welt
Der Preis für Robbenfell nicht fällt,
Ja, nur daß man den Markt entspannt,
Die Häute haufenweis verbrannt.
Der Eskimo zapft aus den Robben

Den Tran und trinkt ihn, ganze Schoppen.
Es herrschen, das ist unbestritten,
In andern Ländern andre Sitten.

Die Robbe liebt den Hering sehr.
Sie lebt im kalten Beringmeer,
In Grönland und in Labrador,
Auch in der Südsee kommt sie vor.

Das *Walroß* ist entsetzlich dick
Und wohnt zumeist im Pazifik.
Und schon aus diesem Grunde ist
Es der geborne Pazifist.
Der Mensch schert drum sich einen Dreck,
Er jagt es, wegen seinem Speck.
Das Walroß schwimmt mit großer Eile,
Doch sonst vergeht's vor Langeweile,
Schläft tagelang oft an der Küste,
Weil's nicht, beim besten Willen, wüßte,
Was man im ewigen Eise tut.
Nur manchmal kriegt es eine Wut
Und fällt, mit seinem mächtigen Zahn,
Aus Stumpfsinn seine Nachbarn an.

Das Walroß ist fast stets gesund,
Am Kopfe kahl und kugelrund.
Specknackig ist's und borstenbärtig
Und geistig etwas minderwertig.

Vermutlich eine Art davon
Sah man sogar in München schon
Und nur die beiden Zähn, die riesigen,
Die fehlen meistenteils den hiesigen.
Tiergärten brauchen sie da nie –
Biergärten vielmehr lieben sie.

Ihr Aufenthalt in Binnenländern
Muß außen wie auch innen ändern
Ihr Leben: sie sind wasserscheu!
Doch Spaten-, Pschorr- und Hackerbräu
Nährt ihren Hang zur Feuchtigkeit:
Sechs Maß trinkt eins mit Leichtigkeit.
Dort watschelt gern auch, ohne Joppe,
Hemdsärmlig rum die *Kegelrobbe;*
Sie ist gesellig, grunzt und brüllt,
Daß weithin Lärm die Gegend füllt. –
Noch manchem Tier hoch aus dem Norden
Ist München Wal-Heimat geworden.

Besonders seelenreich erkannten
Wir immer den *See-Elefanten.*
Im Zoo ihm's deshalb schon behagt,
Weil ihn kein böser Mann dort jagt
Und nur das Publikum, das bummelt,
Schaut, wie er sich im Wasser tummelt,
Bis plötzlich er nach oben ruckt
Und – leider meistens trefflich – spuckt.
Er watschelt schnalzend sich heran,
Blickt uns aus Urweltaugen an,
Er sträubt den Schnurrbart, bläht die Nasen –
Und, daß er gar so aufgeblasen,
Ist unsrer Meinung nach ein Fehler.
Er ist gebürtiger Kergueler,
Wo's außer ihm und Mensch und Maus
Kein einziges Säugetier hält aus.
Um diese Insel, voll von Gletschern,
Freut's einsam ihn herumzuplätschern;
Er lebt im Schlafe halb, im Traum
Und schert sich um die Menschen kaum.
Er ist trotz seiner Stärke brav.
Hingegen sind (durchaus nicht Schlaf-)

Klappmützen wild, sogar gefährlich,
Am Nordpol lebend, nur noch spärlich.
Sogar in ganz vereister Bucht
Brülln laut sie, heiß vor Eifersucht.

Der *Seehund*, eine Robbengattung,
Ward lang, nach der Berichterstattung
Der ziemlich schlecht beratnen Alten,
Für ein Meerweibchen gern gehalten.
Doch auch der neuere Befund
Befriedigt nicht: er ist kein Hund,
Auch wenn man alles dafür hält,
Was auf vier Füßen geht und bellt;
Nun, selbst zum Zorne aufgeputscht,
Der Seehund geht nicht mehr, er rutscht.
Er muß mit kalten Flossen büßen
Läuft er im Eis mit bloßen Füßen.
Sein Kopf ist rundlich, wie ein Ei,
Die Nasenlöcher liegen frei.
Sein Bart ist freilich nicht das Wahre,
Er ist der »Vater der elf Haare«.
Die Luft, sofern er tauchend schwimmt,
Schnell schnappend er hinunternimmt.
Auch unter Wasser schläft das Hündchen,
Doch höchstenfalls ein Viertelstündchen.
Im Winter, zu des Schnaufens Zwecke,
Sucht er sich in des Eises Decke
Ein Loch; der Eskimo, der's weiß,
Stellt sich vor dieses Loch im Eis
Und schaut heraus der arme Tropf:
Knacks! Hat er schon ein Loch im Kopf.
Der Seehund macht es sich bequem:
Ein Kind nur, das ist sein System.
Das eine, wie's ja oft geschieht,
Er um so ärger dann verzieht.

Der Seehund schwärmt auch für Musik;
Er hört dort oben meistens Grieg.
Auch läßt er sich durch Kirchenglocken,
So sagt man, leicht ans Ufer locken.

Desgleichen heißt's, die Töne höben
Das Innenleben der *See-Löwen*.
Und das scheint wirklich zu geschehn,
Sobald wir sie im Zirkus sehn,
Wo sie, beim Klange der Trompeten,
Stolz sind, als Künstler aufzutreten,
Weich wiegend ihre glatten Leiber
Wie fette, schwarze Haremsweiber.

Seelöwen zählen schon zur Gruppe
Der *Bären-* oder *Ohrenruppe*.
Der *Seebär* sich an Land begibt,
Wenn er, alljährlich, sich verliebt.
Dann liegen die besagten Bären
Herum im Sand und auf den Schären
Und sind zum Fressen selbst zu faul.
Einst auf der Insel von Sankt Paul
Soll's, um den Weibern beizuwohnen,
Gegeben haben gleich Millionen.
Und irgendwo in Südgeorgien
Da feiern sie gewaltge Orgien.
Eine alter Seebär, stark und tüchtig
Und, selbstverständlich eifersüchtig,
Hat vierzig Weibchen oft und mehr
Und leiht davon nicht eines her.
Die Aussicht für den Jüngeling
Bei solchem Klüngel, ist gering,
Er schaut, als armer Möchtegern,
Dem Liebesleben zu von fern;
Und wenn ein Weibchen, jung und fett,

Auch zu ihm blinzelt, recht kokett,
Es bleibt dann doch bei seinem Alten,
Der reich genug, es auszuhalten.
Der Jüngling tröstet sich auf später,
Bis futsch sind die Kommerzienräter
Und er es selbst so weit gebracht –
Worauf er's dann genauso macht,
Taub seinerseits nun gegen Schmerzen
Von fast gebrochnen Jünglingsherzen.

FISCHE

Wer in die Flüsse schaut, ins Meer,
Empfindet sie als äußerst leer;
Und wer mit Netz fischt oder Angel,
Der meint, an Fischen sei ein Mangel.
Brehm aber weiß es wieder besser;
Er sagt, die Mehrzahl der Gewässer
Sei reich an Fischen ungemein.
Und wenn er's sagt, wird's wohl so sein –
Gewesen sein, denn macht Euch klar:
Der »Brehm« ist alt fast hundert Jahr!

Durch ungeheures *Eierlegen*
Verschafft der Fisch sich Kindersegen;
Doch sind oft, eh' ein Jahr verstreicht,
Schon wieder Leichen, was er *laicht.*
Es schicken Seuchen und Bakterien
Die Fischlein in die großen Ferien,
Und gar der Mensch – der Mensch ist gut! –
Räumt auf mit der Millionenbrut.
(Bedenkt nur, was er Jahr um Jahr
Den Stör stört, bloß um Kaviar!)
Abwässer, Kraftwerk und Kanal
Vertreiben Huchen, Hecht und Aal.
Ein einziger Färber oder Gerber
Wird meilenweit zum Fischverderber.
Und seit man den Zement erfand,
Der Fisch aus Fluß und Bächen schwand,
Drin er ein Wohnrecht längst erworben.
Nicht nur die Jugend wird verdorben,
Für deren Bildung nichts geschieht
Und die man glatt verkommen sieht –
Auch dem erwachsnen Fisch erscheint

Der Mensch als der gemeinste Feind.
Was so ein Schuppentier gern fräß':
Den fetten Wurm, den Schweizerkäs,
Die Kirschen, Erbsen, Käfer, Fliegen,
Kurz, was im Wasser schwer zu kriegen,
Hängt er als *Köder* an den Haken:
Ein Fisch, ein blöder, sollt es packen.
Doch findet oft der Fisch (und zwar
In Form des Vorfachs) dran ein Haar
Und zeigt sich staunenswert enthaltsam:
Je nun, dann macht's der Mensch gewaltsam!
Mit Dampfschiff selbst und Riesennetzen
Weiß er dem Fische zuzusetzen –
Ganz abgesehn von den Soldaten:
Die fischten gleich mit Handgranaten.
Der Sportler, der vom langen Marsche
Mit heimbringt ein paar kleine Barsche
(Nebst Mücken- wie auch Sonnenstich),
Ist nicht gefährlich noch, an sich.
Doch kommt man ihm mit Hochseeflotten,
Ist selbst der Fisch leicht auszurotten.
Ihn mit Harpunen zu erstechen,
War jüngst noch Sport, jetzt wird's Verbrechen,
Da tonnenweise ihn die Taucher
Dem Wirt verkaufen, dem Verbraucher.

Den Fisch bringt, falls man ihn erwisch,
So frisch es geht, man auf den Tisch.
Denn Fisch und Gast nicht mehr gefällt er,
Wird er drei Tage alt und älter.
Sich was zu angeln, muß man üben;
Einfacher ist's, man fischt im trüben.
Sehr nachgelassen hat inzwischen
Die Kunst, ein Kompliment zu fischen.
Der Fisch, behaupt ich, ist nicht dumm:

Er bleibt auf alle Fälle stumm
Und zieht sich deshalb keinesfalls
Verdächtigungen auf den Hals: –
Vor allem, weil er keinen hat;
Er ist vom Kopf zum Schwanze glatt;
Bedenken müßt Ihr auch, daß man
Nicht unter Wasser reden kann.
Es soll dem Fische fehlen eben,
Das sogenannte Seelenleben.
Man sagt, daß schlecht er höre zwar,
Doch sicher wittre die Gefahr.
Drum, ziehst Du aus zu seinem Mord,
Dann trample nicht am Uferbord
Und laß vor allem Dich nicht sehen!
Harmlose Wandrer läßt er gehen,
Doch treibt ihn oft von Angelruten
Der Schatten bloß in ferne Fluten.
Des Fisches Aug, mit großer Linse,
Schützt ihn, daß er an Stein und Binse
Sich nicht die Nase stößt mit Wucht
Auf seiner rasend schnellen Flucht;
Auch dient es ihm zum Nahrung-Finden.
Verhungern müssen wohl die Blinden.
Ist auch der Fisch verkümmert, ohrig,
So ist er dafür sechsmotorig;
Und Jahrmillionen immerhin
Hat es gewährt, bis Zeppelin
Für seinen Luft-Fisch mit Verstand
Ein ähnliches Patent erfand.
Es schwimmt der Fisch kraft eigner Blase,
Wie jener sich erhebt durch Gase.

Man sagt, doch leider ohne Grund,
Man wäre wie ein Fisch gesund:
Der Fisch, der so vergnügt oft scheint,

Ist manchmal kränker, als man meint.
Es wächst kein Haar der ganzen Brut,
Weil nichts sie gegen *Schuppen* tut.
Es leiden diese armen Glotzer
Am allerärgsten durch Schmarotzer.
Auf ihren Unter-Wasser-Fahrten
Begleiten siebzig Würmerarten
Die ungemein geplagten Tiere
Jahrlang als blinde Passagiere.
Und leider ist sogar die Laus
Zu Wasser wie zu Land zu Haus.
Mitunter gibt's gewaltige Seuchen:
Da treiben, mit geplatzten Bäuchen,
Dahin zehntausend und verwesen. –
Drum, wer die Wahrheit hier gelesen,
Den Spruch, den alten, unterlaß er,
Er fühl sich »wie ein Fisch im Wasser!«

Natürlich fühlt ein Fisch, ein echter,
Sich auf dem Trocknen noch viel schlechter!
Wir könnten schreiben lange Riemen
Darüber, wie er schnauft durch *Kiemen.*
Es kann im Wasser selbst ein Fisch
Ertrinken, wenn es nicht mehr frisch,
An Sauerstoff ist nicht mehr reich;
Doch auch der Süßstoff ist nicht gleich:
Im süßen Wasser ächzt und stöhnt
Der Fisch, an salzige See gewöhnt,
Und umgekehrt lebt auf die Dauer
Kein Süßer, wo es salzig-sauer.
Ein Fisch, der mooselt, schmeckt nicht fein;
Doch gut ist Fisch mit Moselwein.
Auch lernten wir französisch schon:
Poisson sans boisson, c'est poison! –
Wir haben längst schon eingewortet

Den Satz: *Piscem natar' oportet.*
Das heißt auf deutsch: »Der Fisch will
schwimmen!«
Ein Satz, dem durchaus beizustimmen.
Der Fisch ist schwach an Hirn, doch stark
An Rückgrat und an Rückenmark.
Dies scheint ein Ausgleich der Natur:
Wer Rückgrat zeigt, ist häufig stur.

Natürlich bringt der brave Brehm
Die Fische auch in ein System.
Es gibt, das war nicht zu erwarten,
Von diesem Tier zehntausend Arten.
Kaum wird der Leser darauf dringen,
Daß wir ihm diese alle bringen.

Der *Zwiebelfisch* ist keine Fasten-
Speis – nein, er lebt im Setzerkasten.
Mit Winkelhaken fängt man ihn;
Gelingt's nicht, ihn herauszuziehn,
Schwimmt er, als Schriftbarsch, neckisch-dumm
Im Meer der Litratur herum.

Verschieden ist der Nam des *Zanders,*
Denn überall fast heißt er anders.
Sei's Fogosch, Amaul oder Schill:
Nur selten kriegt ihn, wer ihn will.

Der *Hering* lebt in Salzgewässern,
Teils in der Nordsee, teils in Fässern.
Es galt der Hering oder Harung,
Einst als des armen Mannes Nahrung.
Er tauchte, in der letzten Not,
Nur in die Lauge oft sein Brot.
Im Krieg war auch der Reiche froh,
Sah er den Hering irgendwo.

Im tiefsten Frieden, oft genug,
Verspätung hatt' der Heringszug,
Blieb einfach aus, unzuverlässig:
Doch meistens geht er fahrplanmäßig!
Die Fische ziehn, sonst Meer-verloren,
Zur Laichzeit hin, wo sie geboren.
Man sieht sie meilenweit auf Bänken
Mit ihrer Liebe sich beschenken.

Der Hering, zwar gemein genannt,
Wird doch als Edelfisch erkannt.
Er ist der netteste Fisch der Welt;
Der Mensch erst hat ihn so entstellt,
Ihn salzend, räuchernd, rollend, beizend.
Schlank ist er, silberglänzend, reizend,
Am Rücken meergrün, seitlich bläulich.
Der *grüne* Hering stinkt abscheulich;
Doch kaum gegeben Bessres hat je 's
Als den – noch jungfräulichen – *Matjes-*;
*Voll*hering heißt er, reif geschlechtlich,
Den alten nennt man *Hohl-*, verächtlich.
Bei Kiel sich viel zusammenrotten;
Das werden dann die Kieler *Sprotten*.
Zu unsres großen Kanzlers Ehrung
Erfanden wir den Bismarck-Herung,
Indes dem Mops sich, dem gerollten;
Noch keine Paten finden wollten.
Die Salier wie die Hohenstaufen
Schon konnten sich den Hering kaufen.
Und wenn nicht Heinrich, vor Canossa,
So sicher Kaiser Barbarossa
Hat sich gelabt in seiner Pfalz
Am Hering, eingelegt in Salz.

Die Hanse, beispielsweis in Bergen,
Ward reich an den geschuppten Zwergen
Und Holland gar dankt die Vermehrung
Des Reichtums nicht zuletzt dem Herung,
Solang die Schotten und die Briten
Gutmütig, wie sie sind, es litten,
Daß ihnen vor der Nase knapp
Man weg die reichste Beute schnapp.
Heut ist die Sache scharf geregelt,
Daß, wo er darf nur, jeder segelt.
Der Schwund des Herings ist erklärlich,
Denn zehn Milliarden fängt man jährlich.

Die Ölsardine von Natur
War einfach die *Sardine* nur.
Das Öl, so nimmt die Forschung an,
Ward später erst dazugetan.
Leicht meint man, die Sardine wüchse
Bereits genormt für ihre Büchse,
Denn als ein Wunder gilt es fast,
Wie gut sie in die Büchse paßt.
Der Fisch trägt freilich nicht die Bürde
Der sogenannten Menschenwürde,
So daß ihn's seelisch nicht bedrückt,
Wenn man ihn selbst zum *Bückling* bückt.
Begeistrung, was man hier erfahre,
Ist aber keine Heringsware –
Des Mittelmeeres blaue Welle,
Sie schaukelt froh auch die *Sardelle*,
Die man verzehrt, vermischt mit Butter.
Zum Fange dient zumeist der Kutter.

Der *Schellfisch* ist im Volk beliebt,
Vor allem dann, wenn's ihn nicht gibt.
Einst hing an jeder Wand ein Wisch:
»Eßt Fisch, dann bleibt ihr jung und frisch!«

Dann war der Vers – der nicht von Goethen –
Zehn Jahre lang nicht mehr vonnöten.
Der Schellfisch selbst ist's nicht genau:
Meist essen wir den *Kabeljau;*
Ein kleinerer Vetter, jung und forsch,
Geht in die Ostsee auch als *Dorsch.*
Als Stockfisch, selbst nach Wässern, Häuten,
Aß man ihn nie bei bessern Leuten.
Als Klippfisch trocknet man auf Klippen
Im Norden alle Schellfischsippen.
Auch wird in Fässer gern getan
Der Fisch und heißt dann Laberdan.
Der Schellfisch frißt erst alles leer,
Dann wandert er ins nächste Meer
Und geht zuletzt aus Nahrungsmangel
Den Fischern blindlings an die Angel.
Bald ist er häufig und bald knapp.
Von Schellfischart ist auch der *Quapp,*
Ein Fresser, den wir in den süßen
Gewässern weniger gern begrüßen.
Selbst größere Kerle schlingt er ganz,
Bis nichts mehr rausschaut als der Schwanz.

Besagte Quappen oder *Rutten*
Sind ganz verschieden von den *Butten.*
Der *Steinbutt* schmeckt besonders prächtig,
Der *Heil!-Butt* macht sich leicht verdächtig;
Zwei Seiten hatte, jung, auch er,
Einseitig ward er mehr und mehr,
Und schaut, als wäre links was Schlechts,
Mit beiden Augen nur nach rechts.
Flachfische, im Vergleich zu rundern,
Nennt man die *Schollen* auch und *Flundern,*
In Eis verpackt sie landwärts rollen.
Nicht eßbar sind die Pack-Eis-Schollen.

Es rühmt, weil sie ihn nähren kann,
Die eigne Scholle jedermann.

Es wohnt, als ob er ewig schliefe,
Der *Wels* in dunkler Seen Tiefe.
Schwerfällig wie ein alter Rentner,
Wiegt er oft mehr als zwei, drei Zentner.
Er frißt, ganz ohne Mitleidsträne,
Was ihm nur kommt vor seine Zähne.
Selbst Schwäne bringen ihre Hälse
Oft in den Rachen alter Welse;
Ja, Kinder schnappt er, wenn sie baden.
Kurzum, der Wels tut sehr viel Schaden,
Weshalb ihn auch bei Fackellicht
Der Fischer mit der Gabel sticht.

Ein guter Schwimmer ist der *Lachs,*
Ein wahrer Meister seines Fachs.
Er zieht, aus innerstem Entschluß,
Stromaufwärts stets im selben Fluß
Und kommt, nach längern Atempausen,
Im Rheine etwa bis Schaffhausen.
Selbst dort, trotz Fällen, Wirbeln, Strudeln,
Steigt er empor in ganzen Rudeln
Und sucht nach guten Waidgewässern
Bis hinten bei den Eidgenössern;
Um seine Reise zu erweitern,
Baut man dem Fische eigne Leitern.
Er fühlt sich, eigentlich ein Preuß,
Wohl in der Limmat und der Reuß.
Der Lachs (natürlich nicht derselbe)
Steigt auch hinauf die Weser, Elbe,
So daß sogar im Lande Sachsen
Noch heute viele Lachse wachsen.
Wenn in den Flüssen sie gelaicht
Und damit ihren Zweck erreicht,

Ziehn sie erschöpft ins Meer zurück;
Flußabwärts geht es jetzt zum Glück.
In Danzig gab es »Lachs« zu trinken,
Und sehr berühmt ist der Lachsschinken.
Einst hat, aus Überfluß in Flüssen,
Man Lachs in Deutschland essen müssen!
Ein Schutzgesetz gab's für's Gesinde,
Daß man's mit Fisch nicht täglich schinde.
Wir fürchten nicht, daß uns der Lachs
Am End noch aus dem Halse wachs!

Dem *Rhein-* gebührte einst die Palme;
Doch gibt's, zum Glück, noch andre *Salme,*
Teils in den Flüssen, teils im Meer;
Doch zählt der Salmiak nicht hierher.
Den Lachsen zuzurechnen sind
Forelle, Huchen, Renke, Stint.
Gestandne Männer oft versuchen
Zu fangen den berühmten *Huchen.*
Sie fahren weit erst mit der Bahn,
Dann ziehn sie Wasserstiefel an
Und waten durch die kalten Fluten
Mit schweren, guten Angelruten.
Sie werfen ihren Köder fleißig
Zehn Meter weit, ja manche dreißig,
Den schlauen Räuber zu gewinnen.
Sogar der Fachmann nennt das »Spinnen«.
Mitunter kommt es jahrelang
Zu keinem richtigen Huchenfang –
Schon glauben, mit beruhigtem Sinn,
Die Fischer, keiner wär mehr drin.
Doch plötzlich wird es offenkundig,
Daß einer einen, zwanzigpfundig,
Erwischt hat an der obern Brücke:
Gestachelt von dem fremden Glücke

Ziehn alle fischerprobten Mannen
Mit wilden Flüchen jetzt von dannen,
Sogar bei schlechtster Witterung,
Und schwören voll Erbitterung,
Nicht heimzukommen huchenlos. –
Doch leider bleibt's beim Fluchen bloß.

Der Huchen wird bis zentnerschwer.
Er geht nicht, wie der Lachs, ins Meer;
Mit ausgeprägtem Heimatsinn
Lebt er in Donau, Isar, Inn,
Auch in der Iller und im Lech.
Gefräßig schnappt er selbst nach Blech,
Das man ihm vor die Nase spielt.
O Mensch, nur keinen Hochmut! Hielt
Nicht für bedeutend schon die Welt,
Was sich als Blech herausgestellt?

Die rotgetupfte *Bachforelle*
Steht meistens an der gleichen Stelle,
Woselbst sie wohl auch übernachtet;
Den guten Platz hat sie gepachtet.
Da sie ganz schauderhaft gefräßig,
Fängt man sie leicht, verhältnismäßig.
Für Fliegen hält der gierige Fisch
Den nächsten besten Flederwisch.
Im trüben fischt man mit dem Wurm
Besonders vor Gewittersturm.

Wir Buben wußten, wie mit List
Das Schuppentier zu fangen ist:
Man legt sich bäuchlings an den Rand
Des Baches, streift mit sachter Hand
Den Fisch, der, von der Flut umspült,
Der Finger Tasten gar nicht fühlt.

Ruckzuck! Man hält ihn, unverhofft. –
Ich selber tat's vor Jahren oft.
Fischfrevel sei hier nicht empfohlen –
Doch schmeckt am besten, was gestohlen.
Lang wird sie eine halbe Elle –
Nur nicht die Portions-Forelle;
Die, meistens eine *Regenbogen-*,
In klaren Teichen wird gezogen.
Ich selbst erinnre mich aus Ischl
An ein erbärmlich kleines Fischl.
Nicht *Bach*-Forellen nur sind nett –
Auch die von *Schubert,* als Quintett.

Forellenähnlich ist der *Saibling.*
In Oberbayern (nicht in Aibling,
Wohin ihn locken könnt der Reim):
In tiefen Seen ist er daheim.
Ob's wahr ist, sei dahingestellt:
Er gilt als bester Fisch der Welt.
Doch wollen wir auch daran denken,
Wie ausgezeichnet sind die *Renken!* –

Wie Lerch und Lärch, nur umgekehrt,
Ist Esch und *Äsche* nennenswert.
Die Esche ist ein hoher Baum,
Die Äsche aber sieht man kaum.
Wenn man sie sieht, hat's wenig Zweck
Sie noch zu fangen; sie schwimmt weg.
Erst wenn im heißen Schmalz sie schwimmt,
Weiß man, daß man sie hat, bestimmt.

Es freut sich einer wie ein *Stint* –
Sagt mancher, der sich nicht besinnt,
Daß man es noch nicht weiß bis heut,
Ob und warum der Stint sich freut.

Mitunter zeigt er sich am Haff
So massenhaft, daß alles baff.
Dann wieder ist er äußerst selten:
Doch Regeln läßt er keine gelten.

Kein echter Salm, ein Salmler bloß
Und Gott sei Dank nur spannengroß
Der *Serrasalmo* ist, der Säger,
Ein wüster Tier- und Menschenjäger.
Wär damals statt ins Meer der Jonas
Gefallen in den Amazonas
Hätt auf die Knochen ihn, noch warm,
Zernagt gleich der Piraya-Schwarm.
Wir nennen diesen lieben Fisch
Mitunter auch Karibenfisch.

Ich bring im Bogen nun und Bausche
Euch die Familie der *Karausche*.
Ob man ihn siede, brate, backe –
Von auserlesnem Wohlgeschmacke
Ist, wenn zu alt nicht und verschleimt,
Der *Karpfen*, auf den nichts sich reimt,
Weshalb die Dichter, die den Fisch
Sonst ständig bringen auf den Tisch,
Nur selten greifen in die Harpfen,
Ein Lob zu singen auf den Karpfen.
Sein Fleisch ist – sagen, die's erfahren –
Am allerbesten mit fünf Jahren.
Jedoch: zweihundert wird er alt!
Vergleichen wir das nun ganz kalt
Mit dem Verlauf des Menschenlebens:
Wie lang lebt so ein Karpf vergebens!
Es gilt als ganz besonders köstlich
Der Karpfen von der Elbe östlich.
Feinschmecker lagen oft im Streite,
Ob man ihn polnisch zubereite.

Die *Schleie* sucht sich zu verschleiern
Im Schlamm von stillen, tiefen Weihern.
Doch läßt der Mensch die Weiher aus
Und zieht die Schleie leicht heraus,
Verschickt sie weit, verpackt in Moos:
Sie ist persönlich anspruchslos –
Was kaum ein Lob, wenn man sie kennt:
Es mangelt ihr an Temprament.

Wenn man an Flüssen steht (auch sitzt),
Sieht oft man, wie es weithin blitzt.
Das sind zumeist die flachen *Brachsen*,
Wenn sie sich drehn um ihre Achsen.
Man ködert sie mit jedem Dreck –
Und wirft sie dann am besten weg
Anstatt zu schimpfen ganz unflätig,
Daß diese Viecher gar so grätig.

Der *Backfisch*, den's fast nicht mehr gibt,
War einst in Deutschland sehr beliebt,
Wo er, noch beinah eine Quappe,
Herumgeschwärmt, mit einer Mappe
Darauf »Musik« stand, »Poesie«;
Ans Männchen denkt man dabei nie:
Und doch war mancher *homo doctus*
Als Jüngling auch ein *piscis coctus*.
Bei einigem Reichtum seiner Väter
Der Backfisch ward zum *Goldfisch* später.
Man fängt ihn, da er ja ka-rauschig,
Im Frühling leicht, in Büschen, lauschig,
Man ködert ihn mit Liebesschwüren,
Muß rasch ihn, wenn er anbeißt, führen,
Daß er nicht auskommt, zum Altar.
Jung ist er manchmal spröde zwar;
Doch ältre beißen um so besser;

Der Fischer meide die Gewässer –
Und wär es selbst der Über-Fluß –,
Sonst wird er selbst geschnappt zum Schluß:
Es reicht, ein bißchen hinzulangen –
Schon jubeln sie: »Ich bin gefangen!«
Die Tunke kommt mitunter dann
Viel teurer als der Fisch dem Mann.

Ausführlicher, und das mit Recht,
Beschäftige uns hier der *Hecht*.
Wer dächt, wenn man ihn nennt, nicht gleich
An einen Hecht im Karpfenteich?
Ein Riesenhecht, der alles frißt,
Natürlich dort sehr schädlich ist.
Jedoch ein kleiner, dessen Amt,
Zu hindern, daß der Karpf verschlammt,
Durch unablässiges Getratze
Ist, wie im Leben, recht am Platze.
Nur dürfen's, wie heut allgemein,
Nicht Hechte mehr als Karpfen sein!

Der Hecht, mit leisem Flossentriller,
Als ein Betrachter, scheint's, ein stiller,
Steht stundenlang im Wasser, fußlos.
Kommt wer, empfiehlt er rasch sich, grußlos;
Uralt, grünspanig wie Metall –
Wie Britting schreibt in diesem Fall –
Mit Kiefern, stark wie Eisenzangen,
Das Unholdsaug im Kopf, dem langen,
Vor Raublust glimmend und vor Tücke,
Steht er im Schilf, an einer Brücke,
So stumm und steif als wie ein Stecken,
Um jäh, dem Tiger gleich an Schrecken –
Sowie an queren, dunklen Streifen –
Die braven Fischlein anzugreifen.

Kein Fisch sonst wird so weidgerecht
Und mannigfaltig wie der Hecht
Gejagt, dem alles geht zu Leibe
Zum Broterwerb und Zeitvertreibe:
Der Förster schießt mit dem Gewehr,
Wir Buben sind mit scharfem Speer,
Den Wilden gleich, mit Pfeil und Bogen
Einst auf die Hechtjagd ausgezogen
Und hätten einen fast erwischt!
Beruflich man im Netz ihn fischt;
Ein alter Lump verrät, er finge
Den Hecht, der stillsteht, in der Schlinge;
Auch stellt, mit einem Knecht am Ruder,
Man gerne nach dem Hecht, dem Luder,
Indem – kein schwieriges Rezept –
Man Blech an einer Schnur nachschleppt.
Ein roher Sport, wie auch ein öder
Ist es, lebendig einen Köder
An einem Haken auszulegen.
Des Fischers höchste Lust hingegen,
In wilden Wirbeln, tiefen Gumpen
Zu fahnden auf den Schuppenlumpen,
Wozu man – was sich mancher sparte –
Zuerst bedarf der Angelkarte. –
Netzkarten, die ja sonst ermächtigen
Zu vielem – hier zu nichts berechtigen!
Aufregend ist's natürlich immer,
Wenn an zu tanzen fängt der Schwimmer
Und wenn man mit Begierde sieht,
Wie jetzt der Hecht zur Tiefe zieht.
Doch hat man wenig Zeit zum Schauen:
Rechtzeitig gilt es, »anzuhauen«!
Sonst haut er ab und geht, mit Grinsen –
Daher das Sprichwort – in die Binsen
Und schießt davon als wie ein Pfeil. –

Kurz, es war nichts mit »Petri Heil!«
Der Hecht, der ärgste Feind des Hechts,
Frißt selbst neun Zehntel des Geschlechts.

Was nützt's, daß grade sich der Riesen-
Haifisch als harmlos hat erwiesen?
Schwer unterscheiden ihn die Laien:
Sie haben Angst vor allen Haien,
Auch wenn's oft heißt, daß selbst, wer tauche,
Den Haifisch nicht zu fürchten brauche.
Der *Blauhai* lebt im Meer, dem Roten –
Dort ist das Baden streng verboten.

Den Wal sucht ihr vergebens hier:
Der Walfisch ist ein Säugetier.
Hingegen fordert wohl der *Hai*
Mit Recht, daß er behandelt sei.
Er ist ein scheußlich roher Fresser,
Der einzige Fisch, dem mit dem Messer –
Wie sonst die Anstandsregel scharf –
Zu Leib gegangen werden darf.
Der Haifisch, wie aus dem Drei-Groschen-
Song jeder weiß, schon abgedroschen,
Trägt seine Zähne im Gesicht –
Des Mörders Messer sieht man nicht. –
Mit einem Riesenmaule, quer,
Der Haifisch schwimmt durch manches Meer.
Reich ist der Schatz des Fischtrans dort:
Doch schwierig ist der Fischtrans-port!
Auch wird der böse Haifisch weder
Durch das geschätzte Haifischleder
Noch durch die Flossen, die Chinesen
Gern essen, ein beliebtes Wesen.
Man spuckt, als der Verachtung Zeichen,
Im Süden selbst auf Haifischleichen,

Beschimpft sie laut, tritt sie mit Füßen
Und läßt sie ihre Schandtat büßen.

Ein Wink, wie man das Untier fängt:
Man schwimmt, vom Haifisch arg bedrängt
Ans Ufer, läuft dann rasch landein,
Der Haifisch immer hinterdrein.
Er schießt voll Gier aufs trockne Land
Und zappelt hilflos dann im Sand.
Ein kühner Trick, vor dem ich warne –
Wogegen man im Seemannsgarne
Schon Haie von – geschätzt gering! –
Fast beinah zwanzig Metern fing.

Vom *Eishai* weiß die Welt Geschichten –
Schier unglaubwürdig! – zu berichten:
Ein Lappe, der im Kajak fuhr,
Zog einen an der Angelschnur
Gemütlich hinter sich durchs Meer;
Ei! dacht er, wird der Bursche schwer!
Er sah nicht, weil er vorne saß,
Wie ein Hai stets den andern fraß
Und fand nun, als da kam an Land er,
Sechs Stück gefangen ineinander.
Vom Haifisch, als des Meers Hyäne,
Ich eine Abart noch erwähne:
Mit ungeheuern Steuerflossen
Kommt der Finanz-Hai angeschossen,
Der ungemein darob ergrimmt,
Wenn jemand nicht im Gelde schwimmt.

Bei seinem fröhlichen Gewimmel
Fühlt sich ein Fisch wohl schier im Himmel.
Für uns hätt solch ein Himmel Mängel:
Zum Beispiel sind die *Meeresengel*

Nach unsrer menschlich kargen Meinung
Nicht engelsmäßig von Erscheinung.
Sie sind halb Haifisch und halb *Rochen*,
Drum wird jetzt dieser gleich besprochen:
Es lebt, fast nur als Meeressiedler,
Der Geigenrochen oder *Fiedler*.
Er geigt, sich selber zum Genuß,
Auf seiner Stradivarius.
Bekannter sind die *Zitterrochen:*
Sie haben echte Flitterwochen
Und kriegen, diese recht benutzend,
Lebendige Junge, wohl ein Dutzend.

Die Rochen, nicht Elektriker bloß,
Sind auch als Zimmerleute groß:
Der *Sägefisch,* der *Hammerhai,*
Der *Nagelrochen* sind dabei.
Der erstere, mit scharfem Schnabel
Zersägt sogar die Meereskabel
Voll ungeheurem Wissensdurst:
Das Postgeheimnis ist ihm Wurst.
Er hat, ein Böswicht, ausgeprägt,
Pfahldörfer kurzweg abgesägt.

Schwertfische auch sind wüste Kerle:
Dem armen Hindu, der die Perle
Heraufholt aus dem Meeresgrunde,
Versetzen sie manch tiefe Wunde.
Dem Thunfisch sie nur Übles tun,
Sie lassen selbst den Wal nicht ruhn
Und säbeln roh von seinem Speck.
Sie bohren sogar Schiffe leck.
Ob nun bei solcher Rauferei
Des Doktors Hilfe nötig sei,
Ob's gelte, daß man läßt zur Ader:

's kommt der *Chirurg* gleich, der See-Bader,
Ein Fisch, ein ziemlich wunderlicher.
Was er als Arzt taugt, ist nicht sicher.

Es wird wohl keinen Buben geben,
Der noch nicht *Koppen* fing im Leben,
Im Mühlbach aufhob jeden Stein:
Es könnte eine drunter sein.
Im Meere auch, von solchen Koppen
Gibt's ziemlich weitverzweigte Groppen.
Der *Knurrhahn* kräht zwar nicht, doch knurrt er,
Ganz plump nur übers Wasser schnurrt er.
Hingegen zieht sein Vetter *Flughahn*
Oft hundert Meter lang die Flugbahn.
Nach sicheren Berichterstattern
Vermag er aber nur zu flattern.
Was sonst noch haust in dem Gewühl
Ist nicht für unser Stilgefühl.
Seltsames Viehzeug allerhand
Gibt's zweifellos schon auf dem Land;
Jedoch es ist gar kein Vergleich
Mit all dem Scheusal aus dem Reich
Des meergewaltigen Neptuns;
Ich kann nur sagen: Nichts für uns!
's gibt unter ihnen arme Schlucker:
Meerpfaffen oder *Himmelsgucker,*
Vierzähner, Koffer-, *Kugelfische,*
(Der Mensch fängt sie, der mörderische,
Und macht – denn seltsam sehn sie aus –
Beleuchtungskörper sich daraus.)
Dornrückler, Petermännchen, Vetteln –
Doch kann ich mich nicht mehr verzetteln:
Wer da an Seelenwandrung glaubt,
Der muß verzweifeln überhaupt.
Sind die Begriffe oft schon schwächlich

Von dem, was meeres-oberflächlich
An rätselvollen Fischen haust,
Was erst da drunten saust und braust,
Bald einsam, bald zum Schwarm gerottet,
Wüst der gesträubten Feder spottet.
Nur Schillers Taucher hat berichtet,
Was er da drunten hat gesichtet.
Im Dunkeln munkelt's, funkelt's fern
Mit Sternen leuchtend und Latern,
Nachdem man lang gemeint, es schliefe
Ganz wesenlos des Meeres Tiefe.

Beinahe wär mir – wie fatal! –
Entschlüft der allzu glatte *Aal!*
Viel wär von Aalen zu erzählen:
Geheimnisvoll sie sich vermählen
Im tropisch wilden Tiefseetang;
Dann leben sie dort nicht mehr lang.
Die Jungen aber, unansehnlich
Und einem Aal noch gar nicht ähnlich,
Die wandern, folgend dunklem Müssen,
Dann wieder aufwärts in den Flüssen.
Dem Forschergeist gelang's, dem scharfen,
Erst spät, die Larven zu entlarven
Und wissenschaftlich zu entdecken,
Daß hier die jungen Aale stecken.
Der Aal wird, wie wir nun erfahren,
Im Lauf von etwa vier, fünf Jahren
Im süßen Wasser fett und schwer.
Dann frißt er überhaupt nichts mehr,
Denn ganz verstört vor Liebeskummer
Bereitet sich zum großen Schwumm er:
Ins Meer zurück geht er, stromab,
Zur Hochzeit und ins frühe Grab.

Der Reiher auch frißt gerne Aal;
Doch würgt er dran, sechs, siebenmal;
Solange so ein Aal noch munter,
Schluckt ihn der Vogel kaum hinunter,
Schlüpft ihm der Aal schon hinten naus,
Dann lassen seine Kräfte aus;
Der Reiher aber, sehr beschaulich,
Verdaut den Aal (der schwer verdaulich!).
Dem Aal verwandt sind die Geschicke
Des *Neunaugs* – auch geheißen Bricke.
Der Fisch ist (was ich nur gelesen)
Leibspeis des *roi soleil* gewesen.

Der *Stör* ist, außer den paar Löchern,
Die jedes Tier hat, rundum knöchern;
Die Schnauze hechtisch ist gestreckt,
Nur daß sie keine Zähne bleckt:
Der Stör – was, wer's nicht weiß, kaum glaubt –
Kein rechtes Maul hat, überhaupt.
Erst weiter hinten, fast am Bauch,
Stülpt er heraus den Suppenschlauch.
Es ging der Stör einst, der gemeine,
Stromaufwärts bis nach Mainz im Rheine.
Man konnt ihn – vielleicht selbst der Leser? –
Bis Minden finden in der Weser.
Man sah ihn beim Sankt Nepomuk
Sich tummeln an der Prager Bruck.
Selbst nach Galizien, wie ich hör,
Ging er auf Stör, der brave Stör,
Und drum verdient er unser Lob.
Ob aber Oder oder Ob
Er sich zum Wanderziele nimmt,
Das weiß ich leider nicht bestimmt.
Sein Fleisch ist gut, sein *Kaviar*
Kleinkörnig oft und drum nicht rar.

Doch wärn wir dem berühmten Rogen,
Auch wenn's kein Malossol, gewogen,
Wenn Sekt dazu im Glase perlet. –
Bedeutend kleiner ist der *Sterlet*,
Nicht, wie der Stör, bis fünf, sechs Meter.
Bis Ulm wohl in der Donau geht er.
Der bis zwei Meter lange *Scherg*
Kann Eier liefern, einen Berg.
Nur zur Bereicherung des Geschmacks flick
Ich hier noch ein den guten *Waxdick*.
Doch alle diese sind nur lausig,
Verglichen mit dem Fisch, der hausig:
Der *Hausen* haust, wie viele Störe,
Im Schwarzen Meer, soviel ich höre,
In Donau, Wolga, Dnjepr, Dnjestr.
Er liefert Kaviar von bester
Beschaffenheit den allermeisten:
Neun Meter lang kann er sich's leisten.
Er selbst wiegt anderthalbe Tonnen,
Auch wird von diesem Stör gewonnen
Die sehr geschätzte Hausenblasen.
Aus Rußland wir mit Grausen lasen
Berichte, wie dort an den Flüssen
Die Hausen bitter sterben müssen;
Doch ihre Mörder auch, die armen
Störfischer, leben zum Erbarmen.

Nun kommt, was noch von ungefähr
An Fischen anzuführen wär:
Es fängt sich mit Geduld und Spucke
Der *Schütze* spritzend seine Mucke.
Der *Kletterfisch*, was keine Lüge,
Macht manchmal weite Landausflüge
Und lebt, als Ausnahm von der Regel
Als Fisch im Trocknen äußerst kregel.

In Afrika macht's so der *Harmuth*.
An Wundern ist da keine Armut.
Der *Stichling*, leicht in Wut versetzt,
Ist hoch als Architekt geschätzt.
Er wird oft rot und blau vor Zorn;
Sein Liebesleben ist verworrn.
Er baut ein kunstgerechtes Nest
Und hält darin die Jungen fest.
Wenn eins entweichen will, verschluckt er's,
Und wieder in das Nest dann spuckt er's.
Doch kümmert sich um nichts die Mutter. –
Der Stichling dient als Schweinefutter,
Was auch kein schönes Los auf Erden.
Drei Jahre soll er alt nur werden.

Von Pferd, Hund, Katze abgesehn
Zwei Tierliebhaberein bestehn:
Für Stubenvögel und Kanarien
Schwärmt diese – jene für Aquarien.
Der *Zierfisch,* mannigfach veredelt,
Mit goldnen Floß- und Schwänzen wedelt,
Auch bunt bebändert, wild bebartet –
Im Grunde aber doch entartet.
Empfindlich soll er ungemein sein:
Die Kost muß gut, das Wasser rein sein;
Es ist ein ewiger Eiertanz
Mit *Sonnenfisch* und *Schleierschwanz;*
Leicht hat, was unsre Freude dämpft,
Sogar ein *Kampffisch* ausgekämpft,
Und hin ist, frisch vom Ladentisch,
Oft über Nacht ein *Fadenfisch.*

Auch in der Fischwelt gibt's viel Pöbel,
Wie *Eitel, Rotaug* oder *Döbel,*
Die *Plötz',* den *Nerfling* und die *Nasen,*

Die *Weißfisch*vettern all und Basen,
Und was man sonst als Bub noch fing,
Den *Gründling* wie den *Bitterling*,
Die *Pfrille, Blicke, Laube, Schmerle*
Und lauter solche kleine Kerle!
Der Schmerle Ruhm ist ziemlich alt:
Als bester Fisch sie Gesnern galt.
Auch Heger hat es noch gewußt
In seiner »Teich- und Weyherlust«.

Sie zählte selbst zu Goethes Schwächen.
Die Schmerle wohnt in klaren Bächen
Und kündigt, was kein leerer Wahn,
Durch Unrast die Gewitter an.

Den *Tintenfisch* als niedres Tier
Läßt gelten nie ein Kenner hier;
Doch weiß vom *Seepferd* ein intimer,
Daß es ein Fisch, ein Büschelkiemer.
Das Wunderlichste ist daran:
Es schwimmt mit seinem Bauch voran.

Sollt noch ein wichtiger Fisch hier fehlen,
So wären's höchstens die *Makrelen*.
Als Kuppler solln sie, was ein Märchen,
Begünstigen die Heringspärchen.
Die Römer, die Makrelen kannten,
Recht unbegreiflich sie verwandten:
Erst wenn der Fisch schon halb gestunken,
Verkochten sie 'n zu scharfen Tunken.

Der *Thunfisch*, ebenfalls makrelig,
Schwamm einmal bis nach Rügen selig,
Jetzt lebt er noch im Mittelmeer,
Drei Meter lang, sechs Zentner schwer.

Er zieht, bloß folgend seinem Fraße,
Jahraus, jahrein dieselbe Straße,
Zum Beispiel die von Gibraltar;
Das bringt den Thunfisch in Gefahr:
Denn man errichtet Straßensperren
Und treibt mit Ruderschlag und Plärren
Die Riesen, die nervös geworden,
In enge Buchten, sie zu morden.
Mit einer Wut, die kaum zu zügeln,
Erschlägt man blutig sie mit Prügeln,
Ein Anblick, wüst und schauerlich;
Ach, wenn's auch tief bedauerlich,
Doch jedermann ich sehr empföhl
Den Thunfisch in Olivenöl. –
So ist der Mensch: er haßt den Schlächter,
Doch selbst ist er kein Kostverächter.
Im Thunsee, weil's mir einfällt eben,
Hat es den Thunfisch nie gegeben!

Ur-Völkern war der Fisch sehr wert,
Sie haben göttlich ihn verehrt.
Hippokrates, Medizinalrat,
Streng abgeraten stets vom Aal hat,
Sowohl geräuchert wie als Suppen;
Und kurz entschlossen seinen Truppen
Verbot der Große Alexander
Die Fische alle miteinander.
Viel von den Fischen hielt indes
Der große Aristoteles.
Sein Werk ist gültig noch im Kern.
Die Römer aßen Fische gern
Und fütterten sie auch in Teichen,
Muränen gar mit Sklavenleichen.
Berühmt, besonders wenn sie starben,
Warn bei den Römern die *See-Barben*.

Die starben nämlich gar nicht plötzlich:
Ihr Farbenspiel war sehr ergötzlich.
Ein Doppel-Vorteil war dabei,
Bei dieser Barben-Barbarei:
Nachdem man erst sich satt gesehn,
Konnt man ans Satt-sich-Essen gehn.
Man zahlte – nicht doch, daß wir scherzen –
Dafür oft tausende Sesterzen.
Den Fisch und Fischer bracht zum Ruhm
Das neu erstandne Christentum:
Ein armer Fischer war Sankt Peter;
Als Menschenfischer ging er später
Nach Rom, wo Tausende er fing.
Sehr wertvoll war sein Fischerring.
Auch sah man in den Katakomben –
Die man gebaut nicht gegen Bomben,
Doch gegen andere Gefahr:
Weil die Partei verboten war –
Den Fisch, Ichthys, der, doppelsinnig,
Verehrt ward von den Christen, innig.
Als Fastenspeise in den Klöstern,
Beim Volksfest, bei den Flußfisch-Röstern –
Denkt nur des *Steckerlfischs* der »Wiesen« –
Ward schon seit je der Fisch gepriesen.
Als Sternbild stehn noch heut die gleichen
Am Firmament als zwölftes Zeichen,
So daß dem Tiere sind gewogen
Die Gastro- wie die Astrologen.

KRIECHTIERE

Die Fische sind nun durchgenommen.
Kriechtiere jetzt und *Lurche* kommen.
Man spaltete in zwei Familien
Erst jüngst die Lurche und Reptilien.
Amphibien, in gewissem Sinne
Mit Recht, hieß sie der große Linné,
Denn doppellebig, bald im Wasser
Bald nicht, sah sie auch der Verfasser.

Die neuere Wissenschaft erkennt:
Reptil und Lurch sind scharf getrennt.
Und erstres, nach bestimmten Regeln,
Hat viel mehr Ähnlichkeit mit Vögeln,
Mit denen es, wie man gefunden,
Seit Ur-Ur-Zeiten eng verbunden,
Als solche Vogeldrachenfische
Flugschwammen noch in alter Frische.
Drum will man, trotz den Unterschieden,
Sie heute noch als Sauropsiden
Aus Pietät zusammenfassen,
Und ganz für sich die Lurche lassen –
Die Wühler, Frösche und auch Molche,
Um's gleich zu sagen, wären solche.

So gilts, mit klaren Trennungsschärfen,
Den Blick auf das Reptil zu werfen.
Kaltblütig sind die Viecher alle;
Doch sehen wir in unserm Falle,
Daß die Reptilien, glatt wie struppig,
Mehr oder minder kriechen, schuppig. –
Obwohl sich als »Reptil« entpuppt
So mancher Kriecher, ungeschuppt. –

Sonst sind, vom Blindschleich bis zur Echse,
Oft recht verschieden die Gewächse,
Und ein ganz wunderliches Bild bot
Dem Forscher immer schon der Schildkrot.

Kriechtier und Lurch: wir finden beide
Recht tief schon sitzen in der Kreide,
Wo Viktor Scheffel unter Palmen
Sie traf und unter Schachtelhalmen.
Und wüst im Schlamm versank als ganzer
Schon in der Urzeit mancher Panzer.
Unzeitgemäß warn sie unsagbar:
Sie waren einfach nicht mehr tragbar.
»Nach uns die Sintflut!« – aber nein:
Sie tappten mitten schon hinein!
Schlecht Wetter machte auf die Dauer
Den Sauriern das Leben sauer.
Das Wasser wurde langsam kalt;
Die Ungeheuer, müd und alt,
Fror es entsetzlich an den Beinern,
Und vom Verkalken zum Versteinern
Ist es im Grunde nicht mehr weit.
So waren schließlich sie bereit,
Zu lassen ihre wilde Welt,
Um, staatlich an- und ausgestellt,
Zwar unbeheizt, in den Museen,
Doch sonst gemütlich rumzustehn.

Der *Lindwurm* lebte zwar noch länger,
Bis in die Zeit der Minnesänger.
Sie sahn als den bekannten Drachen
Die schönen Jungfraun ihn bewachen,
Ein Untier, schreckenvoll und greulich.
Doch seit die Welt nicht mehr jungfräulich
Und auch gar nicht mehr ritterlich,

Da weint' der Lindwurm bitterlich.
Gezählt warn seine Erdentage,
Er flüchtete ins Reich der Sage;
Als in die Literatur Verschlagner
Lebt er bei Schiller noch und Wagner.

Auch sonst gibt's, außerm *Krokodil*
An großen Echsen nicht mehr viel.
Zum Beispiel trifft den *Riesenwaran*
Man jetzt in Wald und Wiesen rar an.

Noch Bismarck hat, das wissen wir,
Gefüttert manches tückische Tier
Aus dem »Reptilienfonds« – was zwar
Nicht recht, jedoch sehr billig war,
Ja, sozusagen glatt geschenkt,
Wenn man all des Gewürmes denkt,
Das seitdem an der Deutschen Mark
Sich dick gefressen hat und stark.

So mancher Mensch weiß mit den *Schlangen*
Im Grunde nicht viel anzufangen.
Wir kehren uns da nicht daran
Und fangen mit den Schlangen an.
Sie sind teils riesig, teils ganz klein
Und haben weder Arm noch Bein,
Doch kann man oft noch Stummeln sehn,
Sogar mit Nägeln an den Zehn,
So daß man daraus schließen muß:
Einst hatten Schlangen Hand und Fuß.
Den Menschen, wenn er tiefer denkt
Und in die Schlange sich versenkt,
Den müßte, wenn bei ihrer Glätte
Er überhaupt noch Mitleid hätte,
Das staubgequälte Tier erbarmen:

Was tun mit Füßen wir und Armen,
Wie strampelt schon ein Kind vergnügt! –
Daß sie, die Schlang, so boshaft lügt
Kommt nur daher, daß man sie tritt
Und daß sie stets Verachtung litt.
Der Mensch selbst den Charakter wandelt,
Wenn man nicht menschlich ihn behandelt.

Ganz unbewaffnet – ich erwähne
Das nur – sind sie: bis auf die Zähne.
Wir wissen von der Schlange dies:
Als seinerzeit im Paradies
Das allererste Menschenpaar
Verhältnismäßig glücklich war –
Man denkt sich eine Art von Schweiz –,
Da kam die Schlange, die bereits,
Weil selbst von Gott sie abgelassen,
Auf fremdes Glück nur sah mit Hassen
Und sprach: »Ihr habt's ja hier ganz nett,
Doch ich, wenn was zu raten hätt,
Ich äß mich einmal gründlich satt
An dem, was Gott verboten hat,
Damit ihr endlich einmal wißt,
Was wirklich gut und böse ist.«
Und Eva gab der Schlange nach.
Ob sie nun selbst den Apfel brach,
Ob nur als Sündenfall-Obst ihn
Vom Boden aufhob – hin ist hin
Und lächerlich ist die Geduld,
Mit der wir fragen: Wer war schuld?
Wer klug ist, deutet da nicht lange:
Der Teufel, sagt er schlicht, die Schlange!
Der Mensch hat drum auf Schlangen Wut,
Brutal verfolgt er ihre Brut.
Doch, ist es her denn schon so lange,

Daß wir die NS-*Abgottschlange*
Am Busen nährten, wohl gewarnt,
Und doch vom bösen Blick umgarnt?
Wo herzensträg die Welt und hohl,
Da fühlt sich stets die Schlange wohl.
Der Menschheit brachte Schlangendienst,
Wo er auch auftrat, nie Gewinst.
Infolge ihres Giftgeträufels
Sind also Schlangen glatt des Teufels.
Moral, weiß jeder, wär gelacht;
Wir sagen nur: »Nehmt euch in acht!«
Im Umgang mit den Menschen bloß
Sind wir stets wieder ahnungslos,
Obwohl da auch ja jedes Kind
Längst weiß, wie giftig die oft sind.

Die Schlange trinkt, den Durst zu löschen,
Auch Milch – sonst nährt sie sich von Fröschen,
Verschlingt die Ratten gern und Mäuse
Und frißt das Ei samt dem Gehäuse.
Der »Schlangenfraß« übt andrerseits
Grad auf die Schlangen wenig Reiz.

Mitunter aus der Haut zu fahren –
Besonders in den letzten Jahren –
War wohl der Wunsch fast jedermanns;
Wir wünschen's bloß – die Schlange kann's.
Die Sauberkeit ist ihr nicht fremd,
Sie wechselt ziemlich oft ihr Hemd.
Die Schlange ist ein leises Tier,
Drum nennt man sie ein weises Tier,
Und das mag gelten immerhin
Von einer *Schlangenkönigin*.

Der selbst so kalten Schlange tut
Die Hitze über alles gut.
Der Inbegriff der irdischen Wonnen
Ist nichts zu tun und sich zu sonnen.
Im Urwald auch fühlt sie sich wohl,
Doch trifft man keine mehr am Pol.
Und darob ist als erster froh
Der vielgeplagte Eskimo.
Er sagt dem Himmel Dank und Preis,
Daß er von Schlangen gar nichts weiß.
Hingegen haben viel zu winseln
Die Leute von den Schlangeninseln,
Der Tropen dunkelhäutige Kinder,
Wie Neger, Indianer, Inder!
So sieht hier ein Gemüt, das bieder,
Durchaus bewiesen einmal wieder,
Daß Gott zu unserm Glück und Heile
Doch alles allgerecht verteile,
Damit nicht jeder jedes litte.
Wir etwa halten grad die Mitte.
Die *Inder* sind so religiös,
Daß sie den Schlangen, noch so bös,
Nichts tun – und die Reptile, schlau,
Die wissen das auch ganz genau
Und nützen aus den Aberglauben,
Indem sie alles sich erlauben,
Selbst wider alle Anstandsregeln
Sich nachts in ihre Betten flegeln.
Die Inder ärgern sich halb krank
Und bringen trotzdem Speis und Trank
Und fragen nur ganz höflich, ob –
Bloß Aufgeklärtre werden grob –
Sie gütigst möchten sich bequemen,
Ein anderes Quartier zu nehmen.

Die Inder wissen die lebendigen
Giftschlangen wunderbar zu bändigen;
Sie bringen ihnen eins zwei drei
Die höhern Flötentöne bei.
Nun ist die Meinung freilich falsch,
Die Schlangen wären musikalsch.
Sie pfeifen nämlich auf das Pfeifen,
Doch sind so klug sie, zu begreifen,
Daß, nach der Pfeife schön zu tanzen,
Doch besser ist, im großen ganzen,
Als mit dem ewigen Beiß-Gelauer
Sich zu ermüden auf die Dauer.
Kaum nämlich meint das Tier, jetzt gilt's,
Beißt es auf Filz und immer Filz. –
Wer eine Schlange bändigen will,
Der schau sie furchtlos an und still,
Sie fügt sich endlich, wenn sie sieht,
Daß sie bei uns beißt auf Granit.

Die Bibel schon erwähnt ein großes
Wett-Schlangenzaubern unter Moses,
Wo jäh, zu allgemeinem Schrecken,
Zu Nattern wurden Wanderstecken,
Ein Trick, den seither in Ägypten
Die Gift-Doktoren gerne übten.

Nur kurz verfolgen wir die Spur
Der Schlang in Kunst und Litratur:
Die *Midgardschlang* ums Weltall kreist,
Wobei sie in den Schwanz sich beißt.
Ganz früh, als kaum erst kunstbewußter
Schuf schon der Urmensch Schlangenmuster.
Den Furien ließen so die Griechen
Ums Antlitz Schlangenhaare kriechen.
Doch Schiller hätte wissen sollen,

Daß nicht die Bäuche giftgeschwollen.
Von Herkules ist uns verbürgt,
Daß Schlangen er als Kind erwürgt,
Den Kampf bestand mit der bekannten
Hydra mit ihren neun Hydranten.
Homer erzählt die Fabel schon
Der Schlangen des Laokoon,
Und kommt wer in den Vatikan,
Schaut er sich dort die Gruppe an,
Wo um den Mann mit den zwei Schlingeln
Sich Schlangen wie Spaghetti ringeln.
Die Schlang gereicht von den Medusen,
Kleopatras gewölbtem Busen,
Bis zu der »Sünde« von Franz Stuck
So manchem Kunstwerk sehr zum Schmuck.

Jetzt zu den *Bändigern* zurück:
Die haben auch nicht immer Glück,
Und da sie es im voraus wissen,
Sie werden doch einmal gebissen,
Impft jeder sich, daß er sich fei,
Mit Mungowurzel und Luzei.
In Deutschland flüchtet man sich wohl
Bei Schlangenbiß zum Alkohol
Und mancher, dem das Herz schier brach,
Weil ihn ein falsches Schlänglein stach,
Hat sich, um Heilung noch zu hoffen,
Aus Kummer schon zu Tod gesoffen.

Es schlüpfte aus der Arche Noah
In Südamerika die *Boa*
Und seitdem haust sie, furchterregend,
Ausschließlich in der dortigen Gegend,
Woselbst sie, satt, in Schlaf versinkt,
Nur dadurch sichtbar, daß sie stinkt.

Ich roch sie nie und muß mich beugen
Hier dem Bericht von Nasenzeugen.

Drei Indianer, müd vom Laufen,
Die setzten sich, um zu verschnaufen,
Auf einen Baumstamm – ach, vielmehr,
Sie wähnten, daß es einer wär.
Kaum daß der erste richtig saß,
Die Riesenschlange ihn schon fraß.
Die andern, sehend dies Gefresse,
Entflohn und brachten's in die Presse.

In Deutschland sieht man dieses Vieh
Jetzt oft in Zoo und Menagerie;
Ich selbst sah, wie in Zirkusbuden
Sich Haremsdamen kühn beluden
Mit solchem Tier und trugen's rum
Im hocherstaunten Publikum,
Wobei mit tieferm Graun mich packte
Beinah das Weib, das fleischkalt-nackte.

Die *Anaconda* auch (Eunectes)
Ist so ein Untier, ein geflecktes,
Das, wenigstens als Schlangenleder,
Von uns gesehn hat fast schon jeder.
Die Boa ist ein Wasser-Hasser –
Die Anaconda geht ins Wasser.
Sie wird sehr lang, bis zu zehn Meter –
Wer baden will, tut's besser später.

Die *Ringelnatter* hat zwei blonde,
Zum Hals gebogne halbe Monde.
Doch hat das nicht den tiefern Sinn,
Sie wär Mohammedanerin;
So wenig darf man das erklären,

Wie daß *Kreuz-Ottern* christlich wären.
Hier ist die Nachricht auch am Platz:
Nie giftig war der Ringelnatz;
Doch hat er, selbst nicht überzeugt,
Durch Alkohol stets vorgebeugt.
Die Ringelnatter ist bekannt.
Sie lebt vorwiegend auf dem Land,
Und tut das wohl mit gutem Grund,
Denn auf dem Land lebt man gesund.
Jedoch, wenn es ihr paßt gerad
Geht sie recht gern ins Schlangenbad.
Sie schwimmt sehr gut, sticht selbst in See,
Und zwar in Schlangen-Li-ni-e.

Wenn Du nach Ringelnattern langst,
Dann schwitzen sie vor lauter Angst.
Und lösen – mach nur den Versuch! –
Sich auf in lauter Wohlgeruch.

Bei Brehm und andern steht geschrieben,
Man soll die Ringelnattern lieben
Als hausbehütend zahme Schlangen –
Vom Frosch kann man das nicht verlangen,
Er hat zu ihnen eine schiefe
Und stark verzerrte Perspektive.

Als »Hinterglasbild«, eingefangen,
Sind reizend die *Korallenschlangen*,
An denen wir, wie auch an andern,
Vorüber im Terrarium wandern.
Dort sieht man auch die schwarzen langen,
Höchst wunderlichen *Warzenschlangen*.

Wir streifen nur die *Streifen-Ruder-
Schlang* als ein böses, giftiges Luder.

Kommt sie ans Ruder, geht's den Fischen
Sehr schlecht, am allerschlimmsten zwischen
Ceylon und Japan, wo sie dreist
Die Küsten massenhaft bereist.

Die *Brillenschlang* mißfällt den Herrn –
Blind schleichen Fraun drum, oft nicht gern,
Bis sie die Ehe sich erschlichen.
Dann werden sie zu fürchterlichen
Boshaften Wesen, scharf bebrillt,
Und nichts zu übersehn gewillt.
Falls dieses Tier in Wut gerät,
Den Hals es, zornig zischend, bläht
Und bildet ähnlich dicke Bäuche
Wie manchmal alte Gartenschläuche,
Und wenn man's reizt, dann beißt es zu:
Am besten läßt man's drum in Ruh.
Ihr Gift selbst einen braven Mann
Im Augenblicke töten kann.
In Asien, bis zum Himalaya
Haust, höchst gefürchtet, diese *Naja,*
Die man auch *Cobra* häufig heißt.
Ins Gras beißt jeder, den sie beißt.

Uräusschlangen warn der Stolz
Des Kunstgewerbs in Stein und Holz,
In Blech, aus jeglichem Metall,
Zu kaufen gab sie's überall.
Das Vieh, das Menschen biß zu Tode,
Ward Fremdenkitsch und große Mode.
Es ward geflochten in die Kronen
Der Götter und der Pharaonen.

Im Sand, im Fels, im Straßenschotter,
In Moos und Streu liegt auch die Otter.

Puff-Ottern – sagt nicht schon der Namen
Genug von diesen üblen Damen?
Am besten ist's, sich vorzusehn
Und so wo gar nicht hinzugehn.
Die »Rotkreuz«-Ottern sind von Nutzen,
Die »Hauskreuz«-Ottern Fenster putzen
Und fressen Staub, und zwar mit Lust,
Wie es Mephisto schon gewußt.

Nur schwer man sich erklären mag,
Was *Vipern* tun den ganzen Tag?
Faul sind sie, haben nichts gelernt,
Sind weit von der Kultur entfernt;
Vom Urwald bis zur Meeresküste
Ist nichts als Wüste, Wüste, Wüste:
Doch Gott, der so allgütig ist,
Die armen Tierlein nicht vergißt,
Schickt ihnen hin und wieder einen,
Der arglos geht mit nackten Beinen,
Damit sie, still im Sand vergraben,
Doch manchmal ihr Vergnügen haben.
Sie tragen links und rechts ein Horn,
Und zwar am Kopfe, ziemlich vorn,
Wogegen *Klapperschlangen* ganz
Weit hinten klappern, mit dem Schwanz:
»Es klapperten die Klapperschlangen
Bis ihre Klappern schlapper klangen.«

Wen diese *Grubenotter* beißt,
Der fährt gleich in die Grube meist,
Und tut nur schnell noch ein paar Schnapper.
Doch völlig harmlos ist die Klapper.
Die Schlange, in geringen Resten,
Lebt in Amerikas Nordwesten;
Sie haust in Trümmern und im Reisig

Und frißt den Frosch wie auch den Zeisig.
Für sich allein ist sie ein Greuel,
Doch wenn erst einen wüsten Knäuel
Sie bildet, manchmal bis zu zwanzig,
Ein Durcheinander, kopfbauchschwanzig,
Dann fühlt von dem, was da sich rekelt,
Der Mensch mit Recht sich angeekelt.

Von Nattern nennen wir noch die
Coluber Aesculapii,
Die heilige Schlange Äskulaps,
Bekrönerin des Ärztestabs –
Um den sich zwei geschmeidig drechseln –
Nicht mit dem Stabsarzt zu verwechseln!
Die Römerinnen – keine Witze! –
Bedienten bei zu großer Hitze
Sich ihrer wie bei uns des Schals:
Sie schlangen Schlangen um den Hals.

Zum Schluß, damit man's nicht vergesse:
Die *Zeilenschlange* dient der Presse;
Dort macht sich auch die *Seeschlang* breit,
Meist in der Sauren Gurken-Zeit.
Und wir entsinnen uns noch des
See-Ungeheuers von Loch Ness.
Die *Butterschlange* wie die *Brot-*
Erscheint in Zeiten schwerer Not,
Macht sich als bissig unbeliebt,
Grad weil es nichts zu beißen gibt.
Wer fand doch, selber gut im Futter,
Feldschlangen wichtiger als Butter?
Geschätzt die *Heizungsschlange* ist –
Nur, daß sie zu viel Kohlen frißt.
(Es hilft auch nichts, daß sich die Welt
Auf Gas und Erdöl umgestellt!)

Man sieht am deutlichsten an ihr:
Kalt ist an sich das Schlangentier;
Und soll es, uns zu wärmen, taugen,
Muß sich's erst selbst voll Hitze saugen.

Luftschlangen gänzlich harmlos sind,
Mit ihnen spielt ein kleines Kind.
Wie schön ist's, wenn die bunten Nattern
Im Fasching durch die Räume flattern!
Die *Mädchenschlange* steht bei Brehm,
Wir kennen sie auch außerdem:
Denn manchmal, mitten unterm Kosen –
Bekanntlich lauert sie in Rosen –
Gibt's unverhofft uns einen Stich:
O Jüngling, darum hüte Dich
Und sei des Bisses stets gewärtig!

Hiermit sind wir mit Schlangen fertig;
Denn vom Geschlechte der Serpentes
Ein jedes Stück, wer kennt und nennt es?
Hingegen gern wir uns bedienen
Der wohlbekannten Serpentinen.

ECHSEN

In Deutschland lebt das Krokodil
Teils gar nicht, teils bloß noch fossil
In irgendeinem Massengrab –
Nur als Beweis, daß es es gab.

Im *Nil* war's lange Zeit zu Haus;
Auch dort stirbt es allmählich aus.
Zum Fremden-Strome ward der Nil,
Flußaufwärts zog das *Krokodil,*
Um ferne von den Pyramiden
Zu suchen seinen Seelenfrieden.
Doch hat es heftig Heimweh, scheint es,
Und nachts oft ganz entsetzlich weint es,
Jedoch, da niemand es mehr liebt,
Man auf die Tränen wenig gibt.
Zu Pharaos Zeiten war es schöner,
Denn jene alten Tier-Verwöhner,
Die mästeten es wie ein Schwein
Und balsamierten's dann noch ein.

Man sagt vom Krokodil, es zeige
Sich auf dem trocknen Lande feige,
So daß man's leicht am Schwanze packe.
Auch wenn man laufe zicke-zacke,
So heißt es, daß man ihm entrönne,
Weil's gradeaus bloß laufen könne.
Ein Forscher einst in Afrika
Vor sich des Löwen Rachen sah,
Und blind vor Wut und Ungestüm
Rannt hinter ihm ein Ungetüm.
Der Mann nun lief voll Seelenruh
Schnurstracks erst auf den Löwen zu,

Sprang seitwärts dann mit einem Ruck:
Ein Krach, ein Zuck, ein Schluck und Druck –
Verschlungen war, bis auf den Schwanz,
Vom Krokodil der Löwe ganz.

Des Krokodiles Kraft und List
Zeigt erst sich, wenn's im Wasser ist.
Und ohne Rührung, ohne Seele,
Frißt's Menschen, Esel und Kamele,
Die, statt sich weiter was zu denken,
Ganz harmlos kommen zu den Tränken.

Von Krokodilen gibt's das *Leisten-*,
Wie wir erfahren, noch am meisten.
Es ist ein fast neun Meter langes
Und haust in Indien, teils im Ganges,
Teils wagt es sich, bei den Seychellen,
Sogar bis in des Meeres Wellen.
Daneben lebt in großer Zahl
Im Ganges auch der *Gavial*.
Als Art Begräbnisinstitut
Nährt er sich dort von Leichengut;
Je nach der Kaste und der Kasse,
Läßt man sich fressen erster Klasse.
Oft spielt er den Justizminister:
Wenn einer schuldig ist, den frißt er.
Ein Mensch, verdächtigt schlimmer Taten,
Muß durch den heiligen Ganges waten;
Doch leider ist bei solchen Possen
Justizirrtum nicht ausgeschlossen.
Ein Untier von besonderm Maß gar
Ist ferner das von *Madagaskar*.

Das Krokodil weint seine Tränen
Oft wegen Schmerzen an den Zähnen,

Die, gar bei alten, voll von Löchern.
Als Zahnarzt drin herumzustöchern,
Ist, wenn's der Laie auch nicht glaubt,
Dem Vöglein Trochylus erlaubt,
Als einem Retter in der Not,
Wie's uns schon schildert Herodot.

Vom Krokodilgeschlecht entfällt
Ein Teil auch auf die *Neue* Welt;
Nur anders von Gebiß und Lippen
Sind diese Mississippisippen;
Mit einer Schnauze wie ein Hecht,
Bewegt sich (auf der Erde schlecht,
Und nur, wenn er zu Fuß gehn muß)
Der *Kaiman* in dem Riesenfluß.
Man läßt, seitdem nun fast ein jeder
Was möcht aus *Alligator*-Leder –
Brieftaschen, Mappen, Gürtel, Schuhe –
Ihn überhaupt nicht mehr in Ruhe;
Der *Brillenkaiman* Menschen flieht,
Vorausgesetzt, daß er sie sieht.
Beim Schwimmen nämlich und beim Tauchen
Kann er die Brille ja nicht brauchen.
Den *Mohrenkaiman* haßt der Mohr –
Er kommt im Amazonas vor.

Die *Eidechs*, heut meist winzig nur,
Ist dennoch adlig, und zwar ur-!
Sie stammt, und hat es nachgewiesen,
Ab von den alten Saurier-Riesen,
Die, der Feudalzeit Fürst- und Grafen,
Seither in steinernen Särgen schlafen,
Und zwar nicht nur als Nebenlinie,
Nein, schnurgerad, wie eine Pinie,
Als Eidechs-Eidechs, sozusagen,

Im Adelsbuche eingetragen.
Auch zeigt sie schöne Wappenschilder
Und war viel größer einst und wilder.

Nach sagt man ihnen allgemein,
Sie sollen wohlgebildet sein.
Ich selbst sie auf der Hochschul sah;
Soviel ich weiß, in Padua,
Lief mir einst manche übern Weg –
Vermutlich ging sie ins Kolleg.
Auf jeden Fall verstehen sie
Viel von der Entomologie,
So, daß sie mancherlei Insekten
Längst vor den Menschen schon entdeckten.
Die Eidechs kein Gedächtnis hat:
Was eben war, vergißt sie glatt!
Der alte Goethe schon erkennt's:
Kurz ist des Tieres Existenz.
Der Mensch sein Leben erst verlängert,
Indem er's mit Erinnerung schwängert.

Die Echsen sind bald grau, bald grün;
An Mauern klettern sie sehr kühn,
Sie gehen ständig auf die Jagd.
Manch eine leuchtet wie *Smaragd*.
Die Offenbarungs-, Mein-Eid-Echseln
Sind nicht mit echten zu verwechseln;
Die Echsen, und zwar die mit Schuppen,
Zerfielen früher in vier Gruppen.
Wir nennen sie im Augenblick:
Sie züngeln kurz, wurm-, spalt- und dick.
Als fünfte – 's langt nicht mehr zu sechsen –
Gibt es dann noch die Ringelechsen.
Die neuere Forschung macht sich wichtig:
So einzuteilen, sei nicht richtig.

Doch uns ist's Wurst – ob Viertel-Echsen,
Ob halbe, ob Dreiviertelechsen,
Im Grunde ist's ja doch das gleiche.
Zum Beispiel gibt's die *Panzerschleiche*.
Man sagt ihr nach, daß sie, bedroht,
Sich wehrt mit ihrem eignen Kot.
Hingegen hören wir vom *Skinke*,
Daß dieser überhaupt nicht stinke,
Im Gegenteil, den Hexenküchen
Dient er zu wilden Wohlgerüchen.
Erzschleichen zählen auch hierher
Erbschleicher freilich weniger.

Der Volksmund kann nicht immer taugen:
Der *Blindschleich* hat zwei goldne Augen
Und sieht recht deutlich, was er frißt.
Verfolgt, gebraucht er diese List:
Den Schwanz stößt ab mit einem Ruck er,
Der macht, sich krümmend, wilde Zucker.
Die Feinde meinen dann gewöhnlich,
Daß dies der Blindschleich sei, persönlich.
Sie stürzen drauf voll Zorngefunkel –
Der Schleich birgt sich im Waldesdunkel.
Ganz ähnlich um die Schwänze kamen
Verschiedentlich auch die *Agamen:*
Wenn *Wechsel*-Echsen sie verlieren,
Dann lassen sie sie prolongieren.
Falls einer sie wo suchen müßte:
Sie leben an der goldnen Küste.
Die *Kragenechse* zeigt noch klar,
Daß sie einmal ein Vogel war.
Auch kann sie sich, nach sichern Quellen,
Auf ihre Hinterfüße stellen –
Ein Anblick, der nicht ohne Reiz,
Der Kragen, heißt's, besteht aus Geiz.

Flugdrachen läßt im Herbst man steigen,
Indes *Hausdrachen* dazu neigen,
Von selber in die Luft zu gehn,
Man kann vor Wut zerpufft sie sehn.
Einst sahn auf jedem Lappen wir
Als der Chinesen *Wappentier*
Die wunderlichsten Drachen prunken:
Auch sie sind längst nun schon versunken,
Seit auch den Osten, ach, den fernen,
Deckt Weltnacht wüst – mit Sowjetsternen.
(Jüngst freilich wieder scheint's, die Drachen
Warn scheintot nur – und sie erwachen!)

Gehört hat sicher jeder schon
Im Leben vom *Chamäleon.*
Sofern man's nicht gefangenhält,
Lebt es nur in der Alten Welt,
Und zwar rings um das Mittelmeer.
Kommt nun ein Fremdenschiff daher,
So laufen schmutzig, frech und nackt,
Chamäleons am Schwanz gepackt,
Araberbuben, ganze Haufen,
Herbei, die Tierlein zu verkaufen.
Der Fremde, um ein Stilberstück,
Gibt stolz der Freiheit sie zurück
Und setzt sie auf den nächsten Baum.
Doch wendet er den Rücken kaum,
Wird das noch ganz erschöpfte Wesen
Vom Baume wieder aufgelesen
Und matt, so daß es kaum mehr schnauft,
Dem nächsten Tierfreund neu verkauft.
So ähnlich ging es sicher schon
Manch andrer frommen Kommission,
Weithin gereist, daß sie wen rette,
Und die dann glaubt, daß sie das hätte.

In Freiheit ist das Tier verträglich,
Sitzt tagelang ganz unbeweglich,
Bis es dann jäh mit einem Schwunge
Die Beute anklebt mit der Zunge,
Die fast so lang ist, wie es selber.
Gewöhnlich ist es oben gelber,
Doch kann's in allen Farben spielen
Und außerdem so trefflich schielen,
Daß *ein* Aug aufblickt nur zum Himmel,
Das andere im Weltgewimmel
Ganz dreist nach irdischen Freuden sucht –
Scheinheilig wahrlich und verrucht!
Auch hat es, was sehr sonderbar,
Wohl einen Kamm, jedoch kein Haar.
Der Spanier hält's in seinem Heim
Und spart dadurch den Fliegenleim.

Wir wünschen oft, wenn wir ergrimmen,
Gleich an den Wänden hochzuklimmen.
Der *Gecko* saugt sich mit den Zehen
An Mauern an und kann drauf gehen.
Mit seinem Schwanze laut er zirpt,
Ein Heuschreck hört's, hüpft hin und stirbt:
Der Gecko, der jetzt schmausend schweigt,
Hat selber sich sein Brot ergeigt.

Der kantenköpfige *Leguan*
Legt Eier, die man essen kann.
Sein Vetter *Basilisk* hingegen
Soll schauderhafte Eier legen,
Beziehungsweis aus solchen stammen.
Die alten Griechen schon verdammen
Dies Scheusal sehr in ihren Schriften.
Der Basilisk soll sich so giften,
Daß selbst die Klapperschlange flieht,

Wenn sie ihn nur von weitem sieht.
Die Alten nehmen an, er sei
Aus dotterlosem Hahnenei
Von einer Kröte ausgebrütet;
Geheime Schätze er behütet,
Mit Gockelkopf und Natternschwanz
Und einem Blick voll Funkelglanz,
Der einen ausgewachsnen Mann –
So geht die Sage – töten kann.

Ein *Basiliskenblick*, ganz scheußlich,
Trifft uns zwar manchmal, hinterhäuslich,
Wo es von Bosheit zischt und Neid –
Doch tut er einem nichts zuleid,
Braucht man bei ihm die alte List:
Er selbst weiß nicht, wie wüst er ist,
So daß er gleich in Krämpfe fällt,
Wenn man ihm vor den Spiegel hält.
Es fährt ihm selber ins Gekröse
Daß er so häßlich ist und böse. –
Zum Glück wird durch die Kraft der Forscher
Der Aberglaube immer morscher:
Der Basilisk lebt still und froh
Von Chile bis nach Mexiko
Und ist, von sich aus lieb und gut,
Zufrieden, wenn man ihm nichts tut.

Genauso töricht übertrieben
Ward auch der *Moloch* einst beschrieben,
Der weitaus besser als sein Ruf.
Doch was, als er ihn so erschuf,
Der liebe Gott sich wohl gedacht,
Hat noch kein Mensch herausgebracht.
Der Moloch, den die Bibel kannte,
Für den man Menschenfleisch verbrannte,

Sowie der Militär-Moloch,
Der Opfer heischte, noch und noch –
Und nicht allein im Deutschen Reich –
Ist nicht mit ihm personengleich.

Im Tierreich sieht man wenig Lücken,
Denn immer wieder gibt es Brücken,
Wo eins das andere ergänzt:
Die *Schildkröt* bloß ist scharf begrenzt.
Doch geht auch mitten durch sie durch
Die Trennung von Reptil und Lurch.
Im sauern Wasser, wie im süßen,
Kann man das plumpe Tier begrüßen.
Doch wird bei uns sie wahrgenommen,
Dann ist sie bloß wo ausgekommen.
Die Schildkröt, faul, dumm und gemein,
Ist ganz verknöchert obendrein.
Jung ist ihr Panzer noch ganz weich.
Die Rothschildkröte war sehr reich;
Sie breitete, am Main zu Haus,
Sich über halb Europa aus.

Wenn sie auch schützt ihr Panzerkleid,
Tut uns die Schildkröt doch oft leid:
Denn während sich ein Rittersmann
Abschnallen nachts den Panzer kann,
Muß die verwunschene *Karette*
Sich darin legen auch zu Bette.
Sie kann nicht fressen, bis sie platzt.
Und niemand ihr den Buckel kratzt.
Selbst wenn sie sich in Liebe paart,
Geht's bei der Schildkröt hart auf hart.
Meist unterscheiden wir zwei Gruppen:
Für *Schildpatt* und für Turtle-*Suppen*.
Nicht wie die Venus schön von Milo

Erweckt sie, bei sechshundert Kilo,
Trotzdem, falls sie nicht *zu* bejahrt,
Uns Fleischgelüste niedrer Art.

LURCHE

Nimm von der Schildkröt weg den Schild:
Die *Kröte* als ein Lurch schon gilt.
Sie lebt an einem feuchten Ort
Selbst ohne Nahrung lange fort.
Wenn sie was hat, ist sie gefräßig
Und fängt Insekten, ganz unmäßig.
Der Kröte, nicht zu ihrem Heil,
Begegnet manches Vorurteil.
Ihr Auge, schön und Seelen-voll,
Sie uns doch mehr empfehlen soll;
Des Märchens heimlichste Gestalt,
Wird sie voll Weisheit und uralt.
So nützlich – jetzt erst merken's wir –
Ist uns ja wohl kein zweites Tier:
Was tun wir, wenn stets wieder flöten
Uns gehen unsere paar Kröten?
Das Männchen singt mit lautem Schall
Und heißt drum *Buffo* überall.

Als Sänger, einzeln wie im Chor,
Kommt uns der *Frosch* noch tüchtiger vor.
Ob Katholik, ob Protestant
Wird ohne weiteres erkannt,
Indem sie, in verschiednen Stufen,
»Papst, Papst!« und »Luther, Luther!« rufen.
Doch daß die ausgeschlüpften Kaul-
Quappkinder der Papa im Maul,
Und zwar im Kehlsack aufbewahrt,
Dürft selten sein in seiner Art.
Der Frosch kann ohne Angst vorm Schnupfen
Vergnügt ins kalte Wasser hupfen.

Zwei Frösche haben uns vor allen
Seitdem im Leben wohlgefallen:
Der *Laubfrosch,* den im Einmachglas
Manch grüner Junge wohl besaß,
Verkündete auf seiner Leiter,
Ob's Wetter schlecht wird oder heiter,
Nicht falscher als der Rundfunk später. –
Wir liebten, älter erst, viel später
Den Nacktfrosch (nicht der Abenteuer
Gefährlich süße Ungeheuer):
Die Kinder, die im Wasserbecken
Der Eltern Jubel baß erwecken.
Mitunter lebt der falsche Glaube,
Der Laubfrosch nähre sich vom Laube:
Wir selber sind zum Fliegenfangen
Für unsern Liebling weit gegangen.

Man sagt mit Recht: ein nasser Frosch,
Denn meist ist er ein *Wasserfrosch.*
Die grün- und braunen sind fast gleich.
Der grüne Frosch wohnt mehr im Teich,
Der braune mehr an Waldesbächen. –
Auch Frösche haben ihre Schwächen:
So machen sie, nur aus Verwirrung
Sich schuldig oft der Eheirrung.
Der *Springfrosch* springt, wer weiß warum,
Zwar sonst um Deutschland ringsherum,
Im Lande selber ist er selten;
Wir wollen ihn darum nicht schelten.

Den *Knallfrosch* wir, den pulverscharfen,
Als Buben mit Vergnügen warfen –
Was kein Vergleich ist zu den spätern
Ernsthaften Bomben-Attentätern.
Der *Ochsenfrosch* mit seinem Brüllen

Soll halb Amerika erfüllen –
Doch wer erfüllt das andre halbe? –
Der Ochsenfrosch samt seinem Kalbe
Schreit nur so laut aus Geltungstrieb.
Den Farmern ist er gar nicht lieb;
Er frißt, sonst nährend sich ganz redlich,
Auch Enten-Küken und wird schädlich.
So ist's: daß Enten Frösche fressen
Ist gleich vergeben und vergessen.
Steht aber umgekehrt die Gosche
Nach einem Entlein einem Frosche,
Schon findet man es ungebührlich –
Auch wir gestehn, 's scheint unnatürlich.

Busch schreibt von einem Frosch, der lahm
Den Enten noch zur Not entkam:
»Drei Wochen war der Frosch so krank,
Jetzt raucht er wieder, Gott sei Dank!«
Wie paßt auf einen erst der Reim,
Der in Brasilien daheim!
Dort raucht der kleinste Frosch schon viel
Und lauter herrliche Brasil!

Der *Kurzkopf*, ein Termitenfresser,
Trägt eine Schaufel und ein Messer
Gleich von Natur am Hinterfuß,
Weil er beständig graben muß.

Die *Taschenfröschin* wiederum
Trägt Eiersäcke mit sich rum,
Ein andrer Frosch, die Brut zu hüten,
Klebt sich aus Blättern einfach Tüten.
Woraus man ohne weiteres sieht,
Daß für die Frösche viel geschieht,
Was sich der Mensch aus eigner Kraft
Für bares Geld erst mühsam schafft.

Von *Krötenfröschen* weiter kurz,
Daß brav die Männchen der *Geburts-*
Helfkröte meterlang in Schnüren
Den Laich der Weiber mit sich führen.
's will dieser Frosch, erfahr ich eben,
In Deutschland nur am Rheine leben.

Die Feuerkröten oder *Unken,*
Sobald wer naht, gleich untertunken,
So daß man auch den Unterschied
Der Farben auf dem Bauch nicht sieht.
Tal-Unken, würd man sonst entdecken,
Sind unten blau mit roten Flecken,
Bergunken aber gelb mit schwarzen.
Am Rücken beide grau, mit Warzen.
Erwähnt sei noch an diesem Punkt:
Die Unke weiß nicht, daß sie unkt,
So daß mit ihr nicht allzuscharf
Man ins Gericht wohl gehen darf.

Die Welt bewohnt der Frösche Schar;
Es gibt, ich sag's auf die Gefahr,
Daß etwas leeres Stroh ich drösche,
Auch in Kleinasien große Frösche,
Doch in Groß-Deutschland gab's recht kleine,
Sie bliesen sich nur auf zum Scheine.
(Wer so wie ich den Achtzig nah,
Schon viele Frösche platzen sah.)
Auf Frösche alles ist versessen
Und hat sie lieb – meist nur zum Fressen.
Der Mensch – ich hoffe, unsre Enkel
Tun's nicht mehr – reißt ihm aus die Schenkel,
Es wollen Schlangen, Füchse, Raben,
Sich an dem leckern Frosch erlaben,
Selbst aus dem nassen Elemente

Ziehn ihn der Storch wie auch die Ente,
Kurzum, die Wahrheit wie die Fabel
Hat quasi ihren Frosch im Schnabel.

Die Frösche, die im Eise staken,
Beschlossen, nicht mehr wüst zu quaken,
Sobald – man kennt das Lied von Goethe –
Gelegenheit der Frühling böte.
Doch käm ein Völkerfrühling gar,
Es bliebe gleich der Frösche Schar.
So viel für diesmal nur vom *Frosch.*

Eh Lesers Lurche-Liebe losch,
Laßt eilig noch uns weiterwandern:
Wir kommen zu den *Salamandern.*
Wer kennte da nicht gleich den *Feuer-*
Als schwarzgelb-kleines Ungeheuer?
Als Feiersalamander lieben
Ihn die Studenten, wenn gerieben.

Ganz reizend ist das kleine *Berg-*
Männlein, ein kohlenschwarzer Zwerg.
Doch gibt's auch andere Vertreter,
Die Riesen sind (beinah zwei Meter).
Der *Olm* lebt einzeln und in Rotten
In tiefen unterirdischen Grotten,
Zum Beispiel häufig in Dalmatien;
Es standen leider keine Grazien
An seiner Wiege – und bei Licht
Betrachtet werden mag er nicht.

Ich gäbe viel für ein Bonmotl,
Fiel mir was ein zum *Axolotl*
Aus Mexiko, wo Vitzliputzli
Seit Urzeit schon ihm seinen Schutz lieh,
Bis eines Tages Humboldt kam

Und mit ihn nach Europa nahm.
Hier pflanzt' er fort sich, gut gefüttert,
Doch ward der Glaube bald erschüttert,
Ob's – nicht nur Spiegelfechterei! –
Ein echter Axolotl sei!

Wir lassen – wegen einem Lurche! –
Das grüblerische Stirngefurche
Und zoologischen Verdruß:
Er wird's schon sein – und damit Schluß.

VÖGEL

Bei Forschern ist der Satz beliebt,
Daß es nichts gibt, was es nicht gibt:
Daß nichts in der Natur unmöglich,
Wär nachzuweisen schon rein *vöglich*.
Man kennt von diesen, oft sehr zarten,
Gebilden rund zehntausend Arten.
Und meint auch kurzhin bei uns jeder,
Leicht sei der Vogel an der Feder
Zu merken oder am Gesang,
Wird einem doch gehörig bang
Als Vogelsteller wie als Schrift-,
Ob man das Wesentliche trifft,
Selbst wenn man sich, auf daß es glückt,
Manchmal mit fremden Federn schmückt.

Einst ging der Vogel auf vier Füßen;
Die Vorderbeine einzubüßen,
War für ihn aber ganz vergnüglich,
Denn sie entwickelten sich flüglich.
Hätt er nicht sonst noch irdische Mängel
Wär er geworden schier ein Engel.
Auch sonst verwandelt weit und weiter,
Trägt er noch jetzt, obwohl kein Reiter,
Die Bein gestiefelt und gespornt.
Zum Schnabel ist der Mund verhornt
Und ganz verwachsen mit der Nasen.
Die Knochen sind voll Luft geblasen.
Und Fieber, ohne daß es schad't,
Hat stets er, über vierzig Grad.
Den Vögeln nur bleibt's unbenommen,
Auf einen grünen Zweig zu kommen.

Scheint es auch auf der Hand zu liegen,
Daß dieses Tier gebaut zum Fliegen
Und zu betrachten, hoch im Blau,
Die Welt sich aus der Vogelschau,
Gibt's doch ganz andre, welche brauchen
Begabung mehr zum Schwimmen, Tauchen;
Von diesen halten's aus die Guten
Leicht unter Wasser acht Minuten
Und mehr mitunter ohne Schnaufen.
Und eine dritte Art kann laufen.
Zum Beispiel wandern oft die Trappen
Unglaublich weit auf Schusters Rappen.

Es wird ihr Sang zur hohen Kunst,
Besonders um die Zeit der *Brunst,*
Die ja, man weiß aus eigner Lieb es,
Triebfeder künstlerischen Triebes.
Die Männchen sind die bessern Töner,
Sie sind auch hochzeitskleidlich schöner.
Der eine macht es mehr durch Lieder,
Der andre mit dem Goldgefieder.
Wär er mit Prunk selbst überladen –
Der gute Ton kann niemals schaden!
Meist lebt der Vogel, frei wie zahm,
Zwar feurig, aber monogam,
Zum Teil sogar auf Lebensdauer.
Es trägt manch einer tiefe Trauer,
Starb sein Gespons ihm, sein geliebtes.
Selbst eigne Witwenvögel gibt es.
Vom Gockel freilich weiß man gut,
Daß er's mit jeder Henne tut.

Von allen Vögeln schier steht fest,
Daß sie im Lenz sich baun ein *Nest;*
Im Dickicht teils, wohin sie fliehn,

Und teils in Laubenkolonien.
Das Weibchen treu sein Nestlein hütet,
Beim Strauß doch mit das Männchen brütet;
Mitunter wechseln alle zwei.
Der Kuckuck legt das Kuckucksei.
Nestflüchter gibt es und Nesthocker.
Recht rare Vögel sind Tarocker:
Im eignen Nest trifft man sie nie,
Im Wirtshaus aber hocken sie.
Die *Galgenvögel*, einst geläufig,
Sind kaum als Redensart noch häufig.
Spaßvögel könnten unser Hirn
Mit frechen Scherzen leicht verwirrn.
So klingt's fast wie ein Witz, ein schlechter:
Hopflappenvogel – 's ist ein echter.
Hirschvogel – glaubt man, ohne Ärger:
Ein Maler war's, ein Nüremberger.
Der *Blaue Vogel*, wie der *Feuer-*
Strawinskys sind entsprechend neuer.
Doch weiß trotz Busch man, daß der *Mai-*
Ein Käfer und kein Vogel sei.

Die Vögel – ein paar Beispiel nur –
Sind wichtig für die Litratur:
Unsterblich sind wohl jene des
Tolldreisten Aristophanes,
Die nach zweitausend Jahrn noch piepsen,
Die Wildent weiterhin von Ibsen,
Die Möwe Tschechows und dazu
Der Rab von Edgar Allan Poe.
Zu schweigen ganz von all der Lyrik,
Die aufzuzählen wär zu schwierig.

Standvögel bleiben, wo sie sind;
Strichvögel wechseln wie der Wind;

Zugvögel ziehn nach Afrika
Und sind oft in vier Tagen da,
Wenn sie nicht in das Netz geraten
Der Italiener, die sie braten.

Zu schützen sie vor diesen Mördern,
Soll man mit Luftpost sie befördern,
Die ohnehin, bei schlechtem Wetter,
Schon manchem Schwälblein ward zum Retter.
Bald ziehn sie einzeln, bald zu Paaren,
Bald ganze *Wandervogel*-Scharen,
Teils dicht gehäuft, teils Zeil um Zeil –
Der Kranich bildet einen Keil.
Von Kanada ziehn ebenso
Die Vögel Richtung Mexiko.

Wir schweigen von fossilen Riesen,
Die nur versteinert nachgewiesen.
Der *Phönix* und der Vogel *Rock*
Sind aus dem Weltzeit-Spätbarock,
Dem Mio- und dem Pliozäne;
Wir weihen ihnen eine Träne
Der Pietät, um fortzueilen
Und die lebendigen einzuteilen.
Obwohl die Vögel oder *aves*
Sonst ein Geschlecht sind, ein kreuzbraves,
Macht sich doch mancher viele Müh –
Busch sagt's schon – mit dem Federvieh,
Weil man nur schwer in Gruppen gliedert
Ornitho-*logisch,* was gefiedert.
Von Schwirr- und Girr- ist's ein Gewirr,
Doch daß man sich nicht lange irr,
Nimmt man Altmodischkeit in Kauf,
Teilt sie in Raub-, Rab-, Schwimm- und Lauf-,
In Hühner- und in Sperlingsvögel
Nach Linnés überholter Regel.

Der Vögel König, wie Ihr wißt,
Der *Adler* (weil rein aarisch) ist.
Seit Uranfang der Menschheit preisen
Das edle Tier die Dichter, Weisen.
Dem Zeus wie auch dem Wotan war
Geweiht der sonnenäugige Aar.
Einst ging die römische Legion
Und späterhin Napoleon
Und andre unter diesem Zeichen
Bekanntlich glorreich – über Leichen.
Begehrt ist viel in Preußen worden
Der rot und schwarze Adlerorden
Woraus man sieht des Aars Bestreben,
In höchsten Kreisen nur zu schweben.
Dem Heiligen Römischen Reich zur Zier
Ward er bestellt als Wappentier.
Nur noch aus der Historie schöpfen
Wir jenen Adler mit zwei Köpfen,
Von denen, welcher ist nicht klar,
Der eine wohl ein Dummkopf war.

Auch wer sonst gar nicht kriegerisch,
Bewundert, schon rein fliegerisch,
Des *Adlers* hohen Sinn, die Kraft,
Und nennt ihn kühn und sonnenhaft.
Kann dieser Ruhm zu Recht bestehn?
Wir wollen doch genauer sehn:
Der Aar, so sagen wir ganz kalt,
Ist Sinnbild nacktester Gewalt!
Wem fiel's nicht aus der Fabel ein:
»Denn ich bin groß und du bist klein!«?
Wir lassen deshalb auch die Tadler
Zu Worte kommen übern Adler.
So schreibt zum Beispiel ein Herr Hase,
Ein Greul sei ihm die Adlernase;

Ein Fräulein Lamm aus Oberbayern
Warnt vor ihm wie auch Lämmergeiern;
Es meint der Schutzverband der Tauben,
Man sollte Adler nicht erlauben.
Und selbst die Schlangen, klug und giftig,
Erklärn die Gründe nicht für triftig,
Den Aar zum Himmel zu erheben. –
Jedoch zeigt dieser Vorwurf eben,
Daß Neid ihn ausgesonnen, gelber:
Zum Himmel hebt der Aar sich selber!

Beim *Habicht-*, vielmehr Habnichts-Aar,
Wird es schon aus dem Namen klar
Ganz ohne irgend weitere Data,
Daß er als *Aquila fasciata*
Ein ausgesprochener Faschist
Und deshalb auszurotten ist.

Als Adler gilt uns allgemein
Der *Rauchfußadler* oder *Stein-;*
Der Königsadler oder *Kaiser-*
Ist ein die halbe Welt-Durchreiser.
Er lebt zumeist in Ebenen frei
Von Ungarn bis zur Mongolei.
Kampfadler sind in Lüften Sieger,
Sie sind so was wie Sturzkampfflieger.
Es duldet oft der Adel-Aar
Im weiten Kreis kein zweites Paar.
In Felsentrümmern, wild geborsten
Und düstern Forsten tut er horsten.

Die Beute frißt der wilde Aar –
Welch reiner Reim! – mit Haut und Haar.
Doch daß ihm's nicht den Bauch verknölle,
Spuckt wieder aus er das Gewölle.

Die *Weihen* sind im Lauf der Zeit
Wohl auch dem Untergang geweiht.
Doch trifft man vorderhand noch viel an
Den schwarzen und den roten *Milan*
Und wer sie kennt, der glaubt, sie seien
Zu zähln bloß zu den niedern Weihen.

Längst war zum Untergange reif
Der böse Vogel Helden-*Greif*,
Der mit dem Ruf: »Kavau, Kavau!«
Wild griff im Krieg nach Mann und Frau.

Der Adler nicht, wie mancher glaubt,
Der *Falk* ist das Familienhaupt.
Der *Gerfalk*, weiß mit schwarzen Bändern,
Wohnt durchwegs in den nordischen Ländern,
In Island, Grönland beispielsweise.
Der *Wanderfalk* geht auf die Reise,
Bis nach Westindien und ans Kap.
Leicht jagt man ihm die Beute ab.
Denn wessen Leidenschaft das Wandern,
Der läßt gern den Profit den andern.

Der Katafalk zählt nicht hierher;
Der kleine *Stoßfalk* um so mehr.
Er lebt mit seiner Frau als Pärchen,
Jagt Lerchen und sitzt gern auf Lärchen.
Es haust im hohen Felsenkalke
Der Mauer-Mäuse-*Rüttelfalke*.
Als *Turmfalk* lebt er auch in Türmen
Und nährt sich notfalls von Gewürmen.
Er zählt's zu seinen Vaterpflichten,
Die Jungen früh zu unterrichten:
Es will gelernt sein das Gerüttel!
Der edle *Jagdfalk* wird zum Büttel,

Ja, wird im Menschendienst ein Schuft:
Er holt den Reiher aus der Luft.
's könnt manches Dichters Leier reizen,
Zu singen viel von Reiherbeizen;
Doch rat ich, in dem Sinne meng er
Sich nicht mehr unter Minnesänger,
Die sangen ja genügend schon;
Viel steht auch im Decameron.
Es müssen, neben andern Gaben,
Novellen ihren Falken haben.

Von Falkenart, doch durchaus redlich,
Und deshalb nützlich mehr als schädlich,
Der *Bussard* ist, der, meist ein Paar,
Kreist über uns das ganze Jahr.
Jedoch ausschließlich für die Mäuse
Und Schlangen zieht das weitere Kreise.

Meint man von wem, recht gierig sei er
Und schmierig, sagt man: Wie ein *Geier!*
Sei wer der Hölle anempfohlen,
Heißt es: Den soll der Geier holen!
Kurzum, man weiß auch ohne Brehm,
Die Geier sind nicht angenehm.
In manchen Städten laufen frei
Sie rum als Schlachthof-Polizei
Und ihre scheußliche Natur
Befähigt sie zur Müllabfuhr.
Sie tuen das aus Eigennutz –
Nie hörten sie von Umweltschutz.
Bestattungen, sowohl in Masse,
Besorgen sie, wie erster Klasse,
Zu welchem Zweck man für sie eigens
In Indien baut den Turm des Schweigens.
Der Mensch ist da bedeutend besser,

Er ist kein wüster Leichenfresser.
Doch stürzt er, war der Tote reich,
Sich auf die Erbschaft, geiergleich.

Der *Lämmergeier* oder Bart-
Ist eine andre Geierart.
Im Atlas nachschaun sich nicht lohnt,
Weil er am Atlas selber wohnt.
In Östreich soll er auch noch horsten.
Sein Barthaar sind nur Stoppelborsten –
Falls jemand meint, sein Haupt umrahm's
Wild wie bei Nietzsche oder Brahms.

Gefährlicher für Kalb und Lamm
Ist freilich noch der wilde Kamm-,
Der, *Kondor* allgemein geheißen,
Leicht kenntlich an dem schwarz und weißen
Gefieder und den roten Lappen,
Die ihm an Hals und Kehle pappen.
Wenn auch sehr viele schon verschwanden,
Gibt's ihn doch oft noch in den Anden,
Wo er, beinah drei Meter breit,
Mit gellem Geierpfiffe schreit.
In seinen kühnen Flügen geht er
Empor bis siebentausend Meter
Und stürzt in wenigen Minuten
Herab sich – ohne Nasenbluten
Und irgend sonstige Beschwer –
In einem Schwunge bis zum Meer.

Den Stelzengeier, *Sekretär,*
Zeigt gerne jeder Tierpark her;
Der brave Spießer ohne weiteres
Erklärt, er hab was Komisch-Heitres –
Was freilich nur ein Menschenwahn;

Der Vogel selber denkt nicht dran.
Er lüpft nur manchmal seine Schwingen
Und träumt vom Götz von Berlichingen.

Den *Pleitegeier* sieht man fliegen
Besonders nach verlornen Kriegen.
Und was an Geiern sonst da haust
Und von dem Aase schmutzig schmaust,
Ist zoologisch schwer zu fassen –
Gut, sich darauf nicht einzulassen.

Die *Eule* ist (lateinisch *strix*)
Berühmt ob ihres scharfen Blicks –
Wobei ich flüchtig nur erwähne
Die eulenäugige Athene –
Sie kommt nur nachts aus dem Gehäuse
Und jagt auf Mäus und Fledermäuse.
Sie streicht von bairischen Bezirken
Hinunter weit bis zu den Türken.
Man sollt es deshalb sich versagen,
Nach Isar-Athen sie zu tragen.
Der Eule Weisheit ist nur Trug.
Sie scheint bloß durch ihr Schweigen klug.
Bei Mondlicht sitzt sie nachts herum –
Das hält man dann für Studium.
Die Eule frißt, was sie erwischt;
Sie raubt und mordet, jagt und fischt.
Nachts fliegt sie lautlos, meisterhaft:
Das wirkt natürlich geisterhaft,
Zumal ihr Auge grünlich glüht.
Verhärtet sehr ist ihr Gemüt:
Ist nicht schon der Gedanke gräuslich,
Daß Eulen, anstatt krankenhäuslich
Die siech Gewordnen einzuweisen,
Dieselben ungerührt verspeisen?

Bei Unterscheidung zweier Eulen
Gibt's *Uhus* sowie *Schleiereulen*.

Im Finstern mancher schlägt ein Kreuzchen,
Hört klagen er das arme *Käuzchen*.
Im mondgespenstigen Dämmerlicht
Schreit es vom Baume jämmerlich.
Das gilt als böses Zeichen nun,
Der Bauer nennt es Leichenhuhn,
Auch Totenvogel und so fort;
Doch ist daran kein wahres Wort.
Sitzt Aberglaube einmal fest,
Nur schwer er sich vertreiben läßt:
Betrug der Mensch sich erst gemein,
Sieht er sein Unrecht ungern ein,
Im Gegenteil, er kommt zum Schluß,
Daß, wen er haßt, auch schlecht sein muß;
Denn wärn – das Beispiel ist bekannt –
Nicht Hexen die, die er verbrannt,
Wär selbst er Mörder, schauerlich.
Drum läßt er, tief bedauerlich,
Noch heut die Wesen oft, die käuzigen,
Am Scheunentore grausam kreuzigen.

Der *Kauz* kommt *uns* nur komisch vor:
Er selbst hat keinerlei Humor.
Der Eulenspiegel umgekehrt,
Legt manchmal allzugroßen Wert
Auf sein spaß-vögliches Bestreben:
Es muß auch solche Käuze geben!

Der *Waldkauz,* oft bis meterbreit,
Verschläft die schönste Tageszeit,
Grölt nachts betrunken: »Juhuhu!«
Am besten hört man ihm nicht zu.

Der *Uhu*, Schuhu oder Auf,
Auch Bubo-Bubo, nimmt in Kauf,
Daß man für dumm ihn hält, verstockt,
Wenn er dafür gemütlich hockt
In hohlen Bäumen, Burgentrümmern;
Doch statt sich nicht um ihn zu kümmern,
Die Vögel sich zusammenrotten,
Um ihn zu ärgern und verspotten,
Am Tag, wo sie die Stärkern sind,
Weil da der Uhu beinah blind.
Doch nachts, wo seine Sterne strahlen,
Gedenkt er's ihnen heimzuzahlen.

Mit Uhus, die die Vögel reizen,
Den Vogel-Herd die Menschen heizen,
Dran sich manch loser Vogel brennt,
Weil Rachsucht keine Vorsicht kennt.
Der Uhu, wenn er auch gefräßig,
Ist doch im Trinken ziemlich mäßig.
Der »b'suffne Uhu« ist daher
Vertretbar wissenschaftlich schwer.

»Will Vogelfang dir nicht geraten,
So magst du deinen Schuhu braten!«
Den Vers, der weiter nicht vonnöten,
Setz ich hierher, weil er von Goethen.
Die *Sumpf-, Brand-, Bruch-, Rohr-, Moor-* und *Ohr-*
Eul kommt in aller Welt fast vor.
Doch jetzt meist nur noch ausgestopft;
Sie ist am Ohre schön geschopft.

Raubvögel wir geschildert haben,
Nun kommen wir auch zu den *Raben;*
Die Edelraben oder *Kolk-*
Warn einst bekannt im deutschen Volk,

Als man noch unter jedem Galgen
Sie um die Leichen sah sich balgen.
Sie werden zahm zwar, lernen sprechen,
Groß bleibt ihr Hang doch zum Verbrechen.
Der *Rabe,* schwarz an Leib und Seele,
Sinnt ständig, wo, wie, was er stehle.
Er plündert jedes Vogelnest,
Holt, was nicht niet- und nagelfest.
Der Rabe »Grab, Grab, Grab!« nur schreit;
Er ist auch immer schwarz gekleidet.
Obwohl er also wenig nutzt,
Sogar das eigne Nest beschmutzt,
Als Vagabund die Welt durchstreunt,
Gilt er als Weiser und als Freund.
Teils weisheits- und teils niederträchtig
Ist er geheimer Künste mächtig.
Ihn machen seine Sehergaben
Zum ausgesprochnen Unglücksraben,
Woraus man wieder deutlich sieht,
Daß nichts als Unheil ja geschieht
Und daß am richtigsten prophezeit,
Wer häßlich wie ein Rabe schreit,
Die Raben, sonst oft Missetäter,
Sind sie doch keine Rabenväter.
Im Gegenteil, für ihre Brut
Die Rabeneltern sorgen gut.
Ernst Penzoldt sah sie, brav zu zweit,
Ein Bild der »Rabentraulichkeit«.

Oft meint man, einen richtigen Raben
Unzweifelbar vor sich zu haben,
Und sieht dann doch, aus größrer Nähe,
Daß es nur eine *Raben-Krähe.*
Die Schwierigkeit wächst ganz erheblich
Im Herbst besonders, wenn es neblich,

Ob's nicht – es ähneln sich die zwei –
Gar eine *Nebelkrähe* sei.
Es bleibt zu jeder Schandtat fähig
Sich ziemlich alles gleich was krähig:
Doch keine hackt beim Leichenschmaus
Der andern je ein Auge aus.
Daß alles mehr noch sich verwirrt,
Erwähnt noch eine dritte wird:
Die *Ackerkrähe* oder *Saat*-
Leibeigen einst im Preußenstaat,
Besonders häufig in ganz Pommern,
Lebt dorten auch in schönen Sommern,
Indes sie sich im Winter wärmt
In Bayern, wo sie furchtbar lärmt,
Nichts tut, zudringlich alles frißt
Und schwer nur zu vertreiben ist.
Wir selber sahn sie oft genug,
Gewürme hackend, hinterm Pflug.
Die Krähe oft auf Eier trifft,
Auf denen klar steht: »Vorsicht, Gift!«
Sie stirbt, weil sie nicht lesen kann:
Man sieht, an Bildung ist was dran!

In ganz Europa jeder kennt,
Was man in Bayern »Dacheln« nennt –
Nicht »Dackeln«! –, nämlich unsre *Dohlen*.
Wird irgendwo ein Ring gestohlen,
So ist's, was wir mit Rührung lesen,
Die Dohle ganz gewiß gewesen, –
Auf die man erst Verdacht geschöpft,
Wenn man den Falschen schon geköpft.
Hoch im Gebirg, vom Sturm umbraust,
Das zähe Volk der Dohlen haust,
Nährt sich von allerlei Gewächsen,
Von abgestürzten Gipfelfechsen,

Von toten Hirschen, Hasen, Füchsen
Und Resten aus Konservenbüchsen.
»Solln dich die Dohlen nicht umschrein,
Mußt Knopf nicht auf dem Kirchturm sein.«

Zum Raben so was wie ein Schwäher
Ist Garrulus, der *Eichelhäher*.
Kaum sind die Kirschen recht im Fleisch,
Naht er mit häßlichem Gekreisch,
Um uns bereits am frühen Morgen
Die Müh des Erntens zu besorgen.
Doch hat gedichtet Hermann Löns
Uns von Herrn Markwart sehr viel Schöns
Und jeder, der in Wald und Heide
Ein Federlein aus seinem Kleide,
Ein weiß-blau-bairisches, gefunden,
Steckt's auf den Hut, zu Dank verbunden.

Wir brauchen noch ein kleines Platzel
Hier für die *Elster* oder Atzel.
Früh sitzt sie schon im höchsten Ast.
Der Morgenstern ist ihr verhaßt,
Weil er in Versen, schlau gedrechselt,
Sie mit dem Elster-Fluß verwechselt,
Und so, was unsern Vogel giftet,
Verwirrung grenzenlos gestiftet.
Als Dienstmagd brächte kaum Gewinn
Die diebisch-dreiste Schwätzerin.
Ihr Ruf ist rauh und ein Gekecker,
Doch sind verschieden die Geschmäcker:
So ist zum Beispiel hoch im Norden
Ein heiliger Vogel sie geworden.
Halb schwarz, halb weiß und langgeschwänzt,
Bleibt sie auf engsten Raum begrenzt,
Zumal ihr Flug durchaus kein schnellster.
In Japan gibt sie's auch, die Elster.

Wir bringen, fraglich, ob mit Recht,
Die Klettrer jetzt; zuerst den *Specht.*
Er scheint, Australien ausgenommen,
In allen Ländern vorzukommen.
Gezwungen – und zwar mit dem Nacken
Und Schnabel! – täglich Holz zu hacken,
Ist er natürlich stark gebaut.
Es dröhnt vom frühen Morgen laut
Bis in das letzte Abenddämmern
Der Wald von seinem wilden Hämmern.

Der *Schwarzspecht* läßt sich nicht gern blicken
In unsern Fichtenholz-Fabriken.
Er tut im Urwald, urgemütlich,
Im Urlaub sich als Urviech gütlich.
Der Schwarzspecht sieht die Zukunft schwarz:
Dahin gehn Schwarzwald, Spessart, Harz.
Der *Buntspecht* ist so schön, als sei
Er unser deutscher Papagei.
Der *Grauspecht* sucht im Buchenwald
Und Obsthain seinen Aufenthalt.

Der *Grünspecht,* schweifend weit und breit,
Grünt auch im Winter, wenn es schneit.
Er soll auch gern im Grase speisen;
Sinnbild ist er des Naseweisen.
Er hilft bei Gelbsucht, selbst verstockter,
Lest es nur nach im Wunderdoktor!
Die Spechte sind dem Volk die Hüter
Des Walds und seiner heiligen Güter. –
Vom Specht gehn die geheimen Spuren
Bis zu dem Lächeln der Auguren.
Wenn man dem Specht die Tür verkeilt,
Holt er die Springwurz unverweilt;
Die kann man rauben ihm mit List,

Wenn er beim Aufsperrn grade ist.
Der Specht – von Spähen oder Spechten –
Schaut stets im Walde nach dem Rechten.

Jedoch der *Wendehals (Iynx)*,
Schaut, wie man annimmt, mehr nach links.
Er wohnt im Sommer gern bei uns,
Belacht ob seines närrischen Tuns:
Wie er – und gar, wenn man ihn reizt! –
Das Aug verdreht, die Federn spreizt,
Kurz, sich benimmt wie ein Hanswurst.
Dem Zeus, der voller Liebesdurst,
Hat Iynx, Tochter Pans, zur Nacht
Die Tür zur Io aufgemacht.
Jedoch Frau Hera kam dazu,
Verzauberte in eine Kuh
Die Io. – Iynx ebenfalls
In den besagten Wendehals.
Drum heißt's, bei jeder Kuppelei
Sei dieser Vogel gleich dabei.

Im Süden, wo schön Wetter Regel,
Gibt's wunderbare Klettervögel,
Die wir in Deutschland gar nicht kennen.
Sie auch mit Namen nur zu nennen
Gebricht's an Raum – das ist der Haken.
So seien nur erwähnt die *Raken*.
Die *Blaurak* sehr mit Farben prahlt,
Drum hat auch Dürer sie gemalt.
Ich kann die Leute nicht verputzen,
Die stets nur sehn auf platten Nutzen:
Gewiß ist nützlicher die Muh-Kuh,
Doch schöner ist der *Pracht-Suruku*
Und was sonst wohnhaft in den Ländern
Der Inkas, einst zu Prunkgewändern

Gebraucht der Kaiser und der Könige.
Jetzt, in Museen, gibt's nur noch wenige.
In Paraguay, im wilden Urwald,
Kommt man dem *Tukan* auf die Spur bald,
Mit Farben voller Glanz und Feuer
Und einem Schnabel, ungeheuer.
Doch ist derselbe mehr Attrappe,
Gewissermaßen nur von Pappe.
Dem nicht gar großen Vogel wär
Der Riesenschnabel sonst zu schwer.
In München, was nicht jeder weiß,
Gibt's einen eignen *Tukankreis:*
Der deutsche Dichterwald zur Not
Dem Pfefferfresser Heimat bot.

Dies wäre auch noch mitzuteilen:
Der Indio schießt auf ihn mit Pfeilen,
Die nur ganz schwach getränkt in Gift.
Er ist nicht tot, wenn man ihn trifft.
Der Weiterflug wird ihm erlaubt,
Wenn man der Federn ihn beraubt
Am Schwanze, der besonders schönen;
So kann der Tukan sich gewöhnen,
Daß es ihn gar nicht mehr verdrießt,
Wenn man ihn ab und zu beschießt.

Noch weitaus wuchtiger, rein nasisch –
Doch afrikanisch oder asisch –,
Ist, ohne jegliches Gemogel,
Der Hornrab oder *Nashornvogel.*
Das Weibchen wird, was man bedauert,
Mit Lehm vom Männchen eingemauert,
Gefüttert nur durch einen Spalt.
Auf solche Weise – mit Gewalt! –
Erhält der Ehemann es keusch.
Er fliegt mit sausendem Geräusch.

Wir möchten gerne dienen besser
Mit Nachricht über *Bienenfresser;*
Auch würden unsrer Chronik taugen
Die Vögel, die gern Honig saugen.
Doch ging's zu weit, wenn all die Diebe
Voll Liebe lange man beschriebe.
Man sagt, der Wahrheit nicht gemäß,
Daß einer wie ein Vogerl äß!
Ganz falsch! Es dient der kleine *Eis-,*
Auch Martinsvogel, zum Beweis:
Äß, was der frißt, ein Mensch nur halb,
Verzehrte täglich er ein Kalb.
Wir sahn als Kinder ihn noch flitzen,
Gleich bunten Edelsteinen blitzen,
Im tiefen Winter oft am Bach.
Doch wird er seltner allgemach:
Bis wir ihn zeigen unserm Sohn,
Lebt er nur mehr im Lexikon.
Vorbei, wie man auch drüber klage,
Sind längst die halkyonischen Tage!

Wie schön, wenn es auf Erden mait
Und hell im Wald der *Kuckuck* schreit!
Gern brächt das hergehörige
Gedichtlein ich von Mörike,
Der sich von einem Kind im Traum
Ließ zeigen hoch im Eichenbaum
Den Kuckuck so wie ungekränkt
Von Wirklichkeit es ihn sich denkt,
Nicht, wie die Wissenschaft genau:
Nur unscheinbar und klein und grau.
Den ganzen Tag, damit Du's weißt,
Sagt Dir der Kuckuck, wie er heißt.
Kein Mensch den Kuckuck je vergißt:
Der weiß, was Propaganda ist!

Bald schweigt er lang, bald ruft er fleißig
Sein »Kuckuck« zwanzigmal und dreißig.
Und jedem, gar beim ersten Mal,
Bedeutet viel der Rufe Zahl:
Wie lang er lebt auf dieser Welt,
Ob er zu Glück kommt, Ehr und Geld,
Ob er und wann er sich vermählt –
Und jeder eifrig lauscht und zählt.

Die Kuckucksfrau, bei ihrem Wandern
Von einem Ehebruch zum andern,
Kann sich um Kinderzucht nicht kümmern
Und sucht drum stets nach einem Dümmern;
Kommt heimlich nieder mit dem Ei
Und trägt's im Schnabel flugs herbei,
Ins Nest von Piepern oder Stelzen,
Die Sorge auf sie abzuwälzen.
Der Kuckucksohn dem Elternpaar
Schmeißt aus dem Nest die Kinderschar,
Die nackten, hilflosen Gewächse –
Und frißt dann selber gleich für sechse.
Schier bringt's die Pflegeeltern um –
Doch er schert sich den Kuckuck drum. –

Meist kommt der Kuckuck im April.
Im Sommer schreit er nicht mehr viel.
Wo man zuletzt ihn hört und wann,
Kein Mensch so richtig sagen kann.
Drum hält man für unsterblich ihn,
Denn niemand weiß: Wo flog er hin?

Ein nicht so freudevoll Begrüßter
Ist, auch bekannt als Kuckucksküster,
Der *Wiedehopf*, der Upapa,
Den mancher Mensch noch niemals sah.

Fast taubengroß, trägt auf dem Kopf
Er einen schönen Federnschopf,
Lebt in Familien und allein,
Stellt gern sich auf den Weiden ein,
Wo er aus den bekannten Fladen
Die Würmer rauszieht und die Maden.
Aus Schmutzigkeit und auch aus List
Baut er sein Nest von Schweinemist.
Kommt dann der böse Feind hinein,
Tappt er in den Gestank hinein.
In andern Quellen las ich kürzlich,
Daß er auch selber stinke, bürzlich.

Der Vögel Zahl ist riesengroß –
Mitunter wird man hoffnungslos,
Daß je man fertig würd mit allen:
Da sind die *Water* etwa, *Rallen*.
Mit ihrer langen Beine Hilfe,
Spazieren mühlos sie im Schilfe,
Im Wasser auch, sofern es seicht.
Damit ihr Kopf zum Boden reicht,
Besitzen sie nun ebenfalls
Den dementsprechend langen Hals.
Mit einem Wort, sie sind geschaffen
Ganz nach dem Vorbild der Giraffen.

Von fremden Vögeln zähl dazu
Ich den bekannten *Marabu*.
Sehr groß, beinahe ungetümt,
Ob seiner Würde hochberühmt
Heißt er ja wohl auch *Adjudant*.
Er weiß, zwar nicht wie der, gewandt,
Doch immerhin bei heiklen Sachen:
»Allein die Ruhe kann es machen!«
Zu kümmern sich um jeden Dreck,

Ist jedes Adjutanten Zweck;
Ja, selbst mit Geiern sich zu raufen.
Am Nil, bei Mist- und Abfallhaufen,
Treibt sich der Marabu herum,
Im Zoo liebt ihn das Publikum,
Weil der bewußte »kleine Mann«
Sich über ihn was denken kann.
Wüßt er, was sich der Vogel denkt,
Wär höchstwahrscheinlich er gekränkt.
Doch weil er längst schon weiß, wie minder
Und dumm im Grund die Menschenkinder,
So drückt der weise Marabu
Ein Auge – häufig beide – zu.
Dort sieht man auch *Flamingos* stehn
Die rosig in die Zukunft sehn,
Trotz der so schauderhaften Zeiten;
Und, wie bei Rilke lesbar, schreiten
Sie einzeln ins Imaginäre –
Was aber doch wohl schwierig wäre
In Afrika, wo zu Millionen
Sie dicht gedrängt die Seen bewohnen.

Der *Storch* – wie könnt es anders sein,
Stellt sich bei so viel Vögeln ein.
Er darf schon fast als Haustier gelten;
Als Hausfreund kommt er gar nicht selten.
Er mißt im Stehen wie im Gehn
Durchschnittlich einen Meter zehn,
Der Storch, und schlüge man ihn tot,
Schwört auf die Farben: Schwarz-weiß-rot,
Woraus ein jeder leicht ermißt,
Daß er ein deutscher Vogel ist.
Einst war in Deutschland nicht so rar
Wie heutzutag Freund *Adebar*,
Von dem selbst der Erwachsne dachte:

Er wär es, der die Kinder brachte.
Was für ein fröhliches Gehorch,
Wenn's hieß im Lenz: »Der erste Storch!«
Allmählich kam man doch dahinter:
Wer bringt die Kinder denn im Winter,
Wo breit und weit kein Storchenpärchen?
Man munkelte, es sei ein Märchen
Und es hat nicht mehr lang gewährt,
Da war man schrecklich aufgeklärt,
Und jeder Knirps weiß, was das heißt,
Daß er ins Bein die Mutter beißt.
Nun, die Bemerkung sei erlaubt:
Ich hab noch an den Storch geglaubt!
Und nicht gewußt, schon längst beweibt,
Daß man mit Pillen ihn vertreibt.
Vom Klapperstorch was zu erzählen,
Müßt man sich heutzutag schon quälen,
Wo doch – gar in der großen Stadt –
Kein Kind den Storch gesehen hat!

Wie spannte herrlich er die Fächer
Der Schwingen über graue Dächer,
Wie prächtig war das Storchennest
Im Schornstein, Kirchturm, Baumgeäst,
Wie gern sahn wir den stillen Schreiter
Im Sumpfe, würdevoll und heiter,
Und jeder hatt' den Wunsch, den frommen,
Sein Storchenpaar sollt wiederkommen!
Vorbei – es läßt sich nicht bestreiten –
Die Störche und die guten Zeiten!

Der Storch hält seine Ehe heilig.
Empfänd sein Weibchen gegenteilig,
Ertappte er's beim Ehebrechen,
Würd er es durch und durch erstechen.

Der Storch, der selbst nicht singen kann,
Meint deshalb, viel sei nicht daran.
Er klappert laut und plappert klug.
Jedoch vom Storche jetzt genug.

Es kommt der *Reiher* an die Reih:
Laßt sehn, was das für einer sei.
Der *Silberreiher* trägt, der edel,
Drei Federn – doch nicht auf dem Schädel!
So wie die Gams der Gamsbart, schmücken
Sie vielmehr dieses Vogels Rücken.
Als Siedler zwar und Kolonist
Er unbeliebt wie wenige ist,
Weil er nicht nur sein Nest beschmutzt,
Nein, alles rings mit Kalk verputzt.

Wie wunderbar ist so ein Reiher,
Wenn überm Fluß die Nebelschleier
Im ersten Sonnenstrahl verrauchen
Und die gewaltigen Vögel tauchen
Mit ihrem ruhigen Flügelschlag
Grausilbern in den bunten Tag!
Wenn er sich nicht bewegen will,
Steht wie ein Stock der Reiher still,
Ein Anblick, den wir gern genießen –
Bis auf die Jäger, die gleich schießen.

Von seinem Federschmuck gereizt,
Hat man den Reiher einst gebeizt;
Das nähere siehe unter Falken.
Die Menschen ließen, diese Schalken,
Den armen Reiher nach dem Rupfen –
Zur nächsten Jagd bloß! – wieder hupfen.

Der *Kranich* ist oft sehr gespäßig,
Jedoch als Bote zuverlässig;
Er hat den Gruß – wie Schiller dichtet –
Des Ibykus wohl ausgerichtet.
Er heißt lateinisch auch *Grus grus*,
Geht teils zu Flügel, teils zu Fuß.
Drum alle Dichter-Mörder mahn ich,
Daß sie sich hüten vor dem Kranich.

Wir hörten, wie die *Trappen* laufen.
Attrappen gab's, statt was zu kaufen. –
Was man, beim Warenüberfluß,
Den Jüngern eigens sagen muß.

Sehr häufig wird in Wörishofen
Der *Wassertreter* angetroffen.

Von all den Vögeln zu erzählen,
Was sie als ihre Heimat wählen,
Wohin sie ziehn, im Herbst, im Lenze,
Hat, selbstverständlich, seine Grenze.
Bald sind sie wo von Fall zu Fall,
Bald überhaupt fast überall.

's scheint, daß der *Ibis* sich, der heilige,
An diesem Wandern nicht beteilige.
Ausschließlich hält er sich am Nil.
Die Alten wußten von ihm viel;
Jedoch ist's längst den Neuen klar,
Daß es in keinster Weise wahr.
Fast durchwegs macht sich unbeliebt
Der *Kiebitz*, wenn er Lehren gibt.
Er ist ein aufgeregter Schreier;
Doch herrlich schmecken seine Eier.

Rohrdommeln tummeln sich im Röhricht.
Sie sind zwar nicht gerade töricht,
Ja, eher listig, wenn auch plump.
Man heißt sie Mooskuh auch und Pump.
Die Dommel steht, wo man's nicht denkt,
Die Glieder wunderlich verrenkt,
Krächzt, gurgelt, trommelt bei der Paarung
(Ich weiß es selber aus Erfahrung),
Ist meist von gelb-braun-roter Schwärze
Und kommt zu uns bereits im Märze.

Die wackern Jäger rüsten sich,
Wenn's Frühling wird, zum *Schnepfen*strich.
Denn: »Oculi, da kommen sie«,
Doch »Quasimodogeniti
Halt, Jäger, halt! Da brüten sie!«
Vom Herbst ab sucht die Schnepf ihr Futter
In Indien, bis in die Kalkutter-
Und andre Gegenden, ganz fern;
Auch Afrika besucht sie gern.
Bei uns trifft man am Tag sie schwer,
Beim Dämmern erst streicht sie umher.
Die *Schnepfe,* feld-wald-wiesenländlich,
Ist unterschieden, selbstverständlich,
Von jener, die auf dünnen Strümpfen
Herumstreicht in den Großstadtsümpfen,
Meist seelisch wüst, doch schön behintert,
Und die dortselbst auch überwintert.
Die Großstadtschnepfe ist viel träger:
Leicht ist die Jagd für Schürzenjäger.
Und trotzdem sei sie nicht empfohlen:
Leicht kann man sich den Schnupfen holen.
Die Schnepfe brät man fein im Speck;
Am besten schmeckt der Schnepfendreck.

Die *Rallen* haben rote Schnäbel,
Gekrümmt oft wie ein Türkensäbel.
Tausch-Narren gab's jetzt allgemein;
Tau-Schnarren dürften seltner sein.
Als »Schwarzen Kaspar« kennt man sie
Aus mancher Freischütz-Melodie.
Die Wiesenralle, Knarrer, *Schnärz*
Kommt erst im Mai anstatt im März.
Als Wachtelkönig, als *crex-crex,*
Hat sie viel Namen, beinah sechs.
Ihr Nest macht sie im grünen Gras,
Als wäre sie der Osterhas.
Die Kinderliebe läßt zu fest
Sie manchmal sitzen auf dem Nest:
Den Bauern merkt sie erst zu spät,
Drum wird sie oft mit abgemäht.

Nur kurz, mit einem flüchtigen Streifer,
Erwähnen wir den *Regenpfeifer.*
Er ist befreundet mit Bengt Berg,
Der ihn beschrieb in seinem Werk.
Flußregenpfeifer, kleinre Vettern,
Laut flöten, kurz vor Donnerwettern.
Verliebte jodeln, schnakeln, krähen,
Wobei sie wild die Federn blähen.

Es liebt das *Wasserhuhn,* die Blässe,
Was selten ist beim Huhn, die Nässe –
Der Wasserhahn zählt nicht hierher –
Und gilt drum schon als *Schwimmer* mehr.
Der Seen Bewohner wie des Moores
Sind die, lateinisch: *Natatores.*

Wir fangen füglich mit dem *Schwan*
Als größt- und schönstem Schwimmer an.

Wir kennen ihn aus manchem Märchen,
Fürs Leben treu ist sich ein Pärchen,
Bis ihre Ehe zäh wie Leder,
Denn eine Leda kriegt nicht jeder.
Seit der Antike ist's vorbei
Mit dieser Art von Schwanerei.

Weil ich ein Feind vom Rohen bin,
Halt ich mich mehr an Lohengrin,
Der seine Ehre, blütenweiß,
So ritterlich zu hüten weiß.
Es hat des Schwanes Tugend viel
Gegolten einst dem Jugendstil,
Der ihn verschlungen, linienwogisch
Ornamental-ornithologisch.

Weiß wie ein leerer Fragebogen,
Anmutig kommt der Schwan gezogen.
Jedoch – wir sagen's im Vertrauen –
Er gleicht da sehr den schönen Frauen,
Die Herrschsucht, Bosheit, tausend Tücken
Mit Liebreiz schweigend überbrücken,
Sofern wir sie nicht grad erwischen,
Daß – wie der Schwan! – sie giftig zischen
Und ihren Hals, den süßen, weißen,
Huldvoll erheben – um zu beißen.

Der Schwan ist, kurz gesagt, ein Luder!
Der Fuß dient ihm fast nur als Ruder,
Er kann darauf kaum stehn und gehn. –
Und läßt ihn besser gar nicht sehn.
Auch Frauen würden oft nicht siegen,
Wenn sie die Beine nicht verschwiegen.
Der *Höckerschwan* ist erstens stumm
Und, zweitens schön zwar, aber dumm.

Sein Ei man für das größte hält
Der abendländischen Vogelwelt.

Dem *Singschwan, cygnus musicus,*
Schwant's manchmal, daß er sterben muß.
Dann läßt er vorher, süß und lang,
Ertönen seinen Schwanensang:
Bekannt ist jener der Romantik;
Die Welt von heute ist so grantig,
Daß sie dahinstirbt, ganz gesanglos –
Was bei dem Lärm ja auch belanglos.

Die Freude jedes Untertans
Wär eine gut gebratne *Gans* –
Denn sie ist da, um sie zu braten,
Nicht aber, um sie heizuraten! –

Die *Wildgans* fliegt mit hartem Schrei
In grauer Herbstnacht grau vorbei,
Wie Storm geschildert hat genau:
Gans, Strand, Meer, Stadt, Nacht – alles grau.
Die Gans, mit einigem Verstand,
Möcht deshalb auch nach Süddeutschland,
Wo alles wärmer ist und bunter;
Sie fliegt bis Afrika hinunter.
Ausdauernd, obzwar ohne Eil.
Die Gänse bilden einen Keil;
An dessen Spitze, gans für sich,
Fliegt ein gewaltiger Gänserich.

Die *Zwerggans,* die natürlich klein,
Stellt gerne sich auf Märkten ein.
Hingegen ist die *Schneegans* groß,
Meist trifft man sie als Schimpfwort bloß.
Sie lebt – wer weiß, warum, bei Frauen –

In bittrer Feindschaft mit der grauen.
Sobald sie eine nur erschaut,
Kriegt sie schon eine Gänsehaut.

Damit die Gans nicht immer flüchtet,
Hat man als *Hausgans* sie gezüchtet;
Denn wer daheim bleibt, der wird fetter.
Früh schrieb die Gans mit goldner Letter
Sich ein ins Buch der Weltgeschichte:
Den Anschlag machte sie zunichte
Der Gallier auf das Kapitol.
Auch sonst, fürs allgemeine Wohl
Tut ja die Gans unendlich viel:
Noch Goethe schrieb mit Gänsekiel.
Die Werke dieses großen Manns
Sind drum kaum denkbar ohne Gans,
Und werden als Zitate jetzt
In »Gänsefüßchen« noch gesetzt.
Wie übel ständ's um unsre Betten,
Wenn wir darin nur Wanzen hätten!
Doch so, im weichen Gänseflaum,
Umgaukelt uns manch holder Traum.
In Polen, überhaupt im Osten,
Hielt man die Gans fast ohne Kosten.
Die Gänse gehn im Gänsemarsch.
Sie schmecken gut, von Kopf bis –.
Doch bei den hohen Preisen muß
Man sich verkneifen den Genuß.
Einmal im Jahr man vielleicht kann's
Sich leisten als Kirchweihnachtsgans.

Die *Ente* fliegt und schwimmt vorzüglich.
Im Wasser findet sie's vergnüglich
Als ihrem eignen Elemente.
Leicht würd sie eine kalte Ente,

Zög sie sich nicht, bei Schnee und Eis,
Das Fett aus ihrem eignen Steiß,
Um sich zu salben das Gefieder
Und so zu wärmen ihre Glieder.
Die Ente selbst ist recht bescheiden
Doch prunkvoll sich die Erpel kleiden,
Wie in der Tierwelt überhaupt
Den Luxus sich der Mann erlaubt,
Durch billige Mittel zu gefallen.
Der Enterich erglänzt metallen
Mit grünem Kopf und weißem Kragen,
Weißblauem Spiegel, kaum zu sagen,
In wie viel Tönen, grau wie Rauch
Und braun, er spielt auf Brust und Bauch.
Rund sechzig Zentimeter groß
Erscheint die *Wild-*, *Stock-* oder *Stoß-*,
Auch *Blumen-Ente* früh im Jahr,
Manchmal schon Mitte Februar.
Und wird sie hier nicht totgeschossen,
Fliegt sie im Winter unverdrossen
Ins Land der Palmen und der Pinien,
Zum Beispiel bis nach Abessinien.

Die *Zeitungsente* beispielsweise
Ist leider täglich unsre Speise.
Uns geht nur eine wirklich nah:
Die *Haus- (Anas domestica)*.
Man hält im Frein sie und in Ställen
Und füttert sie mit Hausabfällen,
Die sie, geheimnisvoller Art,
In Fleisch verwandelt, feist und zart.

Kein Ende säh ich dieses Buchs,
Wollt ich die *Löffel-*, *Spatel-*, *Fuchs-*
Beschreiben, groß und kleine *Krik-*,

Wir werfen nur noch einen Blick
Auf *Mandarinen-* oder *Braut-*,
Die man im Zoo als schönste schaut.
Die kleine *Krik*, die *anas crecca*,
Wallfahrtet häufig bis nach Mekka.
An Zeit und Raum gebricht's uns leider;
Nur kurz noch etwas von der Eider-!

Die *Eiderente* oder -Gans
Bewohnt das Reich des Ozeans,
Wo sie, was sie zum Leben braucht,
Sich oft aus großen Tiefen taucht.
Auf Island nistet sie und Sylt.
Ihr Daunenschmuck die Betten füllt.
Die weichsten Federn hat sie ja,
Drum heißt sie auch *molissima*.

Der *Möwe* Leibspeis ist der Fisch.
Sie hat ihn alle Tage frisch,
Weil sie, was man als Vorteil sieht,
Ihn zwischenhandelslos bezieht.
Die Möwen sind sehr spitz geflügelt;
Schon Morgenstern hat witzgeklügelt,
Sie sähn, in ihrem weißen Flaus,
Als ob sie Emma hießen, aus.
Doch uns, ob mit, ob ohne Emma,
Ergreift viel ernster das Dilemma,
Herauszubringen, was zur Frist
Für eine Möwe fällig ist.

Wenn beispielsweis im März in Bayern
Die Luft erfüllt ist von den Schreiern,
So sind das keineswegs die gleichen,
Die im August vorüberstreichen.
Zwar in der Zeitung steht's alljährlich,

Doch macht man's Laien schwer erklärlich,
Nach welchem Grundsatz diese Tiere
Beständig wechseln die Quartiere.

In München lebte lang am Wasser
Im fünften Stockwerk der Verfasser,
Und fütterte den Möwenbraus
Mit Brot und Wurst vom Fenster aus. –
Es brauchte nur des kleinen Winks:
Schon kamen sie – und stets von links! –
Mit gierigem Schrei und wildem Hadern
Herbei in blitzenden Geschwadern.
Was für ein Strudeln, Trudeln, Hudeln,
Wenn mit Gekreisch auf Fleisch und Nudeln
Sie stürzten sich in Rudeln, heiß,
Sich sträubten, stäubten, federweiß.
Wie ihre Schwingen leise pfiffen –
Aus Lüften, ja, aus Händen griffen
Sie ihre Beute mit dem Schnabel
Und in erstaunlicher Parabel
Verfolgten sie noch, schraubenschief,
Entfallnes in die Straßen, tief.

Doch sieh: wer kennt des Tieres Seele?
Ganz jäh, wie auf Geheimbefehle,
Ziehn sie davon – der beste Brocken
Kann sie auf einmal nicht mehr locken:
Nicht eine kommt, ihn zu verspeisen –
Hoch in den Lüften alle kreisen.

Daß wir am Meer und in den Häfen
Die *Möwe* massenweise träfen,
Ist zu erwarten; doch sie hat
Jetzt neuerdings den Hang zur Stadt!
Um ihre Laufbahn wird uns weh:

War es als Taube denn zur See
Nicht schöner einst bei der Marine –
Als daß es so verlockend schiene,
Im Großstadtqualm, ein wüster Schreier,
Herumzuziehn als Abfall-Geier?

Erzähl den Möwen nicht, Du seist
Ein Globetrotter, weitgereist:
Die *Wintermöwe* lacht Dich aus,
Sie ist China so zu Haus
Wie in Sorrent und Afrika.
Wohin Du kommst – sie war schon da.
Lachmöwen tun sich heute schwer,
Sie haben nichts zu lachen mehr.

Sturmvögel, Procellariiden,
Gibt's auf Färöern und Hebriden;
Meist leben sie auf hoher See,
Ihr Anblick tut den Schiffern weh:
Sie zählen sich schon zu den Toten,
Erscheinen diese Unglücksboten.
Greift man dem Eissturm-Vogel an,
So spuckt er unverzüglich Tran.
Der Laie kennt von allen bloß
Den schwarzbeschwingten *Albatros*.
Sonst aber ist er weiß wie Schnee.
Vom Südpol bis zur Beringsee
Frißt er, was auf den Wellen treibt
Und was von Schiffen übrig bleibt,
Die er, der weit durchs Weltmeer strolcht,
Oft vierzehn Tage lang verfolcht.
Sein Fleisch ist ungenießbar, ranzig.
Mit bis vier Meter fünfundzwanzig
Hat er, ich hoffe, daß Ihr's glaubt,
Die längsten Flügel überhaupt.

Wolltst Du von ihm noch wissen mehr,
Lies das Gedicht von Baudelaire.
Das Wasser heißt's, hat keine Balken.
Doch wenig kümmert das den *Alken,*
Der fröhlich ulkt und schwimmt und taucht,
So gut, daß Balken er nicht braucht,
Er fühlt, ganz ohne Alk-ohol,
Sich nur bei klarem Wasser wohl.
Die Flügel sind noch Stummeln bloß.
Der Riesenalk war metergroß.
Doch seines Daseins Spur verliert sich
Schon achtzehnhundertvierundvierzig.
Heut zahlt man für ein Riesen-Alk-Ei
Bedeutend mehr als für ein Kalkei.
Die Alken leben auf den Schären,
Wo sie noch heut in Massen wären,
Hätt man die Vögel, fett wie Walzen,
Erschlagen nicht und eingesalzen.
Zwar hat man das auf den Lofoten,
Doch jetzt erst, wo's zu spät, verboten.
Zum Alken zählt man auch die dumme,
Höchst wunderliche *Trottel-Lumme*
Sowie die kleinre, doch sehr feiste,
Im Tauchen äußerst tüchtige *Teiste.*
Die Teiste legt der Eier zwei.
Stiehlt man die, legt sie noch ein Ei.
Die Lummen, die ein Ei nur legen,
Sind nicht zu weiteren zu bewegen.

Als dritter lebt im Bund der *Lund*
Dort oben an so manchem Sund;
Zur Liebeszeit die ganze Blase
Trägt eine riesige Faschingsnase;
Legt er sie nachher wieder ab,
So meint ein Forscher leicht, er hab

Vor sich ein völlig andres Wesen;
Drum kann man viel in Büchern lesen
Vom Lund, was überhaupt nicht stimmt.
Vorzüglich taucht auch er und schwimmt.
Fratercula, das Brüderchen,
Hat feuerrote Rüderchen,
Und glaubt, noch arglos wie ein Kind,
Daß alle Menschen: Menschen sind,
So daß er freundlich sie begrüßt,
Was oft er mit dem Leben büßt.

Der *Tölpel* ist nur dumm an Land,
Doch in der Luft ist er gewandt,
Was man – vielleicht hier noch verstärkt –
An Fliegern häufig schon bemerkt.
Als schnellster Vogel überm Meer
Muß der *Fregattenvogel* her.

Der *Kormoran,* genannt auch Scharbe,
Ist meist von grünlich-schwarzer Farbe.
Man stellt ihn, wie den *Pelikan,*
Gemeiner Weis zum Fischen an:
Legt um den Hals ihm einen Ring,
Daß er die Beute, die er fing,
Statt daß er selber sie verschluckt,
Dem Meister vor die Füße spuckt.
Die Pelikane sind abscheulich,
Doch ihre Haltung ist erfreulich:
Die Mütter, wirklich herzensgute,
Nährn ihre Kind' mit eignem Blute,
Indem sie selber sich, wie Säbel,
Tief stoßen in die Brust die Schnäbel.

Der *Pinguin* wird mitunter müd wohl.
Dann sitzt er still auf seinem Südpol.

Denn ungestraft auf fettem Steiß
Hockt er sich stundenlang aufs Eis.
Kaum noch ein Vogel ist er, dicklich,
Zum Seehund mehr sich hin entwicklich.
Zum Glück sind diese braven Taucher
Nicht Zigaretten-Ketten-Raucher:
Die Langweil bringt sie manchmal um –
Tagaus, tagein stehn sie herum.
Was wohl dies Tier das ganze Jahr macht?
Man denke nur an die Polarnacht! –
Und doch ist der Pinguin der Beste:
Er wahrte sich die weiße Weste!

Der *Lappentaucher*, podiceps,
Frißt, wenn er's kriegt, gern Fisch und Krebs.
Doch meistens, hochgereckt den Bürzel,
Sucht er auch Schnecken und Gewürzel.
Der *Haubensteißfuß* oder Fluder
Benützt die Füße nur als Ruder.
An Land ist er ganz unbehilflich.
Sein Nest baut er ins Wasser, schilflich.

Eh' wir uns von den Schwimmern trennen
Gilt's den *Guano* noch zu nennen,
Den weltberühmten Edelmist,
Der durchwegs ihr Erzeugnis ist.
Die Folge eines Vogeldrecks
Ist nur ein ärgerlicher Klecks,
Doch Schmutz, mit Zins und Zinseszins,
Gibt hohe Berge des Gewinns.
Des Friedensstifters Ruhm genoß,
Wer Öl einst auf die Wogen goß.
Heut bringt's, als Untat, nur Verderben:
Das schauerliche Vogelsterben!

Hiermit, und hoffentlich für immer,
Verlassen wir die nassen Schwimmer,
Daß uns nicht auch die Schwimmhaut wächst.
Die *Hühner* folgen nun zunächst.
Wir fangen selbstverständlich an
Mit *Haushuhn* und mit *Gockelhahn*.
Bei Georg Britting heißen sie
Sehr gut: Glasäugiges Krallenvieh.
Natürlich waren einst die Hühner
In Freiheit wilder noch und kühner.
Sie lebten teils im tiefen Dschangel,
Teils zwergicht – nur aus Nahrungsmangel –
Im Hochland über tausend Meter
Und vom *Bankiva-Huhn* ward später
Das Haushuhn schlechthin abgeleitet,
Das jetzt in aller Welt verbreitet.

Vom Haushuhn gibt's rund fünfzig Rassen,
Mit denen wir uns nicht befassen.
Denn mancher Züchter, fast schon manisch,
Kreuzt und veredelt welsch und spanisch,
Zieht Nackthals, Leghorn, Steiermärker,
Bald in bezug auf Eier stärker,
Bald mehr als Brat- und Suppenhuhn.
Bald mehr zum Spaß, wie's Struppenhuhn.
Und die Japaner und Chinesen
Erzeugen wunderliche Wesen,
Die, strenggenommen, gar nichts nutzig,
Doch drollig ungemein und putzig.
Besonders kühne Hühner seien,
Sagt man, die Hähne der Malaien.
Noch sind dort (uns nur scheint's betrüblich)
Die blutigen Hahnenkämpfe üblich

Kapaunen nennt man die Eunuchen.
Jedoch nach neueren Versuchen
Verdammt man diese groben Sitten
Und läßt die Hähne unbeschnitten.
Poularden dem hingegen nennen
Wir junge, eingesperrte Hennen,
Die man, durch Faulheit und durch Mast,
So dick macht, daß sie platzen fast.
Besonders hat die Zucht der Kücken –
Die Hausfrau weiß es – ihre Tücken.
Kaum wächst ein Tierlein, so ein liebs,
Fällt es schon um und hat den Pips.

Der Hahn im Korb ist meist ein Tropf;
Wer hätt nicht gern sein Huhn im Topf?
Der Gockel kriegt leicht Größenwahn;
Nach den Krampfhennen kräht kein Hahn.
Der Schnapphahn sucht was zu erwischen,
Den Knurrhahn zählt man zu den Fischen.
Der Rote Hahn ward leider jetzt
Im Kriege auf das Dach gesetzt.
Vom alten Turmhahn gibt Bericht
Uns Mörike – ein Prachtgedicht!
Der Hahnenkamm ziert Narrenkappen.
Frankreich führt einen Hahn im Wappen,
Der oft »kokett«, oft gallisch-gallig.
Der Hahnenfuß wächst wurzelkrallig,
Der Hahnentritt ziemt nicht dem Pferd.
Der Hahnrei ist verachtenswert.
Das Hühneraug oft einsam wacht
Selbst in der tiefen Mitternacht;
Es weissagt, wie der Hahn, das Wetter.
Die Gockel krähen mit Geschmetter
Ihr morgenfrisches Kikeriki!
Die Frühaufsteher loben sie;

Doch beide stehn dafür oft dumm
Und faul den ganzen Tag nur rum.
Ein guter Hahn wird selten fett.
Geh mit den Hühnern früh zu Bett. –
Jedoch, als Ausnahm von der Regel:
Das *Sumpfhuhn* wird erst abends kregel.
Mephisto trägt die Hahnenfeder;
Den Wasserhahn kennt ziemlich jeder.
Der Hahn ist wichtig an der Büchse,
Die Hennen holen sich die Füchse.
Der Hahn war heilig bei den Griechen
Asklepios, dem Gott der Siechen. –

Vom *Perlhuhn* sagte Morgenstern,
Es zähle seine Perlen gern.
Doch der Kollege irrt dabei,
Denn zählen kann es nicht bis drei.

Von alters her schon gilt der *Pfau*
Als Sinnbild einer eitlen Frau.
Doch, sagt man nicht *der* Pfau? Und kann's
Der Prahlsucht gelten nicht des Manns?
Als Gott den Pfau gemacht, den Pavo,
Da sprach er zu sich selber »bravo!«.
Und wirklich: schwänzlich, köpflich, flüglich,
Gelang der Pfau ihm auch vorzüglich.
Jedoch, daß nichts vollkommen sei,
Sind wüst sein Fuß und sein Geschrei.
Als Rangabzeichen mußten dienen
Die Federn, heißt's, den Mandarinen,
Solang geherrscht der alte Zopf noch; –
Wir stecken Orden uns ins Knopfloch.

Es hat der Pfau den gleichen Ahn
Wie der berühmte *Goldfasan,*

Den, wie man hört, die Argonauten
Am Phasis-Fluß zuerst erschauten.

Der *Auerhahn*, teils bunt, teils schwarz,
Lebt in den Alpen und im Harz
Leicht ist er von den Auerhennen
Durch Pracht und Größe wegzukennen.
Ein Auerhahn wiegt dreizehn Pfund,
Hat breiten Schwanz, die Flügel rund,
Ist schwarzbraun, rostrot, weiß gefleckt,
Grünbrüstig, wie mit Stahl bedeckt.
Ein Ring ums Auge, welches nackt,
Ist rot, als wär er frisch gelackt.
Mit wenigen nur seinesgleichen
Sitzt er auf Fichten, Buchen, Eichen;
Dabei kommt's ihm nicht darauf an,
Ob Bayrischzell, ob Turkestan.

Jahrüber ist der Hahn ganz still,
Doch munter wird er im April;
Er sucht gewisse Orte auf,
Wo Hennen warten schon, zuhauf;
Und in der Einsamkeit des Walds
Beginnt er die berühmte Balz.

Er knappt und trillert, schleift zuletzt,
Als würde eine Sens gewetzt,
Schlägt mit dem Stoß ein Rad und sträubt
Die Federn, wankt auch, wie betäubt.
Dann reitet – wenn Ihr Jäger fragt –
Der Hahn vom Baum ab, wenn es tagt.
Holt seinen Lohn sich, den erflehten
Die Hennen sind dann sehr betreten.

Der Auerhahn, ums Morgenrot
Stirbt einen schönen Liebestod:
Vor Lust merkt er den Jäger nicht;
Der schießt, beim ersten Büchsenlicht.
Ab Mai vergeuden keine Träne
An Weiber mehr die Auerhähne.
Sie streichen, satt von Liebesglück,
Auf ihren Standort kühl zurück.
Den Standortältesten zu schießen,
Ist dumm: er ist nicht zu genießen.
Es lohnt sich nicht, ihn zu zerwirken.

Der *Birkhahn* lebt mehr unter Birken.
Er wird vor Lieb nicht taub und blind,
Wie es die Auerhähne sind.

Die *Spielhahnfeder,* schwarz, gebogen,
Macht sich auf Hüten sehr verwogen.
Das ganze Balz-Gefasel nun
Läßt sein das brave *Haselhuhn.*
Das *Schneehuhn,* was ich sehr bestaun,
Ist winters weiß und sommers braun.
Doch wo es lebt, in Asiens Tundren,
Die Leut sich nicht mehr drüber wundren.
Das Alpen-Schneehuhn spielt auf Wiesen
Bei den Tirolern wie Kirgisen.

Das *Rebhuhn,* auf lateinisch Perdix,
Ist ein Geschöpf, ein beinah erdigs;
Zwar hat es Farben etwa neune,
Doch wirkt das Ganze bloß als Bräune.
Nur schwer sieht man's am Boden hocken,
Wenn's fliegt, schaut's aus, als würf wer Brocken.
Sähst je Du eins auf einem Baum,
So darfs getrost Du sagen: kaum!

Treu bleibt das Rebhuhn, wo's geboren;
Und lieber ist es noch erfroren,
Statt daß es fortzieht, sich zu retten.
Scheucht man es auf, dann fliegt's in Ketten,
So daß der dümmste Jägersmann
Mit Schrot eins davon treffen kann.
Doch zählt es zu den edlen Künsten
Mit Schinken es im Kraut zu dünsten.
»Toujours perdix!« sprach der Abbé:
Das ewige Rebhuhn tat ihm weh.
Ein Wort, heut gar nicht mehr zu fassen –
Denn dieser Schmerz ist uns erlassen.

Verwandt, doch höchstenfalls fünf Achtel
So groß, ist auch die braune *Wachtel*.
Ihr heller Lockruf: »Büllerwück!«
Verheißt dem braven Landmann Glück.

Nun kommt noch ein besondrer Fall:
Wallnister bauen einen Wall
Aus Mist, der – das sind keine Witze! –
Durch Gärung mächtig kommt in Hitze.
In diesen Meiler, sozusagen,
Die Hühner nun die Eier tragen.
Der Hahn, als Köhler angestellt,
Die Wärme richtig unterhält.
Drei Arten sind es, die so tun:
Das *Busch-*, auch *Talegallahuhn*,
Die haben scharlachrote Häls
Und kommen vor in Neusüdwales.
Ich nenn, nur daß nicht fehle es,
Das *Hammerhuhn* auf Celebes.
Dem *Großfuß-* auf den Philippinen
Geschlechterweis die Haufen dienen:
Fünf Meter hoch und zwanzig breit,

Hält so ein Meiler lange Zeit.
Noch ein Bekannter fehlt, ein guter:
Der *Truthahn* ist es, unser Puter.
Längst zählt er schon zum Hausgeflügel.
Meist läßt er seinem Zorn die Zügel
Und kollert wie ein preußischer Junker.
Wüst, blaurot-fleischern ist die Klunker
Am Hals, der obendrein noch wärzlich.
Teils ist er bräunlich und teils schwärzlich.
Einst hieß er kalikuttischer Hahn,
Jetzt sagt man häufig: Indian,
Seit man es weiß, daß dort die Wiege
Des Mississippi-Pipis liege;
Es sahen ihn die Europäer
Erst fünfzehnhundertzwanzig näher.
Noch lange hat Venedig scharf
Verfügt, wer ihn verspeisen darf.
Bei uns frißt heut ihn jedermann,
Sofern er ihn bezahlen kann.

Im Herbst wallfahrten Puter auch;
Und, wie's bei Bauern so der Brauch,
Das Manns- und Weibsvolk muß sich trennen:
Hier gehn die Hähne, dort die Hennen.
Den ganzen Weg ziehn sie zu Fuß
Ganz ohne Schonung ihres Schuhs,
Der allerdings aus bestem Leder.
Doch Flügel sparen sie und Feder.
Und sollte fragen wer, warum?
Die Puter sind ganz schrecklich dumm.
Noch dümmer ist, wie ja fast immer,
Die Pute dann, das Frauenzimmer.

Wo Hühner sind, wird man den *Tauben*
Ein kleines Plätzchen auch erlauben,

Wenn auch die Fachleut sich ereifern,
Sie zählend zu den Regenpfeifern.
Früh hat die Taube sich bewährt:
Sie hat zuerst fern-aufgeklärt;
Als Vater Noah in dem Kasten
Genug vom Schwimmen hatt und Fasten,
Da schickte er die Taube aus;
Den Ölzweig brachte sie nach Haus.
Seitdem besteht ein frommer Glaube,
Es gebe eine Friedenstaube.
Die Taube lieh der Ritterschaft
Des Grals alljährlich neue Kraft.
Doch war mir's weniger angenehm
Zu sehn (im vierten Band von Brehm),
Daß es auch Dolchstich-Tauben gibt.

Die Columbinen sind verliebt.
Der zarten Seelen Sinnbild war
Schon stets ein schnäbelnd Taubenpaar. –
Als ich ein Kind war, zahlte wenig
Für solch ein Paar man: vierzig Pfennig!
Wie wir uns doch mitunter täuschen:
Lang galt als keuscheste der keuschen
Trotz offensichtlichem Geliebel
Die Taube, und es rät die Bibel
Dem Menschen, sanft wie sie zu sein. –
Zum Glück ist er nicht so gemein,
Mißgünstig, zänkisch, herrisch, strittig
Und heuchlerisch, als wär er sittig.
Man weiß nicht recht, wieso es kam,
Daß man als Heiligen Geist sie nahm. –
Ganz ungerührt vom Heiligen Geist,
Der böse Kater sie verspeist,
Der, was ja leicht zu sehen ist,
Ein ausgekochter Atheist.

Doch waltet ein besondrer Zauber
Längst über Taube halt und Tauber,
So daß man selbst nicht tadeln mag,
Geht's zu wo wie im Taubenschlag.

Die Tauben haben kleine Köpfe,
Doch dafür manchmal Riesenkröpfe.
Mit denen erst ist ihnen wohl,
So wie den Bauern in Tirol.
Die Taube schaut verschieden aus,
Lebt teils im Wald und teils im Haus.

Die *Holz-, Kohl-* oder *Ringeltauben*
Längst ihren Anspruch höher schrauben:
Sie wandern in die große Stadt,
Weil man es dort bequemer hat,
Sich füttern läßt und dafür dreist
Den Menschen – seinen Dank erweist.
Besonders meint die Stadt Venedig
Es mit den lieben Tauben gnädig.
Lockvögel sind dort diese Braven
Für ungezählte Fotografen.

Weitum in ganz Amerika
Man einst die Wandertauben sah.
Solch ein Millionen-Taubenschwarm
Fraß eine ganze Gegend arm,
Die – fast daß sich die Feder sträubt –
Von Tauben völlig ward betäubt.

Unzählig sind der Tauben Sippen:
Man züchtet *Locken-, Turtel-, Schnippen,*
Ringschnäbler, Nonnen, Pfaffen, Mäuser
Bevölkern unsre Taubenhäuser.
Von weißen, bunten, schwarzen Tauben,

Von *Pfauen-*, *Kropf-* und *Warzentauben*
Ist unabsehbar das Gewimmel,
Der *Tümmler* mischt sich ins Getümmel;
Trompeter, *Trommler* und *Dragoner* –
Höchst militärische Bewohner! –
Verrat ich hier als Liebediener.
Auch mittelschnäblige *Berliner*,
Perücken-, *Klätscher-*, wie auch *Purzel-*
Und alle aus der einzigen Wurzel,
Der ersten, die die Welt belebt,
Als Gottes Geist ob ihr geschwebt.
Lachtauben gibt's in Deutschland nicht:
Hier lacht nur noch der Bösewicht.

Der *Karrier*, weiß, am Schnabel rostrot
Macht Karriere früh als Postbot:
Brieftauben leben von dem Triebe
Der ausgesprochnen Heimatliebe.
Läßt man sie aus wo auf gut Glück,
So finden sie nach Haus zurück.

Als Bote einer buntern Welt
Der *Papagei* uns wohlgefällt.
In Freiheit lebt er, schön befiedert,
In zwei Familien aufgegliedert,
Der eine hier, der andre da
In Asien und in Afrika,
Amerika, wo aus Peru
Einst kam der *Inka*-Kakadu.
Jedoch die Hälfte ist australisch.
Der Papagei ist musikalisch,
Und kann, was wissenswert für jeden,
Der's noch nicht wissen sollte, reden. –

Der Papagei lebt teils auf Bäumen,
Teils sonst in größern Zwischenräumen,
So daß sich, ohne Bäume, fanden
Selbst Papagein hoch in den Anden.
Sie turnen im Gezweige kühn.
Im allgemeinen sind sie grün,
Ja, manchmal sind sie noch viel grüner.
Der Indio hält sie wie Hühner.
Genießbar, heißt es, sei ihr Fleisch:
Doch ungenießbar ihr Gekreisch.
Wenn man die bunteste Palette,
Ja, Oswalds Farbenorgel hätte,
Man könnte schildern kaum den Fittich
Von *Lori, Kakadu* und Sittich.

Bekannt war unser Vogel schon
Hier lange vor dem Robinson,
Der ihn – sowie – habt ihr's bedacht?
Den Schwarzen Freitag mitgebracht.
Der Papagei und Alexander
Der Große kannten wohl einander,
Wenn auch noch keiner sich recht klar
Gemacht hat, wer der andre war.
Es führt ja Plinius schon an
Den Vogel, welcher reden kann.
Es freuten sich am bunten Flitter
Sodann die alten Kreuzzugsritter
Und brachten ihn, als brave Väter
Mit heim, wie jeder Seemann später.
Doch scheußlich – was man leicht vergißt! –
Die Papageienkrankheit ist.

Die kleinsten *Segler* sind gewiß
Die wunderbaren *Kolibris*.
Wenn sie, con brio, blitzend schwirren,

Von einem Zweig zum andern flirren,
Weiß kaum man, ob dies winzige Ding
Ein Vogel oder Schmetterling.
Ich selbst sah ausgestopft nur welche.
Doch um Westindiens Blumenkelche
Sah vierzehnhundertzweiundneunzig
Columbus sie und fand sie einzig.
Meist kommen sie nur tropisch vor,
Doch gibt sie's selbst in Labrador.

Es gehen diese Vogelzwerge
Mitunter in die höchsten Berge.

Ach, kaum mit eines Malers Hülfe
Wär *Blumenküsser, Elfe, Sylphe*
Zu schildern, die sich surrend tummeln,
So klein mitunter wie die Hummeln.
Die Wundervögel, chimbo-rassisch,
Sind als Geschöpfe schlechthin klassisch.
Es weiß von diesen Süß-sich-Sonnern
Sich jeder anders aufzudonnern,
Sei's hütchenhaft, sei's müfflich, kräglich;
Ihr Festkleid tragen sie alltäglich,
Geschmeidlich, zapfisch, zopfisch, quastisch:
Mit einem Worte – ganz phantastisch!
Man sagt, daß seinen Vogel habe
Jedweder, der durchs Leben trabe.
Doch leider trifft man beinah nie
Darunter einen Kolibri.

Nur ungern meldet der Verfasser,
Daß unser *Sperling* (Spatz, Sperk, *Passer*)
Als Ahnherr gilt von Fink und Star,
Ja, von der ganzen Vogelschar,
Die, ungeheuer artenreich,

Durchzieht Feld-, Wald- und Gartenreich,
Ja, ferne in den Tropen haust,
Insekten oder Früchte schmaust.
Wenn wir die Häher, Elstern, Raben
Auch schon vorweggenommen haben,
So bleiben noch sechstausend Arten,
Die wir uns hier zusammensparten.
Wer aber möchte glauben dies:
Daß Sonnenvogel, Paradies-,
Daß Leier- sowie Seidenschwanz
Den Spatzen – wie kommt so viel Glanz
In seine Hütte? – grüßen müssen
Süß-sauer mit Verwandtenküssen?

Die Vögel, welche paradiesig,
Sind selbstverständlich niemals hiesig.
Die *Göttervögel,* diese schmucken,
Gibt's beispielsweis auf den Molukken,
Doch meist jagt die Paradisea
Auf Aru, Misol, Neuguinea
Wohl der Papua, kraus von Haar,
Und bringt, seit manchem hundert Jahr,
Zu Markte sie, dem weißen Mann,
Der selbst nichts damit machen kann
Als daß, gewissenlos und schlau,
Er sie verkauft der weißen Frau,
Die, noch in unseren Jugendtagen,
Auf Riesenhüten sie getragen.
Seit unsre Weiber nicht mehr schwelgen
Im Kopfputz aus den Vögelbälgen,
Schützt dieser Wechsel in der Mode
Die bunten Raben vor dem Tode.
Sie schillern fast in allen Tinten:
Smaragden, purpurn, hyazinthen,
Mit weißem Schwanz und goldnem Scheitel

Und sind auch selber schrecklich eitel.
Gern schriebe ich noch manchen Jambus,
Zu zeigen, wie in Baum und Bambus
Der Vogel treibt sein Liebesspiel. –
Doch fürcht ich, Euch wird es zu viel.

Man teilt, bei Unterscheidung zweier,
Die Sperlingsvögel ein in *Schreier*
Und *Sänger;* aber nicht zuletzt
Gibt's eine Gattung, die nur schwätzt.
Die *Schwätzer,* schöne Vögel, wohnen
Im Stromgebiet der Amazonen.
Schönschwätzer, wie auch Süß-, Schnell-, Klug-
Gibt's auf der ganzen Welt genug.

Der *Leierschwanz* ist sehr zu loben,
Er trägt die Lyra stolz erhoben,
Wobei er, schwarz-rot-gold gestreift,
Melodisch in die Saiten greift.
Die einen sagen, eitel sei er
Und es sei stets die alte Leier,
Doch andre Hörer finden rühmlich
Den Sang, wenn auch oft eigentümlich.
Gern ahmt er andre Vögel nach. –
Am eignem Urteil mir's gebrach:
Was ich gelesen, ich erzähl's;
Ich war noch nie in Neusüdwales.

Es weiß kein Weber, was er webt;
Die *Webervögel* sind bestrebt,
Zu weben gute Hängematten;
Selbst wenn sie eine Menge hatten,
So weben weitere noch flink
Viehweber oder *Feuerfink.*

Nun aber soll uns nichts mehr hindern,
Uns zuzuwenden auch den Kindern
Der Heimat; und den ersten Platz
Nimmt ein der unscheinbare *Spatz*.
Konservativ bis in die Knochen
Bleibt er die zweiundfünfzig Wochen
Des Jahrs, wo er geboren ist,
Und lärmt herum und schaut und frißt;
Verurteilt streng die neuen Bräuche,
So, daß man statt der Haferbäuche
Jetzt Autos fahrn läßt mit Benzin:
Was, schimpft mit Recht er, bleibt für ihn?
Streitsüchtig ist der kleine Kerl
Und siegt – wie immer das Geschwerl,
Das selbst so gut wie gar nichts leistet,
Doch 's Maul aufreißt und sich erdreistet,
Drauf pochend, daß der »kleine Mann«
Vom Staate was verlangen kann.
Wer schaut schon aus dem Starenhaus
Im Frühling unverschämt heraus
Und übertrumpft durch sein Schon-hier-Sein
Des Staren gültigen Quartierschein?
Wer kommt, um eilig zu verspeisen,
Was zugedacht allein den Meisen?
Wer stiehlt den Bissen von der Gabel,
Wer pickt den Hennen unterm Schnabel
Vorweg die hingeworfne Krume?
Und wer bracht's grad dadurch zum Ruhme
Im Mund des Volkes allgemein,
Ein Sinnbild des Erfolgs zu sein?
Ja, kämen ab und zu nicht Katzen,
Die ganze Welt wär voller Spatzen.
Nach Spatzen schießen mit Kanonen,
Ist dumm und würde sich nicht lohnen.
Erwähnt soll – grad fällt es mir ein –

Der Regensburger Domspatz sein.
Der Ulmer Spatz sei nicht vergessen
Wie auch die Spätzle nicht, zum Essen.
Die Spatzen sind wie Stadtfraubasen,
Die alles hörten, alles lasen,
Den ganzen Klatsch der Gasse wissen
Und ihn verbreiten, höchst beflissen,
Die nie und nimmer sich's verkneifen,
Das Neueste vom Dach zu pfeifen.
Da loben wir doch mehr die nettern:
Die *Finken* nämlich, ihre Vettern.
Und wiederum zur Finkenschaft
Zähln kleine Sänger, massenhaft.
Der *Buchfink* schläft sich recht gesund
In seinem Neste, kugelrund.
Und schon im März, noch lang vor Tag
Erfreut uns dann sein Finkenschlag.
Zwar heißt er Buchfink; aber lesen
Kann freilich nicht das kleine Wesen.
Der Schmutzfink kann zwar manchmal schreiben,
Doch ließe er es besser bleiben.
Ein hübscher *Grünfink* oder *Zwunsch*
Wär manches Vogelfreundes Wunsch.
Der *Zeisig* ist ein putziger Kerle
Heißt Erlenzeisig, von der Erle.
Doch nistet er im tiefen Tann,
Daß man nur schwer ihn sehen kann.
Im Winter, wenn's verschneit und eisig,
Kommt oft zu Hunderten der *Zeisig*
In Städt und Dörfer, manches Jahr
Auch dorthin, wo er sonst nie war.
Er singt vorm reichen Bauernhofe
Bescheiden seine Bettlerstrophe.
Der *Kirschkernbeißer* knackt im Wald
Die Kern auf, daß es nur so schallt.

Der *Stieglitz* selbst schaut ganz genau
So aus wie seine liebe Frau,
Von denen, durch Sich-selbst-Ermorden
Charlotte einst berühmt geworden.
Der *Hänfling* wird als alter Knacker
Tiefrot; als Häftling singt er wacker.
Der *Bergfink*, zu des Wandrers Lust,
Singt droben hoch aus voller Brust,
Wo selbst die Sennrin nicht mehr jodelt.

Sie alle, wenig nur gemodelt,
Doch oft mit andersfarbigem Wimpel
Zur Sippe zählen schon der *Gimpel*.
Der Gimpel, wenn er gut gespeist,
Sitzt, selbst im tiefen Winter feist,
Schwarzköpfig-rotberockter Gast,
Vorm Fenster auf beschneitem Ast.
Als Dompfaff, würdig und geweiht,
Zählt er zur Vogel-Geistlichkeit.
Er ist ein weiter Länderfahrer,
In Griechenland und Spanien war er.
Jedoch, da er kein Kirchenlicht,
Kann er davon erzählen nicht.

Nicht dumm, doch arglos wie ein Kind
Ist er, wie viele Deutsche sind,
Weshalb auch immer hier gelang
In jeder Form der Gimpelfang.
Pfeift man dem Gimpel etwas vor,
Hat er es meistens bald im Ohr
Und singt – doch mancher lernt es nie –
Dann selbst die schlichte Melodie;
Natürlich nicht gleich was von Brahms,
Er ist ein nettes Tier, ein zahms,
Das man mit Vorlieb einsperrt, käflich –

Was freilich roh oft ist, ja sträflich.
Einst hat Natur man so geschändet,
Daß man die Vöglein gar geblendet.
Man duldet's, Gott sei Dank, nicht länger:
Heut blenden vielmehr uns die Sänger:
Schwerreich wird einer, wenn er »zieht«. –
Sein ganzer Reichtum ist sein Lied!

Beliebt sind ob der schönen Arien
Die gelben Vögel aus *Canarien.*
Sie singen lauter oder leiser,
Mitunter sind sie völlig heiser.
Bei Damen stehn sie hoch in Huld;
Doch grenzenlos ist die Geduld
Der Züchter, schlichter alter Männer,
Die ohne Beispiel sind als Kenner.
Wer sie was fragt, ist schon verloren,
Denn sie erzähln ihm welk die Ohren
Von all den Arten, ihrer Haltung,
Von Stimme, Farbe und Gestaltung.
Ist so ein Vogel so zerzaust,
Daß es den Laien barmt und graust,
Dann ist der Fachmann hoch entzückt,
Daß ihm die Rarität geglückt.
Die besten zahmen Meister bilden
Zu Sängern langsam aus die wilden.
Ihr Lied wird immer wundervoller;
Am schönsten kann's der *Harzer Roller.*
Der muß nun üben jahrelang
Etwa den »scharfen Weingesang«,
Die schwierige »Harzer Gutjahrweis«,
Dann kriegt er einen ersten Preis.

Als Musikerfamilien groß
Sind Finken nicht und Gimpel bloß,
Wie bei den Menschen Bach und Strauß:
Der *Rotschwanz* auch samt seinem Haus
Gab große Sänger zum Theater.
Der Rotschwanz selber zwar, der Vater,
Scheint's, wenig Unterricht genoß er.
Doch ließ er seinen Sprößling *Sprosser*
Ausbilden, wie's ja oft der Fall,
Und eine Tochter *Nachtigall*.
Ja, selbst sein Enkelkind *Rotkehlchen*,
Das liebenswürdige kleine Seelchen,
Singt ganz entzückend als Soubrette
Und hüpft ein bißchen beim Ballette.
Weit hat's gebracht, beim Tonfilm gar,
Sein Vetter, der berühmte *Star*.

Der *Star*, um hier gleich mit den Staren
In unserm Werke fortzufahren,
(Auch wenn der Fachmann sich empört,
Weil hier der Star nicht hergehört)
Hat leider, seit sein Ruhm ertönt,
Sich Star-Allüren angewöhnt.
Doch auch beim Starn in Feld und Flur
Sehn wir die freundliche Natur
Verwandeln sich, in wilder Zeit,
In ausgemachte Dreistigkeit.
Die Vögel, weltweit einst und klug
Durch den alljährlich frischen Zug
Der Welt vertraut und ihren Moden,
Schwörn jetzt nur mehr auf Blut und Boden!
Nicht jeder mehr, zur Winterszeit,
Fliegt südwärts, oft nicht allzuweit!
Seit alters im gewohnten Turnus
Kommt, oft verfrüht schon, unser Sturnus.

Wie freun wir uns, schier ohne Grenze,
Sehn wir den ersten Star im Lenze,
Wenn er, da rings Natur noch zaudert,
Den Frühling von den Dächern plaudert,
Sich vor sein altes Häuschen setzt
Und wie in Träumen selig schwätzt.
Im Garten blühen die Aurikeln,
Des Starmatz süße Töne prickeln,
Es rauscht der Bach, Gold wirft die Sonne:
Oh, echte deutsche Frühlingswonne!
Der Star ist schwarz, mit grünem Schiller;
Wenn's Sommer wird, dann wird er stiller,
Doch er gefällt uns gar nicht mehr –
Es ist der alte Star nicht mehr.
Zu ganzen Banden wild gerottet
Geht er aufs Plündern aus und spottet
Des Zorns, mit dem wir von den Räubern
Die Gärten möchten gerne säubern.
Im Lenz genoß man seine Kunst –
Jetzt schießt man ihn mit Vogeldunst.
Doch ist es falsch, ihn wegzuputzen,
Denn unabsehbar ist sein Nutzen,
Wenn freilich er auch nicht so wacker
Wie sein Verwandter, *Madenhacker*.
Im Herbst, zu Tausenden gesellt,
Das Starenvolk ins Röhricht fällt
Ja, selbst in unsern großen Städten –
Als ob sie Platz genug nicht hätten –
Erwählen sie, im engsten Raum
Der Häuser irgendeinen Baum,
In dem's dann abends schwirrt und klirrt,
Unheimlich, bis es finster wird.
Dort hausen sie dann, hauptquar-tierisch.
Im Spätherbst wird noch einmal lyrisch
Für sich allein das Elternpaar

Und flötet süß und wunderbar.
Dann aber, vor dem ersten Frost,
Reist's schleunig ab mit Extrapost.

Die *Nachtigall*, Luscinia,
Kommt im April aus Afrika
Und wenn der Abend sanft sich rötet,
Setzt sie sich ins Gebüsch und flötet.
Mit Rosenduft und Mondenlicht
Zusammen ist sie ein Gedicht!

Die Nachtigall, von schlankem Bau,
Ist gelblichgrau bis rostrotgrau,
Nur siebzehn Zentimeter lang:
Ihr ganzer Reiz liegt im Gesang.
So ist's auch oft mit dem Tenor:
So lang er schweigt, stellt er nichts vor.
Kaum aber tut er seinen Mund auf –
Schon ändert sich sein Wert von Grund auf.
Das Vöglein, mit dem allerbesten
Gesange lebt hier mehr im Westen.
Es nistet wohl in schönen Sommern
In Norddeutschland bis Vorderpommern.
So hörte etwa Ringelnatz
Es in Berlin, am Sachsenplatz,
Was nicht vergaß bis an den Tod er.
Doch östlich trifft man's nie der Oder.
Der Strom, schon längst als Grenzfluß floß er,
Doch nur von Nachtigall und Sprosser.
Der *Sprosser* oder Philomele
Hat reines Gold auch in der Kehle,
Ja, diese »Nachtigall aus Polen«
Stelln viele höher, unverhohlen.

So mancher Mensch, der darauf schwört,

Er hab die Nachtigall gehört,
Verfiel nur holdem Selbstbetrug:
Es war die *Drossel,* die so schlug.
Rund einen Viertelmeter lang,
Mit raschem, hüpferischem Gang,
Mit starken Krallen an den Zehn
Ist, braungescheckt, sie oft zu sehn:
Die schwarze, heißt man *Amsel, Merle;*
Als Sängrin ist sie eine Perle,
Doch im Gemüte längst verroht,
Hackt sie die kleinen Vögel tot.
Die Großstadt, der sie sich ergeben,
Ist Schuld dran und ihr faules Leben,
Weil sie, statt daß sie brav sich schindet,
Hier leicht genügend Nahrung findet.
Den Vogelfreund wird zwar erschüttern
Die Mahnung: nicht zu fleißig füttern!
Doch sagt der Fachmann ungerührt,
Daß zur Verweichlichung es führt
Und die Moral den Vögeln schwer macht.
(Drahtamseln gab's nur bei der Wehrmacht.)

Der Mensch stellt nach wie toll der Drossel,
Besonders der Wacholderdrossel,
Die er dann Krammetsvogel heißt,
In Dohnen einfängt und verspeist.
Besagte Dohnen oder Sprenkel
Bestehn aus einem Zweig als Henkel
Und einer Schling aus Pferdehaar,
Die für das Vöglein unsichtbar.
Wenn das von Beeren angelockt,
Nun ahnungslos sich niederhockt,
Wo klug der Mensch gebaut den Steig –
Schwupps! wie am Galgen hängt's am Zweig.
Als köstlich Krammetsvogelwild

Meist auch die *Misteldrossel* gilt.
Sie bringt sich leider selber halb um:
Frißt Mistelbeeren, *Viscum album*,
Und kleckert sie dann weit umher.
Der Misteln werden mehr und mehr
Durch den von ihr verpflanzten Keim. –
Aus Misteln macht man Vogelleim;
So daß der Römer schon gesagt hat:
»*Turdus sib' ipse malum cactat*«.

Bedeutend sind von dieser Sippe
Noch die Singdrossel oder *Zippe*,
Sowie die *Wein-* und auch die *Steindrosseln;*
Es gibt auch falsche oder Scheindrosseln.
Doch nenn ich – sonst würd es ein Riemen –
Hie nur den polyglotten *Mimen*.

Schwer ist es bei den vielen *Meisen*
Die wesentlichsten aufzuweisen.
Das Wort allein, muß ich gestehn,
Bleibt blaß: man muß sie selber sehn,
Wie sie vorm Fenster nicken, picken
Und schelmisch durch die Scheiben blicken,
Am Frühstückstisch verwegen kraxeln,
Sich setzen dreist auf unsre Achseln,
Das Futter holen, wo sie können,
Die Butter, die wir ihnen gönnen,
Auch wenn wir selbst oft keine haben,
Kühn schaukelnd aus der Nuß sich graben.
Kurz, jeden in der Früh schon freut's,
Sieht munter er am Fensterkreuz
Die lieben, immer gierigen Meisen
Sich tummeln und was Gutes speisen –
Sofern's nicht Hase und Fasan,
Die er ins Kalte 'nausgetan.

Gewiß, die Meisen soll man fördern,
Sind sie auch oft ein Volk von Mördern,
Das nicht nur räubrisch Pflaum und Birn packt,
Nein, auch die Vögel bis ins Hirn hackt.
Im Winter suchen sie, in Truppen,
Im Walde Eier, Larven, Puppen.

Die *Beutelmeise* nenn ich hier
Nicht als gefiedert Beuteltier,
Sie heißt nur so, weil sie ihr Nest
Am Ast als Beutel pendeln läßt.
Gewebt aus dichtem, braunem Filz,
Als guter Kinderhausschuh gilt's,
Und irgendwo im Osten, jahrweis
Holt man sie sich herunter, paarweis.
Die *Schwanzmeis* hat der Namen viel,
Heißt Weinzapf, Mohr und Pfannenstiel
Ja, Teufelspelzchen oder -Bolz;
Kaum, daß der Schnee im Frühling schmolz,
Sieht man weiß-schwarz mit rosa Weichen
Von Deutschland sie bis Japan streichen.
Kohlmeisen kommen häufiger vor;
Die brachte es bis zum Major,
Denn *Parus major* ist ihr Namen;
Nicht Kohl frißt sie, nur Fleisch und Samen,
Und, wenn sie's kriegt, auch Speck und Talg.
Kohlschwarz am Köpfchen ist ihr Balg.
Die *Haubenmeise* oder Schopf-
Hat eine Tolle auf dem Kopf.

Die Hauben- lebt im Tannicht nur.
Hingegen der *Blaumeisen* Spur
Trifft man im Laubwald, auch in Bayern.
Sie lebt fast nur von Kerbtiereiern.
Die oben blaue, unten gelbe

Singt Jahr für Jahr genau dasselbe.
Ist auch nur klein ihr Repertoire,
Wir finden es doch wunderbar.
Von zarter Bläue ist ihr Scheitel.
Sie ist sehr hübsch und drum auch eitel.
Die *Tannenmeise*, Pech-, Holz-, Harz-,
Heißt *parus ater* – sie ist schwarz.
Sparmeise nennt man auch die Art,
Vermutlich, weil sie Farben spart.
Ja, weitaus schofler ist sie noch:
Sie nistet oft im Mäuseloch.
Die *Sumpf-*, *Blech-* oder *Nonnenmeise*
Gab's früher noch kolonnenweise;
Jetzt nicht mehr, seit man die Natur
Verdorben hat durch Moorkultur.

Hier fügt am besten der Beschreiber
Spechtmeisen ein, die muntern *Kleiber*.
So wie der Rabe und der Häher
Wird er ein Pflanzer und ein Säer,
Weil schnell vergißt der »Gschaftelhuber«
In welchen Baumspalt, welche Grub er
Getragen, was auf Hamsterweise
Er bergen wollt als Winterspeise.
Kaum, daß man fort ihn fliegen sah –
Schrupprupp: Schon ist er wieder da.
Als einziger klettert er kopfunter.
Baumläufer, sonst genauso munter,
Bald braungestriemt, bald grau mit Tupfen,
Insekten aus der Rinde lupfen.

Doch wolln wir nun nicht warten länger
Und schildern unsern *Gartensänger*.
Mein Wissen ist nur lückenhaft,
Er scheint was wie grasmückenhaft.

Das Vöglein wohnt im höchsten Baum,
Im dichten Laub, man sieht es kaum,
Und hört's auch nur von Fall zu Fall.
Schön singt's, als Bastardnachtigall.
Auch Gartenspötter heißt der Kleine;
Sein Spott ist harmlos – wie der meine.
Laubsänger leben, selbst oliven,
Gern in des Laubwalds grünen Tiefen
Und flöten daraus wundertönig.
Der *Fitis* oder Sommerkönig
Baut sich sein Nestlein in der Regel
Backofenförmig oder kegel-.
Hellrot gefleckt sind seine Eier.
Der Berg-Laubsänger ist ein Bayer.
Des Weidensängers ewigs »Zilp-Zalp«
Ist halb Gesang und nur Geschilp halb.

Gewissermaßen nur als Hilfssänger
Sind einzureihn die *Rohr-* und *Schilfsänger*.
Doch zählt die Wasser-Nachtigall –
Bei Wasser-Dichtern nicht der Fall! –
Als Sängerin noch zu den bessern.
Die Vögel leben an Gewässern.
Der *Teichrohrsänger* ist zu loben:
Sein Nest hat einen Korbrand oben,
Daß, wenn der Wind das Röhricht schnellt,
Kein Junges aus der Wiege fällt.

Der Vögel Vielfalt wird alljährlich
Geringer, oft ist sie schon spärlich.
Was wußten wir für lustige Stücklein
Noch von dem listigen *Grasmücklein!*
Recht herzige Vögelchen sind das.
Doch eigentlich gar nicht im Gras,
In niedern Büschen mehr und Hecken

Sie sich und ihre Brut verstecken,
Wobei der Vogel, sonst so findig,
Sein Nest recht schlampig baut und windig,
Woraus ganz einwandfrei zu sehen:
Es sind halt richtige Künstlerehen,
Wie man sie kennt aus der Antike
Von Orpheus und der Eurydike.
Auch von den Mücklein stirbt gewiß
Manch eines jäh durch Schlangenbiß.
Der *Orpheus-Sänger-* oder Meister-
Beschwört zwar nicht verstorbne Geister,
Auch singt er nicht, daß wilden Tieren
Der Mut sinkt, ihn zu liquidieren.
Doch Tränen leicht er wohl entlockt
Der Menschenbrust, falls nicht verstockt.
Der Klosterwenzel, auch *Schwarzplattel*
Frißt in Nordafrika die Dattel,
Bei uns die Kirsche und die Birn.
Ein schwarzer Fleck ziert seine Stirn.

Ums kurz zu machen bei den *Lerchen,*
Muß man sie arg zusammenpferchen.
Die Lerche, wenn's nicht grade wettert,
An ihren bunten Liedern klettert
Hoch in die Luft empor, und zwar
Bereits im Monat Februar.
Und, ist nicht just ein Tag, ein grober,
Tut sie das auch noch im Oktober.

Die *Feld-, Sing-, Acker-, Himmelslerche*
Ersetzt so manchem gar die Kerche,
Indem er, durch ihr Gottesloben,
Sein Herz zu diesem fühlt erhoben.
Sie nistet gern im jungen Korn,
Ist erdbraun oben, rostbraun vorn,

Wird achtzehn Zentimeter lang
Und lebt von Liebe und Gesang.
Weit seltner trifft, in schlichtem Kleide,
Man hier die *Nachtigall der Heide.*
Dort fliegt sie, wie im Nadelwald;
Ihr Stimmlein ohne Tadel schallt.
Im Singen, heißt's, schlägt die *Kalander-,*
Die Lerchen alle miteinander.
Die *Haubenlerche* oder Wege-
Versteckt in Wiesen ihr Gelege.
Auch wer sonst weiter kein Naturfreund,
Kennt sie, wenn sie durch Feld und Flur streunt.
(Hier irrte Goethe – nur in Klammer –
Er hielt für Lerchen Spatz und Ammer.
Doch Eckermann tut damit wichtig,
Wie er den Irrtum stellte richtig.)

Das Vogelsterben ist zum Jammern:
Es wurden rarer selbst die *Ammern.*
Goldammern werden langsam grau,
Sogar in Ober-Ammergau,
Wenn nicht bald beßre Zeiten winken.
Die Ammern zählen zu den Finken.
Wer Recht hat, unterscheid ich schwer:
Bald heißt's: Die Ammer und bald der.
Goldammer macht nur ein Gepiep:
»Wie, wie, wie, wie hab ich dich lieb!«
Nicht drin, wie bei der Philomele –
Sein Gold sitzt außen an der Kehle.

Ein jeder Vogel singt zunächst,
Sagt man, wie ihm der Schnabel wächst.
Kreuzschnäbeln freilich wächst er schief.
Behandelt die Natur sie stief?
Durchaus nicht, nein, im Gegenteil,

Der krumme Schnabel wird zum Heil,
Zumal in Ehren er erworben:
Eh unser Herr am Kreuz gestorben,
Da wollten sie noch retten ihn,
Bemüht, die Nägel auszuziehn,
Die, ach, zu tief im Holze staken. –
Hat auch der Schnabel einen Haken,
Der sich dann biegt zum Kreuze krumm,
So wär's doch selbstverständlich dumm,
Bei derart christlichen Gesinnern
Ans Hakenkreuz nur zu erinnern.
Könnt man sich zum Verdacht ereifern,
Sie zählten zu den Machtergreifern?
Jedoch – zurück zur Wissenschaft:
Mit ihren Schnäbeln voller Kraft
Kreuzgimpel wissen so zu klettern
Wie Papageien, ihre Vettern.
Sie nisten übers ganze Jahr,
Sogar bei Schnee, im Januar.
Mitunter kommen sie in Massen,
Um sich dann lang nicht sehn zu lassen,
Denn sie verschwinden spurlos, plötzlich.
Gefangen, singen sie ergötzlich,
Jedoch die Röte ihrer Brust
Gerät im Käfig in Verlust.
Der Vogel, wie der Volksmund spricht,
Zieht auf sich Rheumatis und Gicht,
Die ihn an unsrer Statt befällt,
Wenn man daheim sich einen hält.
Weil wir grad sind bei prächtigen Finken,
Die sich die Brust mit Purpur schminken:
Als Stubenvögel sind bekannt
Der *Blutfink* und der *Amarant;*
Die *Kardinäle* trifft man an
Zwar meistenteils im Vatikan;

Recht rare Vögel sind dabei –
Doch scheint's, der Arten gibt's da zwei:
Der unsre lebt nicht unter Pinien
In Rom, nein, drüben in Virginien,
Allwo er singt mit lautem Schall
Als die virginische Nachtigall.
Nur kurz erwähn ich die *Tangaren*.
Man wird bei all den Vogelscharen,
Die wir genannt, wohl allenthalben
Vermissen das Geschlecht der *Schwalben*.
Die Schwalbe wirkt auf uns poetisch.
Man ehrt sie oft wie einen Fetisch
Und hält es für ein großes Glück,
Kehrt sie ins alte Nest zurück.
Die Kuh selbst freut sich samt dem Kalbe,
Sehn sie im Stall die liebe Schwalbe.
Doch in den Ställen, hochmodern,
Sieht man die Schwalbe nicht mehr gern.

Des Volkslieds denkt man da, des frommen:
»Wenn unsre Schwalben wieder kommen,
Ah, die wer'n schaun, ah, die wer'n schaun!«
Und doch, sie werden Nester baun,
Und weiter tun, nach Schwalbenbrauch.
Denn wir Pechvögel tun's ja auch!

Der Vogel, kurz behalst, beschnabelt,
Spitzflüglig und den Schwanz gegabelt
Und mit ganz kümmerlichen Zehn,
Kann schnell zwar fliegen, doch kaum gehn.
Er badet selbst und trinkt im Fluge,
Kommt weit herum im Wanderzuge.
Bald ist er hoch in Wolken drin,
Bald streicht er dicht am Boden hin;
Dann spricht Kollege, Freund und Vetter:
»Ich glaub, wir kriegen andres Wetter!«

Die Schwalbe kommt, April und Mai
Meist einzeln, höchstens zwei und drei;
Das alte Sprichwort meint deshalb:
Den Sommer macht nicht eine Schwalb.
Bald, oft schon im August, im späten,
Sitzt sie zu Tausenden auf Drähten,
Auf Dächern, Zäunen oder Mauern.
Man ahnt, jetzt wird's nicht lang mehr dauern.
Und lauert, gar wenn Regen glitschert,
Ob's wohl noch morgen grad so zwitschert.
Doch 's zu berechnen, das fällt schwer:
Auf einmal sind die Drähte leer. –
Längst waren reiselustig ja
Die *Urbica* und *Rustica*.

Die Urbica, die Mehl-, Dach-, Haus-,
Ist kleiner und schaut schwarz-weiß aus.
Die größre Rustica, auch Rauch-,
Ist blauschwarz, rostrot; weiß am Bauch.
Von ihrem Nest nun noch ein Wörtel:
Mit Speichel macht sie an den Mörtel;
Ein festes Haus hat seinen Nutzen:
Es braucht nur manchmal frisch Verputzen
Und innen Polstern neu mit Haaren –
Bewohnen kann man's noch nach Jahren.
Die Dachschwalb tut mehr als genug noch:
Sie mauert's zu, bis auf das Flugloch.
Der Laie, für dergleichen blind,
Nennt Schwalben oft, was keine sind:
Der *Mauersegler* gellend braust,
Wie wütend um die Dächer saust,
Daß, wer hinausschaut, ganz verstört,
Den langen Flügel pfeifen hört.
Hoch über dumpfen Großstadtgrüften
Schwebt er fast immer in den Lüften,

Klebt sich sein Nest in Mauerritzen –
Gehn kann er nicht mehr, kaum noch sitzen.
Vom Schwalk, der Nachtschwalb, oder vulgo
Vom *Ziegenmelker (caprimulgo)*
Behaupten selbst gelehrte Deuter,
Er saug den Ziegen aus das Euter.
Den Unsinn macht kein Mensch mehr mit –
Doch: *semper haeret aliquid!*
Der *Fliegenfänger,* Muscicapa,
Ist seiner Brut ein guter Papa.

Reimshalber schon lebt der *Pirol*
Besonders gerne in Tirol;
Er ist vielleicht als ein Schwarz-gelber
Gebürtiger Österreicher, selber.
Schier wie die Turteltaube groß,
Haust er im grünen Laube bloß.
Sein Flötenpfiff gibt weisen Leuten
Seit alters allerhand zu deuten.
Sein Nest baut er mit Kunst und List,
So daß es drin gemütlich ist.

Nicht viel mehr wir zusammenkratzen
Aus der Familie unsres Spatzen:
Als Nesterbauer sehr geschickt –
Der eine leimt, der andre flickt –
Sind *Töpfer-* sowie *Schneidervögel.*
Man sieht am Wirken beider Vögel,
Das nichts zu tun mit Moden hat,
Daß Handwerk goldnen Boden hat.
Hingegen sind ein Schreck der Bürger
Der graue und der rote *Würger.*
Der »große Graue« hört sich an
Schier wie ein Kriminalroman.
Der rote sitzt oft still im Eckplatz,

Als wär er auch nur so ein Dreckspatz.
Dann fliegen harmlos, mit Geschrei,
Die kleinern Vögel flink herbei
Und halten ihn für einen Spießer.
Er ist's auch: aber kein Genießer,
Ein Untier, das auf sie voll Zorn schießt,
Und grausam sie auf scharfen Dorn spießt.
Lockspitzel, ahmt er – Schand und Schmach! –
Die Stimmen aller Vögel nach,
Um die vertrauensseligen Deppen
Dann auf sein Blutgerüst zu schleppen.
Neuntöter heißt er – seid gewarnt!
Als *Lanius Senator* tarnt
Der Rotkopf sich; doch schaut Ihr näher,
Dann ist er ein Krawatteldreher!

Man braucht nicht lang im Brehm zu wälzen,
Man kennt sie selbst, die muntern *Stelzen,*
Die Bach- vor allem, die schwarzweißen,
Auch Klosterfräulein oft geheißen.
Sie gibt's in Bayern wie in Schlesien,
Sie fehlen nur in Polynesien.
Das Vöglein ist gesellig, klug,
Sucht seine Nahrung hinterm Pflug;
Als Waschermadl, hoch geschürzt,
Es planschend in die Flut sich stürzt.
Meint man, daß es im Wasser kippt,
Es nur mit seinem Schwänzchen wippt
Und fliegt um ein paar Steine weiter;
Selbst wenn es regnet, bleibt es heiter.
Der *Pieper* ist hier noch erwähnlich,
Halb stelzen- und halb lerchenähnlich.
Es gibt den Wiesen-, Baum- und Brach-;
Das Nähere schlagt selber nach!

Den Schluß macht, schwärzlich oder brauntönig
Der kleinsten einer, unser *Zaunkönig*,
Ein muntrer Flatterer und Hüpfer.
Vertreter der Familie Schlüpfer.
Er bleibt bei uns das ganze Jahr,
Singt selbst im Winter hell und klar
Und lebt in Gärten, grün umbuscht,
Wo oft er wie ein Mäuschen huscht.
Es baun die winzigen Troglodyten
In Höhlen Nester, um zu brüten,
Doch Vogelkenner auch ihn trafen
In Moospalästen, nur zum Schlafen.
Dort haben sich's bequem gemacht
Die Jungen, sieben oder acht,
In einem einzigen Himmelbett.
Wie ist doch das Gewimmel nett,
Wenn, eine Seele und ein Herz,
Dort schlummert die Familie Schnerz.

So wär's denn mit den Vögeln aus. –
Halt, halt! Noch kommt der Vogel *Strauß*,
Der bisher, dumm und ganz verschreckt,
Den Kopf hat in den Sand gesteckt.
Der Vogel Strauß ist zäh und ledern;
Fast ist er ein Kamel mit Federn,
Woran was Wahres wohl sein muß,
Denn er heißt *Struthio camelus;*
Kurzflügler ist er, Brevipenne;
Der Hahn lebt streng mit seiner Henne;
Man kriegt von einem Straußenpaar
Bis siebzig Eier oft im Jahr;
Es ist der winzige Hühnerdotter
Damit verglichen, nur Gestotter.
In Afrika, meist schon in Farmen,
Lebt er, behandelt zum Erbarmen:

Man rupft dem schönen Vogel Strauß
Die wunderbaren Federn aus.
Doch Gott sei dank – er hört es gern –
Sind sie zur Zeit nicht mehr modern,
Die Nachfrag ist bedeutend schwächer
Für Hüte, Boas oder Fächer.
Wer aber, lieber Vogel Strauß,
Sieht in der Mode was voraus?

Der Strauß, bestätigen die Kenner,
Ist auf der Welt der schnellste Renner.
Auch hört man Staunenswertes sagen
Von dem berühmten Straußenmagen.
Sei's Diamant, sei's Kieselstein,
Was glänzt, würgt er in sich hinein,
So daß es oft im Bauch ihm klimpert;
Sein großes Auge ist bewimpert,
An Hals und Schenkeln ist er nackt,
Sein Knochenbau ist ganz vertrackt,
Weil er als Flieger im Verkümmern;
Auch geistig zählt er zu den Dümmern.

Der *Kiwi, Emu, Kasuar*
Australiens zähln zur Straußenschar;
Der *Nandu,* auch mit wunderbarem
Gefieder, hält sich einen Harem.
Auf Südamerika beschränkt,
Ist sonst er klüger, als man denkt.
Mitunter weiß sich kleidet er,
Den Gaucho streng vermeidet er;
Der brät ihn, wenn er ihn erwischt;
Gern unter Herden er sich mischt.
Leicht ist der Nandu aufzuziehn
Und pflanzt sich fort, selbst in Berlin.

Genug! – Noch eins ist zu erwähnen:
Erfüllt ward endlich unser Sehnen,
Daß wir, gleich Vögeln, Flügel kriegen:
Der Mensch kann fliegen, fliegen, fliegen!
Wer aber nicht für Technik schwärmt,
Bemerkt nur, daß sie stinkt und lärmt.
Mit mancher Freiheit ist's vorbei
Seit wir so richtig vogelfrei.

INSEKTEN

Nun gilt's, daß einen Blick man werfe
Auf die *Insekten* oder *Kerfe.*
Wenn auch darunter viele sind,
Die glaubt zu kennen jedes Kind –
Maikäfer, Schmetterlinge, Bienen –,
So sind doch manche unter ihnen,
Die selbst der hohen Wissenschaft
Noch neu sind oder rätselhaft.

Sechshunderttausend Arten kennt sie;
Ein (strittiges) System benennt sie
Nach Ordnungen, jetzt sechsundzwanzig,
Umfassend, was da lausig, wanzig
Sich rumtreibt, emsig oder mückig –
Und manche Art billionen-stückig,
Vom allerwinzigsten Vertreter
Zu Schrecken, einen Viertelmeter.

Die *Schmetterlinge* warn nicht Mode
In der Ur-Urwelt-Periode.
Man trifft von ihrem bunten Kleide
Nur selten Spuren in der Kreide
Und erst aus Kalken oder Schiefern
Vermag man den Beweis zu liefern,
Jahrhunderttausend' übers Grab
Hinaus, daß es sie damals gab.
Jetzt, andrerseits, währt's nicht mehr lange,
Scheint's, bis zu ihrem Untergange.
Wie überhaupt, wer nicht verblendet,
Sieht, daß es bald – mit Schrecken – endet.
Als wir noch warn im Flegelalter,
Was gab es da noch Segelfalter!

Was sahn wir allenthalben glänzen
An Trauermänteln, Schwalbenschwänzen!
Als edles Tun galt's einst, mit Netzen
Den armen Tierchen nachzuhetzen,
Wie es schon unsre Väter taten,
Die sie dann wüst in Äther taten,
Auf Nadeln spießten und die besten
Vereinigten in schönen Kästen,
Wo sie, verdrängt von andern Spielen,
Vergessen, bald in Staub zerfielen.

Kaum gibt es lieblichere Dinge
Auf Erden, als die Schmetterlinge!
(Welch lauter Name, finden wir
Mit Recht, für ein so leises Tier!)

Sie sind, beflügelt, reine Engel,
Sie sind wie Blumen ohne Stengel,
Sie sind betrunken nur von Wonne,
Sie sind die Lieblinge der Sonne,
Sie sind das Gleichnis schöner Seelen,
Die aus dem Irdischen sich schälen –
Kurz, sie sind beinah nicht mehr tierisch,
Und wer von ihnen spricht, tut's lyrisch.

Die Blumen sich in Hüften wiegen;
Was tun sie, einen Mann zu kriegen?
Sie duften, manchesmal betäubend,
Daß einer komme, sie bestäubend;
Nun sind sie zwar mit allem Freund,
Was frühlingsfroh in Lüften streunt,
Und doch, es scheint, koketter fingen
Sie's an mit unsern Schmetterlingen.

Die kommen ohne viel Geräusch.
Des Tages Liebelein sind keusch;
Doch in den Nächten, in den schwülen,
Kommt's auch zu wilderen Gefühlen:
Violen, Geißblatt und Liguster
Sind wahrlich keine Tugendmuster.
Sie lieben sinnlicher und wärmer
Es schwirrn die lustbetrunknen Schwärmer
Und wenn die ihre Küsse trinken,
Dann duften sie, daß sie fast stinken.

Nun ist ein Falter immerhin
Vermählt mit einer Falterin
Und hat, wie häufig solche Viecher,
Für Weibchen einen starken Riecher,
So daß oft so ein Têtatäter
Herbeifliegt hundert Kilometer,
Zu üben seine Gattenpflicht.
Doch Blumen-Gspusis läßt er nicht.
Und da die Falterin vernünftig,
Begnügt sie sich, als Mutter künftig,
Und nimmt es selbst, als Ehefrau,
Mit Blumenfreunden nicht genau.

Wie sich das Ei zur *Raupe* wandelt,
Ward wissenschaftlich oft behandelt.
Als *Puppe,* einem Mönch vergleichbar,
Für diese Welt ganz unerreichbar,
Die Raupe ruht im Erdenschoß,
An einem Ast, im Holz, im Moos.
Wie oft preist uns des Dichters Harfe
Des Falters Wandlung aus der Larve.
Und auch der Christ sieht in der Häutung
Die tief moralische Bedeutung.
Nun freilich ist nicht jedes Ding,
Das sich entpuppt, ein Schmetterling.

Die Raupe zog ins enge Haus:
Der Falter schlüpft im Lenz heraus!
Er trifft die Welt schon voll Rumor –
Und er allein hat gar nichts vor.
Er fällt drum auf (und gar nicht liebsam)
Den Viechern, die ganz wild betriebsam
Und die ihr Urteil gleich bekunden:
Gewogen – und zu leicht befunden!
Verborgen bleibt ja stets den mehrsten:
Das, was so leicht scheint, ist am schwersten!

Der erste Flug im neuen Kleid –
Oh, selige Falter-Jugendzeit,
Oh, Sommerlust, vom Glück gesegnet –
Sofern der Sommer nicht verregnet!
Der Mensch auch, der einfältge Falter,
Kommt, hat er Pech, in Kriegszeitalter,
Wo's andre Dinge gilt zu schaukeln,
Als sorglos durch die Welt zu gaukeln.

Wie man den Falter auch beschleicht,
Ihn wegzufangen ist nicht leicht,
Denn beim Insekt ist dies der Fall:
Es hat die Augen überall,
Bis fünfundzwanzigtausend Stück;
Es schaut nach vorwärts und zurück.
(Wie mag es drum der Tod verdrießen,
Muß es so viele Augen schließen!)

Wir steckten einst in unsre Büchse
Noch leicht die *Pfauenaugen, Füchse,*
Zitronenfalter und *Apoll* gar,
Von denen Feld und Garten voll war.
Das Los des Schönen auf der Welt:
Es wird ihm überall nachgestellt.

Der Pöbel, wie wir ihn auch hassen,
Siegt überall durch seine Massen.
Der allerhäufigste war wohl
Der *Weißling*, der uns fraß den Kohl,
Man hat ihn ausgerottet roh —
Heut wärn wir um den Weißling froh.

Der Falter fliegt hoch in die Alpen,
Die Taster heißt der Fachmann Palpen —
Was ich erwähn' nur, insgeheim
Mich freuend an dem raren Reim.
Auch ohne IG-Farben bringen
Sie höchsten Glanz auf ihre Schwingen.
Was bunt erscheint, der ganze Duft
Ist völlig farblos, wie die Luft!
Dabei sind unsre nur ein Plunder,
Verglichen mit dem Tropenwunder
Der Falter, welche dort voll Feuer
Viel gelber, röter sind und bläuer.
Ach, aus des Lebens raschen Zechern
Macht Folien man zu Aschenbechern,
Zu Broschen, die man aus Brasilien
Mitbringt den staunenden Familien,
Bis drüben auch, zu Kitsch verdorben,
Die holden Wesen ausgestorben.
Die Falterwelt den Nachweis böte,
Daß Schiller mehr beliebt als Goethe:
Den großen Schillerfalter kennt man,
Doch keinen Goethefalter nennt man!
Tagfalter haben wir gebracht;
Doch gibt's auch eigne für die Nacht.

Die Welt wär um so manches ärmer,
Gäb's nicht die sonderbarsten *Schwärmer*.
Sie schwärmen, fast ist's schon zum Lachen,

Durchwegs für ausgefallne Sachen:
Nachtkerze, Wolfsmilch, Oleander –
Nachtschwärmer alle miteinander.
Weinschwärmer taumeln durch das Dunkel,
Zerstoßen sich im Lichtgefunkel,
Und oft sind Riesen unter ihnen
Wie viermotorige Maschinen.
Sie machen bei dem Nachtgeschwärm
Mitunter beinah Flieger-Lärm.
Eh man das erste Kino sah
War schon der *Flimmerschwärmer* da.
Und auch der *Totenkopf,* er war
Einst kein SS-Mann, kein Husar,
Nein, friedlich flog er mit Gebrumm
Auf dem Kartoffelfeld herum.

Gar leicht den Eindruck man gewinnt,
Daß wer, der schwärmt, schon beinah spinnt –
Woran wir eben uns erinnern:
Gilt's doch zu reden von den *Spinnern.*
Beim *Seidenwurm* scheint's uns erfreulich,
Doch bei den *Nonnen* ist's abscheulich,
Die, ein mit Recht verhaßter Orden,
Mitunter ganze Wälder morden.
Dem Forstmann sind sie eine Qual,
Sie fressen Länder (kleri-) kahl;
Und andre Raupen, die nichts schonen,
Ziehn schwarz daher in Prozessionen.
Verbiet dem Seidenwurm, zu spinnen –
Umsonst: Ihn treibt's dazu von innen.

Das *rot* und *blaue Ordensband*
Beim Deutschen immer Anklang fand,
Denn ohne Orden wär kein Mann er.

Die nächste Sippe sind die *Spanner*.
Da kommt zum Beispiel uns vom *Frost-
Spanner* höchst wunderliche Post:
Zieht der Oktober in das Land,
Bei kleinem Frost der große spannt;
Der kleine kommt dann erst dahinter,
Bei großem Frost, im tiefen Winter.

So haben sie auch bald genug
Von Liebesglück und Hochzeitsflug,
Sind abgespannt nach kurzer Zeit,
Die armen Spanner tun uns leid.
Ein muntrer Vetter immerhin
Ist unser kleiner *Harlekin;*
Doch sehr den Beeren schaden kann er.
Nicht zählt hierher der Büchsen-Spanner.

Die *Wickler:* Unsre Zeit ist knapp,
Rasch wickeln wir die Wickler ab.
Der Ankerwickler dürft allein
Von allen Wicklern nützlich sein,
Indes Du sonst sie gar nicht lobst:
Sie gehn an unser gutes Obst.
Die Äpfel schmecken ihrem Gaumen,
Die Aprikosen und die Pflaumen.
Die Traube heilig ist dem Weingotte
Doch schert sich nicht darum die *Weinmotte*.

Der *Sauerwurm* – wie den man töte
Erforschten die Gebrüder Goethe –
Kein Irrtum, denn es ehrt der Kenner
Auch diese hochverdienten Männer.
Die *Motten* nagen, diese Lümmel,
An Pelz und Wolle, Korn und Kümmel.
Fettschaben, zu der Hausfrau Jammer,

Gehn dreist in ihre Speisekammer.
Verderblicher als Korahs Rotte
Ist die bekannte *Kleidermotte,*
Wenn sie ach so bescheiden ist,
Daß sie im Grund bloß Löcher frißt.
Motetten, geistlich-musikalsch,
Hier anzuführen, wäre falsch.
Die Motte fliegt mit Lust ins Licht,
Wovon sie sich ihr Glück verspricht.

Auch die Klamotten, unsre Kleider,
Zum Mottenfraß nur dienen, leider,
Noch eins: die Motte selbst zu töten,
Ist nicht am dringendsten vonnöten:
Was fliegt, tut nichts dem Kleiderkasten.
Die alten Motten nämlich fasten.
Die Raupe ist auf Woll erpicht –
Baumwolle aber mag sie nicht.

Mit Schmetterlingen sind wir fertig.
Viel wichtiger ist gegenwärtig,
In einer Zeit, erfüllt von Kriegen,
Das scheußliche Geschlecht der *Fliegen.*
Sehr klar man hier den Unterschied
Vom Männchen und vom Weibchen sieht:
Der Flieger, der vor Tag und Jahr,
Wir sahen's, klein und häßlich war,
Wird, groß und mächtig jetzt geworden,
Bald noch die ganze Menschheit morden.
Im Frieden selbst macht durch Gestank
Und Höllenlärm er alle krank.
Die Fliege – die wir auch nicht lieben –
Ist klein, wie stets sie war, geblieben;
Schmeißfliegen unsre größten heißen –
Ein Glück, daß sie nicht Bomben schmeißen.

Die Fliege ist bald rauh, bald zart,
Teils bartlos, teils mit Knebelbart –
Wobei ich mehr auf Brehm vertrau:
Ich selber sah sie nicht genau.
Ein Kind man bös und grausam heißt,
Das einer Flieg die Bein ausreißt,
Gar, wenn es sie in Tinte taucht
Und schaut, wie sie am Löschblatt kraucht,
Dann ist das scheußlich und gemein,
Der Forscher darf so was allein!
Denn der stellt fest, wann sie verstummt,
Und ob sie mit den Flügeln brummt.
Und tat er seine Forscherpflicht,
Und merkt, mit Flügeln brummt sie nicht,
Macht er sich weiter kein Gewissen:
Er tat's, der Wahrheit nur beflissen.
Doch ist auch längst nicht jeder gut,
Der »keiner Fliege etwas tut«.
Grad Massenmörder, Völkerschrecken
Kann unter solchen man entdecken.

Die *Fliege* ist an sich nicht bös;
Doch macht sie Menschen leicht nervös,
Besonders, wenn im trauten Heim
Sie zappelt wild im Fliegenleim.
Drum nehm ich es auf meine Kappe
Und rat, nach altem Brauch, zur Klappe.
Die Fliegen schufen arge Nöte
Zum Beispiel auch dem alten Goethe:
Hatt abends tausend er erschlagen,
Weckt' eine ihn im frühsten Tagen.

Für sich ist eine Fliege harmlos,
Doch bricht ja meist ein Riesenschwarm los.
So sind's, wie überall, die Massen,

Die uns auf dieser Welt nicht passen.
Doch ist's ein Wahn wohl, daß die Welt
Just für den Menschen hergestellt.
Bis weitere herauszukriegen,
Gibt's vierzigtausend Arten Fliegen,
Die unsre Erde rings bewohnen.
Von manchen Arten hat's Billionen!
Wohin man schaut in aller Welt:
Was ist's, das meistens uns vergällt
Dies sogenannte Menschenleben?
Fast lauter Kleinigkeiten eben!

Zu schaffen Widerwärtigkeiten,
Hat kaum ein Vieh die Fertigkeiten
Wie unsre liebe *Stubenfliege*.
Sie stört das Kind schon in der Wiege,
Sie kriecht dem Greise auf die Glatze;
Und wo er sicher nicht am Platze,
Da finden wir ihn ganz gewiß,
Schön Punkt für Punkt: den Fliegenschiß.
Sie selbst, *musca domestica*,
Allgegenwärtig ist sie ja:
Man trifft sie wirklich überall,
Jedoch am häufigsten im Stall,
Als fände sie das Glück der Erde
Auch auf dem Rücken nur der Pferde.
Leicht ist man gegen sie gefeit:
Sie fliegt bloß hundert Meter weit!

Im Herbst die Fliege böser wird –
So hört man: doch der Volksmund irrt!
Stechfliegen, Stuben- ähnlich bloß,
Ins Zimmer schwirrn – und auf uns los!
Die Fliegenlarven oder *Maden*,
Die bringen uns den ärgsten Schaden;

Was hat, die unser Herz vergiftet,
Ein Mädchen Unheil schon gestiftet,
So daß die Wirkung man versteht,
Wenn es sich um Milliarden dreht!

Die Fliegen haben ihre Tücken —
Doch noch viel schlimmer sind die *Mücken*. —
Kalmücken, die zwar auch oft quälen,
Sind hier nicht weiter mitzuzählen.
Trifft Dich ein Mückenstich im Gras,
Grasmücken taten niemals das! —

Wie wäre ohne Culiciden
So schön der Sommerabend-Frieden!
Doch was im Bett der Floh, der Pulex:
Ein Quälgeist, ist im Frein der *Culex,*
Der ohne jeden Sittenkodex
Selbst Mädchen sticht in ihren Podex,
Auf ihre Denkerstirn die Denker,
Propheten, Dichter, Weltenlenker.
Und gar beim Baden, Fischen, Paddeln
Schwellt er die Haut zu dicken Quaddeln.
Wenn sich die *Schnaken* so erfrechen —
Nur *Weibchen, nota bene,* stechen!! —
So haue lieber gar nicht hin —
Sonst bleibt ja nur der Stachel drin.
Hingegen jederzeit empföhl'
Ich ein paar Tropfen Nelkenöl,
Sofern man nicht, was sie nicht lieben,
Mit Pfeifenrauch sie schon vertrieben.

Moscitos gibt es weiter südlich.
Bist müd du, sind sie unermüdlich.
Du hörtest selten süßre Stimmen
Als ihr Simsimserimsin-simmen.

Doch harmlos sind sie, wenn sie summen.
Du scheust sie erst, wenn sie verstummen.
Die Netze haben keinen Sinn:
Denn Du allein verfängst Dich drin.
Manch einer läßt sich nicht nach Bozen
Und nicht mehr nach Venedig lotsen;
Doch sollen auch am deutschen Rhein
Die *Schnaken* nicht viel besser sein.
Sie ließen selbst schon Goethe zweifeln,
Ob nicht die Welt gemacht von Teufeln.
Ihn suchten diese Wesen heim
Beim Liebesglück in Sesenheim.
Es stechen durch die dicksten Strümpfe
Die Staunzen unsrer Chiemseesümpfe.
Zum Baden locken die Gestade:
Der *Wadenstecher* impft die Wade.
Aus nächster Nähe jedes sticht:
Fernstecher gibt's bei ihnen nicht.
Was vielleicht mancher nicht gewußt:
Nicht nur der Süden ist die Lust
Der ungeheuren Mückenhorden;
Sie schwärmen auch im hohen Norden!
Im kurzen Sommer – lang genug
Für den noch kürzern Mückenflug –
Liegt Finne, Schwede, Samojede
Mit ihnen – hoffnungslos – in Fehde.

Noch wäre vieles durchzunehmen,
Wie *Magen-* oder *Nasenbremen*;
Gemessen etwa an der *Dassel-*,
Sind *Rinderbremsen* nur ein Spassel.
Gern an der Isar wie der Themse
Bei Schwüle naht die *Regenbremse*
Und bremst – und tut nicht weiter Schaden –
Gewaltig unsre Lust zum Baden.

Es lebt in Ländern feucht und heiß,
Die *Tsetsefliege*, wie man weiß –
Die eine schwere Gottesstrafe:
Ihr Stich zwingt Mensch und Tier zum Schlafe.
Um die *Glossina* Glossen machen?
Nein – die ist wirklich nichts zum Lachen.
Doch in Europa steht die Wiege
Der harmlosern Amts-Stubenfliege,
Die, umgekehrt, die Schreiber neckt
Und sie vom Dienstschlaf auferweckt.

Daß Elefanten man aus Mücken
Macht, ist ein Spruch; nie wird das glücken.
Doch umgekehrt: die vordem rannten
Durchs Porzellan wie Elefanten,
Die machten sich wie Mücken klein
Und wollten's nicht gewesen sein.

Recht wunderliche Flügelwesen
Sind's, die uns nachts, beim Schreiben, Lesen,
Besuchen und auf Schrift und Buch
Sich setzen als ihr Leichentuch,
Wie's uns beschrieben Keller schon
In seiner »Kleinen Passion«.
Kennst Du die nicht, ist's eine Schmach:
Gleich schlag mir das Gedichtlein nach!
Wie dort das Tierchen tapfer-still,
Stirbt auf dem Wörtlein grade: »will«,
Wie leicht im Buch ruht sein Gebein –
»Mög uns sein Frieden eigen sein!«
Dem Kenner gibt so ein Gedicht
Mehr als ein Band Naturgeschicht!
Gottlob, daß nur ein Dichter wacht
Noch beim Papier um Mitternacht. –
Ein andrer nimmt für einen Dreck
Das Märchen bloß und knipst' es weg.

Die *Eintagsfliege* gibt's nicht nur
Als nettes Tier in der Natur,
Als Einzelwesen oder Richtung
Trifft man sie auch in Kunst und Dichtung.
Doch lohnt sich's nicht, hier abzuschweifen:
Kaum sind die echten zu begreifen!

Ganz echt sind ja auch diese nicht,
Weil man von *Falschnetzflüglern* spricht. –
Das Tier ich nicht nur drum beklag,
Weil ihm vergönnt ist kaum ein Tag,
Nein, auch, weil an dem Tage dann
Ein Weib nur trifft auf tausend Mann!

Die Eintagsfliege, zart wie Seide,
Schwebt nun dahin im Flügelkleide.
Ein Jahr hat sie den Tag erhofft –
Und den verregnet's dann noch oft!

In Strichen, wo auf trocknem Land
Man Jungfraun nur noch selten fand,
Sind *Wasserjungfern,* Demoisellen,
Libellen häufig festzustellen.
So kann der Mensch sich manchmal irren:
Sie scheinen reizend, wenn sie schwirren
Am Ufer hin, in Schilf und Gräsern
Mit ihren Flügeln, schön und gläsern.
Doch hat es jedem noch gegraut,
Der ihnen ins Gesicht geschaut:
Glotzaugen, bös, voll Mordverlangen,
Und Kiefer, scharf wie Eisenzangen!

Der *Ameislöwe,* trichtergrabend –
Libelli sua fata habent –
Ist, wie die Forscher uns erhellen,
Nur Larve einer Art Libellen.

Es leben meist in riesigen Hügeln
Mit einer Freßwut, kaum zu zügeln,
Die bösen, kriegrischen *Termiten.*
In Indien hätten sie den Briten –
Und das sei ihnen unvergessen –
Beinah die Flotte aufgefressen,
Vor Jahr und Tag, als sie noch hölzern. –
An der moderneren und stölzern,
Da haben sie's noch nicht versucht.
Sonst aber, schamlos und verrucht,
Zerfressen sie und höhlen aus
Oft ganze Städte, Haus um Haus!
Tapeten, Bücher, Kleider, Leder,
Das Elfenbein, die Straußenfeder,
Das Werkzeug, von der Bahn die Schwellen
Wird von den wüsten Raubgesellen
Lautlos in tiefer Nacht erledigt;
Dabei scheint alles unbeschädigt:
Erst wenn Gebrauch man davon macht,
Es leer in sich zusammenkracht.
Der Wein fließt aus zernagten Fässern,
Und von den fürchterlichen Fressern
Die Telegrafenstangen stürzen;
Im Tee, im Zucker, in Gewürzen,
Kurz allem, was nicht eisenfest,
Blind wütet die Termitenpest,
Für die ein Stoß, ein Riemenschneider
Auch altes Holz nur wäre, leider.
Man braucht gar nichts hinzuzudichten:
Die Hügel sind, die sie errichten,
Vergleichsweis, das ist bare Prosa,
So hoch als wie der Monte Rosa.
Sie baun (was böte uns das Reiz!)
Sich einfach selber ihre Schweiz.
Vor Jahrmillionen vielleicht schon

Erfanden die den Stampfbeton.
Man meint, daß man vor Augen hätt
Ein einzigs, scheußliches Kazett,
Ein Zuchthaus allergrößten Stiles. –
Und leider spricht auch dafür vieles,
Daß all das ohne höhern Zweck.
Sie fressen ihren eignen Dreck,
Weil alles »restlos«, bis zum Schluß
»Total« verwertet werden muß.
Die Kranken werden zwangsvernichtet;
Und wenn der Tod die Reihen lichtet,
Wird der Verdauung ungerührt
Der »Leichenanfall« zugeführt –
Ein Staat, von dem man schaudernd träumt,
Stramm ausgerichtet, aufgeräumt,
Ganz ohne Herz und ohne Träne,
Doch durch und durch voll Hygiene.

Vermutlich von gar düsterm Sinn
Ist der Termiten *Königin*.
Der Prinzgemahl nennt sich zwar König,
Doch hat zu sagen er nur wenig,
Nicht zu vergleichen mit dem Stalin. –
Unheimlich ist nur die Gemahlin.
Geheimnisvoll, in ewiger Nacht,
Von eignem Militär bewacht,
Sitzt auf dem Thron sie, finster-bleich,
Wüst aufgeschwemmt und schwabbelweich;
Cäsarenhaft und ohne Seele,
Erteilt sie lässig die Befehle,
Die Würdenträgern ihre Posten,
Millionen oft die Köpfe kosten.
Dem Volke selbst bleibt sie verhüllt;
Mit ihren Fleischesmassen füllt
Die schrecklichste der Riesendamen

Des Thronsaals ewig nächtigen Rahmen,
Wo Kammerdiener, Zofen, Schranzen
Nach strengen Bräuchen sie umtanzen.
Sie pflegen sie und tragen Futter.
Die Presse spricht von »Landesmutter« –
Wie überhaupt, was grauenhaft,
Ganz friedlich, scheinbar, tritt in Kraft.
Ein unbeschreibliches Gefüge
Von schlichtem Prunk und wahrer Lüge,
Spontaner List, freiwillgem Zwang,
Schafft dichtesten Zusammenhang.

Wer glaubte, daß vor Tag und Jahr
Die Königin ein Mädchen war,
Nicht üppig, nein, recht wohlgebaut,
Daß lang gewartet sie als Braut
Und wandervogelnd mit dem Freund
In Feld und Wald herumgestreunt,
Bis sie das traute Heim gegründet
Und ehelich sich ihm verbündet?
Ja, wir erkennen es mit Graus:
So wächst sich manchmal etwas aus!

Der Bonze nur und der Soldat
Beherrschen diesen Ordnungsstaat.
Die Leistung ist zwar oft beträchtlich –
Doch wie abscheulich, wie verächtlich!
Wie's wirklich ist in diesem Reiche
Vermuten wir nur durch Vergleiche.
Die Bürger selbst kann man nicht fragen,
Sie dürften uns ja doch nichts sagen.
Ganz abgesehen davon sind
Die Untertanen taub und blind. –
Nicht von Natur aus, früher schon:
Nein, erst im Zug der Staatsraison

Hat dieses Volk den Blick verloren;
Jetzt freilich wird's schon blind geboren
Und ist – behaupten Forscher steif –
Politisch überhaupt nicht reif.

Die Leistungen, oft nicht zu fassen,
Macht dieser Staat mit seinen *Massen:*
Es wird die Königin entbunden
Von Kindern alle zwei Sekunden.
Man hat Termiten auch die »Weißen
Ameisen« früher oft geheißen;
Die Forscher hier im Irrtum staken:
Sie sind verwandt mit *Kakerlaken.*

Die *Schabe* lebt zwar selbst behäbig,
Doch wo sie auftritt, wird es schäbig.
Zu wechselseitigem Verdruß
Nennt man sie »Preuß« hier und dort »Ruß«.
Leicht wär es da, mit Spott zu glänzen –
Doch Wissenschaft hat strenge Grenzen.

Noch ärger als die braune Schabe
Macht es der schwarze Küchen-*Schwabe.*
Der Name treibt des Unmuts Wolke
Mir auf die Stirn: dem deutschen Volke –
Das mit dem Schwaben doch gemeint! –
Das wie sonst keins des Schmutzes Feind,
Ein roher Schimpf wird angetan –
Und 's nimmt nicht einmal Anstoß dran!
Am größten ist der *Kakerlak:*
Wenn man drauftritt, dann macht es knack!

Zu schildern wär schon schwer in Prosa
Das Untier: *mantis religiosa:*
Für Gottes Schöpfung kein Gewinn

Scheint uns die *Gottsanbeterin*.
Den Namen trägt sie nur zum Spott,
Sie tut nur widerlich bigott
Gleich manchen Weibern, wüsten, alten,
Die immer nur die Hände falten
Und sonntags in die Kirche rennen –
Doch echtes Christentum nicht kennen.

Der *Heuschreck* ist für weite Strecken
Der Welt ein ungeheurer Schrecken.
Denn dieser unwillkommne Pilger
Ist ein gefräßiger Vertilger,
Und fällt er übers Grüne her,
Dann wächst dort bald kein Grashalm mehr.
Stabschrecken, die uns Furcht einflößen,
Gibt's, bis zu Generalstabsgrößen.
Gespensterschrecken Du so nennst,
Weil wirklich sie ein Schreckgespenst.
Wenn sie auf dürren Bäumen klettern,
Dann gleichen Ästen sie und Blättern,
Daß Du bezweifelst, was und wie;
Den Zustand heißt man *Mimikry.*
Insekten ist sie angeborn;
Dem Menschen ging sie längst verlorn
Und mühsam muß er neu erwerben
Die schwere Kunst, sich schutzzufärben.

Charakter spielt bei Mimikry
Natürlich eine Rolle nie:
Ein solches Tier stellt dreist sich tot,
Schaut schamlos aus wie Mäusekot,
Und, wo die *Wollsackschildlaus* wimmelt,
Meint man, es wär nur was verschimmelt.
Dem Vieh ist's gleich, wofür's die Welt –
Und wär es blanke Sch . . ., hält,

Wenn's, ohne daß man ihm was tut,
Nur leben darf, noch leidlich gut.

Doch, Leser, nun zurück aufs neu
Zu jenem Schrecken, der nur Heu.
Wie eine düstre Wetterwolke
Schwärmt solch ein Schreck oft überm Volke;
Er hinterläßt ihm Hungersnot
Und üblen Mist und bittern Tod.
Und ist's vorbei, weiß niemand klar,
Wie eigentlich das möglich war.

Die Neger fressen solche Schrecken
Wie unsereins die Weinbergschnecken;
Johannes auch (so sagt die Chronik),
Der Täufer, aß sie gern mit Honig.

Wie ist doch unser Heuschreck hier
Mit jenem wüsten Wüstentier
Verglichen, harmlos! Sei's das kühne
Graspferd, das große, dunkelgrüne,
Sei's, schnarrend mit den roten Flügeln
Das graue, auf besonnten Hügeln,
Sei's gar das kleine braune Hüpferl,
Das froh, wie auf dem i das Tüpferl,
Nur um so muntrer wird, je heißer –
Hierher zählt auch der *Warzenbeißer*.

Von *Grillen* ist nicht viel zu sagen:
Wer möchte sich mit Grillen plagen?
Der Grill schrill durch die Stille zirpt,
Wenn liebend er um Weibchen wirbt.
Zu kitzeln Grillen, was nicht roh,
Aus ihrem kühlen Bau mit Stroh,
Zählt, als ein süßes Zeitvergeuden,
Mit zu den schönsten Sommerfreuden.

Es sei, so sagt ein schlechter Reim,
Das Glück allein ein trautes Heim.
Ein trautes *Heimchen* (hinterm Herd)
Ist ganz gewiß noch liebenswert –
Unheimlich wird's erst, wenn in Massen
Sie zirpend sich vernehmen lassen.

Der Gärtner sieht nichts weniger gern
Als *Maulwurfsgrillen* oder *Werrn*.
Daß nicht zu viele Kerfe wüchsen,
Fängt er sie in Konservenbüchsen,
Schlägt sie mit Spaten tot und Hacken. –
Nur Helden sie mit Händen packen,
Teils weil sie scheußlich von Gestalt,
Teils weil sie zwicken mit Gewalt.

Der *Ohrwurm* ist gar nicht so böse
Wie's glauben ängstliche Nervöse,
Die, schlummern möchtend auf der Wiese,
Am besten rasch verließen diese.
Beipflichten kann ich nicht dem Herrn
Kollegen Doktor Morgenstern.
Der Ohrwurm weiß, wenn wo was öhrt,
Nicht, daß dazu ein Mensch gehört,
Er weiß nicht, daß, zum Beispiel, Nelken
An seinem üblen Duft verwelken
Und daß sich manche andre Höhle
Für Ohrenhöhler mehr empföhle
Als zu verbreiten seinen Stunk
In eines Blumenkohles Strunk.
Der Mensch hingegen, als ein schlauer,
Weiß seinerseits um so genauer,
Daß sich, was gerne Ohren wühlt,
An kahler Wand verloren fühlt,
Hingegen sehr für alles schwärmt,

Was dunkel ist und wohlig wärmt.
Aus Reisig macht er ein Versteck
Nur zu dem hinterlistigen Zweck,
Daß – und er tut's auch in der Regel –
Der Ohrwurm kommt, mit Kind und Kegel;
Dann aber klopft der Mensch, o Graus,
Das Reisig rasch im Ofen aus.

An *Blasenfüßern* fehlt es nie,
Erfuhr ich, bei der Infantrie. –
Entomologen scheint das freilich
Ein Mißgriff, einfach unverzeihlich.
Sie sind drauf stolz, daß sie entdeckten,
Hier handle sich's um *Urinsekten;*
Es zählt – das Wichtigste nur, roh –
Dazu der winzige *Gletscherfloh* –
Und, das Du oft gesehn schon hast,
Das Fischchen oder *Zuckergast.*
Mitschuldig ist der kleine Wicht
Am Zuckermangel sicher nicht.
Hingegen bist Du auf dem Klo
Um Unterhaltung manchmal froh
Und schaust, in weltverlorner Ruh,
Dem muntern Fischchen gerne zu.

Der *Floh* hat, fast schon ausgestorben,
Im Kriege neuen Glanz erworben,
Und wie in frühern Zeiten fröhlich
Sprang's wieder allenthalben, flöhlich.
Sprichwörtlich ist der Floh im Hemd –
Es ist nichts Menschliches ihm fremd.
Man sagt, was freilich eine Lüge,
Daß er die Kälte gut vertrüge
Und selbst im strengsten Winter drum
Im dünnen Nachthemd lauf herum.

Einst war der *Pulex irritans*
Kurzweg die Freude jedermanns:
Mephistos Lied verstehn wir so
Vom König mit dem großen Floh,
Dem er geschenkt hat so viel Gnade.
Es gab auch eine Flohiade,
Ein Scherzgedicht, um sechzehnhundert –
Das damals alle Welt bewundert –
In makkaronischem Latein.
Heut dürft es kaum noch witzig sein.
So ist das bei humorigen Sachen:
Bald wird kein Mensch mehr drüber lachen.
Den Floh erwirbt man, voll Verdruß,
In Eisenbahn und Omnibus;
Man hat ihn dann – und hat ihn nicht,
Bis man (verzwickt ist die Geschicht)
Ihn wirklich hat, was oft sehr schwer.
Hat man ihn, hat man ihn nicht mehr,
Weil man, nach altem Brauch, geschickt
Ihn unterm Daumennagel knickt.

Doch, ohne daß er uns was tut,
Im *Zirkus* macht der Floh sich gut.
Das Achtzigfache, als wär's nichts,
Zieht er des eigenen Gewichts.
Wo fände sonst wo beim Theater
Man einen so besorgten Vater?
Der Herr Direktor nährt, der Gute,
Die Mimen mit dem eignen Blute!

Der Floh hat, wie ein Herr Professer,
Ein Saugrohr und verschiedne Messer,
Und macht seit tausend Jahren schon
Dieselbe Operation.
Kaum, daß ihm eine je mißlingt;

Man sieht, wie weit's der Facharzt bringt!
Die Flöhe, die für uns so stillen,
Sind vielleicht lauter als die Grillen.
Nur zirpen sie so hochgestimmt,
Daß unser Ohr 's nicht mehr vernimmt.

Dem Schöpfer hat der Floh, der kleine,
Viel Müh gekostet, steht bei Heine.
Tagtäglich hat Er nachgedacht
Dreihundert Jahr, wie man ihn macht.

Die Spitzmaus wird – ist das nicht roh? –
Geplagt vom allergrößten Floh.
Der Floh schont weder Hund noch Gans.
Vom *Rynchoprion penetrans,*
Dem *Sandfloh* – auch von Gott erfunden –,
Wird Mensch und Tier gemein geschunden.
Er kam, heißt's, von Amerika
Ins Innere von Afrika.
Den Leuten, die dort barfuß gehn,
Bohrt sich das Weibchen in die Zehn,
Legt Eier, die dann scheußlich jucken –
Und doch: man darf nicht kratzen, drucken,
Sonst ist es um den Fuß getan. –
Am besten zieht man Stiefel an!

Wert, daß man fest sie ein sich schärfe,
Sind die bekannten *Schnabelkerfe.*
Denn viel Geziefer, das wir hassen,
Läßt drunter sich zusammenfassen –
Wenn auch schon junge Forscher eilen,
Neu wieder alles aufzuteilen –
So die Vertreter beider Läuse,
Der *Kopf-* sowie der *Kleiderläuse.*

Sowohl die Wanze wie der Floh
Besaufen sich ganz sinnlos roh.
Die Laus – daher das viele Jucken –
Trinkt oft, doch nur in kleinen Schlucken.

Die *Laus*, daß wir auch das noch wissen,
Kommt aus den sogenannten *Nissen*,
Die, ohne daß er viel drum frägt,
Der Lausbub auf dem Kopfe trägt.
Doch uns – da Läuse leider wandern! –
Stört seelisch auch die Laus der andern.
So focht's uns einigermaßen an,
Sahn etwa in der Straßenbahn
Die Läuse wir spazierengehn
Auf sogenannten Laus-Alleen.
Und auch im Haar, dem jetzt so langen,
Könnt man wohl viele Läuse fangen.

Ganz Fürchterliches bringt zu Tage
Der Forscher von der Läuseplage:
Von alten Männern, welche betteln,
Von schmutzigen, verfilzten Vetteln,
Hat man geklaubt – und glaubt's nur grausend –
An Läusen bis zu zwanzigtausend,
Sowohl aus Kleidern wie vom Kopf;
Dort bildet sich der Weichselzopf.

Einst ward uns mancher Floh ins Ohr
Gesetzt – bis man den Krieg verlor.
Wir büßen's mit den Läusen jetzt,
Die man uns in den Pelz gesetzt.

Die *Filzlaus*, fortzufahren läuslich,
Läßt nieder sich mitunter häuslich
In Gegenden, so männ- wie weiblich,

Die selbst dem Forscher kaum beschreiblich.
Nicht jede *Schildlaus* kann ich schildern.
Sie lebt in Ländern meist, in wildern.
Die *Kochenille* war schon kraft
Der IG. Farben abgeschafft;
Jetzt man sie aber wieder trifft
Als Farbstoff für den Lippenstift.

Die *Reblaus* an die Reben geht,
Obwohl sie nichts vom Wein versteht.
Amerika schickt dies Insekt
Zum Dank dafür, daß wir's entdeckt.

Wie ärmlich sich doch manchmal frettet,
Selbst, wer auf Rosen ist gebettet!
Dabei muß dieses uns erbosen:
Was hat die *Blattlaus* schon von Rosen?
Schätzt sie dies höchste Blütenwunder?
Sie stört uns minder am Holunder.
So ist's: Am Feinsten frißt sich satt
Der Pöbel, der davon nichts hat!
Der Forscher bloß, den Neugier prickelt,
Zeigt uns, wie ungemein verwickelt
Der Blattlaus Leben ist, geschlechtlich.
Man denke drüber nicht verächtlich,
Im Gegenteil, man staune nur,
Wie stark sich anstrengt die Natur,
Bloß zu dem Zweck, daß auf der Welt
Die Laus sich rasserein erhält!

Schon Goethe sagt, die Läus und Wanzen
Gehörten mit zum großen Ganzen.
Dies scheint uns freilich ein Beweis,
Daß er von *Wanzen* nicht viel weiß,
Obwohl ich selbst die größten grad

In Weimar fand und im Karlsbad.
Wie's Gottfried Keller sah in München,
Hilft's nichts, die Wände frisch zu tünchen;
Im Frühjahr das Gewimmel schau:
Die Wanzen kriechen – himmelblau!
Wo's Wanzen gibt, oft ahnt man's kaum
Und denkt auch gar nicht dran im Traum.
Doch, aus demselben jäh gerissen,
Weiß man's bestimmt, wenn man gebissen.
Fünfhundertmal des Rüssels Spitze
Ist feiner als die feinste Spritze.
Die Forscher, was nicht neu den Lesern,
Vergrößern sie mit scharfen Gläsern.
Mehr Ruhm der Wissenschaft man gönnte,
Wenn sie das Vieh verkleinern könnte.

Bettwanzen sind nur *eine* Art.
Es gibt auch andre, hübsch und zart,
Die sich ernähren nur von Pflanzen,
Statt sich an Menschen anzuwanzen.
Die *Ruderwanzen* (gondola)
Man häufig in Venedig sah.
Die *Hüttenwanzen,* die bequemen,
Den Alpinisten Platz wegnehmen.
Schildwanzen freilich überhaupt
Sind weitaus netter, als man glaubt.
Nur sollten sie, da schlecht sie riechen,
Nicht grade über Beeren kriechen!
Vielleicht daß es den Laien stört,
Daß die *Zikade* hergehört.
Sie war vor Zeiten hoch in Mode,
Anakreon sang eine Ode,
Daß sie, von wenig Tau begeistert,
Ihr Flötenspiel so herrlich meistert.
Doch wird das Beste oft zuviel:

O unglückseliges Flötenspiel!
Wer nie auf seinem Bette saß,
Befürchtend, daß ihn dieses Aas
Am End noch zur Verzweiflung brächte,
Der kennt sie nicht, des Südens Nächte.
Von den ganz kleinen *Cicadellen*
Gibt es recht komische Gesellen:
Nicht Aphroditen – Aphrophoren
Trifft man im Frühling, schaumgeboren.
Als Kuckucksspeichel hängt der Schaum
Besonders dicht am Weidenbaum.

Schon sind um vieles wir gescheiter,
Doch rastlos forschen wir noch weiter:
Tief in der Erde harrt als Schläfer,
Was später werden soll ein Käfer.
Der *Mai-*, das wohlbekannte Ding,
Ist jahrelang ein *Engerling*.
Doch meint man nun, ein Engerl wird,
Was jetzt im Lenz die Luft durchschwirrt?
Im Gegenteil, die braunen Massen
Muß man als wahre Teufel hassen.
Nur selten hört man heutzutage
Noch etwas von *Maikäferplage;*
Kaum wird sie wo noch epidemisch –
Denn man behandelte sie chemisch.
Wie reizend kann, für sich allein,
Doch so ein Maienkäfer sein!
Wer dächt nicht an sein Kinderglück,
Wo er sie einfing, Stück für Stück,
Und stolz dem Kribbel-Krabbel lauschte,
Das aus dem bunten Häuschen rauschte,
Wo man, bereits ein früher Kenner,
Die Weibchen suchte und die Männer
Und wo man, lang vorm ersten Krieg,

Unschuldig sang: »Maikäfer, flieg!«
Längst ist inzwischen Pommerland
Und sonst verschiednes abgebrannt.

Die *Käfer* sind verschiedner Art,
Bald plump und schlicht, bald schön und zart.
Der eine reich mit Farben prunkt,
Der andre nur mit Strich und Punkt.
Wenn er aus seinem Ei geschlüpft,
Vorsichtig er die Flügel lüpft.
Er fliegt und kriecht und hüpft nicht gleich:
Er ist fürs Leben noch zu weich.
Erst wenn sich Brust und Schwingen härten,
Braust er durch Wiese, Wald und Gärten.
Ja, Käfer gibt es ganze Haufen.
Am wichtigsten sind die, die laufen.
Recht seltsam sind – wer war der Täufer? –
Gar oft die Namen solcher *Läufer:*
Zum Beispiel die *»Gebirgs-Goldhenne«,*
Daß man die Läufer alle kenne,
Ist bei den rund zehntausend Arten,
Die's gibt, gewiß nicht zu erwarten.
Es wären mehr noch, zähltest Du
Die Mit- und Überläufer zu.
Den *Goldschmied* können wir noch bieten
Und seinen Vetter, den *Banditen:*
Ein hübscher Bursche, goldenbläulich
Doch von Benehmen recht abscheulich.
Die Wälder mörderisch er säubert,
Indem er fremde Puppen räubert.
Der Kühne steigt, man glaubt es kaum,
Ein dutzendmal auf einen Baum
Und stürzt, als wär's ins offne Grab,
Mit seiner Beute dann herab,

Wo er am Boden rasch verzehrt
Sein Opfer, wie es sich auch wehrt.

Von den Azoren bis nach Schweden
Macht viel ein Käfer von sich reden,
Der sich, und sehr zu unserm Zorn,
Nimmt unser gutes *Korn* aufs Korn.

Lust, ungesäumt, zum Baden immer
Zeigt der *gesäumte Fadenschwimmer;*
Es sei denn, in dem Tümpel träf er
Pechschwarze *Kolbenwasserkäfer,*
Die, als die Stärkern von den beiden,
Ihm diese Lust sofort verleiden.
Es irrt, wer Wiese oder Teich
Hält für des Friedens stilles Reich:
Die gegenseitige Ermordung
Ist vielmehr an der Tagesordnung;
Der oft so schöne Schein betrügt,
Als tummle sich die Welt vergnügt.
Und selbst beim *Taumelkäfer* wißt
Ihr nie, ob's Freudentaumel ist.
Wir mahnen schon das kleine Söhnchen,
Zu unterdrücken jedes Tönchen.
Hingegen finden drollig wir
Den sogenannten *Bombardier.*

Der *Keulenkäfer* lebt, wie sinnig,
Vereinigt mit der Ameis innig;
In ihrem Bau ist er daheim
Und nähret sie mit süßem Seim.
Er wird auch, wie man obbeachtet,
Als Haustier ganz und gar betrachtet,
Und ist, seit Jahr und Tag gezähmt,
Längst blind geworden, halb gelähmt.
Es geht ihm gut, er wird gefüttert,

Und trotzdem fühlen wir erschüttert,
Wie Sklaverei uns bringt zu Schanden,
Sobald wir mit ihr einverstanden.

Verstehn wir unter einer Silphe
Ein holdes Wesen, das im Schilfe,
Auf Sommerwiesen schwebt, auf feuchten,
Ganz zart erfüllt von Duft und Leuchten,
So ist das Wesen der *Silphiden*
Von diesem Eindruck grundverschieden.
Ihr Fraß ist Aas, sie stinken selber
Und sind teils schwärzer und teils gelber.
Schön sind sie nicht, sehr nützlich aber
Sind die gemeinen *Totengraber.*
Wie der Barmherzigen Brüder Chorus
Naht sich sofort der Necrophorus,
Bestattet selbst den Bösewicht
Ganz kostenlos, aus Nächstenpflicht.
Jedoch – meist hinken ja Vergleiche! –
Er hält sich schadlos an der Leiche.

Zufrieden ist mit alten Resten
Die stille Gattung der *Dermesten.*
Speckkäfer, gibt es keinen Speck,
Begnügen sich mit jedem Dreck,
Um sich zu füllen ihren Bauch –
So machten's ja wir Menschen auch.
Wie viel verspricht uns oft ein Namen –
Zum Beispiel der von jungen Damen!
Wir träumen, arg verliebt wie Schäfer,
Dann gleich von einem »süßen Käfer«.
Die Wirklichkeit enttäuscht uns roh,
Beim *Zuckerkäfer* auch ist's so.
Bei den Ägyptern, bei den alten,
Die *Pillendreher* heilig galten.

In Karneol und Bergkristall
Schuf Skarabän man überall.
Nach Gottes unerforschtem Willen
Dreht so ein Schwarzrock seine Pillen. –
Das heißt, es drehn dran ihrer zwei,
Denn seine Frau ist auch dabei. –
Natürlich ist's für Mann und Weib
Durchaus kein müßiger Zeitvertreib:
's wird höherer Zweck dabei erfüllt,
Es wird in Dreck das Ei gehüllt,
Damit's, im Fladen einer Kuh
Zum Beispiel, ohne Schaden ruh.
Gern schilderten wir auch noch näher
Den *Apotheken-Pillendreher,*
Doch stellt die Pillen mehr und mehr
Die Industrie im großen her.

Roßkäfer kennt man, blau wie Stahl.
Doch wird das Stahlroß ihm zur Qual,
Weil einzig ihm vom Roß der Mist,
Der Pferdeapfel, wichtig ist.

Fast wie der Unterschied so groß
Wie zwischen Roß und zwischen Ros,
Ist der von Roß- und *Rosenkäfer.*
Wir kennen den nicht großen Käfer,
Der zwischen Juni und August
Metallisch prunkt zu unsrer Lust,
Als wäre er bestäubt mit Gold.
An bunten Blumen hängt er hold
Und duldet's gern, daß man bequem
Betrachtend, in die Hand ihn nehm!

Wie war es schön im deutschen Reiche,
Als fest noch stand manch starke Eiche:

Da schwirrten wichtig, mit Gebrumm
Hirschkäfer im Gezweig herum.
Und da das Weibchen ziemlich rar
Schon immer bei den Käfern war,
So sind natürlich auch die Schröter
Von jeher große Schwerenöter.
Doch daß sie tragen ein Geweih,
Da darf nichts denken man dabei.

Es gibt, in fremden Paradiesen,
Noch schönre Käfer, wahre Riesen,
Der *Herkules-*, der *Goliath-*
Beherrschen dort den Käferstaat,
Der dulden muß, zwar unzufrieden,
Die Dynastie der *Dynastiden*.

Im Urwald fern, im tropisch feuchten,
Schwirrt's oft von Käfern, die so leuchten,
Daß jeder Affe, kaum ein Dutzend
Sich fangend und als Licht benutzend,
Auch nachts, mit Hilfe dieser Wesen,
Kann seinen Urwaldboten lesen.
Bei uns sind nur ganz kleine da:
's ist *Lampyris splendidula*.
Das Männchen schwirrt als grüner Funken,
Das Weibchen glüht im Moos versunken,
Der Menschen Lust, johannis-nächtlich –
Und höchst geheimnisvoll, geschlechtlich.
Besonders gerne setzt der Dichter
Auf Liebeslyrik sie als Lichter.
Hans Sachs zum Beispiel singend spricht:
»Ein Glühwurm fand sein Weibchen nicht.«

Hast Du ein Licht, stell's untern Scheffel!
Denk ans Gedicht vom alten Pfeffel:

Die Kröte spie den Glühwurm an.
Gefragt, warum sie das getan,
Rief sie voll niedrer Seelenruh:
»Du Frecher, warum glänzest du?«

Uns schädlich, aber selbst Genüßler
Sind kurze wie auch lange *Rüßler*.
Die Mütter stehln im Wald die Windeln
Schon für die kleinen Wickelkindeln.
Was werden die dann selbst? Verbrecher!
Teils *Blüten-* und teils *Rippenstecher*.
In unsern Wäldern sind zu Gast sie
Und, man versteht's, der Förster haßt sie,
Und hieße man sie selbst *Brillant*.
Die *Bohrer* sind damit verwandt.
Doch Nasenbohrer, Silbenstecher,
Die schlagen wohl in andre Fächer.
Jahrtausende vor Gutenberg
Im Forst man einen Käferzwerg
Bei seinem finstern Handwerk traf:
Buchdrucker war er, Typograph.
Auf Buchen kaum, auf Fichten nur
Druckt er am Buche der Natur,
Lehnt ab auch in bescheidnem Stolz
Das Holzpapier – druckt gleich auf Holz.
Erfunden hat auch längst er schon
Die Wölbung der Rotation,
Wenn er sich auch begnügt mit Flachdruck.
Der Förster ihn verfolgt mit Nachdruck
Und läßt, wo immer er ihn trifft,
Verbrennen ihn samt seiner Schrift.

Sehr hübsch sind durchwegs auch die *Böcke*.
Sie tragen schwarz und braune Röcke,
Manchmal auch prächtig schillernd grüne

Und haben Fühler, äußerst kühne,
Fast noch mal wie sie selber groß.
Gefühllos ist der *Stumpfbock* bloß.
Fast jeder auch ein Handwerk kann
Als Gerber, Weber, Zimmermann.
Der *Eremit,* wie man erfährt,
Von Wurzeln sich und Kräutern nährt;
Waldeinsam lebt er, bunt von Röckchen,
Und läutet mit dem Maienglöckchen.

Es tickt die Uhr, es pfeift der Sturm:
Im Holze pickt der Totenwurm
Und es erschrickt der arme Schläfer:
's sind aber nur die *Werkholzkäfer.*
Es glauben fest die alten Leute,
Daß dieses Pochen Tod bedeute.
Doch weiß man längst, daß diese Tropfen
Durch Zeichen sich zusammenklopfen,
Gleich den durchtriebenen Gesellen
In ihren kahlen Zuchthauszellen.
Der Wurm zernagt mit gleichen Wonnen
Gebälk und gotische Madonnen,
Und wie der Frosch in seinem Pfuhl
Fühlt er sich wohl in Tisch und Stuhl.
's gilt nicht als fein, im Gehn zu essen.
Der *Holzwurm* aber geht im Fressen,
Wodurch er – habt Ihr's schon bedacht? –
Nie einen Gang vergebens macht!

Den *Mehlwurm* kennt sogar der Laie,
Der ihn, gemästet fett mit Kleie,
Dem Laubfrosch gern als Futter bot:
Der fraß ihn, wie ein Butterbrot.
Als Käfer heißt er Müller, schlicht.
Und drum kennt man ihn weiter nicht.

Die *Fliege,* die uns *spanisch* kommt,
Zu ganz verschiednen Zwecken frommt.
Als Pflasterkäfer bringt sie Heil,
Als Liebesmittel macht sie geil.

Sind wohl Kartoffeln zu verachten,
Die's überhaupt erst möglich machten,
Daß wir, daheim wie an den Fronten,
So lange Kriege führen konnten?
Nichts wie Kartoffeln Tag für Tag –
Und die selbst nicht, soviel man mag,
Weil sie, wie man mit Schaudern hört,
Der *Kolorado* arg zerstört.
Ein Vieh, gefährlich und verrucht;
Zwar nicht geschätzt, doch sehr gesucht:
Schwarz-gelb gestreift, ist er durch Streifen
Leicht zu erkennen und zu greifen.

Zum Schluß den Liebling aller Damen,
Das Tierlein mit den hundert Namen:
Marienkäfer – 's Frauenkäferl
Vom Verslein mit dem Honighäferl,
Das Sonnenkalb, die Herrgottskuh
Und was noch jeder weiß dazu.
Der *Siebenpunkt* und andre mehr
Gehörn natürlich auch hierher.
Im Winter selbst, der bitter hart,
Oft findet man es, ganz erstarrt;
Doch braucht es nur ein bißchen Wärme;
Daß es vergnügt durchs Zimmer schwärme
Genügt ein leiser Hoffnungshauch –
Ach Gott, den brauchten wir oft auch!

Im Sommer, manchmal schon im Maien,
Wenn der Kaffeetisch steht im Freien,

Erscheint ein unwillkommner Gast,
Den Du gar nicht geladen hast,
Auf den Du vielmehr selbst geladen:
Er tut zwar weiter keinen Schaden,
Doch wie man ihn auch haut und hetzt,
Er setzt sich, auch wenn wir entsetzt,
Dreist mitten in das Mus der Pflaumen,
Stößt uns noch nach bis in den Gaumen
Und hindert uns mit tausend Tücken,
In Frieden weiter frühzustücken.
Er schwirrt herbei, bald grad, bald scheps,
Die *Wespe* ist's, auf bayrisch: *Weps*.

Erregen sie uns auch die Galle,
Gallwespen sind sie doch nicht alle.
Ja, überdies, im Gegenteil,
Nur diese ist von einigem Heil;
Das Eichenlaub, von ihr bestochen,
Galläpfel kriegt, nach ein paar Wochen,
Daraus – noch taten's unsre Eltern –
Kann man mit Essig Tinte keltern.
Der Wespe auch verdanken wir
Die erste Kenntnis vom Papier,
Indem aus Holz, das sie verdaut,
Sie sich papierne Nester baut.
Ihr Stachel auch ist scharf und giftig,
Darum ist wohl die Ansicht triftig,
Daß dieses Vieh, mit großer Fresse,
Vertret im Reich des Tiers die Presse.
Es ahmte nach von der Kanaille
Das Menschenweib die Wespentaille.
Als Knaben stocherten wir fest
In das bekannte *Wespennest*,
Mit Stange kamen wir und Kübel:
Die Wespe aber nahm es übel.

Der Wespenstich tut scheußlich weh –
Nur Bienenstich iß zum Kaffee.

Schlupfwespen sind sehr zart und zierlich,
Doch leider auch recht unmanierlich,
Denn schlüpfrig sind sie nun einmal:
Unangekränkelt von Moral
Durchbohren sie des Falters Puppe.
Was aus dem wird, ist ihnen schnuppe.
Meint der im Lenz, daß er nun schwirrt,
Merkt er zu spät, daß er sich irrt:
Denn voller Wespchen, frecher, kleiner,
Ist längst die Hülle anstatt seiner.
Daß das gemein ist – uns ist's klar;
Doch nennt's der Forscher wunderbar.
Er schwärmt für alles, was nur wespisch,
Maßt mut, daß ihre Liebe lesbisch,
Und wirft sich selbst auf die *Hornissen;*
Von denen wollen wir nichts wissen.
Ihr Leben schert uns weiter nicht. –
Auf ihren Tod sind wir erpicht.

Kein Tier, einschließlich des bekannten
Gewaltigen, seltnen Elefanten,
Worüber so viel wär erschienen,
Wie über unsre kleinen *Bienen.*
Hörn wir vom alten Hesiode
Doch schon, daß Bienenzucht in Mode.
Plutarch und Aristoteles
Beschreiben sie ganz sinngemäß.
Es warfen sich mit aller Wucht
Die Römer auf die Bienenzucht –
Die Konku-Biene nämlich bloß
Wird, umgekehrt, durch Unzucht groß –
Es schrieb der treffliche Vergil

Auch über Bienen ziemlich viel.
Die Kirche brauchte Wachs zu Kerzen,
Ihr lag die Biene sehr am Herzen.
Der große Karl, so schreibt die Chronik,
Erfand das Wort: »Eßt deutschen Honig!«
Vor Bienenraub die stärksten Riegel
Schob damals schon der Sachsenspiegel.
Auch Maeterlinck erwähn ich nur
Und Busch mit seinem »Schnurrdiburr«.
Jedoch, wie gut ein Dichtersmann
Von *einer* Biene leben kann,
Hat uns bewiesen klipp und klar
Der süße Bonsels Waldemar.

Nichts bei den Bienen gilt der Mann:
Das *Weibchen* hat die Hosen an –
Soferne, wissenschaftlich scharf,
Man es noch Weibchen nennen darf.
Nicht liebt man sonst die Hosenvollen,
Doch hier, wo mit den Blütenpollen,
Die sie sich an das Bein geschmiert,
Sacht, daß kein Stäubchen sie verliert,
Die Biene hosenvoll fliegt heim,
Schätzt man den Stoff zu süßem Seim.
Der Honig wird, das ist verbürgt,
Aus einer Blase ausgewürgt.
Das Wachs, genauso nötig auch,
Schwitzt unser Bienlein aus dem Bauch.
Doch bleibt noch eins, was das Insekt
Dabei nicht wissentlich bezweckt:
Daß es bei seinem Taumeltanzen
Befruchtet Obst und andre Pflanzen.

Streng ist die Arbeit eingeteilt:
Die eine nur um Honig eilt,

Die andre sammelt bloß die Pollen.
Doch darf sie auf den blumenvollen
Gefilden naschen nach Belieben?
Nein! Es ist alles vorgeschrieben:
Vergißmeinnicht kommt heute dran
Und morgen dann der Löwenzahn.
Auf Grund genauester Erfahrung
Entsteht dadurch die Einheitsnahrung.
Ganz wurst, ob's jeder angenehm:
Es setzt sich durch das Zwangssystem!

Nur scheinbar ist's ein Sonnenleben:
Die Biene führt ein Nonnenleben!
Und, ach, zu schwerer Arbeit nur
Darf sie heraus in die Natur.
Sonst, in der Zellen Düsterkeit,
Macht nichts sie wie Fabrikarbeit:
Auf Millimeter geht's genau
Beim unablässigen Wabenbau.
Am Rande nur, als Tönnchen, liegen
Die sogenannten Weiselwiegen,
In ihnen werden, wohlbehütet,
Die *Königinnen* ausgebrütet.
Ausschließlich durch die Königin
Kriegt ja der Bienenstock erst Sinn.
Sie sucht sich, kaum gelangt zum Thron,
Zum Prinzgemahle einen *Drohn,*
Den Mann, der diese Wahl begrüßt,
Wenn er sie mit dem Tod auch büßt.
Und sterbend ruft er aus: »O Königin, das Leben ist doch schön!«

Erst wenn die Bienen etwas älter
Und wenn's nicht draußen grade kälter,
Dann dürfen sie die Welt durchstreifen;

Schwer ist für Menschen zu begreifen
Ihr Zeit- und Ortssinn – ohne Uhr
Ziehn sie dahin durch die Natur.
Sie merken's etwa am Gewächse:
»Jetzt ist es ungefähr halb sechse!«
Sie können, nur durch Tanzen, sprechen:
»Die Weiden blühn schon an den Bächen!«
Auch wissen stets sie, wo sie wohnen.

Nicht vor das Flugloch gehn die Drohnen.
Es saufen diese Bonzen-Lumpen
Nur immer Met aus großen Humpen.
Verschmähen selbst zur Zeit der Not
Das karge trockne Bienenbrot –
Mit Honig wollen sie's geschmiert!
Bis die Geduld das Volk verliert
Und in der wilden *Drohnenschlacht*
Die ganze Bande niedermacht.

Die *Arbeitsbienen* selbst, die vielen,
Die sterben leider in den Sielen –
Und zwar schon sechs bis sieben Wochen,
Nachdem sie aus dem Ei gekrochen.
Was überwintert, bringt die Ruhr
Oft um, bei schlechter Müllabfuhr. –
Alljährlich, daß man's nicht vergesse,
Im Lenz kommt in der Bienenpresse
Der Leitaufsatz: »Volk ohne Raum.«
Dann hält die Biene nichts im Zaum,
Ihr Seelenleben wird verworrn,
Die neue Königin wird geboren,
Die alte fliegt von ihrem Thron,
Ein ganzer Schwarm mit ihr davon –
Indes die Jugend – das entschuldigt –
Sofort der neuen Herrin huldigt.

Und sind's gar mehr, dann geht es kurz:
Mord gibt es und Regierungssturz,
Wie Ihr's im Stuart-Drama seht:
Maria und Elisabeth.
Wenn Du den Schwarm, der da erbraust,
Vom Menschenstandpunkt aus beschaust,
So ist es höchst verwunderlich –
Doch schwärmt die Biene nicht für Dich;
Der liebe Gott von seinem Thron
Sieht Krieg und Revolution,
Drin wir uns quälen, wüst und arm,
Wohl auch nur so als Bienenschwarm,
Und kehrt, als Imker, mit dem Besen
Zusammen uns verlorne Wesen
Und sorgt, ein Meister seines Fachs,
Daß wieder Honig wird und Wachs,
Raucht seine Pfeife mit Gebrumm:
»Ein fleißiges Völklein, aber dumm!«
Und wiederum, mit höherm Blick,
Schaut dann das ewige Weltgeschick
Auf Gott als einen braven Mann,
Der auch nicht, wie er möchte, kann.
Drum, wer geboren ist als Biene,
Der lebe still und diene, diene!
Ein Bienenvolk, es wehr sich nicht,
Denn es muß sterben, wenn es sticht!

Als Bauernvolk im Grünen tummeln
Sich die gemütlich plumpen *Hummeln*.
In Städten trifft man sie nur selten.
Als Ausnahm dürfte Hamburg gelten,
Wo, sei's an Land, sei es zu Schiff,
Noch »Hummel-Hummel« ein Begriff.

Wo Leute durcheinanderlaufen,
Spricht man von einem Ameishaufen.
Das stimmt nicht ganz: denn recht genau
Kennt solch ein *Ameis* Weg und Bau,
Und sinnlos scheint uns Menschen nur
Der tiefe Sinn in der Natur.
Vom Emsenvolk schon vieles las man
Von Forel oder Pater Wasmann.
Es wohnen unsre *Formiciden* –
Und sind dort selber sehr zufrieden –
Im Feld, im Garten und im Haus,
Und bloß der Mensch hält's oft nicht aus.
Sie leben, schwer nur einzudämmen,
In morschem Holz, in alten Stämmen,
In Gras und Erde, unterm Steine,
Selbst wenn man meint, dort wären keine.
Daß sie da sind, weiß man gewiß
Erst nach dem Bisse, besser: Piß.
Meist aber hausen sie im Hügel,
Die Männ- und Weibchen kriegen Flügel,
Mit denen sie, vor Lust nicht klug,
Ausschwärmen wild zum *Hochzeitsflug*.
Dabei benehmen sie sich toll –
Man weiß nicht, wie man's schildern soll.

Was aber aus den Schwärmern wird,
Nachdem sie so umhergeschwirrt?
Millionenweis gehn sie zugrund,
Denn Schwärmerei ist ungesund.
Noch eben wähnte das Gewimmel
Sich hoch im siebten Liebeshimmel,
Bis es, das ist der Lauf der Welt,
Nun jäh aus allen Wolken fällt.
Vernunft treibt sie zum Bürgerglück:
Man reißt sie in ihr Nest zurück,

Die Flügel werden abgebissen –
Kaum, daß sie sie noch stark vermissen –
Sie werden lederner und trister,
Nach kurzer Zeit sind sie Philister
Und jeder Sinn für Schwärmerei
Ist ein für allemal vorbei.
Nun ist die Arbeitswut der Emsen
Auf keine Weise mehr zu bremsen;
Wie wenn sie ihn erfunden hätten,
Den Spruch: »Nur Arbeit kann uns retten!«
Von Kunst und Bildung, von Kultur,
Zeigt sich bei ihnen keine Spur
Und was bei ihnen geistig heißt,
Ist eben nur: Ameisengeist,
Den ja besonders edle Seelen
Auch uns, den Menschen, gern empfehlen.
Man lernte schon als kleines Kind,
Daß wir bloß Gottes Werkzeug sind.
Und doch, die Ameis macht uns bange,
Denn sie ist nur noch eine Zange.
Die Ameis bildet eigne Truppen
Für den Transport der Ameis-Puppen;
Für Jugendpflege, für Verwaltung,
Für Propaganda, Sklavenhaltung
Gibt's durchwegs eigne Ministerien.
Im Winter sind dann große Ferien:
Teils stirbt sie, als Soldat und brav,
Teils hält sie ihren Winterschlaf
Nach treu erfüllter Sommerpflicht:
Vorräte heimst die Ameis nicht,
So daß die Fabel von der Grill
Und Ameis überprüft sein will.
Doch leider ist ihr Bau die Wiege
Unzweifelhafter Angriffskriege!

So sind wir also hier am Schluß;
Nur dieses noch vermerkt sein muß:
Die tiefere Forschung hat entdeckt,
Es liegt die Zukunft beim Insekt,
Das, amoralisch, seelenlos,
Doch lebenszäh, in Technik groß,
In Massen fertig und genormt,
Und eigen-sinnig nicht geformt,
Leicht zu beschränken, zu vernichten,
Dienst-zu-verpflichten, auszurichten.
Das Säugetier und letzten Ends
Mit ihm der *homo sapiens,*
Sie sterben aus, und wohl demnächst.
Doch das Insekt, es wächst und wächst:
Termiten etwa, wahre Riesen,
Bevölkern einmal Wald und Wiesen ...
Für uns zwar hat's noch keine Not,
Bis es soweit ist, sind wir tot.
Doch kann's auch sein, es geht geschwinder
Und unsre Kindes-Kinderkinder
Sind – heut ist's schwer, sich's vorzustellen –
Bedrängt von Schrecken und Libellen.
Ist dieser Ausblick auch nicht heiter,
Wir leben noch – und leben weiter!

NIEDERE TIERE

Dem stolzen Weidmann ist es klar:
Nur Hirsche, Auerhahn und Aar
Sind *Hochwild;* alles andre gilt
Dem Jäger schon als *Niederwild.*
Der Forscher aber sagt uns glatt,
Daß nieder, was kein Rückgrat hat.
Und in der Wissenschaft genau
Hält der sich an den Körperbau;
Als Laien etwa hielten wir
Den Dackel für ein niedres Tier,
Wogegen beispielsweis der *Hummer*
Bei uns hätt eine hohe Nummer.

Doch sehn wir da, wie schauderhaft
Volksfremd die hohe Wissenschaft:
Die höchst zu schätzende *Languste,*
Die nette kleine *Krabbe* mußte
Es lassen sich von ihr gefallen
Mit *Austern, Perlen* und *Korallen* –
Dem Schönsten, was es gibt auf Erden –
Zum niedern Tier gezählt zu werden.
(Wobei zum Beispiel unser Fluß-
Als höherer Krebs erwähnt sein muß.)

Der *Krebs,* wie fest er auch gedrechselt,
Den Panzer doch alljährlich wechselt.
Er reißt sich selbst, nicht ohne Qualen,
Aus den zu eng gewordnen Schalen.
Oft geht ein Bein mit, was nichts macht,
Denn erstens hat er ihrer acht,
Von all den Füßchen abgesehen,
Die sonst ihm zur Verfügung stehen,

Um etwa – wenigstens die Edeln –
Sich frisches Wasser zuzuwedeln.
Und, zweitens, wächst, was er zerbrach,
Und wär's selbst eine Schere, nach.

Der Krebs, die Augen frei auf Stielen,
Kann leicht nach allen Seiten schielen.
Bringt man ihn um nicht mit Gewalt,
Wird er bis zwanzig Jahre alt.
Nicht »heute rot und morgen tot«
Heißt es beim Krebs: in Todesnot,
Im heißen Wasser, das ihn tötet,
Der Krebs sich erst und Hummer rötet.

Vor langer Zeit, als böse Buben,
Den Krebs wir aus den Löchern gruben.
Mitunter zwickte er uns scheußlich.
Doch auch in »Tellern« oder reuslich,
Mit Gabelstücken wußten wir
Zu stehlen dieses Krustentier.
Wie aß mein Vater Krebse gern!
(In rauher Schale süßen Kern)
Er hat, moralisch tief bekümmert,
Genüßlich Krebs um Krebs zertrümmert.
Nie werden, selbst beim *Scampi*-Essen
Feinschmecker unsern Krebs vergessen!

Vorbei ist längst der Kindheit Glück:
Nicht rückwärts nur, nein, auch zurück
Geht unser Edelkrebs; die Pest
Gab in Europa ihm den Rest.
Krebsschäden wuchern, heilbar kaum,
An Mensch und Staat und Apfelbaum.
Doch auch der Krebs, lateinisch *cancer*,
Ist öfter, als man meint, ein Kranker. –

Hingegen nimmt, am Meeresstrand,
Die *Wollhandkrabbe* überhand,
Die, ein höchst widerliches Wesen,
Ward eingeschleppt von den Chinesen.
Der *Taschenkrebs* ist auch nicht lieb,
Noch weniger der *Palmendieb*.
Mehr zu berichten, wir uns sparten,
Besonders von den niedern Arten.

Einsiedlerkrebse, welche hinten
Ganz weich sind, brauchen manche Finten,
Zu bringen diesen edlen Teil
Durch alle Fährnis immer heil.
So kommt es, daß sie sich in Muscheln,
Die grade leerstehn, heimlich kuscheln;
Sie leben dann in Symbiose
Mit einer bunten Wasserrose,
Was schließlich beiden Teilen nützt:
Der Krebs ernährt, die Rose schützt.
Daß sie nicht jeder Wüstling schnappe,
Hüllt sich in Tang die *Maskenkrabbe.*
Was litt man unter dem Gequassel
Manch alter Luftschutz-Keller-Assel!
Von *Asseln* gibt's Wand-, Band-, Rand-, Sand-.
Es bringt uns außer Rand und Band
Leicht ein Vertreter oft, ein schiecher:
Er ist genannt der *braune Kriecher.*
Der *Tausendfuß* geht wie im Traum,
Mit welchem Fuß grad, weiß er kaum.
Spräch man ihn plötzlich darauf an,
Wär um sein Wandern es getan.
Mehr als bis drei kann er nicht zählen –
Ein Glück, daß ihn nicht Stiefel quälen!
Vielfüße gehn, die Schurken, gerne
An ausgelegte Gurkenkerne.

Die *Spinnen*, wie auch fein sie spönnen,
Wir nie ganz liebgewinnen können.
Es zählt zu der Familie leider
Halt nicht nur der kreuzbrave *Schneider*,
Der ist, genannt auch Weberknecht,
Ein durchaus wackrer Leberecht.
Langbeinig stolpert er herum –
Ich bitt Euch sehr, bringt ihn nicht um,
Auch wenn ihn Aberglaube »Geist«,
Ja sogar »Tod« mitunter heißt.

Jedoch ein ganz mißratner Sohn
Ist der jähzornige *Skorpion*.
Als Mittel, um zu züchtigen, nennt
Ihn schon das Alte Testament.
Doch wir, mit Schärferen gezüchtigt,
Sind in der Hinsicht so ertüchtigt,
Daß wir mitleidig lächeln Hohn,
Droht man uns mit dem Skorpion.

Den *Bücherskorpion* man fand
Wohl schon in manch vergilbtem Band.
Das Tier liest selber keine Silben,
Geht nur auf Jagd nach Büchermilben,
Fast unsichtbaren, winzigen Wesen,
Die gleichfalls keine Bücher lesen:
Höchst mittelbar ernähren nur
So viele sich von Litratur!

Indem wir uns so weiterhanteln,
Gelangen wir zu den *Taranteln*,
Die sich nur noch durch Hintertreppen-
Romane als Metaphern schleppen,
Wo wild wer hoch – so wird erklärt –
Als wie von ihr gestochen, fährt.

Die *Spinnen* leben streng allein;
Auch wenn es manchmal hat den Schein,
Als säßen friedlich sie vereint:
Sie sind einander spinnefeind.
Zwei Arten wurden da gefunden:
Ansässige und Vagabunden.
Ja, manche schiffen sogar Luft;
Durch den Altweiber-Sommerduft
Ziehn, Liebeszeichen junger Mädchen,
Hold flatternd die Marienfädchen.
Den Fischern ist die Spinn verwandt,
Indem sie ihre Netze spannt
Und rennt gleich voller Eifer hin,
Sobald nur etwas zappelt drin.
Der Spinne Leben, arg bedrängt,
Stets nur an einem Faden hängt.
Viel üppiger ihr Brot gewinnen
Die Arten, die *Intrigen* spinnen.
Schwer ist es, ihnen zu entschlüpfen,
Weil leicht Verbindungen sie knüpfen.
Die Männchen – das wär noch zu melden –
Sind traurige Pantoffelhelden:
Kaum naht sich eins, die Braut zu grüßen,
Auf allen seinen Freiersfüßen,
Frißt es (welch tolles Liebesspiel!)
Das Weibchen auf mit Stumpf und Stiel.

Oft sieht man grundlos was vergilben
Und schimmeln: schuld dran sind die *Milben*.
Ein winzig's Volk, uns nicht zur Freude,
Verbreitet es Verfall und Räude.
Es nistet, gierig nach dem Talg,
Bei Mensch und Vieh sich ein im Balg,
Und in der Stadt wie auf dem Dorf
Sieht häufig Krätze man und Schorf.

Den, der sie hat, den juckt es peinlich.
Ein Mittel gibt's da nur: Seid reinlich!

Die Reinlichkeit hat wenig Zweck,
Fällt uns vom Baum herab ein *Zeck*
Höchst unvermutet ins Genick
Und bohrt sich ein und frißt sich dick.
Man laß nicht lang ihn sich verschlupfen:
Gleich muß man ihn mit Öl betupfen,
Mit demokratischem am besten!

Mit einem Griff dann, einem festen,
Zieht man die böse Hundelaus –
N.B. mitsamt dem Kopf! – heraus.
Die Säubrung hat oft wenig Sinn,
Läßt man dabei das Köpfchen drin.
Der Zeck harrt, zähe von Natur,
Oft jahrlang auf die Konjunktur.
Dann aber, unverschämt und gnadlos,
Hält er sich für sein Fasten schadlos.

O Mensch, der Schöpfung höchster Turm:
Im Grund bist du ein armer *Wurm!*
Und wirst auch eines Tages werden
Zum Würmerfraße in der Erden,
Wenn, was den Würmern gar nicht paßt,
Du Dich nicht gar verbrennen läßt,
Und mit unlauterm Wettbewerbe
Betrügst die Würmer um ihr Erbe.
Vom Wurm, was ich erwähne, stark
Prinz Hamlet spricht von Dänemark.
So nieder schon an sich das Tier,
An Kastengeist fehlt's auch nicht hier:
Und mancher bildet sich was ein
Darauf, ein höherer Wurm zu sein.

Grad niedre Wesen soll's ja geben,
Mit höchstem Anspruch an das Leben.
Der Bücherwurm hat hier nicht Platz,
Sowie der Blinddarm-Wurmfortsatz.

Wir könnten Berge von Gewürmen
Vor den erstaunten Leser türmen,
Weil's Sitte ist, daß Wurm man heiß,
Was man sonst nicht zu deuten weiß,
Was man uns aus der Nase zieht –
Auch wenn's dem Wurm kaum ähnlich sieht.
Die Würmer, *Borsten-* oder *Ringel-*,
Sind alle ganz gemeine Schlingel.
Blutegel etwa, die sind Zwitter
Und saugen Blut, ein Viertelliter.
Sie setzt ein wohlgeübter Bader
An Zahngeschwulst und goldne Ader,
Damit, gesetzt den Fall, sie mögen,
Sie dort das Blut, das kranke, sögen.

Mit festerm Boden untern Füßen
Wir nun den *Regenwurm* begrüßen;
Und wir tun gerne das, ja stürmisch,
Denn ist er auch nur schlechthin würmisch,
Ein alter Freund ist's, ein solider,
Mit Freuden treffen wir ihn wieder,
In der sonst fremden Wurmgemeinde. –
Und ach, grad er hat so viel Feinde!
Von den Chinesen, die ihn essen,
Den Füchsen, die ihn notfalls fressen,
Den Vögeln, die ihn gierig speisen,
Bis zu den wilden Raub-Ameisen.
Doch muß der Mensch in Qual verstümmen,
Darf er sich wenigstens noch krümmen.
Die Wollust ist auch ihm gegeben –

Trotzdem, er führt ein armes Leben.
Der Fischer, nicht im Würmsee nur,
Hängt ihn an seine Angelschnur,
Meist ganz vergebens, blind im Wahn,
Es bissen Hecht und Karpfen an.
Und doch, der Regenwurm, er siegt:
Was auf der Erde kriecht und fliegt,
Das muß hinunter in sein Reich:
Der Wurm macht uns der Erde gleich!
Hört, wie der Regenwurm es macht:
Er schlüpft heraus um Mitternacht –
Oft früher schon, oft erst um eins,
Denn Ührchen hat er leider keins –
Und schleppt in seine finstern Gänge
Selbst Dinge von gewaltiger Länge.

Für einen, der sie hat gerade,
Sind *Fadenwürmer* ziemlich fade.
Der *Spulwurm* bis ins letzte Thule,
Sich räkelt in so manchem Stuhle,
Und läßt sich schwer daraus vertreiben.
Im einzelnen ihn zu beschreiben
Bei seiner Länge wär verwicklich
Und außerdem erscheint's nicht schicklich.
Auch dürft es sich nicht ziemen ganz,
Vom *Kappenwurm* und *Pfriemenschwanz*
Mit Rücksicht auf die Leserinnen
Genaue Kenntnis zu gewinnen.

Ein jeder Mensch ißt gern ein Ei,
Wenn er sie hat, auch zwei und drei.
Hier aber geht es um Millionen
Und übel würde es sich lohnen,
Zu speisen sie mit Kraut und Rüben;
Beim Obst heißt's größte Vorsicht üben!

Nicht Kinder nur, auch Onkel, Tanten
Befällt der Wurm – selbst Elefanten;
Es können davon ganze Herden
In Indien einfach wurmig werden.

Nun sage einer, daß er ahne,
Nach welchem höhern Weltenplane,
Wie? Oder welchem Zwecke dienen
Im Haushalt der Natur *Trichinen?*
Verwickelt ist die Lebensbahn
Des Wurms in Schwein und Hund und Hahn.

Ob rund, ob borstig, glatt und platt,
Die Würmer hätten wir jetzt satt.
Doch zieht der Wurm sich in die Länge,
So daß, wie ich zur Kürze dränge,
Mir gar nichts andres übrig bliebe,
Als daß ich einen Bandwurm schriebe.
Es muß, ein Würmchen abzutreiben,
Im Augenblick noch strafbar bleiben.
Beim *Bandwurm* aber ist's erlaubt,
Wenn man sich von ihm schwanger glaubt,
Wovon sogar verschiedne Zeichen
Durchaus den dort verspürten gleichen.

Drehwürmer treiben, oder Quesen,
Im armen Schafe oft ihr Wesen,
Der *Hülsenwurm* im Hunde steckt:
Drum schau, daß nie ein Hund Dich leckt!
Jedoch kann Götz von Berlichingen
Zwar wurmen, doch nicht Schaden bringen!
Der höchst verdächtige *Leber-Egel*
Hat eine eigne Lebe-Regel:
Die Schnecken, drinnen er daheim,
Verbreiten ihn durch ihren Schleim.

Genug! In schönere Gefilde!
Freut Euch der holdernen Gebilde,
Wie etwa sie das Meer verzieren:
Beginnen wir mit *Manteltieren!*
Des Südmeers unterseeische Alpen
Bevölkert das Geschlecht der *Salpen.*
Chamisso, den wir kaum noch lesen,
Ist, weltumsegelnd, dort gewesen.
Er fand die Salpen wunderbar
Durchsichtig, leuchtend, wasserklar.
Doch zu verworren ist ihr Leben,
Um erst sich damit abzugeben.
So ist sein Eindruck nicht ganz richtig:
Im Grunde sind sie undurchsichtig.

Die armen Laien! Wie weit reicht ihr
Schulwissen etwa übers Weichtier?
Dabei sehn wir doch grade heute:
Mollusken sind die meisten Leute,
Ganz niedre Tiere von Natur –
Von Halt und Rückgrat keine Spur.

Wir kennen zur Genüge ja
Seither die braune *Sepia.*
Wir wissen, daß die Tintenschnecken
Von jeher voller Finten stecken,
Der Volksmund, lässig im Vermischen,
Spricht schlechthin bloß von Tintenfischen.
Auch von *Polypen,* weil die Alten
Den Kraken noch dafür gehalten.
Die Polizei vom schlechten Typ
Heißt heut in München noch Polyp.
Vom *Kraken-* Meeresungeheuer
Erzählt man wilde Abenteuer,
Wobei der alte Grundsatz gilt:
Die Wahrheit ist nur halb so wild!

Es loben alle, die ihn schauten,
Den schöngebauten *Argonauten*.
Das Männchen allerdings, er selber,
Ist nur ein Kümmerling, ein gelber.
Das Weibchen ist's, voll Farbenpracht,
Das erst ihn hat berühmt gemacht:
Auch mancher Mann, besehn genau,
Dankt, was er gilt, nur seiner Frau!

Der Laie unterscheidet schwer,
Was *Schnecke* und was *Muschel* wär,
Nennt Muschel, was im Meere schwimmt,
Ganz ohne Rücksicht drauf, ob's stimmt.
Was ein Gehäus hat, einen Topf,
Und draus hervorschaut mit dem Kopf,
Ist eine Schnecke; doch, was doppelt
Sich aus zwei Einzelschalen koppelt
Und drin nichts hat als ein Gefluschel,
Ein lappriges: ist eine Muschel.

Sitzt nun der Leser so im Sattel,
Weiß er gleich von der *Felsendattel,*
Die tief in das Gestein sich frißt,
Daß diese eine Muschel ist.

Die Schnecken sind, hat man gefunden,
Meist von Natur aus rechts gewunden.
Grünsamten, hochrot oder schwärzlich,
Gestirnt, geriffelt oder wärzlich,
Sind sie, ein buntes Vielerlei –
Manch goldiger Schneck ist auch dabei.
Das Nackte – meist ist's nur ein Wahn –
Geheimnisvoll zieht es uns an.
Nicht so die Schnecken, welche nackt,
Vor denen uns ein Grausen packt,

Wenn sie mit den verschleimten Bäuchen
Auf Wegen kriechen und Gesträuchen,
Wobei sie, ohne selbst zu rauchen,
Mitunter viel Tabak verbrauchen.
Wir lassen alle gern uns schmecken
Die guten Hörnchen und die Schnecken.

Die *Hörnchenschnecken* allerdings
Sind, so betrachtet, was Gerings
Und höchstens noch ein Hühnerfutter.
Jedoch mit kräutergrüner Butter
Ißt mancher jene Schnecken gern,
Die man im Weinberg grub des Herrn.
Ein Mann aus einer Landgemeinde
Den Seelenhirten so die Feinde
Der Gärten einst verspeisen sah;
Wie froh verwundert war er da:
»Ha, unser neuer Pfarrer«, rief er,
»Ist nützlich, der frißt 's Ungeziefer!«

Die *Weinbergschnecke* – man entdeckt
An jeder Hecke, wie sie heckt –
Holt Liebespfeile aus dem Köcher,
Schießt in den Bauch der andern Löcher,
Was uns doch zu romantisch deucht.
Auch küssen dürft sie uns zu feucht.
Die Schnecke, hört man, ist ein Zwitter:
Ihr Liebesleben ist nicht bitter,
Das sie als Weib bald, bald als Mann,
Ja, selbst als beides, führen kann.

Der *Schnirkelschnecken* Schneckenschnirkel
Gemessen sind wie mit dem Zirkel.
Teils sind die Schnecken glatt gehäuselt
Teils sind sie platt und teils gekräuselt.

Mitunter gibt es messerscharfe;
Sie heißen *Vielfraß, Reuse, Harfe;*
Vitrinen sind sonst groß und gläsern:
Hier kriechen klein sie in den Gräsern.
Die eleganten *Käferschnecken*
Sind fein in Schale, diese Gecken.
Der *Purpurschnecke* roter Ruhm
Glänzt aus dem grauen Altertum.

Wenn man an großen Schnecken lauscht,
Hört man das Meer, das ferne rauscht.
Des weitern kommt die Schnecke vor
An Säulen, auch in Uhr und Ohr.
Endlos sind *Wendeltreppenschnecken* –
So wünschen wir ein End mit Schrecken
Auch hier, statt Schnecken ohne Ende:
Leicht schreibt wer drüber dreizehn Bände!

Die *Kaurimuschel* nachzutragen,
Kann ich mir trotzdem nicht versagen.
In der gesamten Südsee-Welt
Galt sie vor kurzem noch als Geld;
Der Dollar brachte sie zum Wanken,
Verkracht sind alle Muschelbanken.

Als mutiger Mann wohl gelten dürfte
Der, der die erste *Auster* schlürfte.
Die Auster selbst sich zwar verschließt
Dem Wunsche, daß man sie genießt;
Der Mensch jedoch, sein Glück ertrutzend,
Läßt sie sich kommen, gleich ein Dutzend
Und schluckt eiskalt hinunter sie,
Mit Sekt, noch besser mit Chablis.
's gibt unter 'n Menschen nun auch solche,
Die, selbst bedroht mit einem Dolche,

Ja, wenn wir gar sie glatt erschössen,
Nicht diesen eklen Schleim genössen.
Doch andre, und selbst große Männer,
Erweisen sich als Austernkenner.
Den Standort, gleich beim ersten Bissen,
Verschwor sich Plinius, zu wissen.
Für Austern schwärmte Cäsar schon
Und sicher auch Napoleon.
Doch wär es nur ein fauler Witz,
Zu denken hier an Auster-litz.
Wer sich, das geht die meisten an,
Die Auster heut nicht leisten kann,
Der ißt, es bleibt ihm keine Wahl,
Auch *miese* Muscheln, frisch vom *Pfahl*.
Ihr, liebe Hausfraun, glaub ich, wißt,
Wie selten eine *Perle* ist.
Aus unsrer Urgroßmütter Tagen
Klingt's noch heraus wie alte Sagen,
Daß solche Perlen, treu und fleißig,
Oft zwanzig Jahre dienten, dreißig,
So übersteigend den Bedarf,
Daß man sie vor die Säue warf.

Es gehn die Wissenschaft nur an
Die Perlen aus dem Ozean.
Dort sitzen auf den Muschelbänken
Die Mütter, ohne viel zu denken;
Todsicher reden sie da bloß
Davon, wie schmerzhaft und wie groß
In ihren werten Eingeweiden
Die Perlen sind, daran zu leiden. –
Doch formen sie, als edle Seelen,
Den innern Kummer zu Juwelen.
Daß diese Perlen wertvoll sind,
Das setzt voraus, daß sie wer find!

Denn rollend blind durch die Natur
Sind sie ein Nichts, ein Zufall nur,
Aus einer Muschel, einer kranken –
Und erst der menschliche Gedanken,
Sein Sonnenaug macht sie unsterblich –
Beziehungsweise kunstgewerblich.

Vom Roten Meer bis Koromandel
Blühn Perlenfischerei und -handel.
Man findet Perlen auch im Westen,
Doch hat der Orient die besten.
Die Perlentaucher leben kläglich,
Sie stürzen fünfzigmal sich täglich
Ins Meer, um aus dem kühlen Grund
Zu holen ihren raschen Fund.
Wie überall hat es bequemer
Der rücksichtslose Unternehmer.
Wir Dichter auch sind solche Neger:
Wir tauchen Perlen dem Verleger.

Von tausend Perlen strahlt nur eine
In wirklich makelloser Reine.
Was für ein Feilschen und ein Schmusen
Bis so, von Busen nun zu Busen –
Des Meeres- nämlich bis zum weiblichen –,
Den Weg sie macht, den unbeschreiblichen.
Doch schwer liegt oft ein Seelendruck
Auf adlig altem Perlenschmuck
Und 's ist vielleicht kein leeres Wähnen,
Wenn Perlen deuten wir als Tränen.
Längst fördern wir die Perlensucht
Durch weltenweite *Perlenzucht*.
Zuchtperlen sind drum heut die meisten,
Die kann sich jedes Mädchen leisten.
Wir nehmen, gar als ältere Herrn,

Vorlieb mit *Perl-Müttern* gern,
Die noch recht hübsch sind, nach dem Schliff,
Als Hemdknopf oder Messergriff,
Als Schmuck am Fernglas fürs Theater –
Doch niemand spricht vom Perl-Vater.

Auch in des Böhmerwaldes Flüssen
Wird man nach Perlen suchen müssen,
Woselbst, bei Erlen und bei Schmerlen,
Gedeihn die wunderschönsten Perlen,
Die an sich leicht sich fischen lassen –
Nur heißt's, sich nicht erwischen lassen.
Denn dürft man nehmen sich, was perlich,
Dann wär es ja auf Erden herrlich!

Wir stürzen nicht uns wie die Furien
Auf die geselchten *Holothurien*,
Die, als Seegurken, als Trepang,
Längst bei Chinesen sind im Schwang,
Die dies Erzeugnis der Molukken
Voll Schlemmerlust hinunterschlucken.
Wie wackelte vor Gier ihr Zopf,
Sahn sonntags sie dies Tier im Topf!
Uns machte wohl ein Huhn erfreuter,
Als irgend so ein *Stachelhäuter*.

Die Gurke ist an sich ein Darm bloß.
Der Nadelfisch – er meint's wohl harmlos –
Aus diesem Tiere Nutzen zieht er,
Schlüpft ihm hinein als Aftermieter.
Den Vorgang, drollig wie abscheulich,
Sah selbst ich als Kulturfilm neulich
Und dachte gleich an all die Schurken,
Die jetzt – doch Schluß mit den Seegurken!
Herzigel liebt wohl niemand herzlich:
Beim Baden spüren wir sie schmerzlich.

Der *Seestern* ausschaut wie gewalkt;
Er ist von Jugend an verkalkt.
Mit zungenbrecherischen Wörtern
Müßt ihr Entstehen ich erörtern,
Weil teils lebendig sie gebären,
Teils nur durch Knospung sich vermehren,
Indem die Alte, aufgelöst,
Die Mutterarme von sich stößt,
Daß neue Sternlein daraus werden:
So krause Dinge gibt's auf Erden!

So mancher Mensch, der ziemlich hohl,
Befindet sich dabei ganz wohl.
Hohltieren kann drum, oder *Quallen*
Ihr schlichtes Dasein recht gefallen.
Charakter haben die fast keinen,
Sie sind viel weniger, als sie scheinen.
Sie sind, betrachten wir sie sittlich,
Verachtenswert, unappetitlich.
So schwimmen, wie ein Schwabbelbusen,
Herum im Meere die *Medusen*.

Man findet weiter unter ihnen –
Und weiß nicht, welchem Zweck sie dienen –
Höchst eigenartige Ungetümchen
Und unscheinbare Mauerblümchen.
Wer sie nicht kennt, lernt sie oft kennen,
Indem sie ihn wie Feuer brennen:
Der Schwimmer kann oft kaum noch japseln,
Gerät er an die *Nesselkapseln*.
Schirmquallen (auch Cölenteraten)
Des Schirmes könnten leicht entraten,
Sie werden lebenslang nicht trocken.
Was gibt's für Becher, Sterne, Glocken!
Kurz, was herumschwimmt, meeresfaunlich,

Ist stets von neuem höchst erstaunlich.
Doch wie's im Sande traurig schwindet:
Was man am Strande später findet
Ein Gallert ist's, der kaum noch zuckt,
Ein wüster Schleim, wie hingespuckt –
Und war so spielerisch lebendig!
Leicht schließt draus einer, der verständig,
Daß schlimm zugrund geht, was man trennt
Von seinem Lebenselement.

Man trifft bei den *See-Anemönchen*
Auf manches wahre Tausendschönchen;
Seerosen auch genannt, *Seenelken* –
Nur daß sie nicht so schnell verwelken.
Ein Mensch, soferne er nicht prüde,
Wird, sie zu sehen, nicht leicht müde.
Dergleichen Wesen nennen wir
Höchst folgerichtig *Blumentier*.
Des Meeres und der Liebe Wellen
Sind voll von spaßigen Gesellen.

Wie prächtig – wenn wir sie nur hätten! –
Sind rötliche *Korallenketten,*
Schön aufgereiht an einer Schnur,
Doch wachsend wild in der Natur,
Sind sie, mit ihren scharfen Riffen,
Gefährlich selbst den größten Schiffen.
Oft sind sie erst ein schwacher Wedel,
Doch stets schon von Geburt an edel.
Die Forscher künden uns, wie voll
Von Wundern ist so ein Atoll,
Ein schier elysisches Gefilde,
Voll märchenhaftester Gebilde:
Bald glänzen Fische wie Metall,
Bald flimmert's wie ein Wasserfall

Von zauberischem Sonnenlicht,
Das durch die Pflanzenwälder bricht,
Ein Blütenwunder sich entrollt –
Und doch, was da herum-atollt,
Das sucht voll Mordgier nur und List,
Wie möglichst eins das andre frißt.
Der Laie merke: die Korallen,
Die ihm als Schmuck so sehr gefallen,
Sind das Skelett nur, sind der Baum,
Dran lebt und webt der Blütentraum.
An den Korallen, an den echtern
Baun Tausende von Tiergeschlechtern.
Die falschen sind im Augenblick
Gemacht in einer Glasfabrik.

Zuletzt in Gottes Tierprogramm
Kommt, unsrer Forschung nach, der *Schwamm*.
Genau zu unterscheiden gilt's:
Das Schwammerl ist bereits ein Pilz.
Die Schwämme, ledern oder gläsern,
Oft Gurken gleichend oder Gräsern,
Auch Raupen, Knollen, Bechern, Lilien,
Bestehn aus größeren Familien.
So nieder dieses Tier auch sei,
So treibt es doch Hochstapelei:
Gastralraum nennt es seine Mägen,
Die höhern Zellen tragen Krägen.
Ein Schwamm könnt nicht bestehn, hätt
Aus Kies und Kalk er kein Skelett.
Der Badeschwamm dagegen hornig,
Ist darum rauh und steif und dornig;
Er wird geknetet und gebleicht
Und so allmählich aufgeweicht,
Der Sand gespült aus seinen Taschen:
Erst dann kann man sich mit ihm waschen.

Es kommt der Schwamm, der bestbekannte,
Aus Syrien und der Levante,
Wo schmutzig meist die Leute laufen,
Weil sie die Schwämme gleich verkaufen.

Ihr seid, ich hoffe, mit Genuß,
Mir treu gefolgt. Wir sind am Schluß.
's ist höchste Zeit – sonst kriegt man's über:
Wir sagen deshalb: Schwamm darüber!

PROTOZOEN

Halt! Halt! Noch gibt's die *Protozoen*.
Doch, um zu schildern nur im rohen
Die weite Welt des *Urtiers*, müßten
Erneut wir mit Geduld uns rüsten,
Sowie mit einem Mikroskop.
Und es ist ziemlich fraglich, ob
Die beiden Dinge aufzutreiben
Und ob wer läse, was wir schreiben.
Es streiten um dergleichen Vieh
Botanik sich und Zoologie
Und ernste Wissenschaftler balgen
Sich drum, ob's nicht zum Teil schon Algen.
So grenzt die Sache ans gemüsische
Und schließlich gar ans metaphysische.
Aufs Feld der *Sporozoen, Kokken*,
Will ich den Leser nicht mehr locken.
Nicht daß die Forscher ich bemäkel,
Die sich, wie beispielsweise Haeckel,
Beschäftigt viel mit den *Moneren*,
Das Kleinste so gebracht zu Ehren.
Die Wissenschaft, zu Glanz und Glorien
Kam sie selbst durch die *Infusorien*
Und abzumühn sich *amöblich*
Ist selbstverständlich durchaus löblich.
Nur uns, die jetzt schon Ungeduldigen,
Mög gnadenhalber man entschuldigen,
Wenn wir nicht als Mikrobenjäger
Aufspüren all die *Geißelträger*,
Die, durchaus lebend bloß im Feuchten,
Schneebluten wie auch *Meeresleuchten*
Erzeugen oder grünen Schleim –
Dergleichen widerstrebt dem Reim.

Soll ich erforschen, eherechtlich,
Wie leicht, geschlechtlich-ungeschlechtlich,
Meist nur halbierend sich aus Ganzen,
Die Urgetiere fort sich pflanzen?
Soll ich die *Parasiten* zählen,
Die Mensch und Tier oft scheußlich quälen,
In deren Blut und deren Bäuchen
Sie lustig tummeln sich als Seuchen?

Unübersehbar sind die Truppen,
Die, aufgeteilt in viele Gruppen,
Im sauern Wasser wie im süßen
Marschieren, meist auf falschen Füßen.
In Luft und Erde, jedem Kolke –
Ja schon in jeder Staubeswolke
Treibt sich, und oft zu unserm Schaden,
Ein Schwarm herum von Myriaden.

Das ganze Tierreich zu durchfurchen
Vom Elefanten bis zum Lurchen,
Vom Zeisig bis zum Kammerling –
Ich weiß, war ein gewagtes Ding.
Dem Leser Dank, der mitgemacht.
Ich wünsch ihm herzlich gute Nacht!

Die Frau in der Weltgeschichte

*Mit 61 Bildern von
Fritz Fliege*

ZUM GELEIT

Ein Mensch, auf sturen Ernst erpicht,
Liest dieses Buch am besten *nicht*.
Die gute Absicht, zu erheitern,
Die brächte der gewiß zum Scheitern.
Dies Buch kennt keinerlei Verpflichtung
Zur Weltgeschichte oder Dichtung:
Es ist ein Scherz, der seinerzeit
Bei lustiger Gelegenheit
Als Lichtbildvortrag manchen freute,
Und will auch gar nicht mehr sein heute
Als ein bescheidener Versuch –
Es schaut bloß aus, als wär's ein Buch.

Wenn heutzutage unsereiner
Als Zeitgenosse nur, als kleiner,
An seiner Frau muß zu sehr leiden,
Dann läßt er sich, wenn's hoch kommt, scheiden;
Dann wird es vielleicht landgerichtlich,
Doch keines Falles weltgeschichtlich.
Kein Krieg wird's, wenn wir keine kriegen,
Wir müssen nur uns selbst besiegen.
Jedoch wenn Könige und Fürsten
Nach unrechtmäßigen Weibern dürsten
Beziehungsweise darauf dringen,
Rechtmäßige wieder anzubringen,
Dann füllen sie mit Glanz und Glorie
Die dicken Bände der Historie.
Ob schuldig, ob nur Opferlamm:
Um Frauen geht's: Cherchez la femme!
Wie dies von Fall zu Fall gewesen,
Kann jeder in dem Buche lesen
Falls er dazu hätt wirklich Lust. –

Ich hätte noch viel mehr gewußt:
Doch kann in Worten und in Bildern
Unmöglich ich das alles schildern.
Semiramis war weltberühmt,
Durch Hängegärten, reich beblümt,
Soll mit Zenobia ich beginnen?
Ja gar mit Chinas Kaiserinnen?
Roswitha auch von Gandersheim
Verdiente sicher manchen Reim. –
Doch paßt nicht in dies Buch des Spottes
Die hehrste Frau, die Muttergottes.
Die Welt ist weibervoll zum Bersten –
Bis hin zu Ludewig dem Ersten,
Dem Lola Montez man mißgönnte
Ich ganze Seiten schreiben könnte.
Doch fühle ich mich nicht verpflichtet,
Euch reiche das, was ich gedichtet.

DIE BIBEL

Wenn wer was von Geschichte hört,
Fühlt er sich innerlich gestört,
Denn er denkt gleich an all die Qualen
Mühsam erlernter Jahreszahlen
Und an den längst verstaubten Jammer
Der welthistorischen Rumpelkammer.
Jedoch hier dreht sich's um die Frau –
Da nimmt man's besser nicht genau.
Auf Zahlen kann man da verzichten,
Die Frau macht schließlich nur Geschichten –
Geschichte machen dann die Männer –
Doch weiß ja längst der wahre Kenner:
Triebkraft der Taten, die auf Erden
Dann männlich und historisch werden,
Ist das Hysterisch-Unbeschreibliche,
Das jeder kennt: das Ewig-Weibliche!

Was ich schon damit leicht bewiese,
Daß heute noch im Paradiese
Der erste Mann, der *Adam*, säße
Und nur erlaubtes Fallobst äße,
Den Apfel ließe unberührt –
Hätt nicht die *Eva* ihn verführt.

Die erste Eh'-Beratungsstelle
War leider schon ein Werk der Hölle.
Zur *Eva* nämlich sprach die Schlange:
»Weib, ich begreife nicht, wie lange
Läufst du hier splitternackt herum?
Ziehst dich nicht an, ziehst dich nicht um?

Des Satans sicherste Methode
Bleibt: zu verführen durch die Mode,
Weil Mann *und* Weib des Teufels wird:
Sie frech und eitel, *er* ruiniert.

Als Eva so der Nacktheit satt,
Bekam sie erst ein *Feigenblatt*,
Das sie, weil damals Grün modern,
So für den Anfang trug ganz gern.
Jahraus, jahrein, bei jedem Wetter –
Und immer nichts als Feigenblätter:
Hier sehen wir die tiefern Gründe
Für jene unglückselige Sünde,
Die jenes erste Weib verderbt

Und die sich wachsend fortgeerbt,
So daß wir, neben andern Leiden,
Genötigt sind die Fraun zu kleiden.

Als damals Gott gab den Befehl
Dem Erzhausmeister Gabriel,
Die beiden, die sich schlecht betragen,
Gleich aus dem Paradies zu jagen,
Da zeigte Eva wenig Reue,
So sehr war sie erpicht aufs Neue.

Sie hat geweint nur und geschrien:
»Ich habe ja nichts anzuziehn!«
Bis Gott in seiner Güte schnell
Ein Röckchen ihr gemacht aus Fell.

Das allererste Menschenpaar –
Noch ohne Schwiegermütter zwar –
War arg geplagt von Nöten schon:
Der Kain war ein mißratner Sohn –
Ein jeder weiß das mit dem Abel –
Die Landwirtschaft ging miserabel,
Die Schneiderinnen warn nicht schick,
Die Eva wurde alt und dick.

Der Adam hänselte sie drum,
Weil sie aus seiner Rippe krumm,
Gebastelt war, zwar sehr schnell fertig,
Doch dafür auch recht minderwertig.
Sie freilich, in dem Punkt nicht faul,
Ließ auch spazierengehn ihr Maul:

»Beweis doch, daß dich Gott geschaffen,
Am Ende stammst du doch vom Affen!
Die Wissenschaft bringt's schon noch raus –
Dann ist's mit deinem Dünkel aus!«

Trotzdem: wir nehmen gerne an,
Daß sie sich herzlich zugetan,
Bis dann die beiden Ehegatten
Fünfhundertjährige Hochzeit hatten,
Die alten Erb- und Ehrensünder
Im Kreis der Ur-ur-Enkelkinder –
Ein reizendes Familienfest,
Wie sich's nicht schöner denken läßt.
Verfolgen wir die Bibel weiter,
So stimmt es uns durchaus nicht heiter,

Zu sehn, was unsre Erz-Urväter
Doch warn für schlimme Missetäter.
Grad was die Sittlichkeit betrifft,
Liest man in unsrer Heiligen Schrift
So viele höchst verruchte Sünden,
Daß, wenn sie nicht just dorten stünden,
Das Buch käm schleunig untern Schutz
Des Zensors gegen Schund und Schmutz.

Das Leben jener Patriarchen,
Zum Beispiel *Noahs in der Archen*,
War, auf das Weibliche bezüglich,
Ganz ohne Zweifel recht vergnüglich;
In einem Schiff, je zwei und zwei –
War sicher eine Viecherei.

Bemerkenswert ist auch zu lesen,
Was mit den Fraun sonst losgewesen:
Wie noch ein Kind gekriegt die Sara,
Schon alt und dürr wie die Sahara;
Rebekka, listig ohnegleichen,
Den Jakob lehrte, erbzuschleichen,
Daß Isaak segnete, schon blind,
An Esaus statt das Mutterkind;
Wie dann, bei Sodoms Feuerwalzen

Frau Lot die Neugier ward versalzen.
Ging's heut den Fraun noch wie der Lot,
Sie wären schon fast alle tot!

Der Jude hat auch ungeniert
Die eignen Leute ausgeschmiert;
Dem Jakob in der Hochzeitsnacht
Hat Laban Lea hingebracht,
Indem er dachte, meine Rachel
Ist viel zu gut für diesen Klachel.
Und Jakob, in der Nacht, der tiefen
Sah nicht, wie ihre Augen triefen.
Der Hochzeitsmorgen war ein trüber:
Da gingen *ihm* die Augen über.

Hier sei erwähnt auch, wie blamabel
Es ausging mit dem Turm zu Babel!
Die Sache mit der Sprachverwirrung
Ist zweifelsohne eine Irrung

Der späteren Historienschreiber:
Es waren bloß die *Mörtelweiber*,
Die schrien und schimpften durcheinand,
Bis keiner mehr sein Wort verstand.

Als Israel noch in Ägypten,
Manch Unrecht auch die Fraun verübten.
Zwar, noch zur Zeit der Nofretete,
War man dort ziemlich etepetete,
Doch schon das Weib des Potiphar
Benahm sich ziemlich schauderbar.
Der *keusche Josef* war nicht dumm,
Der wußte sicher schon, warum
In seiner doppelten Bedrängnis
Er sich entschied für das Gefängnis.

Hingegen hat der *kleine Moses*
Erfreut sich eines günstigern Loses,
Weil er, grad als die Lage kritisch
Und alle Welt antisemitisch,
In einem Binsenkorb gebettet
Von Pharaos Tochter ward gerettet.
Wohltun, so meint man, bringe Zinsen –
Doch diesmal ging es in die Binsen.
Denn Moses tat den Pharaonen
Ihr Rettungswerk mit Undank lohnen,
Sie hätten – um es kurz zu fassen –
Das Knäblein besser schwimmen lassen.

Moses erwähn ich nicht deshalb
Nicht in bezug aufs goldne Kalb,

Wo er mit wütendem Protest
Verbot das erste Künstlerfest.
Nein, ich erwähn ihn in behuf
Der Zehn Gebote, die er schuf,
Davon uns zweifellos das *sechste*
In dem Zusammenhang das nächste,
Weil's für die Frau in der Geschichte
Von ganz bedeutendem Gewichte.
Es heißt: »Du sollst nicht ehebrechen!«
Doch auch die tausend andern Schwächen,
Die vom Begriffe weiblich-männlich
Seit Adams Zeiten unzertrennlich,
Sind damit ein für allemal
Jetzt angekränkelt von Moral.

Gleich sehn wir das Exempel da
Bei *David* und der *Bathseba*.
Er stand auf seines Daches Zinnen
Und schaute mit vergnügten Sinnen,
Doch gänzlich harmlos, in die Gegend –
Bis plötzlich, sündhaft ihn erregend,
Ein nacktes Weib herüberschimmert
Und sich sein Zustand so verschlimmert,
Daß er mit seinem späten Feuer
Sich stürzt in wüste Abenteuer.

Er schrieb dann jenen Uriasbrief,
Doch später reute es ihn tief,
Als sie, gedacht als Zeitvertreib,
Jahrzehnte blieb sein Eheweib.

Bei Davids Sohn, dem *Salomo*,
War die Gefahr ja nicht mehr so,
Daß er aus Liebe sich vergaß,
Weil tausend Weiber er besaß.
Bekanntlich schrieb im höhern Alter
Er seine Sprüche dann und Psalter
Und sang zerknirscht zu seiner Zither
Sein Klagelied: »Das Weib ist bitter!«
Klar ist ja, daß ein Mann zum Schluß
Ganz einfach weise werden muß,
Wenn er, von so viel Fraun beglückt,
Nicht vorher schon ward ganz verrückt.

Als noch – das sei hier eingeflochten –
Araber sich und Juden mochten,
Längst vor dem heutigen Nah-Ost-Fluch,
Kam Königin Saba zu Besuch.
Wir sehen oft, daß nur die Jugend
Der wahre Prüfstein echter Tugend.

Wär auch bei einem jungen Manne
So keusch geblieben die Susanne?
Bei so zwei Alten, wüst und schmierig,
War Keuschheit ja nicht allzu schwierig.

Was nützt dem Mann die schönste Kraft,
Wenn er nicht zugleich tugendhaft?
Als Feldherr und als Kriegsminister
Im Kampfe gegen die Philister
Wär *Simson* heute noch am Ruder,
Hätt er *Delilan* nicht, dem Luder,
Mit einem Leichtsinn, daß uns schaudert,
Sein Staatsgeheimnis ausgeplaudert.
Ein Mann bis über beide Ohren
Verliebt, bleibt nie ganz ungeschoren,

Doch bei barbarischen Barbieren
Wie hier muß er den Kopf verlieren.

Wir sehn ein Stück des gleichen Kernes
Auch im Bericht vom Holofernes:
Als er an *Judith* jene Bitte
Gestellt, die wider alle Sitte,
Schlug ihm das schöne Frauenzimmer
Zwar die nicht ab, doch, was viel schlimmer,
Noch in der gleichen Nacht das Haupt,
Das hätt er nie von ihr geglaubt.
Natürlich kennt ein Bibelfester
Auch die Geschichten von der Esther
Und von dem Judenfresser Hamann,
Dem ersterwiesenen SA-Mann,

Der freilich selber ward gehenkt –
Oft kommt es anders, als man denkt.
Aus diesen Proben man erkennt
Das Weib im *Aten Testament*.
Zum Glücke kann uns mehr erfreuen,
Was uns berichtet wird im *Neuen*.

Zwar wird die kleine *Salome*
Ein Luder auch vom Kopf zur Zeh.
Johannes ward ein Mann des Todes,
Weil um den Lustgreis, den Herodes,
Solange sie herumscharwenzelt,
Bis sie sich ihren Wunsch ertänzelt.
Bei einer Tänzerin gebt acht,

Weil leicht sie Männer kopflos macht!
Hingegen lobenswert ist jene
Bekannte *Marie Magdalene*.
Wie liegt doch so ein süßer Sinn
In einer schönen Büßerin!
Und wir betrachten sie mit Muße
Vom Busen bis hinab zur Buße.

Johannes, reich schon an Bejahrung,
Beschreibt uns in der Offenbarung
In feurigem Prophetenton
Das Hurenweib von Babylon.
Bei allem Abscheu spürt man's noch!
Gefallen hätt es ihm halt doch!

Auch wir verbergen das Gelüsten

Oft hinter sittlichem Entrüsten!

Sankt Paul schrieb einen ganzen Winter
Den längsten Brief an die Korinther,
Um unter anderm zu verkünden,
Daß zur Vermeidung ärgerer Sünden
Es neben sonstigem Angenehmen
Doch klüger sei, ein Weib zu nehmen.
Nur, wer nichts übrig hätt für Liebe,
Tät besser, wenn er ledig bliebe.
Auch rät schon Paulus zur Vermeidung
Der, scheint's, schon damals häufigen Scheidung.
Der Brief fand sicher viele Leser,
Desgleichen der an die Epheser,
Worin er noch den Unsinn glaubt,
Es sei der Mann des Weibes Haupt.
Drum schrieb er, voller Größenwahn:
»Weib, sei dem Manne untertan!«
Und mit der gleichen Mahnung schloß er
Auch seinen Brief an die Kolosser.

Schon damals stand, nebst manchem Schiefen,
Viel Richtiges in den Hirtenbriefen.

DIE ANTIKE

Man sieht an all den Marmortrümmern,
Wie reich an schönen Frauenzimmern
Gewesen sein muß die Antike:
Sei's nun Athene oder Nike,
Sei's, was man mit Erstaunen sieht,
Ein reizender Hermaphrodit.
Oft fehlt der Kopf zwar den Gestalten –
Worauf es ankommt, blieb erhalten.
Es bleibe nun dahingestellt,
Ob damals, in der alten Welt,
Vor nahezu dreitausend Jahren,
Die Weiber wirklich schöner waren

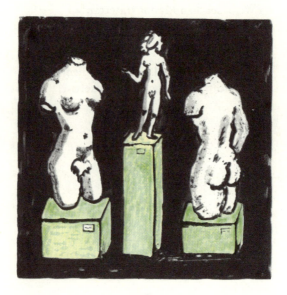

Sowohl persönlich als auch rassisch,
Mit einem Worte: einfach klassisch –
Ob nicht vielmehr die armen Griechen
Beim Anblick der lebendigen Schiechen
Sich flüchteten in ihrer Qual
Ins steingewordene Ideal –
Wir Armen jedenfalles sehnen
Uns nach dem Glücke der Hellenen.

Eh Aristophanes, der Spötter,
Herunterriß die lieben Götter,
Gab's auch in Hellas weit und breit
Die schöne, gute alte Zeit.

Nun, man erzählt wohl nicht viel Neus,
Berichtet man vom Vater *Zeus,*
Wie der die Hera hat betrogen
Und wie er überall rumgezogen.

Für einen Gott war's keine Kunst,
Zu kommen in der Weiber Gunst.
In *ausgewählter Garderobe*
Stellt' er die Tugend auf die Probe:
Die Danae war flugs ihm hold,
Als in den Schoß er fiel als Gold.
Was heutzutag im Korb der Hahn,
War er bei Leda leicht als Schwan.
Zur Io kam er erst in Wolken,
Dann hat er sie als Kuh gemolken.

Doch Hera hat bei Tag und Nacht
Mit *Argusaugen* ihn bewacht,
Und wenn dann nichts mehr half sein Blitzen,
Ließ er die Kühe schnöde sitzen
Und irgendwo verlassen kalben
Mit ganzen Göttern oder halben.
Wer glaubt wohl, daß *Europa* gar
Ursprünglich eine Jungfrau war?
Es gab der Viechskerl Zeus sich hier
Tatsächlich als ein echter Stier,
Entführte sie auf seinem Rücken,
Um sich dann später feig zu drücken,
So daß dies gottverlassene Land
Europa seitdem wird genannt.

Nicht Zeus allein hat damals freilich
Benommen sich so unverzeihlich;
Die Götter, Göttinnen, Heroen –
Wie haben all die Sinnenfrohen
Der Liebe ohne Maß gehuldigt
Und mit dem Mythos sich entschuldigt!

Ob mythisch, ob nur sodo-mythisch,
Wir nehmen das nicht weiter kritisch
Bei einem solchen Hochbetriebe
Zielloser Durcheinander-Liebe.
Der Vater – höchster Götteradel,
Die Mutter – nur ein Waschermadel,
Ein Heer von Satyrn, Nixen, Hexen,
Bis dann mit Ödipuskomplexen,
Familiengreueln, Mord, Inzest
Zu Ende ging das schöne Fest.

Doch sollen *wir* heut prüde schimpfen
Auf die Dryaden oder Nymphen;
Uns ärgern, daß schon die Najaden
Erfunden das Familienbaden?
An der *Zentauren* wilde Ritte
Das Maß anlegen unsrer Sitte?
Doch, beispielsweise, die Sirenen
Sind zu vergleichen nicht mit denen,
Die uns, statt daß sie uns umgarnten,
Im Kriege vor den Fliegern warnten.

Wenn Götter nicht mehr lieben dürfen
Vergnügt und frei von Selbstvorwürfen,
Was soll dann, fern von Aphrodite,
Erlaubt sein *uns* auf dem Gebiete?

Gerade *Aphrodite* war es,
Die schamlos mit dem feschen *Ares* –
Der freilich herrlich, Glied um Glied
Dem eignen Mann, dem garstigen Schmied,
Versuchte Hörner aufzusetzen:
Der aber fing in starken Netzen
Das lästerlich verbuhlte Paar,
Und splitternackend, wie es war,
Gab er's, der eignen Ehr Verächter,
Preis dem homerischen Gelächter.

In Liebesdingen mehr als toll
Trieb es natürlich der *Apoll*,
Der unterm Vorwand der Verpflichtung
Für Schauspielkunst, Gesang und Dichtung

Sich an neun Musen durft begeistern –
Noch heut ein Vorbild allen »Meistern«.

Der Schwester, Artemis, hingegen
War an den Männern nichts gelegen.
Sie badete im Mondenscheine
Mit ihren Frauen ganz alleine.
Aktäon, der, was er nicht sollte,
Mal auch was Nettes sehen wollte,
Schlich eines Nachts heran recht nah,
War ganz verwirrt, was er da sah
An Busen, Beinen, Hinterteilen,
Und er versäumte, zu enteilen.
Die Göttin dreht' sich barsch herum:
»Was kraucht denn dort im Busch herum?«

Und schon ward für sein frevles Pirschen
Verwandelt er in einen Hirschen.
So was pflegt heut nur zu geschehen
Den Männern, wenn sie *nichts* gesehen.

Noch weniger ist mit Fraun zu spaßen,
Wenn sie ergreift der Wahn der Massen
Durch einen Scharlatan, dem's glückt,
Sie wild zu machen und verrückt.
So einer war Dionysos,
Der sie, Naturheilkundiger bloß,
Mit Traubenkuren und mit drastischen
Erotopsycho-heilgymnastischen,
Höchst überspannten Stab-Freiübungen
Gebracht bis zu Bewußtseinstrübungen.

Mänaden, die vor Wollust beißen,
Am liebsten gleich den Mann zerreißen,
Scheint es in unserm nüchternen Leben
Nur äußerst selten mehr zu geben,
Obwohl sie uns viel lieber wären
Als beispielsweise die *Megären*,
Nach denen niemand trägt Verlangen,
Weil sie, den Kopf voll giftiger Schlangen,
Selbst für den Fall, daß sie uns küßten,
Uns unsympathisch bleiben müßten.

Medusen sind auch heut nicht selten
In jenen Halb- und Zwischenwelten:
Gesichter, herrlich anzuschauen,
Doch kalt und herzlos, daß vor Grauen

Das Blut beim Anblick uns erstarrt.
Weh dem, der sich in sie vernarrt!

Viel lieber lauschen wir dem Märchen
Von jenen reizenden *Hetärchen*,
Die, in der Liebe höchst erfahren,
Den Griechen wahre Engel waren –
Nicht mit den Mädchen zu vergleichen,
Die nachts bei uns durch Straßen streichen,
Die »Süßer Bubi« zu uns sagen
Und sich dann recht gemein betragen –;
Nein, jenen, die die alten Weisen
In Worten höchsten Lobes preisen
Und die in jeder Hinsicht prima,
Wie Phryne, Lais, Diotima.

Sie waren reizend, klug und willig –
Doch höchstwahrscheinlich auch nicht billig.
Weit mächtiger als mancher Heros
War ehedem der kleine Eros,
Er, der einst Welten hat zertrümmert,
Heut psychopathisch, stark verkümmert,
Muß in Romanen und Broschüren
Ein akademisch Leben führen.
Als *Amor* in der Volksausgabe
Ist er noch heut ein wackrer Knabe,
Obgleich er auch seit seiner Kindheit
Viel eingebüßt von seiner Blindheit
Und mit dem alten Pfeil-Betrieb
Rein technisch schon im Rückstand blieb.

In der Antike auch beginnen
Die ersten Frauenrechtlerinnen.
Es schwuren, keinen Mann zu schonen,
Die kriegerischen *Amazonen*.

Eins leuchtet uns dabei nicht ein:
Sie sollen hübsch gewesen sein
Hat doch das weibliche Geschlecht
Sofern es hübsch ist, *immer* recht!
Von allem, was aus Adams Rippe
Abstammt, das schlimmste war Xanthippe,
Die *Sokrates*, dem Philosophen,
Die Welt gemacht zum Höllenofen.
Nun war vielleicht die Frau Professer
In Wirklichkeit doch etwas besser

Als ihr so reichlich schlechter Ruf.
Man denke, welche Qual es schuf,
Vermählt zu sein, ganz mild einmal
Gesagt, mit einem Original!
Vielleicht war sie sogar ganz häuslich?
Doch Sokrates benahm sich gräuslich,
Ging unrasiert und schlecht gewaschen,
Mit ausgerissenen Manteltaschen,
Natürlich immer voller Bücher
Und ohne frische Taschentücher
In staubigen Stiefeln ins Kolleg,
Daß mancher dachte auf dem Weg:
»Wer zieht von diesem Schmutzian
Denn wohl die *saubern* Kragen an?«

Und jede Hausfrau wird begreifen:
Xanthippe hatt' ein Recht zu keifen.

Auf alle Fälle sehn wir grausend,
Daß selbst im klassischen Jahrtausend
Die Welt ein wohlgerüttelt Maß
Von unsympathischen Fraun besaß.
Doch nicht nur, wenn das Weib abscheulich,
Auch Schönheit wirkt oft unerfreulich;
Des zum Beweise nenn ich da
Euch gleich die schöne Helena.
Herr *Paris* hat für sich den Ruhm,
Als erster Gent im Altertum
Bewiesen aller Welt zu haben,
Daß Mannesehre, Geistesgaben,
Charakter, höhere Gesinnung

Zwecklos für eines Weibs Gewinnung,
Wenn solche Operetten-Helden
Wie Paris ihren Anspruch melden.
Geht es uns nicht schon auf die Nerven,
Daß Göttinnen sich unterwerfen
Dem Urteil dieses arroganten
Hanswursten, den sie gar nicht kannten?
Ja, daß sie direkt aus dem Himmel
Herkamen zu dem Hirtenlümmel?
Sie hätten vorher wissen können:
Wem wird er schon den Apfel gönnen
Als dieser hübschen, hohlen Puppe,
Der Tugend wie auch Weisheit schnuppe!

Doch daß dann wegen dieses Laffen
Die ganze Welt griff zu den Waffen,
Nur weil dem alten Menelaus
Der Schuft sein Weibchen spannte aus,
Das ist uns heut ganz unbegreiflich!
Heut überlegt man Kriege reiflich.
Ein solcher Grund ist mehr als peinlich;
Drum hat auch damals höchstwahrscheinlich
Man stark betont schon in der Presse
Das überseeische Interesse.

In Troja machte bald dann mies
Ein Mädchen, das *Kassandra* hieß.
Unpatriotisch war das, schlecht!
Doch, leider Gotts, sie hatte recht!

Und was, nur wegen Helena,
Auch nach dem Kriege noch geschah!
Sie selbst, die angerührt den Leim,
Fuhr, mir nichts, dir nichts, wieder heim.
Doch der Odysseus beispielsweise
War noch zehn Jahre auf der Reise
Rund um die ganze Odyssee,
Bis er kam zur Penelope.

Es weiß Homer von seinem Helden
Manch Abenteuer zu vermelden.
Es bleibt uns ziemlich unverständlich,
Warum nicht bei Kalypso endlich
Geblieben dieser Einfaltspinsel
Auf jener wunderschönen Insel!
Daß er nicht lange im Bezirke
Der bösen Zauberhexe Kirke
Verweilt, das nenn ich klug gehandelt,
Weil Männer sie in Schweine wandelt,
Was allerdings bei einiger List
Für Weiber gar kein Kunststück ist.
Gut ist ein Zauberspruch erst, wenn er
Die Schweine wandelt um in Männer.
Doch weniger lobenswert ist dies,
Daß er Nausikaa sitzenließ,
Zu der er müd und krank und lahm
Und völlig abgerissen kam.
Sie hat ihn liebevoll bemuttert,
Herausstaffiert und durchgefuttert.
Er hat geschmaust nur und erzählt,
Statt daß er sich mit ihr vermählt, –
Und, als er sich herausgefressen,
Sie schnell verlassen und vergessen.

Er kam daheim grad recht zur Feier
Der frechen, flegelhaften Freier.
Die hat Odysseus glatt erschossen
Und glücklich dann sein Weib umschlossen,
Das ihn erwartet voll Gesittung;
Doch schrecklich war die Eh-Zerrüttung,
Die Agamemnon angetroffen,
Was meterweis zu Dramenstoffen
Und Opern ward gewertet aus –
Elektra beispielsweise von Strauß.

Viel Unheil auch die Götter brauten
Der Heldenschar der Argonauten
Herr *Jason* etwa war ein solcher;
Er hatte aus dem Land der Kolcher,

Wo er noch andres führt' im Schilde,
Sich eine junge, hübsche Wilde,
Medea, mit nach Haus gebracht.
Doch dorten ward er ausgelacht,
Weil sie, ihm ward's auch selbst bald klar,
Nicht ganz gesellschaftsfähig war.
Dazu ward sie auch alt und fett,
Er fand sie plötzlich nicht mehr nett;
Beglückt von neuen Liebeshimmeln
Versuchte er, sie abzuwimmeln.
Sie ging auch wirklich später fort,
Doch vorher gab's noch Mord um Mord.
Drum zeigt der Rat auch viel Verstand:
»Heirate niemals außer Land!«

Recht schlecht es später auch erging
Herrn *Gyges* mit dem Zauberring.
Es war auch etwas Oberfaules,
Daß ihn der König, der Kandaules,
Bewog im Anflug toller Laune,
Daß er sein Eheweib bestaune.
Nun war der gute Gyges zwar
Kraft seines Ringes unsichtbar,
So daß er ungeniert ganz nah
Die Königin sich ausziehn sah.
Doch sei's, daß sie ihn doch erblickt,
Sei's, daß er heimlich sie gezwickt,
Sie merkte, daß ein Mann im Zimmer,
Und Gyges machte es noch schlimmer,
Indem er plötzlich sagte laut:
»Ich hab ja gar nicht hingeschaut!«
Worauf sie zischte: »Schurke, lüg es,
Jetzt kenn ich dich, du bist der Gyges!«
Sie gab ihm andern Tags die Wahl,
Zu töten ihren Herrn Gemahl,

Wo nicht, den Tod selbst zu erleiden –
Nun, das war einfach zu entscheiden.
Er hat Kandaules umgebracht
Und seitdem jahrlang, Nacht für Nacht,
Geschlafen bei der Königin –
Und schaute wirklich nicht mehr hin!

Wir wenden unsern Redestrom
Nun weiter, in das alte *Rom*,
Das von Aeneas ward gegründet,
Der mit Latinus sich verbündet,
Des Kind Lavinia er umwarb
Und kurz erst kriegte, eh er starb.
Wir würden ihm sie gerne gönnen,
Doch hätt er's billiger haben können,

Wär er geblieben bei der Dido,
Die sich, ein Opfer des Cupido,
In des Aeneas Heldenkraft
Unseligerweise hat vergafft.
Schon hatte sie ihn fast umgarnt,
Da wurde er »von Zeus gewarnt«,
Wie man voll Heuchelei es hieß,
Wenn einer eine sitzenließ.
In Rom warn Frauen anfangs rar,
Denn jenes erste Zwillingspaar,
Von dem die Stadt, so sagt man, stamme,
Hatt eine Wölfin nur zur Amme.
Drum mußte man durch Raub gewinnen
Die nötigen *Sabinerinnen*,
Es klingt ja zwar ein bißchen roh,

Doch heut wär manche Mutter froh,
Käm so ein Römer nur und möcht er
Doch endlich rauben ihre Töchter.
Dabei war für die wirklich Frommen
In Rom auch sonst ein Unterkommen.
Wen niemand mochte zur Gemahlin,
Die wurde eben dann *Vestalin*,
Daß sie das öffentliche Feuer
Im Vestatempel stets erneuer,
Verzichtend auf den eignen Herd –
Doch auch der Staatsdienst ist was wert!

Zu Roms Beginn – schwer zu beschönigen –
Gabs schon Skandale mit den Königen;
Und mit Tarquinius, dem superben

Ging gar die Monarchie in Scherben:
Von Kronprinz Sextus wüst verfolcht,
Hat sich Lucretia erdolcht.

Rom stand in voller Jugendkraft,
Solang das Weib dort tugendhaft.
Doch diese Kraft muß bald erlahmen,
Wenn aus den Frauen werden Damen,
Die sinnlos sich die Zeit vertreiben,
Romane lesen, Briefchen schreiben,
Fast jeden Tag im Zirkus sitzen
Und sonst dergleichen Kinkerlitzen,
Nachts ausgehn, dann bis Mittag schlafen –
Dafür den Mann zum Arbeitssklaven

Erniedrigen; der soll es zahlen,
Wie sie sich schmücken und bemalen.

Die Männer freut's noch, diese Deppen,
Wenn ihre Fraun sie gründlich neppen,
Den ganzen Tag die Stadt durchlaufen
Und teures Glump zusammenkaufen,
Dann beim Konditor Schlagrahm schlecken
Und flirten mit den dümmsten Gecken.

Die Hausfrau, die zu sparen trachtet,
Die kocht und wäscht, wird nicht geachtet,
Nur die, die jung, hübsch, elegant,
Wird von den Männern anerkannt.

Kurzum, in Rom, wie überall,
Kam eines Tages der Verfall.

Sogleich erinnern wir uns da
Der Königin *Kleopatra*;
Schon Cäsar war als alter Knabe
Erlegen der Verführungsgabe,
Mit der sie ihn vermocht zu fesseln.
Da saß er arg bald in den Nessseln,
Und nur mit ganz genauer Not
Entging er dort dem Heldentod.
Nachdem sie sich in ziemlich rüder
Art auch entledigt ihrer Brüder,
Saß sie vergnügt auf ihrem Thron,
Bis sie zuletzt dem Mark Anton
Das Mark aussog bis auf die Knochen
In jahrelangen Flitterwochen.
Dann war sie leider schon zu alt
Und ließ drum den Augustus kalt,
Und ihr blieb nichts bei solchen Mängeln,
Als schließlich sich davonzuschlängeln.
Denn die Erkenntnis, sie sei häßlich,
War mehr noch als der Tod ihr gräßlich.
Wie sehr der Frauen gute Sitten
In Rom im Lauf der Zeit gelitten,
Man unschwer aus den Versen sieht
Des Martial, Horaz, Ovid;
Auch Juvenal, Terenz, Tibull
Beweisen, daß Moral gleich Null.
Schulknaben ließ man ohne Strenge,
Buhlknaben gab's die schwere Menge.
Familienleben, Kinderkriegen –
Welch proletarisches Vergnügen!
In der Gesellschaft konnt man hören
Nur mehr von Schneidern und Frisören.

Doch nicht allein der Lippenstift –
Es herrschten bald auch Dolch und Gift,
Womit die Damen Tag und Nacht
Sich gegenseitig umgebracht.
Und jede Frau trug ein paar Fläschchen
Mit sich in ihrem Abendtäschchen.
Ich könnte leicht historisch dienen
Mit *Agrippinen, Messalinen,*
Die, ohne Angst vorm Staatsanwalt,
Wen sie nicht mochten, machten kalt.
Doch mach ich hier mit Grausen Schluß –
Es steht ja so im Tacitus,
Dem römischen Historienschreiber,
Der, ohnehin kein Freund der Weiber,
Haarklein und lesenswert uns schildert,
Wie Rom zur Kaiserzeit verwildert.

DIE GERMANEN

Bei Tacitus, wo wir die Sünden
Der Römerin verzeichnet finden,
Steht aber auch, zu unserm Heil,
Wie damals, ganz im Gegenteil,
Gewandelt auf der Tugend Bahnen
Germaninnen und auch Germanen.

Erst schreibt er lang von Speer und Schilden,
Und wie sie leben wie die Wilden.
Am meisten hat ihn das gepackt:
Die Frauen gehen dort halb nackt,
Und wenn man auch so manches sehe,
Sei trotzdem heilig ihre Ehe.
Kein Zirkus, Kino und dergleichen,
Kein Flirten, Blinzeln, heimlich Zeichen,
Kein Billet-doux von Frau zu Mann –
Dies schon, weil niemand schreiben kann –;
Im alten Deutschland überhaupt
Nichts außer Heirat war erlaubt.

Ich bitte nur die Junggesellen
Und -innen, sich das vorzustellen!
Was für Vergnügen bot das Tanzen,
Geschah's mit Schwertern nur und Lanzen?
Und paßte eins nicht höllisch auf,
Ging schon die große Zehe drauf.
Was nützt ein Mädchen, blaugeäugt,
Von dessen Reiz man überzeugt,
Wenn die Verordnungen so scharf,
Daß man zu ihr nur sagen darf:
»Vorausgesetzt, daß Sie mich mögen,
Erbitt ich Ihrer Eltern Segen!«

Und war man noch nicht dreißig alt,
Dann sprach der Schwiegervater kalt:
»Den Hosenlatz, den Milchbart schau!
Der Lausbub möcht schon eine Frau!«

Auch Mitgift gab es leider nicht,
Im Gegenteil, des Mannes Pflicht
War es noch Anno dazumalen,
Für seine Frau was zu *bezahlen*.
Das war gewiß ein guter Brauch.
Er hielt sie drum in Ehren auch
Viel mehr, als wenn er so sie nähme
Und noch was zubezahlt bekäme.

Doch oft geschah's, daß voller Scham
Ein Mann nach Haus vom Würfeln kam:
»Von morgen ab gehörst du leider
Dem Teut, dem Lederhosenschneider!«
Worauf sie sprach, getreu und bieder:
»Vielleicht gewinnst du mich bald wieder!«
Noch wäre manches nachzutragen
Von Götter- und von Heldensagen.
Die Wunschmaid trifft nicht überall
So herrlich man wie in Walhall:
Ein Mädchen, schön und hünenhaft,
Daß selbst die erste Bühnenkraft
Bei festspielmäßiger Besetzung
Nicht mittun kann, nach meiner Schätzung.

Dafür gelang der Feuerzauber
Dem Loge selbst wohl kaum so sauber
Wie uns, die wir als Feuerwerker
Und sonst bei jedem Blendwerk stärker.
Der Vater *Wotan* war beim Bau
Der Götterburg nicht allzu schlau.
Auf seinem Hause lag kein Segen:
Die beiden *Riesenhypotheken*
Zu löschen, hat zu guter Letzt
Er seinen Ring daran gesetzt,
Damit auf Freia, seine Nichte,
Das ungeschlachte Paar verzichte.

Auch sonst war Wotan nicht zu neiden:
Gebunden mit den stärksten Eiden
Sah er sich durch des Schicksals Tücke
Verhindert stets an seinem Glücke.
Dazu war Frigga, seine Frau,
In derlei Sachen zu genau.
Er starb, für einen Gott noch jung,
Bald an der Götterdämmerung.

Hingegen an besagtem Ring
Noch fürder manches Unheil hing:
Siegfried, nicht nur ein blonder Held,
Nein, auch ein Mann mit sehr viel Geld,
Kam eines Tages frisch und munter
Zu dem bekannten König Gunther,
Und er verliebte fest und fester
Sich in Krimhilde, dessen Schwester.

Im Norden herrschte wo die wilde
Und starke Königin Brunhilde,
Die nun der Siegfried seinerseits,
Da sie für ihn ganz ohne Reiz,
Dem König Gunther zugebracht.
Doch in der ersten Liebesnacht,

Sofern man das so nennen kann,
Schlug sie erbärmlich ihren Mann.
Der traut' sich nicht mehr in die Klappe,
Bis Siegfried kam in seiner Kappe
Und sie an Gunthers Statt verdrosch.
Draus wurde Haß, der nie mehr losch.
Und als gar sonntags die Gemahlin
Krimhild verhöhnte die Rivalin,
Hat das Brunhild nicht mehr vertragen.
Sie wandte heimlich sich an Hagen,
Der dann, wie allgemein bekannt,
Den Siegfried durch und durch gerannt
Nach jenem Wettlauf an den Brunnen.
Krimhild ging später zu den Hunnen,
Vermählte sich mit *König Etzel*,

Und jeder kennt dann das Gemetzel,
Genannt »der Nibelungen Not«,
Wo sie schlug kurzweg alle tot.

Seitdem trifft man, was auch kein Wunder,
Nicht oft mehr richtige Burgunder.
Ganz grauenvoll ist auch die Kunde
Von Alboin und Rosamunde.
Der König Alboin befahl
Der Ehefrau, beim Hochzeitsmahl
Zu trinken aus des Vaters Schädel –
Was unsrer Meinung nach, nicht edel,
Weshalb sie – was nicht zu verdenken –
Beschloß, auch ihm es einzutränken.
Und ehe noch der Tag gesunken,
Hatt' Alboin schon ausgetrunken.

MITTELALTER

Wir sehn: die Vorzeit, sie war grau
Auch in Beziehung auf die Frau.
Viel reicher blühte die Erotik
Dann später in der Zeit der Gotik,
Doch gab's im Mittelalter auch
Für Frauen manchen üblen Brauch.
Zum Beispiel war es ziemlich bitter:
Wenn in den Krieg zog so ein Ritter
Und traute nicht ganz seinem Weibe,
Ob sie inzwischen treu auch bleibe,
So *sperrte er sie einfach* zu,
Zog dann ins Feld voll Seelenruh.
Erwies sie trotzdem späterhin
Sich dann als Missetäterin,
So schickte sie ein solch erboster
Ehmann ins nächste beste Kloster,
Wo sie, weil es so langeweilig,
Aus purem Stumpfsinn wurde heilig.

Trotzdem: Manch Mädchen meint sogar,
Daß es recht schön zu leben war
Als Ritterfräulein, hoch zu Roß,
Und jeden Tag auf einem Schloß!

Wer etwas ahnt von Hygiene,
Sich nie nach Ritterburgen sehne!
Zentralheizung, elektrisch Licht
Und Gas kennt man dortselbsten nicht;
Wem das noch nicht genügt, der geh,
Falls er den Mut hat, aufs WC,
Beziehungsweise jene Stätte,
Die heute diesen Namen hätte.

Wobei mir noch kommt in den Sinn,
Daß damals der Besucherin,
Was sicher peinlich sie empfand,
Kein Zeitungsblatt zu Diensten stand.
Das Gegenteil mir zu beweisen,
Wird man das Badeleben preisen,
Wo froh vereint in einer Wanne
Das Weib geschäkert mit dem Manne –
Und doch seh ich mit Trauer hin
Auf Agnes, die Bernauerin.
Der Herzog Ernst, durchaus nicht mocht' er
Ein Baderskind zur Schwiegertochter.
Er schrie erbost: »Nicht dran zu denken!«
Und ließ in Straubing sie ertränken.

Daß eine Freifrau wirklich frei war,
Glaubt wohl nur der, der nicht dabei war.
Habt ihr denn nicht, arglose Wesen,
Rosa von Tannenburg gelesen?
Ha, winters, wenn die Stürme heulen,
Im Burgverlies die Knochen fäulen,
Vom Keller bis zur Speicherluken
Ahnfrauen umeinanderspuken
Und es dann plötzlich dröhnend pocht,
Daß jäh verlischt der Lampendocht –
Das Fräulein schaut zum Fenster raus
Und bibbert: »Wer ist denn da drauß
Und klopft ans Tor so fürchterlich?«
Und dumpf und hohl antwortet's: »*Ich!*«
Ist das nicht scheußlich und gemein?
Wer möcht da Ritterfräulein sein?

Ja, wird man mir entgegenhalten:
Der Minnesänger Lichtgestalten?!
Wolfram von Eschenbach, beginne!
Ja, aber nur von reiner Minne!
Tannhäuser, der beim Minnepreisen
Nur ein klein wenig tat entgleisen,
Indem er harmlos mitgeteilt,
Daß er im Hörselberg geweilt
Und drum von Liebe was verstünde,
Ward gleich als Ausbund aller Sünde
Verjagt mit flammendem Proteste
Vom ersten Sänger-Bundesfeste.
Und machte so ein Troubadour
Der Liebsten ernsthaft dann die Kur,
Mußt er hinauf an einem Strick

Und ward im nächsten Augenblick
Vom Vater etwa, der anstatt
Der Tochter ihn erlauert hatt,
Mit kaltem, höflichem Bedauern
Herabgeworfen von den Mauern.
Der Tochter aber auf der Stelle
Gab jener eine mächtige Schelle
Und hatt noch Eisenhandschuh an –
Das hat vielleicht nicht weh getan?
Indes der arme junge Ritter
Lag unten tot bei seiner Zither,
Mußt ewig nun ums Schloß gespensterln
Zur Strafe für verbotnes Fensterln.

Bei uns setzt heut ein junger Mann
An Liebe nicht mehr so viel dran.
Er pfeift ihr von der Straße munter,
Sie pfeift drauf – oder sie kommt runter.

Und war das lustig für die Frauen
Dies ritterliche Sichverhauen?
Wenn ewig Mann, Sohn, Bruder, Schwager
Dalag auf seinem Hirschfell-Lager,
Und ständig irgend so ein Tropf
Ankam mit einem Loch im Kopf?

War's lustig, wenn es solchen Schlingeln
Einfiel, die Burg nachts zu umzingeln,
Faul mondelang herumzulungern
Und sie dann einfach auszuhungern?

War nun kein Feldkrieg grade offen,
Sah man die Ritter meist besoffen
Am flackernden Kamine hocken
Und greulich fluchen und tarocken.

Die Frau mußt ihre Zeit benutzen,
Und Tag und Nacht die Waffen putzen,
Die Lederkoller und Gamaschen.
Die *Panzerhemden* mußt sie waschen,
Die schwer zu bügeln, weil sie schuppig –
Das Leben, kurz, war rauh und ruppig.

Und wenn der Gatte schließlich gar
Der grimme *Ritter Blaubart* war,
Der, wenn sie nicht den Schlüssel brachte,
Aus ihr sofort Schlachtschüssel machte,
Muß ich schon sagen: Tut mir leid,
Ich bin nicht für die Ritterzeit.

Nun meint vielleicht so manche Frau,
Der Blaubart war gar nicht so blau,
Das Ganze sei ja bloß ein Märchen:
So find ich darin auch ein Härchen.
Was anbelangt das Frauenzimmer,
Ist ja die Wahrheit oft viel schlimmer:
Selbst die berühmte Scheherazade,
Die, daß sie des Kalifen Gnade
Erringe, keineswegs gezaudert
Und tausendeine Nacht geplaudert,
Hält, wenn sie noch so stark im Wort,
Doch keineswegs den Weltrekord.

Ich selber kenne einen Mann,
Der es auf Eid beschwören kann,

Daß Tag und Nacht unausgesetzt
Sein Weib seit dreißig Jahren schwätzt.
Auf weitre Märchen ich verzichte:
Wir treiben hier ja Weltgeschichte!
Belustigt tut heut manche Gans
Von der *Jungfrau von Orleans;*
Doch fehlt zu gleichen Ruhms Erringung
Vielleicht ihr schon die Grundbedingung;
Und hätt selbst, durch Abscheulichkeit,
Bewahrt sie die Jungfräulichkeit,
So bleibt es zweifelhaft erst recht,
Ob sie das männliche Geschlecht
Vermöchte, denn das will was heißen,
Zu Heldentaten hinzureißen.

Daß eine Frau so frei gewesen,
Wie wir es von Johanna lesen,
War damals einfach unerhört
Und alle Welt war tief empört.
So mancher, der ihr sonst gewogen,
Sprach: »Daß sie Hosen angezogen,
Das geht zu weit, das ist zu stark!«
Und drum verbrannten sie Jeanne d'Arc.

Und man versteht's, wenn man die Welt
Von damals sich vor Augen stellt.
Denkt nur an *Faust mit seinem Gretchen* –
Was war das für ein armes Mädchen!
Um ihn zu sehn, mußt sie ins Gärtlein
Der hilfsbereiten Martha Schwertlein.
Na, und was taten sie da schon?
Sie redeten von Religion,
Und unterm Schutze der Frau Muhme
Zupft' sie an einer Sternenblume,
Ließ sich durch ein Orakel sagen,
Was *er* hätt sollen *gleich* erfragen.

Sie liebte ihn! O holder Wahn!
Damit ging dann das Unglück an.
Denn Liebe hatte zu den Zeiten
Noch ungeahnte Schwierigkeiten.
Heut geht das ohne List und Mord,
Man fährt zum Wochenende fort,
Ist aufgeklärt nach allen Kanten
Und pfeift auf Eltern und Verwandten.

Doch damals! Ach, wer denkt nicht da
An *Romeo und Julia*.
Die Liebe zueinander faßten,
Indes sich ihre Väter haßten,

Draus wurd ein Drama, trüb und traurig,
Mit einem Ende, wüst und schaurig.

Wer denkt nicht, ärmer noch als diese,
An *Abälard und Heloise*,
Die ihrer Leidenschaften Tiefe
Ergossen lediglich in Briefe
Als unfreiwillige Tugendbolde;
Denkt nicht an *Tristan und Isolde*?
Brangäne hat den Trank vertauscht,
So daß ganz schrecklich sich berauscht
An Liebe die zwei Wahnbetörten,
Bis sie nichts sahen mehr und hörten,
Und man sie auf der Tat, der frischen,
Konnt jeden Augenblick erwischen.

Es wollt die Leidenschaft, die starke,
Selbst anerkennen König Marke.
Doch wie's halt so in Dramen geht,
Einsicht und Hilfe kam zu spät
Und alles starb in kurzer Frist;
Zurück blieb einsam der Bassist.

Erwähnt sei hier noch immerhin
Elsa mit ihrem *Lohengrin*.
Dabei geht der bekannte Schwan
Nur mittelbar uns etwas an,
Weil nicht, wie bei der Leda, er
Gedient hat für den Nahverkehr.
Ausschließlich für des Grales Sendung
Fand er im Fernverkehr Verwendung.

Es ist zuviel verlangt von Frauen,
Daß sie voll höchstem Gottvertrauen
Sich einem fremden Mann vermählen
Und ihn nicht lang mit Fragen quälen.
War er auch ritterlich galant,
Sie hatte immerhin Brabant
Und lief zum Schlusse doch Gefahr,
Daß er ein Heiratsschwindler war.

Denn wenn ein solches Fräulein prompt
Dann von dem Mann ein Kind bekommt
Und weiß beim Vormundschaftsgericht
Des Vaters Art und Namen nicht,
Wie steht sie mit der Auskunft da:
»Des Kind is von an Maschkera!«?

Man weiß oft nicht, wie sich betragen.
Was Elsa sich verpatzt durch Fragen,
Hat *Parzival* dadurch verdummt,
Daß, statt zu fragen, er verstummt.
Bei Frauen zwar hat nach wie vor
Noch ziemlich Glück der reine Tor,
Der nicht lang fragt und blindlings tappt,
Sobald er merkt: es hat geschnappt!

Wenn Frauen sich zur Eh entschlossen,
Gehn sie aufs Ziel los unverdrossen.
Des zum Beweis, ihr ahnt es schon,
Nenn ich das *Käthchen von Heilbronn*.

Es war nun halt der Graf vom Strahl
Ihr angebetet Ideal.
Mit Hunden hat er sie gehetzt,
Sie aber hat's doch durchgesetzt.
Denn bei der Frau versagen nie
Die Sanftmut und die Hysterie.

Doch, um nicht nur aus deutschen Gauen
Heranzuziehen hier die Frauen,
Verflecht zum Schluß ich dem Berichte
Die äußerst spannende Geschichte
Des bösen Mohren von Venedig,
Othello, der, solang er ledig,
Als Admiral war äußerst tüchtig.
Doch Jago macht' ihn eifersüchtig,
So daß er von Desdémona
Sich schauerlich betrogen sah.
Ein Taschentuch hat's ihm verbürgt;
Voreilig hat er sie erwürgt.
Frau Macbeth war, die böse Lady
Vielleicht als Kind ein »süßes Mädi«.
Der Ehrgeiz hat sie ganz verblendet –
Zu spät hat sie in Reu' geendet.

DIE NEUZEIT

Was man in unsern Büchern dreist
Als sogenannte Neuzeit preist,
Ist auch schon wieder lange her –
Fünfhundert Jahre ungefähr.

Schon damals hat die Frau, wie heut,
Das *Mittelalter* arg gescheut;
Auch Frau Europa träumte nur
Von Schönheit und Verjüngungskur.
Sie dachte, wenn die klassischen Alten
Sich so vorzüglich einst gehalten,
Lag's nur an der Antike Kraft.
Sie braute drum sich einen Saft
Aus humanistisch-klassischen Kräutern
Und trank ihn, ohne ihn zu läutern.
Und bald, nach einigem Magendrücken,
Schien die Verjüngungskur zu glücken.
Europa stand im vollen Glanze
Der Neugeburt, der *Renaissance*.

Doch war, man kann das leicht erwischen,
Halt noch manch giftiges Kraut dazwischen,
Und grad die Renaissancefrauen
Betrachten wir darum mit Grauen,
Weil manches Unheil sie gestiftet
Und ihre Männer oft vergiftet,
Die ihrerseits auch, roh und kalt,
Statt Liebe brauchten nur Gewalt.

Wobei ich noch im Zweifel bin,
Ob wirklich solche Teufelin
Lucrezia Borgia ist gewesen,
Wie wir in der Geschichte lesen.

Ich nähme, ohne Angt vor Mord,
Zur Freundin wenigstens sie sofort;
Denn sie war schön, reich, klug und heiter.
Was will ein Mann denn da noch weiter?

Viel ärger sind oft giftige Kröten,
Die ohne solche Tränke töten.

Noch mächtiger wird der Unterrock
Nun im Verlaufe des *Barock*,
Und sinnverwirrend lebensfroh
Herrscht er erst recht im *Rokoko*.
Das Weib, sonst Herrin kaum im Haus,
Wächst sich zur Weiberherrschaft aus.

In Engelland, das seinen Namen
Nicht wohl den engelhaften Damen
Verdankt, die dort herangewachsen,
Vielmehr dem Volk der Angelsachsen –
Herrscht' jener *Heinerich der Achte,*
Der sich aus Weibern nicht viel machte,
Sobald, und dies gelang ihm leicht,
Bei ihnen er sein Ziel erreicht.
Er teilte anfangs Bett und Thron
Mit Katharina Aragon,
Bald drauf nur mehr den Thron, und schließlich
Ward ihm auch dieses zu verdrießlich:
Bezog der Liebe hohe Schulen
Dann buhlend mit der Anna Boleyn,
Doch plötzlich müde ihrer Süße,

Legt' er den Kopf ihr vor die Füße;
Nahm eine dritte sich, Johanna,
Als vierte wieder eine Anna;
Doch schien ihm keine was zu taugen.
Dann aber macht' ihm schöne Augen
Kathrina Howard, und er nahm sie,
Sah jedoch bald, daß ohne Scham sie
Die Augen leicht und lebensfroh,
Den andern machte ebenso,
Und jeder Junker mit ihr junkte.
Er war sehr heikel in dem Punkte,
Weil er nicht ohne Recht sich dachte:
Bin ich als Heinrich schon der Achte,
Will ich, daß bei der Königin
Der erste ich und einzige bin.

Und um zu wissen sonnenklar,
Daß mindestens er der letzte war,
Macht er nicht weiter viel Geschichten,
Befahl kurzweg, sie hinzurichten.
Ihn selbst berührte das nicht weiter,
Kaum, daß die tot war, sprach er heiter:
»Versuchen wir einmal die nächste!«
Es war schon immerhin die sechste.
Es holte sich der alte Narr
Die Witwe Katharina Parr;
Die hat dann seinen Tod erlauert,
Ihn zwar nicht be-, doch überdauert.
Bricht lang verhaltner Frauengroll
Sich endlich Bahn, wird's grauenvoll.
Die »Bluthochzeit« verzeihn wir nie
Der *Katharina Medici,*
Der's fast gelang, die Hugenotten
In Frankreich völlig auszurotten.
Daß Henri Katter sie geschont,
Hat weltgeschichtlich sich gelohnt.
In Rußland ist es ja schon immer,
Ob mit, ob ohne Frauenzimmer,
Wüst zugegangen, und uns dienen
Zum Beispiel auch zwei *Katherinen.*
Die erste, die dann späterhin
Emporstieg bis zur Kaiserin,
Entstammt aus Livland oder wo.
Ihr erster Mann war dumm und roh
Wie dort die Mehrzahl der Bewohner;
Es war ein schwedischer Dragoner,
Der zweifellos sich oft besoff.
Sie ward das Mensch des *Menschikoff,*
Als bald darauf die Russen kamen
Und alles, auch die Weiber, nahmen.
Der arme Menschikoff erfreute

Nicht lang sich seiner schönen Beute;
Denn die kam Petern gleich, dem Großen,
Gefährlich nahe an die Hosen.
Zuerst regierten sie zu zweit,
Dann sie allein noch kurze Zeit,
Man muß gestehen, ganz untadelig.

Die Zweite nun, die war zwar adelig –
Tat viel für Kunst, Kultur und Handel –,
Doch scheußlich war ihr Lebenswandel.
Unheimlich war der Männer Zahl,
Die heimlich waren ihr Gemahl.
Die Herrlichkeit blieb oft nur kurz,
Auch Orlow endete durch Sturz,
Und oft fiel – und dann ging's noch kürzer –

Mit dem Gestürzten gleich der Stürzer.
Viel länger als so mancher Brünstling
Hielt Graf Potemkin sich als Günstling,
Der allerdings als Mann und Zar
Wohl auch kein Impotemkin war.

Inmitten der Kathrinen steht
Die Kaiserin Elisabeth.
Als Zarin gut, jedoch persönlich
Sehr sinnlich, eitel und gewöhnlich.
Sie hatte, wie es damals Brauch,
Liebhaber massenweise auch;
Zum Beispiel bracht's ein Hirtenknabe
Durch ihre Gunst zum Marschallstabe,
Den er in süßen Schäferstunden
Gewiß in ihrem Bett gefunden,
Wodurch man widerlegt, es gäbe
Nur in Tornistern Marschallstäbe.

Noch andere Elisabethen
Historisch uns entgegentreten,
So, blicken wir nach England hin,
Die »*Jungfräuliche Königin*«,
Zwar zu dem lasterhaften Lester
Stand sie wohl kaum wie eine Schwester,
Und ziemlich rasch kam an sein Ziel
Essex mit dem Essexappeal.
Daß er ein Hoch- und Staatsverräter,
Hätt sie ihm noch verziehen später,
Doch daß er alt sie fand, verrostet,
Das hat ihm dann den Kopf gekostet.
In einem Bette von Intrigen
Bei einer Königin zu liegen,
Ist, dessen sei man sich bewußt,
In keinem Fall die reine Lust.

Bei ständiger Furcht vor Todesstrafen
Könnt' mancher selbst *allein* nicht schlafen.
Maria Stuarts Hauptgefahr
War's, daß sie jünger, hübscher war
Als die Elisabeth, die fand,
Daß sie die Schönste sei im Land.
Ihr ging es nicht um Macht und Titel:
Doch als ihr half kein Schönheitsmittel
Sich *herzurichten*, da war's klar,
Daß jene *hin*zurichten war.

Noch wäre zu erwähnen da
Östreichs *Marie Theresia*
Mit ihrem Prinzgemahl, dem Fränzchen,
Der, als ein rechtes Lämmerschwänzchen,

Auch, als er später Kaiser hieß,
Der Frau fast alles überließ:
Regieren, Haushalt führen, siegen,
Erst recht natürlich Kinder kriegen,
Und nur, daß sechzehn sie bekam,
Beweist den Anteil, den er nahm.
So ist denn diese Frau es wert,
Daß sie die Nachwelt preist und ehrt.
Gleich ihr voll seelischen Gehalts
War *Liselotte von der Pfalz,*
Die Briefe schrieb, so herzlich-rauh,
Wie keine zweite deutsche Frau.
Es galt ihr ganzer Kampf und Spott
Der tiefverhaßten »alten Zott«,
Der bösen Frau von Maintenon,
Die schlau beherrschte Frankreichs Thron.

Gewiß mag man bei Sonnenkönigen
In puncto Frauen viel beschönigen,
Nur wegen seines Damenflors
Wird niemand tadeln Louis quatorze,
Und jeder gönnt dem Roi soleil,
Daß er sich seinen Lebensmai
Verlängert hat bis in den Winter.
Bei ihm steckt' sonst auch was dahinter.
Doch bei Louis quinze war's schließlich nur
Frau Fisch noch, alias Pompadour,
Und, beinahe schlimmer noch als die,
Die abgefeimte Dubarry,
Zwei echte Rokoko-Kokotten,
Die voll kostspieliger Marotten
Dem König zwar das Dasein würzten,
Doch Frankreich tief in Schulden stürzten.
Ein Weib, das sehr viel Geld verpraßt,
Ist viel geliebt und viel gehaßt,
Denn einerseits das Volk bedrückend,
Ist es doch andrerseits entzückend,
Und mancher wünscht von Zeit zu Zeit
Ein bißchen Sittenlosigkeit,
Wenn auch vielleicht nicht so en gros,
Wie's damals war im Rokoko.

Louis quinze war tot. Und pflichtgemäß
Vertrieb das ganze Pack Louis seize.
Zu spät – ich brauch nur zu erwähnen:
»Die Weiber wurden zu *Hyänen*...«,
In Frankreich herrschte wüst der Pöbel –
Wir trauern heut noch – um die Möbel!

Oft freit der Adler eine Gans:
Das war das Schicksal auch des Manns,
Der sich die Welt warf untern Thron:

Der mächtige Napoleon.
Er trennte sich von Josephin'
Und holte sich ein Weib aus Wien,
Das seine Größe nie begriff
Und auf die Weltgeschichte pfiff.
Sie heulte – aber nicht vor Glück! –
Als Er von Elba kam zurück,
Ein völlig unerwünschter Gatte,
Weil sie mit Neipperg schon was hatte.
Die Fraun im neunzehnten Jahrhundert,
Die man geliebt, gehaßt, bewundert,
Sind uns ja schon so nah gerückt,
Daß kein historischer Abstand glückt.
Das gilt gewiß in jeder Richtung.
Zum Beispiel diene uns die Dichtung:

Wenn auch Herr *Johann Wolfgang Goethe*
Uns manchen Stoff zur Forschung böte,
Es bringt uns in Gewissensnot;
Obzwar schon hundert Jahre tot,
Scheint's uns doch oft, als wär's erst gestern,
Und drum fällt es uns schwer zu lästern.
Zwar daß er, klassisch stark verpflichtet,
Hermann und Dorothee gedichtet,
Das mag man ungestraft erwähnen.
Getrocknet sind auch schon die Tränen
Der ungezählten netten Mädchen
Wie Lily, Friederike, Käthchen,
Mit denen er sich einst verlobt
Und seinen Sturm und Drang erprobt.
Doch ungern leuchten wir hinein

In die Affäre Frau von Stein,
Wo sich die Welt den Kopf zerbricht:
Hat er nun oder hat er nicht?

Bei den Romantikern die Regel
Warn, wie die Dorothea Schlegel,
Die Frauen geistvoll, liebenswürdig,
Den Männern mehr als ebenbürtig –
Nicht weltgeschichtlich zwar, denn nur
Bedeutend für Weltlitratur.
Doch wollen wir es uns verkneifen,
Hier literarisch auszuschweifen;
Denn was nach der Romantik kommt,
Ganz selten nur den Leser frommt.
Denn nach der Klassik kommt ja nur

Im Grund die Asphaltliteratur,
Die uns erfüllt mit Zorn und Trauer,
Wie beispielsweise Schopenhauer,
Der dünkelhaft sich hat erfrecht,
Den Mann als schöneres Geschlecht
Der Mit- und Nachwelt darzustellen:
Schmach über diesen Junggesellen!

Nicht weit von der Begriffsverwirrung
Ist's zu der Sexualverirrung,
Die aus den Worten Nietzsches spricht:
»Beim Weib vergiß die Peitsche nicht!«
Der Ärmste hat wohl nie entdeckt,
Wie echte Frauenliebe schmeckt.
Selbst Dante hatte Beatrice –
Doch völlig einsam lebte Nietzsche.
Und was erst schrieben die Modernen?
Wir wollens gar nicht kennenlernen!
Man merkt, die Neuzeit schafft Verdruß,
Drum kommen langsam wir zum Schluß.
Wir sahn, wie lüstern und intim
Es war im ancien régime.
Als das Empire dann kam zum Sieg,
Trug sich die Damenwelt antik,
Moralisch ziemlich ungefestigt
Ging sie, von Kleidern kaum belästigt.
Doch mit dem Gürtel, mit dem Schleier
Macht' schnell ein End das *Biedermeier*,
Das, eingerechnet selbst Berlin,
So ungeheuer *einfach* schien
Und doch schon Anno dazumal
Uns brachte *doppelte* Moral.

Doch sieh! Aus dieser stickigen Luft
Kommt auch der Freiheit neuer Duft:

Es brachte der Kaffeegenuß
Den weiblichen Zusammenschluß.
Debatten gab es, wüst und scharf,
Was der Mann muß, soll, kann und darf,
Und es entstand mit einem Schlage
Die fürchterliche *Frauenfrage*,
Auf die man bis zur heutigen Frist
Noch ohne gültige Antwort ist.
Die Neuzeit neue Sorgen schuf:
Die Frau drang ein in den Beruf,
Und sie erprobte ihre Kraft
In Politik und Wissenschaft.
Nichts gibt's, worum sie sich nicht kümmert,
Schon wird das Vaterbild zertrümmert,
Auf Thronen selbst sind längst die Gatten –

Wie bei der Queen – nur noch ein Schatten
Auch brachte es die Frau im Sport
Von Weltrekord zu Weltrekord –
Noch gibt's zwar keine Fußball-Elf,
Doch sonst gilt das do it yourself.
Marie Curie, der Frauen Stolz,
Das Radium aus Pech erschmolz:
Dürft da zu sagen sich erdreisten
Ein Mann, daß Frauen nicht viel leisten?

Verzichten will nicht andererseits
Die Frau auf ihren Weiberreiz,
Der mehr denn je so trüben Quelle
Der wilden Sex- und Pornowelle.

Und doch sehnt sich die Frau zurück
Nach Mädchenglanz und Mutterglück –
Wobei, falls nicht ein Kind ihr Wille,
Sie sich bedienen kann der Pille
Und, frei von jenem Paragraphen,
Weiß, ungefährdet beizuschlafen.

Die Welt, obgleich sie gar nicht prüde,
Ist eigentlich der Freiheit müde,
Und mancher denkt so manches Mal:
»Willkommen wiederum, Moral!«

Was wir erreicht mit vieler Müh:
Das freie Bein, die Nacktrevue,
Wird wieder bald zum alten Märchen,
Zum Ehepaar das Liebespärchen;
Zurück dreht sich des Schicksals Rädchen.
Es werden wieder junge Mädchen
Behütet rein wie eine Lilie
Erblühn im Schoße der Familie, –
Und eines Tages stehn wir da
Und sprechen wieder – mit Mama!

Eins gilt auch jetzt noch in der Welt:
Die schönen Frauen kosten Geld.
Und nördlich, südlich, westlich, östlich
Ist Kostenloses selten köstlich.

Nur wünschen darf der Mann natürlich
Gebührenfrei – nicht ungebührlich!
Und jeder denkt da oft und gerne
An *Filmstars*, Operettensterne,
An Girls, an Schönheitsköniginnen
Und wird vor Sehnsucht fast von Sinnen.
Eh' unser Buch dem End zu eilt,

Sei kurz noch Wichtiges mitgeteilt:
Der Hitler wußte es genau:
Zur Macht kommt man nur durch die Frau.
Germania, noch unverdorben,
Hat er mit Redeschwall umworben,
Bis just die Frauen, hingerissen,
Geworden scheußliche Nazissen,
Die ihrem »Führer« zugejodelt
Und Weltgeschichte mitgemodelt.
Jedoch mit heiterem Gemüte
Gedenk ich höchster Frauengüte.
Auf Elsa Brandström ich verweis',
Die sich in Rußlands Nacht und Eis
Der Kriegsgefangenen angenommen –
Sonst wären viel mehr umgekommen!

Hier naht zum Schluß der Moralist,
Der für uns Arme tröstlich ist,
Und taucht mit Worten, süß wie Honig,
Höchst gründlich in die Weltenchronik.
»Schaut«, spricht er, »in die Zeit zurück:
Wem brachten Frauen wirklich Glück?
Wahn, überall Wahn, wohin ich seh,
Von Orpheus und Eurydike,
Bis in die Gegenwart ganz nah,
Zu Adolf und Germania.
Millionen Männer, ja Milliarden,
Darunter Könige, Helden, Barden,
Soldaten, Bürger, Bauern, Knechte,
Sind dem verderblichen Geschlechte
Durch die Jahrtausende verfallen.

Jenun, was blieb von ihnen allen?
Die Liebesglut, die sie durchlodert,
Ist eitel jetzt und staubvermodert.
Drum, wer historisch es betrachtet,
Das Weib nur fürchtet und verachtet!«

Und trotzdem rat ich: Lebt und liebt,
Es ist das Schönste, was es gibt!
Wer noch ein Herz hat, der verzichte
Auf alle Fraun der Weltgeschichte
Und hoffe, daß just er das könnte,
Was wenigen das Schicksal gönnte:
Mit seinem Glück, wär's noch so klein,
In seinem Kreis zufrieden sein!

Der Schrift und Druckkunst Ehr und Macht
von Eugen Roth in Reime bracht

VORWORT

Schon Sokrates, der kluge Greis,
Hat nur gewußt, daß er nichts weiß.
So gings auch mir, was Sprache, Schrift
Und schließlich Druckerei betrifft.
Abhilfe schleunigst drum zu schaffen,
Sucht' ich mir Wissen zu erraffen.
Doch schoß ich weit, ach, übers Ziel:
Auf einmal wußt ich viel zu viel!
Ich glich zum Schluß – vor lauter Lesen –
Dem Zauberlehrling mit dem Besen;
Es trugen dem beflißnen Reimer
Die Geister Eimer zu um Eimer.
Der trockne Stoff ward immer nasser –
Jetzt weiß ich, hilflos als Verfasser
Kaum, wie die Flut, die schwoll und schwoll,
Ich kunstgerecht ver-dichten soll.
Auch bangt mir vor den Herrn, den zweien:
Dem Fachmann hier und dort dem Laien.
Der eine weiß es selbst genauer,
Den andern ödets auf die Dauer.
Lest, euch erbarmend solcher Not,
Trotzdem den neuen
                                    Eugen Roth

DIE URZEIT

Im Anfang, heißt es, war das Wort.
Schon Adam redete sofort
Und gar das Weib, die Eva dann,
Hat *überredet* ihren Mann.

Leicht hats, wer an die Bibel glaubt,
Sprachforschend – wie auch überhaupt.
Der Mensch kann reden, gotterschaffen!
Doch tut sich schwer mit ihren Affen
Die Wissenschaft, die forscht und forscht,
Bis sie aus Schädeln, fast vermorscht,
Die allererste Spur von Geist
Der Menschheitsdämmerung entreißt.
Was so ein Leitaff einst gegrunzt,
Steht am Beginn der Redekunst
Und, was mit frierend-klammen Fingern
Der Eiszeitmensch an Wunderdingern
In Holz und Elfenbein geschnitzelt,
Was er an Höhlenwand gekritzelt,
Zeigt ihn schon auf der rechten Spur:
Ein Katzensprung wars zur Kultur.

Das Menschentier, das dumpfe, wilde,
Befestigte sich selbst im *Bilde;*
Es tauchte auf aus dem Vergessen:
Es lernte, Raum und Zeit zu messen.
Nicht so, wenn wir die Bibel lesen:
Dort ist das Wort bei Gott gewesen.
Und niemand hegt darob wohl Zweifel:
Erst durch die Schrift ging es zum Teufel!
Und gar der Druck, vertausendfältigt,
Hat dann die Einfalt überwältigt.

Die Urzeit, die bedenkenlose,
War hin, als damals Gott dem Mose
Die Tafeln gab mit dem Gesetz:
Das unverbindliche Geschwätz
War abgetan auf immerdar:
Die erste Schrift schon Vorschrift war.
Dem Eltern, Paar, als es gesündigt,
Hat mündlich nur der Herr gekündigt;
Beim Bund mit Noah wars noch möglich,
Ihn zu besiegeln regenböglich.
Dann aber jäh die Menschheit traf
Mit Wucht der erste Paragraph.
Der Morgentraum, der lang gesäumt,
War damit, leider, ausgeträumt.
Einst war das ganze Volk *ein* Dichter:
Jetzt gab es Pfarrer, gab es Richter,
Geschichts-, bald auch Geschichtenschreiber,
Die ersten Ur-Ur-Zeitvertreiber.
Als dann in Babylon noch gar
Die arge Sprachverwirrung war,
Da ging die Unschuld ganz verloren:
Der Philologe ward geboren!

DIE ÄGYPTER

Die Schrift – wie Platon uns erzählt –
Hat nicht der Mensch sich selbst gewählt.
Zu dem Ägypterkönig Tham
Gott Theut einst höchstpersönlich kam
Und bot, als Zeichen seiner Gunst,
Der Menschheit an die Schreibekunst.
Doch war von dem Geschenk des Theut
Der König Tham nur halb erfreut
Und sagte frei heraus den Grund:
Zunehmender Gedächtnisschwund!
Wer wird, sprach er, von hohen Werken
Sich künftig eine Zeile merken,
Wenn alles einfach jedermann
Aufschreiben und dann lesen kann?
Das gibt – oh Tham, du hattest recht! –
Nur ein geschwätziges Geschlecht.

So ists, das sei vorweggenommen,
Auch schon in grauer Zeit gekommen:
Das älteste Manuskript der Welt,
In Istanbul zur Schau gestellt,
Beweist, daß vor sechstausend Jahren
Die Zeiten auch nicht besser waren:
»Kein Mensch will treu dem Alten bleiben,
Ein Buch möcht heute jeder schreiben
Und, leider, in Verfall gerät
Gehorsam drum und Pietät.«
Und in der Bibel irgendwo
Beschwert sich König Salomo –
Der selbst schrieb Sprüche, ganze Bände! –
Des Büchermachens sei kein Ende.
Kurz, die Verfasser alle flehn

Die *andern* an, doch abzustehn.
Und so ists auch bis heut geblieben:
Wer schreibt, ist nicht gut angeschrieben!

Mit Recht gewiß der Grundsatz gilt:
Der Bildung Ursprung ist das *Bild!*
Die Bilderschrift kam darum auch
Am Nil schon frühe in Gebrauch.
Doch hatte sie – wir sehens später –
Noch andern Ortes ihre Väter.
Vom Bilde ist – man hatte Zeit! –
Der Weg bis zur Begriffsschrift weit.
Natürlich gabs da viele Stufen:
Jahrtausende die Schrift erschufen!
Wir können hier nicht lange prüfen
Den Werdegang der Hieroglyphen,
Womit die Priester in Ägypten
Schon magisch ihre Macht ausübten.
Ursprünglich hat man, wohl nicht eilig,
Die Zeichen, höchst geheim und heilig,
In Tempeln nur in Stein geschnitten;
Doch sind seit Ramses schon, dem dritten,
Uns lange Rollen hinterblieben,
Mit Tinten auf Papyr beschrieben.
Und es sei summa drum cum laude
Genannt hier die Papyrusstaude,
Weil sie die Mutter ist des Ruhms
Fast des gesamten Altertums.

Es ist wohl überall an dem:
Was schön ist, ist recht unbequem.
Die Bildschrift wurde drum gestürzt,
Zum Rebus wurde sie gekürzt.
Zuletzt, nicht mehr so edel, optisch,
Ward sie dann abgeschliffen, koptisch.

Doch wards auch so den jungen Leuten
Zu mühsam bald, sie auszudeuten;
Ägyptisch kam ganz aus der Mode.
Und wenns Champollion nicht vom Tode
Geweckt zu neuem Leben hätte,
Den Stein entziffernd von Rosette,
Wüßt, was man dazumal getrieben,
Kein Mensch, obwohl es aufgeschrieben.
Unheimlich weht vom Schreiberpult
Uns an Ägyptens Totenkult;
Und ihre Litratur beweist:
Die wußten noch, was tot sein heißt!
Nur *ein* Geheimnis aus der Fülle
Von finstern Taten ich enthülle:
Man weiß von Thutmosis, dem dritten,
Wie er darunter arg gelitten,
Daß seine Mutter Hatschepsut
Das Reich regierte (und zwar gut!),
So daß er, denn das wollt er selber,
Vor Haßneid wurde gelb und gelber.
Er ließt drum nicht nur sie vergiften –
Nein, auch aus Statuen und Schriften
Ausmerzen diese große Dame,
Auf daß vergessen sei ihr Name:
Der kräftigste Radierversuch
In der Geschichte ewigem Buch!

Im Zweiströmeland

Ägypten schrieb zuerst auf Steinen,
Dann auf Papyrus, auch auf Leinen –
Indes man im Zweiströmeland
Den *Lehm* dafür bequemer fand,

Und zwar den frischen, weichen, feuchten.
Nun, das scheint jedem einzuleuchten:
Wenn man drein ritzte Zeil um Zeil,
Entstand von selber Keil um Keil.
Gebrannt, und so fast unverwesbar,
Sind solche Tafeln heut noch lesbar.

Doch da seit je die hohen Fürsten
Nach Tatenglanz und Nachruhm dürsten,
Vertrauten sie dem Erz allein
Und, wo's das noch nicht gab, dem Stein.
Und hier wars mit den Keilen schwierig!
Zu wissen wäre ich begierig,
Ob, die die Steine metzen mußten,
Auch selbst die Schrift zu setzen wußten,
Ob sie nicht vielmehr folgten nur
Stur der schon vorgeschriebnen Spur,
Und, was sie in die Felsen pochten,
Zu lesen selber nicht vermochten.

Die Bibel sagt uns klipp und klar,
Daß »ἐν ἀρχῇ ὁ λόγος« war;
Das heißt, auf unsern Stoff bezogen:
Im Anfang warn die *Archäologen,*
Sie, die mit scharfem Geist und Spaten
Vollbrachten wahre Wundertaten,
Entreißend voll Besessenheit
Kulturen der Vergessenheit,
Oft nur, auf daß sie in Archiven
Dann wieder um so besser schliefen.

Man weiß bis heute nicht entfernt,
Von wem die Kunst der Schrift gelernt
Die braven, arischen *Sumerer;*
Sie treten auf bereits als Lehrer

Im Lande Ur, so um dreitausend
Im Lande der zwei Ströme hausend.
Sie wirkten selbst noch auf die Kreter,
Nach Ansicht neuerer Vertreter.
Man kanns, was keine Hypothesen,
Jetzt aus der kretischen Urschrift lesen;
Erst später kams, man weiß nichts näher,
Zu der Kultur dann der Ägäer,
Drauf, dem Mykenischen verwandt,
Europas erste Wiege stand.

Bereits den nächsten, den Akkadern,
Semitenblut floß in den Adern;
Der Stadt, die sie begründet haben,
Die *Babylonier* erst gaben
Den heut noch weltberühmten Namen,
Als später sie zur Herrschaft kamen;
Sie waren geistig noch die Führer
Der sie beherrschenden *Assyrer,*
Die ihrerseits, das weiß ja jeder,
Nach einem Zwischenspiel der *Meder*
Den *Persern* wurden untertänig.
Doch kann ich Persisch viel zu wenig,
Als daß ich lang mich machte wichtig –
In Büchern stehts schon, meistens richtig.
Die Keilschrift meldet mancherlei –
Am meisten wüste Keilerei.
Doch sehn wir auch in Babylon
Den weisen Hammurabi schon,
Der den Gesetz-Stein meißeln ließ –
Noch heut zu sehen in Paris.
Die Reiche wechselten gar munter,
Bald ging eins auf, bald ging eins unter.
Und rätselhaft bleibt eines nur:
Wie blühte trotzdem die Kultur?

Ob selbst Vertriebne, ob Vertreiber:
Hartnäckig hielten sich die *Schreiber,*
Durch die, trotz grimmiger Zensur,
Die Welt die Wahrheit *doch* erfuhr;
Wenns nie auch fehlt an dreisten Lobern
Den Herren, die die Welt erobern,
Kommt, Schicht um Schicht, im Zeitenlauf
Am End doch die Geschichte auf!

Wir lesen blutige Befehle
Gegraben schön in eine Stele,
Wir sehn, daß schon ein alter Schlager
Kazette sind und Arbeitslager,
Daß Menschen, so wie du und ich,
Geschunden wurden fürchterlich –
Nur quälts uns nicht mehr allzusehr:
Es ist genügend lange her.
Zensur – das sei hier eingeschoben –
Konnt durch Jahrtausende noch toben,
Bis, achtundvierzig, Metternich
Der Übermacht der Letter wich.
Seitdem muß jeder selber scharf
Aufpassen, was er schreiben darf.
Und die Gefahr wird größer jetzt,
Daß er nicht ein Tabu verletzt. –

Man trifft auch sonst die Überbleibsel
Von unabsehbarem Geschreibsel.
Man kommt, ob Babel oder Ur,
Dem Bürokraten auf die Spur.

Der Wüstensand gibt frei den Akt –
Nicht eines Menschen, schön und nackt –
Nein, aus der tiefsten Daseinsschicht
Steigt auf der Akt vom Amtsgericht,

Wie einst Philister und Hethiter
Als Händler prozessiert und Mieter;
Und Steuerzettel, Formulare,
Gibt es schon viele tausend Jahre.

Vorübergehend war einmal
Die Keilschrift international
Und nicht, wie einer vielleicht denkt,
Auf das Zweiströmeland beschränkt.
Ja, schon in Babylon erfand
Die Welt die Leuchtschrift an der Wand.
Das Menetekel auszudeuten,
Mißlang selbst schriftgelehrten Leuten;
Erst Daniel hats rausgefunden:
»Gewogen und zu leicht befunden!«

Wir können nicht verfolgen, kritisch,
Die Schriften alle, die semitisch.
Teils haben sie viel Ruhm erworben,
Teils sind sie früh schon ausgestorben,
Und nur im Scherz weiß man davon:
Im schwarzen Wal zu Askalon,
Da brachte auf sechs Ziegelstein
Der Wirt die Rechnung für den Wein.
Umstritten ist es, ob die *Inder*
Selbst waren ihrer Schrift Erfinder,
Ob nicht vielmehr mit den Semiten
Sich auch Zusammenhänge bieten.
Doch zweifellos sind die *Chinesen*
Im Schreiben Meister längst gewesen.
Es sei des Vogels Tritt im Schnee
Höchst zierlich – dichtet Mörike.
Von solchen Spuren – geht die Mär –
Käm der Chinesen Schrifttum her.
An Zeichen, wir vernehmens grausend,

Umfaßt es etwa vierzigtausend,
Von denen rund sechstausend bleiben,
Die die Chinesen wirklich schreiben.
Die muß ein Kind schon lernen klein –
Ich möchte da kein Schulbub sein.
Und auch auf Japans vielen Inseln
Schreibt krause Zeichen man mit Pinseln.
Die Dichter, doppelt einfallsreich,
Sind nämlich Maler dort zugleich.
Aus China, wir vermerkens hier,
Kommt das so wichtige *Papier;*
Von den Arabern nachgemacht
Und erst nach Spanien gebracht,
Hat sichs verbreitet mehr und mehr,
Seit dreizehnhundert ungefähr.
Die *weiße Kunst,* Papier zu mahlen,
Ließ erst die Schwarze Kunst erstrahlen.
Doch droht jetzt – ach, zu viel des Guten! –
Papier die Welt zu überfluten!

DIE PHÖNIKER

Die Schriften schritten immer fort:
Von der Ideen- zu Satz- und Wort-.
Dann glückts Ägyptern wie Semiten,
Buchstabenschrift der Welt zu bieten.
Bewiesen ist hier wieder glatt,
Wie recht doch unsre Bibel hat:
Man hielts für mythisches Geschwafel,
Daß Moses die Gesetzestafel
Vom Berge Sinai gebracht –
Bis man jetzt die Entdeckung macht,
Daß von dem ersten Alphabet
Am Sinai die Wiege steht.

Nachträglich scheint so kinderleicht,
Was mühsam erst die Welt erreicht.
Der Menschheit höchsten Hort, die Schrift,
Heut jeder Abc-Schütz trifft;
Doch wie der erste Mensch verwegen
Versucht, die Sprache zu *zerlegen,*
Buchstaben einzeln sich zu schaffen,
Beweglich, jeweils leicht zu raffen
Zu immer wieder neuer Bindung –
Das ist gewaltig als Erfindung!

In Byblos, einer Stadt, die syrisch,
Da dachte man gewiß nicht lyrisch.
Oh nein – die Schrift war nur zu schwer
Für flüssigen Geschäftsverkehr.
Man strebte, sie vereinzufachen –
Wir freilich können da nur lachen:
Denn was uns da zur Kenntnis kam
Vom Grab des Königs Achmiram,

Ist seine Inschrift, kraus wie Brezeln –
Und nur mit Scharfsinn zu enträtseln.

Dem, der auf Einzelheit begierig,
Kann man nur sagen: »Äußerst schwierig!«
Bekanntlich kamen die Hebräer
Der Sache wieder etwas näher:
Ochs-Aleph war das erste Zeichen,
Das zweite, Betha-Haus, desgleichen,
Und Gamma nahm man vom Kamel.
Die Meinung geht darum nicht fehl,
Daß unsre Bildung zog die Kraft
Aus Viehzucht, Hausbau, Landwirtschaft. –
Wie man auch Geld, pecunia,
Vom Rindvieh aus entstehen sah.
Entscheidend für den neuern Stil
War bei den Juden das Exil:
Sie lernten was in Babylon!
Das Weitere steht im Lexikon
In den einschlägigen Artikeln. –

Die Schrift nun weiter zu entwickeln,
Als dann des Ostens Kraft im Siechen,
Gelang, wie jeder weiß, den *Griechen*.

DIE GRIECHEN

Die allerersten Griechen waren
Wohl ziemlich grimmige Barbaren,
Als sie, die noch Achäer hießen,
Von Norden her nach Hellas stießen.
Vom Krieg um Troja lebt die Sage
Durch den Homer noch heutzutage.
Doch als der wandernde Rhapsode
Die Heldentaten bracht in Mode,
War all das tausend Jahre schon
Vererbt vom Vater auf den Sohn.
Auswendig lernte, trotz der Länge,
Man die homerischen Gesänge,
Denn schreiben, das weiß jedes Kind,
Konnt nicht Homer, denn er war blind.

Mykenäs Lebensstil war hart,
So, daß er eines Tags erstarrt.
Es kamen, und das ist historisch,
Dann neue Wanderer, die dorisch.
Jllyrisch, noch nicht lyrisch, waren
Die Griechen in den frühen Jahren.
Beschieden war, bei allem Ruhm,
In Hellas auch dem Rittertum,
Daß es auf seinen Burgen sterbe;
Es blühten Handel und Gewerbe
Und, wie halt immer auf der Welt,
Entschied der Kaufmann und das Geld.
Erst der Verfall der rohen Kraft
Verhilft zu Kunst und Wissenschaft.
Nur Sparta schien zu überdauern
Und die Böotier, die Bauern,

Indes, vor allem in Athen,
Wir bald die klassische Bildung sehn.

Nun treiben wir ja nicht Geschichte –
Wir sehn das alles nur im Lichte
Der Sprache, die von dem Gewander
Der Dorer bis zu Alexander
Das ganze Abendland umzirkte
Und auch noch auf die Römer wirkte,
Die, wiederum Kulturentfalter,
Fortzeugten in das Mittelalter –
Wodurch sie, von den ersten Christen
Bis zu den großen Humanisten,
Gespannt gewaltig ihren Bogen
Bis hin zu unsern Philologen.
Und wie die Gegenwart auch rüttelt,
Daß sie das Joch vom Nacken schüttelt,
Der Mensch sich wehrt, der neue Wilde,
Daß man ihn humanistisch bilde,
Er muß sich, wenigstens neun Klassen,
Das Klassische gefallen lassen,
Eh' er nach kurzem Jugendbrause
Endgültig wird oft ein Banause.

Das Alphabet, das die Hellenen
Von den Phönikern erst entlehnen,
Erwerben sie, ums zu besitzen;
Wie? können wir nur kurz umskizzen:
Buchstaben gabs, die sie nicht brauchten,
Doch fehlten Zeichen, welche hauchten;
Und mehr noch, sieben an der Zahl,
Für den so nötigen Vokal,
Durch den, so süß und wundersam,
Ins Griechische der Wohllaut kam.

Die Griechen auch im Anfang haben
Verwendet nur die Großbuchstaben,
Wobei sie bald den Drang empfunden,
Das Eckige mehr abzurunden.
Als sie beim Stein nicht einzig blieben,
Und auf Papyr mit Tinte schrieben,
Allmählich jene Schrift entstand,
Wie sie uns vom Pennal bekannt.

Just in den Jahren hart und bitter,
Als auf Athen sich die Gewitter
Des Kriegs und Bürgerkriegs entluden,
Erschien, vergleichbar schier dem Duden,
Ein Mann und schuf, wie's heut noch steht,
Das jüngere jonische Alphabet.

Ob dem Euklid der Ruhm gebührt,
Daß er es amtlich eingeführt?
Ob sich – der Nachwelt noch bekannt
Als Demokrat und Emigrant –
Persönlich etwa Thasybul
Gekümmert hat um Schrift und Schul?
Wer immer es gewesen sei,
Er tats im Jahr vierhundertdrei.

Bald wurde Hellas ungehemmt
Von Literaten überschwemmt.
Schreibsklaven schufteten wie Neger
Und viel verdienten die Verleger –
Vielleicht nicht grade an der Lyrik,
Die abzusetzen immer schwierig –,
Das Fachbuch war auch damals schon
Das Kernstück der Produktion.

Nichts steh von all den Werken hier,
Die, als der Griechen Ruhmeszier,
Noch heut des Abendlandes Stolz! –
Auf einem Täfelchen von Holz
Hat aus der Menschen Jugendzeit
Sich eine Schüler-Strafarbeit
Bis auf den heutigen Tag vererbt:
»Dem Faulen wird das Fell gegerbt!«
Man könnt, meint man, die Tränen sehn
Noch im Museum von Athen.

Als die Ägypter den Papyrus
Nicht mehr nach Hellas oder Tyrus
Erlaubten zollfrei auszuführen,
Bekam die Welt das bös zu spüren.
Zum Glück jedoch war Pergamon
Auf die Idee gekommen schon,
Die heut natürlich jeder kennt:
Man schrieb auf Häute, Pergament,
Woher noch jetzt der Spruch besteht,
Daß was auf keine Kuhhaut geht.

DIE RÖMER

Die Römer warn ein Volk der Tat:
Der Bauer galt und der Soldat —
Zum mindesten zur Zeit der Väter.
Schriftsteller gab es dort erst später;
Und wenn man einen Schreiber traf,
So wars gewiß ein Griechen-Sklav.
Die echten Römer, echten Griechen,
Die konnten nicht einander riechen,
Geschimpft hat auf Homer und Plato
Nicht schlecht der grobe alte Cato
Mit manchem ceterum censeo;
Und doch ging es zum Schlusse so,
Daß das besiegte Griechenland
Den römischen Sieger überwand;
Denn die Barbaren sahen ein:
Wer herrscht, der muß gebildet sein!
Kurz, Rom entschied sich für den Ruhm
Und für das klassische Altertum.

Schon was die Griechen schrieben, war
Im Anfang durchaus lapidar.
Und mehr noch galt es den Lateinern,
Sich kurz zu fassen auf den Steinern.
Bewundernd sehen wir noch jetzt,
Was Rom in Fels und Erz gemetzt
Zu ihrer großen Taten Preis.
Die Trajanssäule beispielsweis
Sieht man noch heut als Talisman
Der römischen *Kapitalis* an.
Die Schrift hat seit zweitausend Jahren
Kaum eine Steigerung erfahren:
Wie Rom sie in den Stein gepickelt,

War sie vollkommen schon entwickelt.
Der Stein ist gut, soll etwas dauern –
Doch ist es mühsam, bildzuhauern.
Sobald sichs um die Feder handelt,
Wird auch die Schrift leicht abgewandelt.
Als frühe Formen sehn wir da
Quadrata sowie rustica,
Aus denen sich – cum grano salis! –
Entwickelte die Unzialis,
Bei der wir auch noch Großbuchstaben,
Majuskeln also, vor uns haben.
Dann kam auch in der Alten Welt
Der dumme Spruch auf: »Zeit ist Geld!«

Man ließ die Unzialis kalben
Begnügte leicht sich mit der halben,
Die für die raschen Zeilenjäger
Nun flüssiger war, denn sie lief schräger.
So etwa um die Schrift es stand,
Als Romas Macht ihr Ende fand.

DAS MITTELALTER

Die Völkerwandrung, Schub um Schub,
Die römische Kultur begrub.
Als Sieger sehn Analphabeten
Das Abendland wir kühn betreten,
Die manchen Codex ihren Knaben
Als Bilderbuch zum Spielen gaben.

Doch haben immerhin die *Goten*
Wertvolle Schriften uns geboten;
Aus Runen sehn und Unzialen
Den Ulfilas sein Buch wir malen
Und »gotisch« blieb noch lang der Namen
Für Schriften, die dann später kamen.

Schon schrieben mit geübtem Finger
Zur Zeit der ersten Merowinger
Die Mönche, die zum Großteil irisch
Und die, mit Ornamenten tierisch,
Sich arg geplagt an ihrem Pult
Zu dienen ihrem heiligen Kult.
Doch grad so schöne Werke wachsen
Auch aus der Hand der Angelsachsen.
Und drittens blieben noch als größter
Buch-Umschlagplatz Italiens Klöster.

Als wichtig einst die *Rune* galt
Vom Schwarzmeer bis zum Grunewald,
Ja bis hinauf ins letzte Thule,
Bevor auch dorthin drang die Schule.
Geschnitten in den *Buchenstab*,
Sie unsrer Schrift den Namen gab.
Der Ursprung ist noch heute dunkel

Und bleibt ein Raunen, ein Gemunkel.
Ob die Etrusker sie ersannen?
Die Goten oder Markomannen?

Man pflegte in des Speeres Spitzen,
In Schwerter Zauber einzuritzen –
Doch wird auch nüchtern man belehrt:
Es hieß nur: »Das ist Waldhunds Schwert.«
Vergleichbar sind, mit krausen Lettern,
Die Steine Marterln, Totenbrettern.

Aus Nordland, von den Schweden, Dänen,
Sind große Blöcke zu erwähnen;
Drauf schrieb, nach einer Schriftreform,
Der König Blauzahn oder Gorm
Von manchem kühnen Wikingzug. –
Der Kensingtoner ist Betrug.
Als seltne Handschrift gelten muß
Aus Schonen Codex Runicus. –
Womit wir wohl, so weit es tunlich,
Das Wichtigste vermeldet, runlich.
Die Mönche hatten noch viel Zeit:
Sie schrieben für die Ewigkeit.
Doch gabs natürlich neben Meistern,
Die uns noch heute hoch begeistern,
Auch in den Klöstern faule Brüder,
Die, statt mit Liebe, nimmermüder,
Ihr Buch geschrieben schier mit Haß
Bis auf das »Deo gratias!«,
Die manches Pergament verkleckten,
Leichtsinnig waren mit den Texten,
Bis die, von Fehlern, stets vererbt,
Zum Schlusse waren ganz verderbt.

In Fulda, Wessobrunn und Trier,
Da duldete man kein Geschmier,
Und auch der Prior von Sankt Gallen,
Der ließ sich keinen Pfusch gefallen.
Auf Bücher war die Welt begierig,
Sie zu beschaffen, war oft schwierig.
Es stritten Bischof sich und Abt
Um einen Mönch, der schriftbegabt.
Man sieht's, wie gestern, heut und morgen:
Die Welt ist voller Nachwuchs-Sorgen.

Des ewigen Lateinisch satt,
Schrieb mancher heimlich auf sein Blatt
Auch mal ein deutsches Heldenlied
Statt immer nur Horaz, Ovid;
Und daß vor siebenhundert Jahren
Die Mönche auch schon lustig waren,
Dem Wein und Sang nicht abgeneigt,
Das haben deutlich sie gezeigt –
In corpore sano sit mens sana! –
Durch ihre Carmina burana.
Dies Beuern war ein Mönchskonvikt,
Geweiht dem heilgen Benedikt,
In einem bayerischen Dorf.
Die »Carmina« kennt man durch Orff.

Dazu, daß man die Schrift erneuert,
Hat wohl am meisten beigesteuert
Carolus Magnus, dem in Aachen
Die Schriften nicht mehr recht entsprachen.
Ob Alkuin, ob Eginhard
Der bessre Schrifterneurer ward,
Wag ich nicht weiter zu entscheiden –
Am besten läßt den Ruhm man beiden.

Schad, daß moderne Wissenschaft
Setzt die Legenden außer Kraft:
Sie sagt uns heute klipp und klar,
Daß Karl doch hochgebildet war; –
Was uns nicht hindern soll, am alten
Und schönern Glauben festzuhalten:
Karl konnte selber schreiben nicht!
Doch plagte nachts den Greis die Gicht,
Und tat sein Bein ihm scheußlich weh,
So übte er das A–B–C.
Weit hat er's, scheint es, nicht gebracht:
Ein Häkchen nur hat er gemacht;
Das übrige tat die Kanzlei.
Mich dünkt, daß es noch heut so sei:
Der Chef, ganz gleich, was es betrifft,
Kratzt hin die krause Unterschrift.

Natürlich würde es sich lohnen,
Von Karolinger-, von Ottonen-
Wie auch von Staufer-Bücherschätzen
Die wichtigsten hierherzusetzen.
Der Leser könnte, dächt' er nach,
Uns selbst aus Bamberg, Echternach,
Aus Köln, aus Hirsau oder Scheyern,
Aus Rheinland, Sachsen, Schwaben, Bayern
Aufzähl'n die herrlichsten Gebilde –
Wo mancher meint, dort lebten Wilde.
Nein, Wilde leben *heute* dort,
Die wirklich lesen kaum ein Wort –
Trotz großer Sprüche von Kultur!
Sie blättern in der Zeitung nur.

Die Bücher waren dazumal
Natürlich ganz gering an Zahl,
Wenn man mit heute es vergleicht.

Sie wurden nicht herumgereicht.
Leihbibliotheken gab es nicht;
Ja höchste Vorsicht ward zur Pflicht,
Vor fremdem Zugriff sie zu retten:
Die Klöster legten sie an Ketten
Und ließen selbst die höchsten Herrn
Mit Codices allein nicht gern,
Weil oft sogar ein Kardinal
Die schönsten Bücher einfach stahl.

Geplündert hatte schon der Hunn',
Der Ungar Maul- und Wessobrunn,
Sankt Gallen oder Reichenau –
Ich weiß es grade nicht genau –
Doch für verlornen Bücherschatz
Schuf bald man besseren Ersatz.
Und grad die Zeit der Hohenstaufer,
Die sicher waren große Raufer,
Bedeutet einen Höhepunkt;
Das Abendland mit Büchern prunkt,
Die ganz erfüllt vom goldnen Glanz
Des altehrwürdigen Byzanz. –
Bis mit dem ersten grünen Blatt
Sich deutscher Stil entwickelt hat,
Vom Kult Mariens, fromm und innig,
Bis zu den Sängern, die so minnig;
Wie freuten sich die Ritterdamen,
Wenn sie mit ihrer Zither kamen!
Sie stehen, daß man sie nicht vergesse,
Im Liederbuche von Manesse.

Das Plündern blieb Soldatenbrauch
In allen spätern Kriegen auch,
Und Bücher, die der Menschheit teuer,
Sie wanderten ins Lagerfeuer

Und dienten Zwecken, ziemlich argen. –
Ein Glück noch war's, wenn Kenner bargen,
Für ihrer Fürsten Bibliotheken,
Was oft herumlag an »Scharteken«.
Durch Raub kam – soll man davon reden? –
Der Codex aureus nach Schweden;
Man weiß noch heut' die nähern Data:
Libelli habent sua fata!

Doch alle Kriege übertrumpft
Der Friedenszeiten Unvernunft:
Auf Schubkarrn ward in bösen Jahren
Der Klöster Schatz davongefahren.
In Speichern, wo man ihn vergaß,
Ging er zugrund durch Mäusefraß.

DER BUCHDRUCK

Der Welt entspringt gar oft was Neu's,
Großartig, wie dem Haupt des Zeus
Die ausgewachsene Athene –
In voller Rüstung, notabene!

Gern halten wir den Spruch bereit,
Daß alles kommt zu seiner Zeit.
Die Kunst, zu drucken und zu pressen,
Hat lange schon die Welt besessen,
Und auch das Stempelschneiden war
Bekannt seit einem Tausendjahr.
Man pflegte Holz- und Eisenschnitt –
Und uns scheints wirklich nur ein Schritt
Zu der Erfindung, zu der großen,
Des Buchdrucks endlich vorzustoßen.

Ein jeder preist gar hoch das Werk
Des Johann Gensfleisch-Gutenberg,
Der, noch vor vierzehnhundert, scheints,
Geboren ward im goldnen Mainz.
In Straßburg schliff er Steine, Spiegel –
Doch unter tiefsten Schweigens Siegel
Hat er geplagt sich schon unsäglich
Mit Guß von Lettern, die beweglich.
Mit nichts als Blei, das er geschmelzt,
Hat eine Welt er umgewälzt.

Zeitweis des Meisters Spur verliert sich;
Und erst im Jahre achtundvierzig
Ist neu in Mainz er aufgetaucht.
Natürlich hat er Geld gebraucht,

Weil damals schon des Druckers Lage
Die gleiche war wie heutzutage.

Er war »im Druck«, noch eh er druckte,
So daß die Bitternis er schluckte,
Den Fust, den reichen, anzupumpen.
Doch er geriet an einen Lumpen,
Der, drohend mit dem Schuldgefängnis,
Den Meister brachte in Bedrängnis,
Ihm raubte gar die Officin.
Die Zeit genügte immerhin –
Des wollen dankbar wir gedenken! –,
Der Welt ein Wunderwerk zu schenken:
Die Bibel, zweiundvierzigzeilig,
Die längst der ganzen Menschheit heilig.

Sechs Setzer, nimmt man heute an,
Zwei volle Jahre werkten dran.
Man weiß genau nicht Jahr und Tag,
An dem das Prachtstück fertig lag;
Und auch die Zahl man nicht recht kennt:
Zu dreißig Stück auf Pergament
Rund hundert kamen auf Papier.
Initial und bunte Zier
Warn mit der Hand noch eingemalt. –
Viel Geld ward für das Buch bezahlt:
Man spricht von etwa zwanzig Gulden.
Trotzdem kam Gutenberg in Schulden.

Sein Schicksal blieb auch weiter bitter:
Vermutlich mit des Meisters Litter
Hat Fust, zwei Jahre später schon,
Mit Schöffer, seinem Schwiegersohn,
Als ein Geschäftsmann, als ein kalter,
Gedruckt den großen Mainzer Psalter.

Gleichwohl – wir müssen es gestehn –:
Nichts Schöneres ward je gesehn
Als dieses Pracht-Psalterium.

Betrogen blieb um Geld und Ruhm
Der Meister, einsam und verarmt.
Zum Glück noch hat sich sein' erbarmt
Und ihm gereicht an seinem Hof
Das Gnadenbrot der Fürstbischof.
Der Mann – es ist die alte Märe –,
Der Ahnherr vieler Millionäre
Wohl können heißen hätt' mit Recht sich,
Starb vierzehnhundertachtundsechzig,
Und erst der Nachwelt, ziemlich fern,
Ging leuchtend wieder auf sein Stern.

Wie Gutenberg von Hand gesetzt,
Macht mans im Grunde auch noch jetzt.
Man holt die säuberlich verpaßten
Buchstaben aus dem Setzerkasten,
Sorgt, daß man falsche nicht erwische –
Sonst gibt es nämlich Zwiebelfische –,
Und fügt, mit Eile und doch Weile,
Im Winkelhaken Zeil' um Zeile,
Hebt sie aufs Schiff, tut's Schnürchen drum,
Zieht Fahnen ab und bricht dann um.
Ist alles richtig ausgeschossen,
Dann wird die Druckform fest geschlossen.
Wenn man verteilt die Schwärze hat,
Druckt man mit Pressen Blatt um Blatt. –
Handwerk war's Setzen und ist's noch.
Der Meister Gutenberg jedoch
Entwickelte, vergeßt das nie,
Nicht Handwerk, sondern *Industrie,*
Die nicht mehr einzeln, auf gut Glück,

Stets neu anfertigt Stück für Stück;
Die *Urform,* ein für allemal,
Erzeugt beliebig hohe Zahl.

Der Mönch schrieb noch um Gotteslohn. –
Der Drucker war Geschäftsmann schon
Und machte, denn er dachte weltlich,
Die Sache nicht mehr unentgeltlich.
Sein Handelsgeist ward immer reger
Und schließlich ward er zum Verleger,
Der oft dann ließ das Drucken sein,
Er übt, wie's heut fast allgemein,
Noch schindend um den Balg die Laus,
Den Druck selbst auf den Drucker aus.

DIE BIBEL

Die Bibel, schon jahrtausendalt,
Von je als Buch der Bücher galt;
Drum lag's für Gutenberg auch nah,
Daß er zum Druck sie ausersah.

Die Bibel schufen die Hebräer –
Wir lassen uns drauf ein nicht näher
Und bleiben, schon zur Raum-Ersparung,
Ganz schlicht bei Gottes Offenbarung.
Es übersetzte dazumal
Origenes das Original –
Und auch des Hieronymus
Vulgata hier genannt sein muß.

Da, wer nichts weiß, viel lieber glaubt,
Hat lang der Papst es nicht erlaubt,
Dem Laienvolk, den kleinen Leuten,
Den Text zu lesen, gar zu deuten.
Erst als die Kirche wurde morscher,
Gabs ringsum ernste Bibelforscher.
Wenn wer zum Lesen war zu dumm,
Griff er zur Biblia pauperum,
Die alles ihm in Bildern bot. –
Sie täte heut uns wieder not!

Von Gutenberg war schon die Rede. –
Von Bibeln nennen wir nicht jede.
Sie waren lange nur lateinisch,
Bis Mentelin, ein Drucker, rheinisch,
In Straßburg sich nicht länger duckte
Und eine deutsche Bibel druckte.

Vielleicht die schönste ist die vierte,
Die Günther Zainer reich verzierte.

Da man im niederdeutschen Land
Das Oberdeutsche nicht verstand,
Hat einer, wer, ist heut noch dunkel,
Vielleicht, der Barthel war's von Unkel –
In Köln, als geistig Wehr und Waffen,
Ein niederdeutsches Buch geschaffen.
Das schönste Meisterwerk im Norden
Ist dann die lübische geworden.
Bernt Notke, wie wir heut vermuten,
Dazu die Bilder schnitt, die guten.

Gewiß war all das schön und brav;
Doch alle Texte übertraf –
Sein Sprachgefühl war ein enorms! –
Der Doktor Luther, als von Worms
Geflohn, er auf der Wartburg saß,
Daß über ihn wüchs etwas Gras.
Er hat, in Schöpfergeist entbrennt,
Verdeutscht das Neue Testament.
Und da er stets ein fleißiger Mann,
Kam später auch das Alte dran.

Das Buch, erfüllt von Geisteskraft,
Hat gleich im Druck sich Ruhm verschafft,
Der auch bis heute nicht verpufft.
Allein in Wittenberg Hans Lufft
Hat aufgelegt im Lauf der Jahre
An hunderttausend Exemplare.

Die Menschheit zu erquicken, seelisch,
Katholisch oder evangelisch,
Bis dorthin, wo die Wilden wohnen,

Hat dann in vielen Millionen
Man Bibeln in die Welt gestreut.
Und wenn auch, leider!, nicht mehr heut
Man unter jedes Hauses Giebel –
Als einzigs Buch oft! – trifft die Bibel,
Bestseller ist sie noch bis jetzt:
Sechshundertsprachig übersetzt!

DIE DRUCKER

Daß Herkules, in Wieg' und Windel,
Als grad zur Welt gekommenes Kindel
Die beiden Schlangen hat erwürgt
Mit Riesenkraft, ist unverbürgt,
Ist eine Sage, eine Fabel.
»In Windeln« – daher: Inkunabel,
Auch Wiegendruck – die Druckkunst lag.
Und hat doch bis zum heutigen Tag
Durch ihre Taten in der Welt
In Schatten Herkules gestellt.

Der Buchdruck griff gleich ungeheuer
Um sich »als wie ein fressend Feuer«.
Die Katholiken wie die »Ketzer«
Bedienten eifrig sich der Setzer
Im jäh entbrannten Kampf der Christen;
Die Wissenschaft der Humanisten,
Des Volks Begier nach Bild und Wort
Sie rissen die Erfindung fort,
In jenen Zeiten, wild und brausend.
Der Drucke zählt man vierzigtausend,
Vor fünfzehnhundert noch erschienen;
Heut geht man sorgsam um mit ihnen;
Hoch zahlt ein Kenner, selbst gewiegt,
Den Wiegendruck, wenn er ihn kriegt.
Mit ein paar aufgezählten Titeln
Läßt sich der Zauber nicht vermitteln.
Man müßt, sollts seinen Reiz entfalten,
Ein solches Werk in Händen halten.
Man druckte bald schon da und dorten,
An rund zweihundertfünfzig Orten,
Wohin meist Wanderdrucker kamen.

Doch bleib' auf zwölfer Städte Namen –
Wenn höchsten Ruhmes man gedenkt –
Der frühe Glanz des Drucks beschränkt:
Nach Straßburg, Basel, Köln und Rom,
Nach Augsburg, Nürnberg floß der Strom,
Mailand, Florenz, Paris, Lyon
Und Leipzig druckten frühe schon;
Doch ward der Hauptplatz bald *Venedig*,
Wo deutsche Drucker, jung und ledig,
Hinbrachten auf der Wanderschaft
Des neuen Wirkens Zauberkraft.
Die erste Werkstatt, wird berichtet,
Hat *Hans von Speyer* dort errichtet.
Bei ihm hat *Jenson*, ein Franzos,
Gelernt, der dann als Drucker groß.
Und *Aldus* auch (Manutius)
Mit hohem Ruhm genannt sein muß;
Er führte, klein zwar, aber fein
Das Duodez im Buchdruck ein,
Und heut noch – oder wieder – trifft
Man oft auf seine Bembo-Schrift.

Der Mit- und Nachwelt Staunen riefen
Hervor die römischen Kursiven
Des Blado oder Tagliente;
Und unerreicht – wen man auch nennte –
Bleibt heute noch – »der hat's gekonnt!«
Der Drucker König: Garamond!

Wir sind ein wenig vorgeprellt.
Weil wir das Ausland vorgestellt.
Im Anfang, sagen wir's gebührend,
War selbstverständlich Deutschland führend.
Koberger, nicht als Drucker bloß,
Nein, auch als Buchverleger groß,

Hat wirtschaftlich sich so gekräftigt,
Daß hundert Leute er beschäftigt.
Mit seinen vierundzwanzig Pressen
Konnt' er sich mit Venedig messen.

Zwar Erhard Ratdolt, Günther Zainer
Und Sorg in Augsburg waren kleiner;
Trotzdem, zu höchstem Ruhm berufen
War'n all die Bücher, die sie schufen.
Auch Pfister, Bamberg, muß herein. –
Er druckte Boners »Edelstein«,
Als erstes Buch in deutscher Sprach'
Und gab – bald machten's andre nach –
So manchem schönen frühen Druck
Den zauberhaften Holzschnitt-Schmuck.
Und ehrenvoll genannt soll sein
Noch Feyerabend, Frankfurt-Main.

Der Bücher Auflag war gering –
Zweihundert, höchstens, wenn eins ging.
Streitschriften freilich, wild verschluckt,
Hat man zu Tausenden gedruckt –
In Tagen waren sie vergriffen –
Auf *gute* Arbeit ward gepfiffen;
Man lebt' von Brotschrift nicht allein –
Auch Akzidenzen mußten sein.
Selbst »Ketzer« druckten jeden Bettel,
Wenn's nottat, Beicht- und Ablaßzettel.
Was vordem galt, gilt auch noch jetzt:
»Es weiß kein Setzer, was er setzt.«

In Frankreich hat der König Franz
Verschafft dem Buchdruck höchsten Glanz.
Stets hats den Fürsten Nutz gewährt,
Wenn sie den Künsten Schutz gewährt.

Ich fürchte, nur der Fachmann kenn'
Den großen Robert *Estienne*,
Der so gelehrt wie formbegabt,
Die Kunst des Druckens handgehabt.
Wie hat, was er herausgebracht,
Die Welt bestaunt – und nachgemacht!

Auch sonst war's Ausland besser dran ...
So trat hier *Plantin* auf den Plan,
Schon frühe, in den Niederlanden,
Ist seine Druckerei entstanden.
Die Fruchtbarkeit war seine Stärke:
Er druckte mehr als tausend Werke!
Und eine seiner Heldentaten
War Druck in riesigen Formaten.
Die Werkstatt kann man heut noch sehn –
Man muß nur nach Antwerpen gehn.
Nicht schlechter – wer gilt mehr von beiden? –
War später *Elzevier* in Leyden,
Der Universitätspedell,
Sich hat gespielt an erste Stell.
Als dritter hier verzeichnet steh
In Haarlem Meister *Enschedé*,
Der, Anno siebzehnhundertdrei
Gegründet seine Druckerei.

In Deutschland kam der große Krieg –
Daß nicht die Druckkunst ganz erlieg',
Nahm ihrer sich zwar mancher an,
Wie beispielsweise *Merian*,
Der äußerst tüchtig war und brav
Als Topo- und als Typograph.
Doch trotz der Freude am Barocken
Kam sie allmählich ganz ins Stocken
Und sie verlor den alten Zauber;

Grau das Papier, der Druck nicht sauber,
Geschwollner Prunk und krause Lettern.
Was half's, dagegen laut zu wettern?

Längst war's auch schlechter schon am Lido.
Jedoch in Frankreich hatte *Didot*
Die weltberühmte Officin
Und druckte prächtig auf Velin.
Das stach auch Deutschen in die Augen.
Fraktur wollt ihnen nicht mehr taugen,
Sie wünschten, wie der Dichter Gleim,
Gedruckt antiqua ihr Gereim.
Dazu entschloß sich wirklich Göschen.
Doch die Fraktur war nicht zu löschen:
Der Leser wollt' sich nicht bequemen,
Die fremde Type anzunehmen.
Erst wandte Didot sich an Breitkopf,
Doch konnte sich der große Streitkopf
Zum Schluß dann doch nicht recht entschließen,
Nach Didots Schnitten selbst zu gießen.
Und auch mit *Unger* in Berlin
Zog sich die Sache lange hin,
Der, Didots Generalvertreter,
Dann doch bei der Fraktur blieb später,
Bald wieder zur Antiqua schwankte
Und sich mit aller Welt verzankte,
Bis er – es half auch Gubitz mit –
Am End doch selbst Fraktur sich schnitt.

Nun druckte er, nach neuer Regel,
Erfolgreich Goethe, Schiller, Schlegel.
Als ein verhältnismäßig junger
Starb, achtzehnhundertvier schon, Unger.
Die Schrift verscholl nach seinem Tode –
Heut ist sie wieder hoch in Mode,

Von Carl Ernst Poeschel neu entdeckt,
Im Lager Enschedés versteckt.

Auf die Geschichte und Geschicke
Der andern Länder ein paar Blicke:
Und zwar auf Frankreich erst einmal,
Wo die Imprimerie Royale,
Als Institut von großem Ruf,
Sich eigene Antiqua schuf –
Mehr wissenschaftlich ausgeklügelt,
Als recht vom Geist der Schrift beflügelt.

In Holland war, ich sage leider,
Fleischmann, ein deutscher Stempelschneider
Im Haus von Enschedé beschäftigt;
Statt daß er Deutschlands Ruhm bekräftigt,
Macht' er in fremden Diensten bloß
Die Konkurrenz des Auslands groß.
Bodoni auch, der Italiener,
War anfangs seiner Schrift Entlehner,
Und er hat Fleischmanns Glanz verdunkelt,
Der neuerdings erst wieder funkelt.
Das »musae silent inter arma«
Galt für den Meister kaum in Parma,
Der, unbesehn der Wirrn des Staats,
Homer gedruckt hat wie Horaz.
Als weiterer Meister, anerkannt,
Gilt *Baskerville* aus Engelland.
Er druckte dorten zwar nicht viel,
Doch wunderschön, wie den Vergil.
Den ganzen Nachlaß, als er starb,
Der Herr von Beaumarchais erwarb,
Der nicht den »Figaro« nur schrieb,
Nein, sonst auch viel Geschäfte trieb.
Ein Riesenhaus entstand in Kehl;

Die Spekulation schlug fehl
Und schließlich mußte man ihn pfänden. –
Doch ein Voltaire in siebzig Bänden
Und einer noch in zweiundneunzig,
Als Leistung waren einfach einzig
Und stellten alles in den Schatten,
Was je erreicht Verleger hatten.

Wir kommen zur Jahrhundertwende:
Des Druckens Glanzzeit ging zu Ende.
Was vor Jahrtausenden Ägypter
Mit Künstlerhand, mit wohlgeübter,
In Steine eingegraben haben –
Engländer haben's ausgegraben.
Ägyptisch, das sie so begeistert,
Hat rasch sich auch der Schrift bemeistert.
Und so beschloß man, daß man nenne
Den neuen Typ: »Egyptienne«.
Entartung mehr als Abart zwar
»Grotesk« von der Antiqua war.
Es gibt sie mager wie auch fett –
Doch bleibt sie trotzdem ein Skelett.
Sie ging dann, gar in unsrer Zeit,
Den Weg der »neuen Sachlichkeit«.
So kam man von der Inkunabel
Bis zur Futura, Erbar, Kabel.

DIE SCHRIFTENTWICKLUNG

Hier griffen wir voraus der Zeit. –
Zurück ins Mittelalter weit
Heißt es jetzt noch einmal sich wenden,
Die Schriftentwicklung zu vollenden.

Der Weg, fast schnurgerade ging er
Von Rom zur Schrift der Karolinger,
Von der, wir melden's nur ganz knapp,
Europas Schriften stammen ab,
Die lang in Eintracht sich erhalten.
Doch dann hat sich die Schrift gespalten,
Um, unter manchem Perpendikeln,
Fraktur–Antiqua zu entwickeln.
Aus dem gemeinsam-klaren Flußquell
Entfloß die gotische Minuskel,
Daraus – non saltat, heißt's, natura –
Sich langsam formte die *Textura,*
Die dann, das sei hier eingeblendet,
Zum Drucken Gutenberg verwendet.
Welch edle Schrift von deutscher Art,
Die Lesbarkeit und Schönheit paart!
Textura, unsrer Väter Stolz,
In Welschland zur *Rotunda* schmolz;
Man hat aufs Eckige verzichtet,
Die Punzen wurden mehr gelichtet.
Und Erhard Ratdolt, beispielsweise,
Hat sie von der Italienreise
Zurückgebracht in das Augsburgische
Und gern verwendet fürs Liturgische.
Die Schrift, einst ein Juwel der Pressen,
Ward eines Tages schnöd vergessen,

Wie das ja leider oft geschieht,
Daß man das Schöne nicht mehr sieht.

Daneben, als Entwicklung, liefen
Die gotischen und Buchkursiven,
Die man als *gotisches Kurrent,*
Zuletzt als *deutsche Schreibschrift* kennt,
So, wie wir Ältern sie als Knaben
Noch in der Schul' geschrieben haben.
Verfolgt man der Textura Spur,
So kommt man schließlich zur *Fraktur* –
Das heißt, damit wir nichts verwischen:
Schwabacher Schrift war noch dazwischen,
Die man in Deutschland nur gebraucht;
Um fünfzehnhundertfünfzig taucht
Der Name auf bei Wolfgang Fugger –
Der war ein Schreiber und kein Drucker.

Fraktur fand weiteste Verbreitung
Bis jüngst, im Buch wie in der Zeitung.

Wer die Fraktur zuerst geschrieben,
Ist bisher unentdeckt geblieben;
Man glaubte früher, Albrecht Dürer.
Doch rühmen neue Wahrheitsspürer
Schönsperger, Wagner oder Rockner.
Es würd' nur ein Bericht, ein trockner,
Wollt' man die Leute alle nennen,
Die wir dann schließlich doch nicht kennen.

Selbst wer Fraktur möcht heut entbehren,
Historisch wird er hoch sie ehren,
Sich freuen ihrer edlen Stärk',
Wie sie sich zeigt im Dürerwerk
Und im Gebetbuch, obenan,

Des Kaisers Maximilian,
Mit ihrem köstlichen Gerank
Und nicht zuletzt im Theuerdank,
Des' Schrift – das teilen wir noch mit –
Wohl Rockner schrieb, Schönsperger schnitt.

Betrachten wir den andern Ast
Der Schrift, der noch verzweigter fast:
Was uns an Klassik war verblieben,
Ward karolingisch abgeschrieben;
Die Humanisten, die geglaubt,
Daß dies antik sei, überhaupt,
Die Schrift – weil sies nicht besser kannten –
Nun kurzerhand Antiqua nannten.

Unendlich ist das Schriftgedrechsel:
Die Dauer liegt auch hier im Wechsel.
Wir nennen aus der großen Zahl
Die wichtigste: *Mediäval* –
Von der nun die Gescheitern, Neuern,
Daß es sie gar nicht gab, beteuern:
Ein Kunstwort sei es nur, verschwommen. –
Man wird nie ganz dahinterkommen.
Auch in Antiqua, mehr und mehr
Kursive liefen nebenher,
Wie man sie in Kanzleien schrieb
Und wie sie auch den Druckern lieb.

HARTER KAMPF

»Antiqua!« schreit der eine stur,
Der andre aber: »Nur Fraktur!«
Und jeder nennt uns hundert Gründe

Dafür, warum er drauf bestünde.
»Kein Kind lernt die Fraktur mehr lesen!«
»Fraktur ist deutschen Wortes Wesen!«
»Antiqua ist Symbol der Zeit
Voll Klarheit!« . . »kahler Nüchternheit!«
»Fraktur hilft sparen, sie läuft schmäler«,
Kurz, wie Parteien um die Wähler
Sich raufen, tobt der Typenkrieg.
Antiqua, scheint es, kommt zum Sieg.
So meinte seinerzeit schon Goethe,
Daß sie ein bessres Gleichmaß böte,
Als er mit Soret auf der Such'
Nach Typen war fürs Pflanzenbuch.
Frau Rat jedoch dem Sohne schrieb,
Ihr wären deutsche Lettern lieb;
Und bat ihn sehr in ihrem Schreiben,
Auch im Buchstaben deutsch zu bleiben. –
Dies sei ein kleines Beispiel bloß
Für Kämpfe, unabsehbar groß.

DIE SCHREIBMASCHINE

An einer Schreibmaschin', voll Fleiß,
Versuchte erst sich Herr von *Drais,*
Der, als ein Mann von viel Verstand,
Auch unser Fahrrad – fast! – erfand.
Dann baute, fünfzig Jahre später,
Ein Tischler, *Mitterhofer,* Peter,
Aus Holz ein ungefüg's Gestell
Und trug im Rucksack sein Modell
Persönlich von Meran nach Wien. –
Doch leider, man verkannte ihn!
Mehr hatte Mill in England Glück;
Doch wirklich brauchbar, Stück für Stück,
War dann erst die von *Remington,*
Um achtzehnhundertsiebzig schon.

Heut macht zu seinem eignen Drucker
Das Schreibklavier den kleinsten Schlucker.
Vierhundert Anschläg' pro Minute
Schafft eine Schreibkraft, eine gute,
Wir Ältern freilich wissen noch,
Wie langsam Zeil' um Zeile kroch:
Die Schrift kam wie ein Storch gestelzt. –
Und doch, die Walz' hat umgewälzt
Die stille Welt der wackern Schreiber.
Bald drang der laute Schwarm der Weiber
Selbst in Behörden, ganz verschlafen,
Und löste ab die Tintensklaven;
Die gute alte Zeit der Schnupfer,
Schreibärmelwetzer, Streusandtupfer,
Der Diurnisten, Sekretäre,
Ist nur noch längst verschollne Märe.

Die Sekretärin, stets schon tüchtig,
Und anfangs unscheinbar und züchtig,
Ja, manchmal schlicht wie eine Laus,
Wuchs sich zur Weiberherrschaft aus. –
Und schon – es wurde immer schlimmer –
Thront jetzt im Vor- das Frauenzimmer,
Gefährlich oft (statt daß es schriebe!)
Durch Macht des Hasses und der Liebe.
Und doch: Schon wankt, scheints, auch ihr Thron:
Erfunden ward das Diktaphon;
Mechanisch wird das Wort zuletzt
In Druckschrift einfach umgesetzt –
Entmenscht im wahrsten Sinne so
Sehn eines Tags wir das Büro.

SETZMASCHINEN

Die Schreibmaschine, kaum erdacht,
Hat schon den nächsten Schritt gemacht:
Die Setzmaschin' setzt sie voraus
In mancher Einzelheit des Baus.
Woher sind unsre besten Gaben?
Im Zweifelsfalle von den Schwaben!
Uhrmacher Ottmar *Mergenthaler*
War so ein Schwab, ein genialer;
Er wandert' in die Staaten aus –
Ein echter Ami wurde draus.
Er war selbst ein gesetzter Mann,
Als er die Setzmaschin' ersann,
Ergebnis scharfen Geists und Fleißes:
Die *Linotype* – der Fachmann weiß es –,
Die, achtzehnhundertvierundachtzig,
Das, was schon andere erdacht sich,
An Wirkung weitaus übertraf.
Bald folgte ihr der *Typograph*
Und, drittens noch, die *Monotype,*
Die auch nicht näher ich beschreib',
Denn jeder schwört auf sein System,
Und Streiten ist nicht angenehm.
Seit jüngster Zeit zum Setzen dienen
Auch lichtmechanische Maschinen;
Und – Fortschrittsfreunde hörens gern –
Man setzt heut überhaupt schon fern
Und kommt gewiß bald auf den Punkt,
Daß man noch schneller, als man funkt,
Selbst in der weitentlegnen Stadt
Die Zeitung fix und fertig hat.

DIE NEUZEIT

Wie das lebendige Theater
Von Film und Fernsehn bleibt der Vater,
So ist der Schreiber der Erfinder
Und Vater aller Letternkinder.

Natürlich nicht die Federfüchse
Mit Gänsekiel und Streusandbüchse,
Nein, wahren Meistern gilt der Dank:
Neudörffern etwa, Fugger, Frank,
Ja, selbst dem großen Albrecht Dürer,
Der unerreicht als Griffelführer.
Genannt sein müßt auch der und jener
Franzose oder Italiener.

Solang wir echte Kalligraphen
Im Lauf der Schriftentwicklung trafen,
Nicht Wanderlehrer, Hungerleider,
Gabs auch noch gute Stempelschneider.
Doch wie im Handwerk überall,
Kam auch im Buchdruck der Verfall.
Mit faden Schnörkeln überwuchs
Geschmäcklerei den Nerv des Buchs.
In Prachtausgaben, öd von Bildern,
Sah man die edle Kunst verwildern.

Das Glück der Zeit: in Backfischhändchen
Der Dichterling im Goldschnittbändchen.
Doch wuchs, wie das so oft schon war,
Das Rettende mit der Gefahr.

In München, wo im Kunstgewerbe
Man sich besann aufs Vätererbe,

Hat, wenn auch anfangs noch verwirrt,
Der Feuerkopf, der Doktor Hirth,
Die »Renaissance« laut verkündet;
Er hat die »Jugend« dann begründet
Und damit, was gar nicht sein Ziel,
Den vielumstrittnen Jugendstil.
Es kam der »Simpl«, kam der »Pan«,
Die für die Schrift so viel getan.
War erst das Ei – war erst die Henne?
Der Schreibkunst Meister gleich ich nenne,
Die freilich meistens angeregt
Von denen wurden, die verlegt
Und die gedruckt im neuen Geist:
Eins wird vom anderen gespeist!

Es kamen viele wackre Männer
Von Otto Eckmann bis Paul Renner;
Da waren schon im ersten Trupp
Die König, Larisch, Otto Hupp,
Des Lernens Meister wie des Lehrens:
Bohn, Erbar, Bauer, Peter Behrens,
Trump, Ehmcke, Spemann, Heinrich Jost,
Zapf, Kleukens, Tiemann, Herbert Post,
Ernst Schneidler, Sattler, E. R. Weiß,
Der Offenbacher Schreiberkreis
Und drin, der Meister Meister noch:
Der unvergeßne *Rudolf Koch!*

Sie alle zeichneten und schnitten,
Nicht »kunstgewerblich abgeglitten«,
Nein, ringend voller Leidenschaft
Um höchster Dinge höchste Kraft.

Zwar ein skurriler, doch ein echter
Gestalter war auch Melchior Lechter,

Der auf die Bücher von George
Verwandte seine ganze Sorge.

Gleichzeitig konnten auch die Briten
Uns neue Schriftgesinnung bieten.
Und einig sind sich Whigs und Tories:
Der Ruhm gebührt dem *William Morris.*
Der hatte sonst schon, kunstgewerblich,
Gemacht sich in der Welt unsterblich,
Als er, bereits ein alter Mann,
Zu setzen selber noch begann.
Er überwachte streng den Druck
Und zeichnete die Schrift, den Schmuck,
Die, wenn auch etwas altertümlich,
Trotzdem für alle Zeiten rühmlich.
Der Schreiber blieb' ein armer Schlucker,
Hülf ihm Verleger nicht und Drucker.
Max Huttler hier man nicht vergesse,
Den Schöpfer einer neuen Presse;
Des weitern nennen als Exempel
Wir Bauer, Berthold, Klingspor, Stempel;
Auch Carl Ernst Poeschel fehle nicht,
Zu nennen ihn, ist Ehrenpflicht.
Und loben darf man gleicherweise
Die Gießerei von Genzsch und Heyse.

Der neuen Bücherwelt Beweger
War'n drei bedeutende *Verleger:*
Noch in den Jahren der Versuche
Gelangten sie zum schönen Buche.
Zur Herzenssache machte sichs
Der große Eugen *Diederichs,*
Desgleichen war mit Leib und Seel
Ein Buchfreund *Fischer,* Samuel.

Und aller Welt ward ein Begriff
Schon bald das glückhaft' *Insel*-Schiff.

Zu rühmen wär noch manche Perl:
Selbst der geschmähte August Scherl
War, was das Technische betrifft,
Ein Förderer der guten Schrift.
Auch Langewiesche, die zwei Brüder,
Bewiesen es in nimmermüder
Bemühung, daß, wer dazu willig,
Kann Bücher machen, gut und billig.
Die andern Großen zählen schon
Zur nächsten Generation –
Wie etwa Langen oder Müller,
Die manchen hohen Wunschs Erfüller.
Was sie mit Mühn erreicht, unendlich,
Ist heute beinah selbstverständlich:
Wär auch der Dichter oft ein schwacher –
Gut muß doch sein der Büchermacher!
Nennt' alle Männer ich von Rang,
Das Loblied würde viel zu lang!

DIE HANDPRESSEN

Just in des Fortschritts Macht-Triumphe
Schleicht oft sich das Gefühl, das dumpfe,
Man müsse sich auf sich besinnen
Und säuberlich von vorn beginnen.

Beeinflußt erst von Engeland,
Man auch bei uns die Wege fand
Zu handbetriebnen, edlen Pressen.
In Darmstadt etwa war's, in Hessen,
Wo – Großherzog sonst von Beruf –
Ernst Ludwig seine Presse schuf,
Für die, seit neunzehnhundertsieben,
Die Brüder *Kleukens* druckten, schrieben.
Zum gleichen Zweck in Leipzig lieh man
Sich aus den großen Walter *Tiemann;*
Die *Janus-Presse* er betreute,
Die uns als Vorbild gilt noch heute.
Bekannt sind in der Welt die Bremer
Nicht nur als Handelsunternehmer.
Die *Bremer Presse* ihr Genie fand
Im dort gebürtigen Willy *Wiegand.*
Kostspielig, doch nie spielerisch,
Ist, was er schuf, unsterblich frisch.
Hier glänze auch der große Name
Von Anna *Simons,* jener Dame,
Die, was sie einst von Johnston lernte,
Gebracht zu wunderbarer Ernte.
Dem Fachmann selbst, bei manchem Drucke,
Bleibt vor Begeistrung weg die Spucke.

An weitern Namen wär kein Mangel –
Ob *Hundertdrucke,* ob *Drei-Angel* ...

Jedoch hervor ragt immerhin
Die Offizin W. *Drugulin,*
Die manchmal seufzte unterm Joch
Des großen Meisters *Rudolf Koch,*
Der bis ins kleinste unversöhnlich –
Von Gott beauftragt, ganz persönlich.
Die Marathon, die er gestaltet,
Ist bis zur Stunde nicht veraltet.
Zuletzt nehm' man mit Dank auch Kenntnis
Noch von der Offizin Serpentis
Sowie von der Trajanus-Presse,
Neutönend, aber mit Noblesse.

Oft konnten sich nur schwer behaupten,
Die solchen »Luxus« sich erlaubten,
Zu drucken, für die Kunst allein. –
Fast all die Pressen gingen ein.
Doch ging von ihnen – lernt daraus! –
Unsterblich hohes Beispiel aus!

SCHRIFTREIGEN

So, wie der Kenner wählt den Wein
Von Pfalz und Mosel, Rhein und Main,
Und weiß vom Namen auf der Karte
Im voraus, was wohl seiner warte:
Ob spritzig, süffig, erdig, wuchtig,
Ob leicht, ob schwer, ob mild, ob fruchtig,
Ob mehr voll Säure, mehr voll Zucker –
So weiß auch der geübte Drucker,
Was, daß sie recht ein Werk durchseele,
Für eine Schrift sich hier empfehle.

Ein krasser Laie kennt zur Not
Den Unterschied von Weiß und Rot;
Doch heutzutag nicht mehr so leicht
Fraktur-Antiqua man vergleicht,
Weil längst verschnitten mit Importen
Die Stempelschneider alle Sorten.
Es gab ihn kaum noch, den Naturwein:
Antiqua war nicht mehr Fraktur-rein,
Fraktur Antiqua-untermischt;
Gepantschtes ward oft aufgetischt.
Jedoch der Pöbel wahllos soff –
Er suchte nur den Lese-Stoff;
Was galt da noch der edle Druck?
Hauptsache blieb der große Schluck.
Und leider hatten auch die Pressen,
Die Winzer quasi, drauf vergessen,
Daß nur an wirklich guter Lese,
Just wie der Wein, die Schrift genese.
Sie druckten, jede nach dem Maß,
Was sie an Lettern noch besaß –

Meist wars kaum ein geringer Pfälzer –,
Broschüren, Lyrik, dicke Wälzer.

Doch dann erstanden wackre Männer,
Die sich, als guter Tropfen Kenner,
Nicht länger ließen so vergiften:
Sie kelterten sich reine Schriften.
Auch wählten sie, erfahrne Zecher,
Sich recht die Gläser und die Becher,
Daß wiederum, dem Himmel Dank,
In edler Schale edler Trank,
Den wir – sofern die Texte taugen –
Mit wahrer Wonne in uns saugen.

DIE SCHRIFTGRADE

Daß es nicht lieg' wie Kraut und Rüben,
Hieß es, genaue Ordnung üben.
Nach Punkten, wie beim Boxersport,
Geht es auch beim gedruckten Wort;
Es wären, in verschiednen Klassen
Leicht-, Mittel-, Schwergewicht zu fassen,
Daß nicht die grobe Sabon haut
Die schmächtige Petit knock out.

Es wird nur selten angewandt –
Ein Augenpulver –: *Diamant*.
Fünf Punkte groß, ein kleiner Kerl,
Ist auch die nächste noch, die *Perl*.
Und »nicht gleich« lesbar scheint die Zeil',
Wenn man sie druckt in *Nonpareille*.
Der Redakteur gibt den Befehl:
»Für diesen Schmarrn reicht *Kolonel*!«
Worüber, weil gedrückt im Wert,

Sich der Betroffne oft beschwert.
Was in der Zeitung meist man sieht,
Ist, schon acht Punkte, das *Petit;*
Gut hat auch eingebürgert sich
Der Schriftgrad *Borgis,* bürgerlich.
Man druckt den Text, der es verlohnt,
In Korpus oder *Garamond;*
Rheinländer oder auch *Brevier,*
Die finden heut veraltet wir.
Hingegen ein Begriff für jeden
Ist *Cicero* mit seinen Reden.
Weil man die oft gedruckt hat so,
Heißt auch der Schriftgrad: *Cicero.*
Nun folgt, gebräuchlich mehr für Titel
Und Überschriften etwa, *Mittel.*
Wenn was Entscheidendes geschah,
Dann setzt man es aus *Tertia.*

Bis hierher geht, was uns geläufig;
Denn Text »aus *Text*« ist nicht mehr häufig.
Und Cicero, ja Mittel gar
Gedoppelt, sind schon ziemlich rar.
Der Canon ist der Kern der Messe –
Als »*kleiner Canon*« in der Presse.
Missale – achtundvierzig Punkte! –
Im Meßbuch ganz gewaltig prunkte.
Und weiter noch hat mans getrieben:
Mit einer Cicero mal sieben,
Die man – und hier sind wir am End –
Auch oft die grobe *Sabon* nennt,
Weil einen solchen Schriftkoloß
In Frankfurt vormals Sabon goß.

Der Fachmann in den Kasten taucht
Und holt den Schriftgrad, den er braucht.

Ich selbst, das sei hier nicht verschwiegen,
Bekam es mit der Angst zu kriegen,
Als ich, ein Laie, völlig blutig,
Und nur noch aus Verzweiflung mutig,
Als Redakteur zum erstenmal
Beim Umbruch stand im Setzersaal.
Der alte Gietl, das Faktotum,
Ging barsch zwar mit dem Doktor Roth um,
Weil der erklären konnte bloß:
»So ists zu klein – so ists zu groß!«
Doch half er dem Lokalschriftleiter,
Wenn auch mit vielem Raunzen, weiter,
Bis selber der beherrscht die Regel
Und sprach: »Petit auf Garmondkegel!«

DIE DRUCKERSPRACHE

Nicht nur der Jäger, Sportler – nein!
Der Drucker auch hat sein »Latein«,
Das keiner, wär er noch so schlau,
Herausbringt, wenn er nicht vom Bau.

Sei's nun, daß in der *Venus* Bett
Cornelia mager, *Orpheus* fett
Sich wälzten, sei es, daß die Herrn
Gleich kurzerhand die *City* sperrn –
Wie's auch die Stadtverwaltung tut –,
Sei's, daß *Forellen* in der Flut
Sich tummelten, nur schmal umflossen,
Ein breiter *Bison* ständ, durchschossen,
Sei's, daß gar ins Gesicht uns spränge
Balzac mit kurzer Unterlänge.
Was *Heinzel-* sind und *Hampelmänner*,
Weiß selbstverständlich nur der Kenner.
Des *Kalbes Kopf*, des *Schweines Ohr*,
Der *Galgen* kommt im Wortschatz vor,
Und schließlich wird der Stil belebt
Noch durch die *Jungfrau,* welche schwebt.
Ein *Schweizerdegen* ist ein Mann,
Der setzen wie auch drucken kann.
Der *Zwiebelfisch* ist beispielsweise
Nicht Fisch und auch nicht Zwiebelspeise.
Man fängt ihn mit dem *Winkelhaken.*
Die *Frösche* hört man niemals quaken.
Der Setzer fürchtet sich vor *Spießen;*
Doch mutig ist er im *(Durch-) Schießen.*
Hoch läßt er seine *Fahnen* wehn.
Oft muß er über *Leichen* gehn.
Die *Hochzeit* ist ein schöner Brauch –

Doch *Hurenkinder* gibt es auch.
Das sind, nur so in aller Kürze,
Beispiele für die scharfe Würze,
Mit der – oft keine Kost für Mucker –
Den Alltag pfeffern unsre Drucker.
Habt Ihr davon nun einen Dunst,
Sagt Ihr auch froh: »Gott grüß die Kunst!«

DIE BUCHBINDER

Als die gesamte Litratur
Gemeißelt ward auf Steine nur,
War der Buchbinder Zahl nicht groß.
Sie waren meistens arbeitslos.
Auch als Papyrus man erfand
Und jede Schrift zur Rolle band
Mit einem Titel-Fähnchen dran,
Ging das den Binder wenig an.
Die Kunst, ein Buch zu binden, kennt
Man erst, seit kam das Pergament;
Da spielte – auch schon lange her –
Die Rolle keine Rolle mehr.
Die Blätter waren, mit vier Ecken,
Geeignet jetzt für Einbanddecken.
Und gleich das frühe Mittelalter
War da ein großer Prachtentfalter;
Man band in Gold, in Elfenbein
Und Edelstein die Bücher ein.
Die schlechte Arbeit galt als Sünde.
Schweinshaut, gepreßt, und echte Bünde
Warn selbstverständlich für das Handwerk;
Missale, Bibeln, lauter Standwerk'
Von teilweis' riesigen Formaten
Bezeugen unsrer Väter Taten.
Groß ist, was später uns die Briten
Und die Franzosen bindend bieten.
Doch wär gewiß auch ein Banause,
Der nichts gehört von *Jakob Krause*.

Natürlich, Meister ist nicht jeder,
Und einen guten Band in Leder
Und ähnlich knifflig feine Sachen

Kann mancher heute nicht mehr machen.
Längst schwand des Handwerks goldner Boden
Mit den modernen Klebmethoden
Und manchen Buchfreund hört man jammern,
Sieht er verrostet alle Klammern.
Wo findet heute sich ein Mann,
Der einen Handband zahlen kann,
Ja, der – und das ist erst der Fluch! –
Das edle, handgebundne Buch
Und den darauf verwandten Fleiß
Noch nach Gebühr zu schätzen weiß!?

Schon Goethe, wohl mit gutem Grunde,
Beschimpfte laut die Lumpenhunde,
Buchbinder, jeden Eifers bar,
Die ihm geliefert schlechte War'.
Doch hält auch ers nicht für vermessen,
Wenn sie, zu bleiben unvergessen,
Als Fertiger von Meisterstücken
Den Namen auf des Buches Rücken
Bescheiden prägen mit dem Stempel,
Zu ihrer Handwerkskunst Exempel.

DIE KURZSCHRIFT

Schon Tiro war, ein Schreibersklav,
Der allererste Stenograph;
Er hat mit den tironischen Noten
Die früheste Kurzschrift uns geboten.
Die Mönche ließen zu dem Zweck
Der Kürzung halbe Wörter weg;
Der Text war ihnen nicht mehr heilig –
Sogar im Kloster hatt' mans eilig.
Jedoch, wie rasch auch einer schrieb,
Gesprochnes Wort viel schneller blieb.
Erst Gabelsberger kam in Gunst
Mit seiner Redezeichenkunst.
Die wollten noch verbessern zwei,
Der Stoltze nämlich und der Schrey.
Doch statt zu machen es bequemer,
Verwirrten sie nur die Systemer;
Auch kam dann, zu der Ältern Ärger,
Noch eine neue Gabelsberger –
Bis endlich sich, zu guter Letzt,
Die Einheitskurzschrift durchgesetzt.

LITHOGRAPHIE

Der ist kein Neuigkeitenmelder,
Der uns erzählt, daß *Senefelder*
Den genialen Einfall hatte,
Auf eine Solenhofner Platte
Zu schreiben mit verhexter Tinte.
Halb war es Zufall, halb wars Finte,
Daß er – Papier war nicht zur Hand –
Den *Steindruck* unverhofft erfand.
Der hat für Zeichnungen, für Noten
Vorteile zweifellos geboten.

Hat man auch jetzt – das ist mein Eindruck –
Modernre Mittel als den Steindruck,
Vergeß man nie doch, was er tat
An Wirkung, etwa fürs *Plakat,*
Wo, Kunst verknüpfend mit dem Zweck,
Großmeister, wie Toulouse-Lautrec,
Vereint mit Druckern, höchst berufen,
Die wunderbarsten Werke schufen.
Fast alle hat man wüst verklebt –
Die wenigen, die's überlebt,
Genießen, schön zur Schau gestellt,
Heut die Begeisterung der Welt.
Doch schweig ich, wie es mich auch juck',
Zu rühmen noch den *Farbendruck,*
Und seine unerhörten Mittel –
Das gäb ein eigenes Kapitel.

Wir selbst noch in der Jugend trafen
Den *Hekto-* und *Schapirographen.*
Und nichts schien voreinst wichtig so,
Wie das Kopierbuch im Büro. –

Von Schulaufgaben-Texten, bläßlich,
Quält uns noch oft ein Angsttraum, gräßlich.
Kurzum, man sieht aus all dem klar,
Wie folgenreich der Steindruck war.

DIE ZEITUNG

Wer Schrift und Druck beschreibt, vergesse
Dabei die Zeitung nicht, die *Presse*.
Es sagt ja heute noch ihr Nam',
Daß sie vom Drucken, Pressen kam.

Noch in der frühen Meister Hut
War höchster Anspruch: schön und gut!
Bald sprach man, selbst zum Schludern willig:
Das Publikum wills schnell und billig!
Und ging mit einem Achselzucken
Weg übers werkgerechte Drucken.
Das *Flugblatt*, eilig hergestellt,
Eroberte im Flug die Welt,
Die schon seit je zu hören lechzt,
Wie sie in ihren Fugen ächzt;
Sie schuf so, sich zur Qual, die Presse.

Zu Frankfurts Herbst- und Frühjahrsmesse
Bracht' bald ein Herr von *Aitzing* schon
Gedruckt die erste »Relation«.
Seit etwa sechzehnhundert trifft
In Deutschland man die Wochenschrift,
Und nicht viel später fand Verbreitung
Die allererste Tageszeitung.
Ein großer Mann, den ich erwähn',
Das war Herr Michel de *Montaigne*,
Der, als der ersten einer, sah:
Wenn man wen braucht, ist keiner da!
Wie mühsam ists, will man was kaufen,
Verscheppern, selbst herumzulaufen –
Man müßte schaffen eine Stelle
Als die lebendige Austauschquelle.

Ein Doktor, namens *Renaudot,*
So angeregt, schuf ein Büro,
Ließ Listen drucken – welche Tat:
Erfunden war das *Inserat!*

Das – schaut nicht auf den Pferdehuf! –
Der Zeitung erst das Rückgrat schuf,
Nicht für die aufrecht freie Haltung –
Nein, nur zur Wirtschaftskraft-Entfaltung.
Rasch hat die Presse sich entwickelt:
Noch hat man nicht geleitartikelt,
Und nicht mit klugen Feuilletönern
Versucht, die Zeitung zu verschönern,
Noch war man fern dem üblen Dunst
Von der Parteien Haß und Gunst,
Noch fehlten Reiseteil und Sport;
Und doch trieb unaufhaltsam fort
Die alte, rätselvolle Kraft,
Die Gutes will und Böses schafft.
Beim Teufel, wie der Faust uns lehrt,
War ja die Sache umgekehrt.

Und bis zu den Revolverblättern
Lebt all das von denselben Lettern –
Einschließlich der modernen Mater –
Von denen Gutenberg der Vater.

Erreicht ist heute längst der Punkt,
Wo alles fern-spricht, -schreibt und funkt,
Wo schwitzend der Korrespondent
Am Nil aufs nächste Postamt rennt,
Indes ein andrer, eiseskalt,
Vom Nordpol ausfüllt Spalt' um Spalt';
Wo, inserierend Seit' um Seite,
Der Kaufmann ausharrt bis zur Pleite,

Wo Redakteure, Journalisten
Den Augiasstall der Zeit ausmisten,
Und noch um Mitternacht, gehetzt,
Der Setzer seine Spalten setzt,
Der Umbruchmann im Text ersäuft,
Bis, endlich, die Maschine läuft,
Wo, um es auszudrücken kurz,
Losbricht ein ganzer Höllensturz –
Nur zu dem Zwecke, daß der *Leser*
An Rhein und Themse, Seine und Weser,
An Tiber, Donau, Ruhr und Elbe
Zur selben Zeit erfährt dasselbe.
Durchschnüffelnd stumm das Morgenblatt,
Was wohl die Welt für Sorgen hat,
Legt er's enttäuscht meist wieder hin
Und sagt: »Viel Neues steht nicht drin.« –
Nur selten, daß er im Gebet
Gott dankt, daß »nichts« darinnen steht.
Das Beste noch, was er erfährt:
Die Lage völlig ungeklärt!
Da dies schon immer so gewesen –
Wozu denn dann noch Zeitung lesen?
Und doch, welch süßer Trost für jeden:
Er meint, er dürfte auch mitreden!
Trotzdem: ich würde mehr gern melden
Von braven Presse-Alltagshelden,
Die, ohne Schonung ihrer Nerven,
Sich ins Gewühl des Tages werfen,
Die – so gefährdet wie gefährlich –
Der Welt doch schließlich unentbehrlich.
Sie brechen kühn des Schweigens Siegel,
Sie schleifen täglich neu den Spiegel,
In dem wir sehn, wenn wir nicht blind,
Daß nie wir werden, was wir sind.

Die Presse, die auf solche Art
Zur stolzen siebten Großmacht ward –
(Die, wie man immer wieder sieht,
An dem nichts ändert, was geschieht)
War schon rein technisch mit dem alten
Druckwesen nicht mehr zu gestalten;
Das Tempo wurde zum Erpresser:
Noch schneller mußt es gehn und besser.

Nun bangt nicht, daß die Ungetüme
Ich alle einzeln hier berühme,
Wie sie verstählt, verchromt, vernickelt,
Zum Stand von heute sich entwickelt.
Schnellpressen schildr' ich nicht genauer,
Wie Koenig sie erfand und Bauer
Und wie, seit achtzehnhundertsiebzehn
Wir mehr und mehr sie in Betrieb sehn.
Man sah, es ging noch viel geschwinder,
Setzt man das Ganze auf Zylinder.
Rotation macht jetzt die Runde,
Mit dreißigtausend Stück die Stunde,
Je zweiunddreißig Seiten stark.
Bereit steht schon ein Wagenpark
Zu bringen noch vor Morgengrauen
Die Blätter zu den Zeitungsfrauen.
Die Konkurrenz wird ausgestochen,
Rekord wird um Rekord gebrochen.
Was kaum zur Stunde ist geschehn –
Schon muß es in der Zeitung stehn.

Und trotzdem sagt der Leser roh:
»Weiß ich schon längst durchs Radio!«
Jedoch, wo Raum und Zeit so schrumpfen,
Will eins das andre übertrumpfen.
Ists nicht im Augenblick an dem,

Daß man im Lino-Quick-System
Die Setzmaschin' – lochbandgesteuert –
Beinah umstürzlerisch erneuert?
Es gibt dem rasend schnellen Lauf
Noch einmal »einen Zahn darauf«.
Das Neuste, sollts so weitergehen,
Ist schon gesetzt, noch eh's geschehen.
Der Rundfunk selbst tut dann sich schwer,
Lahm hinkt er hinterm Setzer her.

DIE VERLEGER

Verleger, wie uns Goethe lehrt,
Sind eine eigne Hölle wert.
Doch wär' zu groß dort das Gewimmel,
Käm' nicht auch mancher in den Himmel.
So ist bereits der alte Froben
Aus Basel ungemein zu loben,
Der, selbst wenn er dran Geld verloren,
Viel hat getan für die Autoren.

Anfangs war alles noch im Fließen
Und die drei Künste: Schrift zu gießen,
Zu setzen und zu drucken, fand
Ursprünglich man in einer Hand.
Der Drucker war nach altem Brauch
Verleger und Buch-Händler auch;
Der Druck-Verleger ist zumeist
Mit seiner Ware selbst gereist
Und hat die hübschen Schriftvorlagen
Nebst einem Hinweis angeschlagen,
Daß, beispielsweis im »Wilden Mann«,
Dergleichen man erwerben kann.
Jetzt haben's die Verleger besser:
Sie rollen nicht mehr Bücherfässer,
Um sie auf Fahrten, mühevoll
Zu schleusen durch Zensur und Zoll.
Doch sieht auch heut man viel sie wandern,
Denn eine *Tagung* folgt der andern.
Bald nach der Zeit der Inkunabeln
Begann sich der Beruf zu gabeln –
Vermutlich muß man sagen leider –
In Letterngießer – Stempelschneider

In Druckereien und Verlage.
So ist's auch häufig heutzutage.

Man sagt, ums Büchermachen wäre
So eine eigne Atmosphäre;
Das ist – wir raten kaum daneben –
Die Luft, von der Verleger leben.
An Dichtung ist, glaubt man nur ihnen,
So gut wie gar nichts zu verdienen.
Trotzdem, sie jagen, daß es knallt,
Umher im deutschen Dichterwald;
Sie hoffen, hören sies wo schnattern,
Die goldne Gans sich zu ergattern,
Und gar von Amis oder Briten
Erhandeln sie die größten Nieten.
Wohl dem, der eine Stütze hat
An einem ehrenfesten Blatt,
Wo ihm ein Fachkreis, eine Innung
Behilflich ist zur Geldgewinnung.
Wohl dem, der fern vom Kunstgeschrille
Druckt eine Schnulze in der Stille
So nach und nach in die Millionen:
Das sind die Dinge, die sich lohnen!
Auch gut ist's, wenn moral-gedoppelt,
Man die Geschäfte richtig koppelt;
Was *vorn* herauskommt, scheint gediegen –
Was *hinten* aber, wird verschwiegen.
Verleger haben viel Geschick
Und den bekannten guten Blick –
Drum lehnen häufig just die Hellern
Das ab, womit leicht bestzusellern.
Was hilfts auch manchmal scharf zu blicken?
Grad oft die blinden Hühner picken
Das Körnchen auf, das mit der Zeit
Zu hundertfacher Pracht gedeiht.

Nicht lob ich den, der abgebrüht –
Doch schadet auch zu viel Gemüt.
Was hilft der ideale Schwärmer,
Wird er dabei nur immer ärmer?
Seit je verkauft in Sklaverei,
Ist ja der Dichter doch nie frei,
Er braucht darum, ein kindlich-schwacher,
Den tüchtigen Geschäftemacher,
Der für ihn kämpft, der für ihn bettelt,
Der seine Bücher waschbezettelt,
Der, oft als einziger überhaupt,
An ihn und seine Zukunft glaubt,
Beschwörend, daß er sich bestimmt
Als Unternehmer übernimmt.

SORTIMENTER

»Die Orgel nicht erklingen täte,
Wenn einer nicht den Balgen träte!«
Der *Sortimenter* erst vollbringt,
Daß weit und breit das Lied erklingt.

Leicht ist es heut, ein Buch zu schreiben –
Schwer, gegen bar es zu *vertreiben*.

Hier, wos ums Letzte geht: ums Kaufen,
Sehn wir die Bücher*front* verlaufen!
Hier wird entschieden Sieg und Schlappe –
Und alles andre ist *Etappe!*
Im Nahkampf mit dem Kunden heißt's
Tagtäglich den Triumph des Geist's,
Der *guten* Bücher kühn verfechten –
(Loswerden will er auch die schlechten!)

Ein Sortimenter, gut bei Kasse,
Kriegt gern geliefert eine Masse;
Kredit selbst wird ihm noch gewährt,
Kurz eh er sich bankrott erklärt.
Man setzt ihm freudig vor auf Messen,
Was jährlich quillt aus allen Pressen,
Man zeigt ihm an im Börsenblatt,
Wer wo wie was geschrieben hat,
Man reicht ihm dicke Lexiköner
Voll Litratur – nur teilweis schöner! –,
Und man bespült ihn mit Prospekten
Von Dichtern – lauter neuentdeckten.
Es werden Herren, die vertreten,
Nicht müd, *ihr* Buch ihm vorzubeten,

Das, ein Ereignis erster Güte,
Ganz, ganz bestimmt nicht Laden hüte. –

Ach, der geplagte Sortimenter!
Nur einen Bruchteil davon kennt er.
Wer soll wohl die Gewähr ihm bieten
Dafür, was Treffer sind, was Nieten?
Was muß er nicht auf Lager haben?
Er soll die jüngsten Schlager haben
Und altes Schriftgut, halb verschollen,
Das neunundneunzig nicht mehr wollen,
Das aber einer, bücherwürmisch,
In dreißig Läden fordert stürmisch.

Noch fragen harmlos edle Seelen:
Was könnten Sie mir denn empfehlen?«
Vorzeiten noch, des Wissens Vater,
War er ein gründlicher Berater;
Jetzt ist er sehr auf seiner Hut:
Er sagt, man sage, es sei gut!

Der Sortimenter steht im Feuer
Des Vorwurfs: Bücher sind zu teuer,
Und zwar, so stellt man fest, ergrimmt.
Weil er zuviel Prozente nimmt!
Ausschaltend jeden Zwischenhandel,
Erhoffen viele einen Wandel.
Man sah, noch harmlos erst, sich bilden
Die sogenannten Büchergilden,
Mit Werken aus berühmten Federn
Halbledern teils, teils völlig ledern
Erfüllend, ohne Qual und Wahl,
Den Schrank sowie das Ideal.
Doch wurden sie zu Bücherringen,
Die bald das Sortiment umschlingen.

Natürlich ist es viel bequemer,
Wenn ein entschlossner Großabnehmer
Heraussucht zum Verkauf das beste
Und sich nicht kümmert um die Reste.
Von Vorteil war's noch stets, zu schlachten
Die Küh, die keine Milch mehr brachten.
Was wer für neunzehn Mark nicht nimmt –
Eins neunzig zahlt er noch bestimmt!
Wer aber wird, so darf man fragen,
Zu drucken, zu verlegen wagen,
Was keinen Großabsatz verbürgt?
Wird so nicht das bald abgewürgt,
Was immer unser Ruhm gewesen:
Die *Freiheit,* was man mag, zu lesen?

Schon sehen, treibend in der Zeit,
Die Leserschaft wir arg entzweit:
Die einen tun den raschen Fluch
Auf Bücherring und Taschenbuch,
Sie sagen spöttelnd: roh, roh, roh!
Und fragen bange: Ist's nicht so,
Daß man die inneren Gesetze
Unbillig-billig so verletze,
Wie man es längst tut mit dem Wasser:
Vom Quell ableitend, vom Verfasser,
Zum Leser-Meere, nicht bedenkt,
Wie sich der Bildungsspiegel senkt?
Wie, wenn das Sortiment verdorrt,
Es schlecht steht um den Dienst am Wort?
Nein, sagen andre, wie soll hoffen,
Wer arm, zu seinen Lesestoffen
Zu kommen, wenn er bildungswillig?
Das Buch sei billig, billig, billig! –
Es geht hinaus wohl, letzten End's,
Auch hier auf die Koexistenz!

Nicht Taschenbuch, nicht Buchgemeinschaft,
Nicht Sortiment es noch allein schafft;
Freut euch, wenn's überhaupt gelingt,
Daß ihr den Erzfeind *aller* zwingt:
Den heutigen Herrn Jedermann,
Der nicht mehr lesen will und kann!

Drum, soll das Bücherschiff nicht kentern,
Bemannts mit guten Sortimentern!
Noch gibts – und auch nicht erst seit gestern –
Buchläden in den kleinsten Nestern,
In denen Sortimenter tapfer
Ausharren als Kulturverzapfer,
So, daß man in der fremden Stadt
Gleich gute alte Freunde hat:
Man schaut hinein – das Buch schaut raus –
Man fühlt sich unverhofft zuhaus.

DIE LESER

Vielweiberei ist abgeschafft. –
Vielschreiberei ist noch in Kraft.
Der Tinten-Sklaven-Handel drum
Hat heut wie nie sein Publikum.
Der *Leser* lebt in wunderbarem,
Abwechslungsreichem Bücherharem,
Daraus er (falls er kein Eunuche
Und ohne Liebeskraft zum Buche)
Ins Bett gar, wie er grad gestimmt,
Sich seine Lieblingsbücher nimmt
Und, wenn nicht tausendeine Nacht,
Doch manche Stunde froh verwacht.

Nun nährt zwar mancher Freund der Musen
Den eignen *Schreibe*trieb im Busen –
Und läßt's an *Lese*lust drum fehlen;
Doch gibt's auch reichlich edle Seelen,
Die ohne jemals selbst zu dichten,
Ihr ganzes Trachten darauf richten,
Durch nichts entmutigt, Jahr für Jahr,
Zu kaufen Bücher gegen bar.
Nur darf der Handel sie natürlich
Nicht überfordern, ungebührlich:
Setz einem Fresser vor ein Kalb
Und er bezwingt's mit Müh nur halb,
Darfst du ja auch dich nicht beklagen,
Er habe einen schwachen Magen.

Die Welt, sich wendend zur Akustik,
Ist nicht mehr, heißt's, so leselustig, –
Obgleich das Buch ich just drum preise,
Daß es so innerlich und leise.

Statistik sagt, daß jeder vierte
Nur Zeitung liest und Illustrierte.
Wo kommt die Leserschaft dann her?
Die Menschen werden immer mehr!
Selbst wenn die Lesekraft erloschen,
Zahlt doch so mancher ein paar Groschen,
Damit, seis nur aus Pietät,
Ein Buch auf seinem Borde steht.
Auch *er* ist so noch Umsatzbringer. –
Der Buch-*Entleiher* gilt geringer,
Nichts kaufend, sondern nur im Dutzend
Mietbücher billiger benutzend.
Und wer liebt – tut der selbst auch lieb –
Den *Bücherschnorrer* – besser: Dieb?
Schier ist es tragisch – wo grad er
Der ideale *Leser* wär!
Hingegen ohne viel Genuß
Greift der zum Buch, der lesen *muß:*
Der Schüler, widerwillig schnüffelnd,
Der Studiosus, einsam büffelnd,
Der Kritiker, darauf bedacht,
Wie Schlechtes er noch schlechter macht,
Und der Gelehrte, der verrucht
Aus Büchern sich zusammensucht,
Was – und das heißt man Wissenschaft –
Erst *seinem Buch* gibt Glanz und Kraft.
Der Mensch lernt lesen – ist's soweit,
Hat er zum Lesen nicht mehr Zeit. –
Wohl greift noch mancher spät zum Buche,
Daß er des Alters Trost drin suche.
Und trotzdem bleiben wir dabei:
Nur einmal blüht des Lesens Mai!
Das *erste Buch*, das uns begegnet,
Hat oft fürs Leben uns gesegnet.
Was man nicht las zur rechten Zeit,

Liest man nicht mehr in Ewigkeit.
Drum gebt, statt lang herumzutesten,
Dem Kind das Beste kühn vom Besten!
Ihm müssen gelten unsre Sorgen,
Weil es der Leser ist von morgen.

DIE BIBLIOPHILEN

Nicht immer sind in ihren Zielen
Sich *Leser* gleich und Bibliophilen:
Der Leser hält sich an den Text –
Den Büchernarr'n die Form behext.
Er sammelt Inkunabeln, gotisch,
Und Bücher, schauderhaft erotisch:
Anständig sei der Druck allein –
Sonst kann's gern unanständig sein.
Oft läßt – so streng sind hier die Sitten! –
Ein Buch er gar unaufgeschnitten.
Nur *eine* Richtschnur kann ihm gelten:
Was er sich wünscht, sei selten, selten!
Zum teuersten Erwerb ihn's juckt,
Wenn nur ein Buchstab' falsch gedruckt,
Weil einzig der beweist, man habe
Vor sich hier eine Erstausgabe.
An so was kann er sich berauschen!
Er lebt vom Kaufen, Feilschen, Tauschen –
Im schlimmsten Fall selbst vom Stiebitzen –
Denn was er liebt, will er besitzen!
Doch gibts auch Sammler klug und edel,
Wie jenen Doktor Hartmann Schedel.
»Fragmenta« – ist sein Spruch bekannt –
»Colligite, ne pereant.«

Da stets die Welt die Welt zertrümmert,
Brauchts wen, der um den Rest sich kümmert,
Den noch die Zeit auf Lager hat,
Das Riesen-Antiquariat,
Wenn fahl schon ins Vergessen fuhr
Der Schuttstrom der Makulatur,

Auf dem selbst jüngst berühmte Schriften
Ins Meer des Nichts hinuntertriften.

Was ist an Klugheit schon vermodert,
Was an Begeisterung verlodert?
Ein Buch ist wie ein Menschenwesen:
Manch eines stirbt, fast ungelesen,
Ein andres, flüchtig-heiß begehrt,
Wird alt, zerfetzt und – nichts mehr wert.
Und doch: an Menschen ist kein Mangel,
Die aus dem Strom mit Netz und Angel
Die wunderlichsten Dinge fischen,
Ganz glücklich, wenn sie was erwischen.
Der wichtigste aus dieser Schar:
Der grundgescheute *Antiquar*,
Der alles aufspürt, alles weiß –
Am allerersten auch den Preis,
Um den – oft ungern, weil er's liebt –
Ein Buch er wieder weiter gibt;
Des Sammlers Auge sieht man leuchten,
Ja, selbst vor Rührung sich befeuchten.
Der Büchereien strenge Hüter
Sind nicht so fließende Gemüter:
Damit die Bücher ja nicht stocken,
Sind selbst sie unwahrscheinlich trocken!

DIE DICHTER

Wenn Könige zu baun geruhn,
Dann haben Kärrner was zu tun.
Wie hat, wenn recht man's überlegt,
Ein Goethe doch die Welt bewegt!
Nicht nur die lesenden Genießer –
Papierfabriken, Schriftengießer,
Metteure, Drucker, Buchgestalter,
Vertreter, Händler, Lagerhalter
Und die Verleger auch, natürlich –
Und diese oft ganz ungebührlich –
Ja, die Verfertiger von Maschinen,
Die ihrerseits dem Buchdruck dienen,
Sie haben an dem großen Barden
Verdient Millionen, ja Milliarden.
Dazu der Riesenschwarm von Leuten,
Die wissenschaftlich Goethe deuten
Und Bücher schreiben wiederum
Um diesen Goethe rund herum,
Sie alle leben vom Vertrieb
Des Werkes, das er einsam schrieb.

Natürlich ist auch der, der dichtet,
Dem Druckgewerbe tief verpflichtet,
Denn selbst um Goethe oder Schiller
Wär's, gäb' es nicht den Drucker, stiller.
Ja, bis hinab zu Uz und Gleim
Hing Lyrik ab vom Knochenleim;
Es lebten Bürger, Wieland, Ramler
Auch ihrerseits vom Lumpensammler;
Es diente Klopstocks Genius
Die Druckerschwärze – Harz und Ruß;
Teil hat selbst der Buchbindermeister

Am Ruhme Kleists durch seinen Kleister
Und ohne Blei hätt', ohne Messing
Gewiß nicht so gewirkt der Lessing.

Gleichwohl – wir müssen dabei bleiben:
Am wichtigsten sind die, die schreiben!
Lang dies Kapitel werden könnte,
Wenn man ein freies Wort mir gönnte,
Mich ließe an des Übels Wurz. –
So aber bleibt es ziemlich kurz,
Weil ich, statt Feinde mir zu machen,
Das Ganze übergeh' mit Lachen.
Manch einer, wähnend sich begnadet,
Hat sich in Lesergunst gebadet,
Als hochbedeutender Verfasser –
Bis man, mitsamt dem Badewasser
Ausschüttete das Musenkind. –
Und manchmal geht das recht geschwind!
Oft meinen wir, wohin wir blicken,
Zu sehn nur Klüngel, eitle Cliquen,
Den Ruhm den andern machend streitig,
Doch hoch sich lobend gegenseitig. –
Kurzum, im Litratur-Betriebe
Fehlt's, wie auch sonst, an Nächstenliebe.
Es kämpft ja schließlich doch ein jeder
Um Ehr' und Brot mit seiner Feder.

Recht gerne! Sagen da die Frommen –
Nur: den und jenen ausgenommen!
Und so bleibt's doch beim alten Hassen
Und nicht einander Geltenlassen.
Im Kürschner bloß stehn sie ganz friedlich
Beisammen eng, ununterschiedlich.

SCHLUSSBETRACHTUNG

Wie man das Feuer und die Schrift
Am Anfang der Kulturen trifft,
So schienen Druck und Feuerwaffen
Als Zwillingspaar auch recht geschaffen,
Die Welt in den betroffnen Ländern
Sogleich von Grund auf zu verändern.
Voreilig meinte selbst der Luther,
Der sonst oft ein Prophet, ein guter,
Der Druck sei letztes Flammenlicht,
Bevor der Jüngste Tag anbricht.

Doch unsre Zeit, mit Dampf und Strom,
Mit Motor, Düse und Atom,
Mit Strahlen, Radio und Fernsehn
Geht – wenn auch manche es nicht gern sehn –
So doch recht zuversichtlich-heiter,
Den Weg bis ins Vermessene weiter.
Die Welt, verarmt an Bilderkraft,
Strebt von der Kunst zur Wissenschaft.
Sie wird, nicht nur im Schriftcharakter,
Teils magischer und teils abstrakter.
Zum Schluß, für Laien nicht zu lesen,
Verbirgt sie sich im Formelwesen.
Ich selbst weiß, daß ich's nur gesteh',
Oft nicht, ob's Einstein oder Klee.
Und auch die allerletzte Lyrik
Ist auszudeuten manchmal schwierig.

Wir haben, für zwei Weltsekunden,
Mühselig Schrift und Druck erfunden:
Fünftausend Jahr sahn wir verstreichen
Seit jenem ersten Bilderzeichen;

Fünfhundert, seit die Schrift, der Zwerg,
Zum Riesen ward durch Gutenberg;
Und fünfzig, seit die ersten Wellen
Allmacht des Drucks in Frage stellen.

Kein Mensch weiß, wie es künftig wird;
Und doch glaub' ich, daß der nicht irrt,
Der, was auch an Gefahren lauer',
Den Sieg des Buchs hofft, auf die Dauer.
Wenn Funk und Film, als Schall und Rauch
Vergehn im eigenen Verbrauch,
Und sich gelegt hat erst inzwischen
Die Neugier auf die Television,
Will jeder, wie in frühern Tagen,
Gern schwarz auf weiß nach Hause tragen
Der eignen Bildung hohen Hort:
Das ist und bleibt gedrucktes Wort!
Das Buch hat Raum, das Buch hat Zeit
Für eine irdische Ewigkeit.
Das Herz sagt uns wie der Verstand:
»Gesegnet, wer die Schrift erfand!«

Das Taschentuch

Kulturgeschichte – hochmodern!
Nichts liegt den Forschern heut zu fern.
Drum schäm ich mich nicht des Versuchs.
Den Werdegang des Taschentuchs
(Nicht Taschenbuchs!) seit Evas Zeiten
Historisch vor Euch auszubreiten,
Auf die Gefahr, es überschlag
Die Seiten, wers nicht lesen mag!

Als noch das erste Menschenpaar
Vergnügt im Paradiese war,
Da brauchte es kein Taschentuch –
Die Welt war voller Wohlgeruch,
Darin, mit ungeschneuzten Nasen,
Der Adam und die Eva saßen.

Erst, als die beiden Naseweisen
Durchaus den Apfel mußten speisen
Und sie zur Strafe daraufhin
Genötigt wurden, auszuziehn:
Als Adam grub und Eva spann,
Wohl auch die Schnupfenzeit begann.
Der Adam, rauher von Natur,
Putzt' mit der Hand die Nase nur;
Die Eva nahm bei Grippe-Wetter
Wohl eins der alten Feigenblätter,
Das, nach erledigtem Bedarf,
Sie wieder in die Gegend warf –
Ganz ähnlich, wie's heut wir Modernen
Mit dem papiernen wieder lernen.

Doch liefen sicher Kain und Abel
Herum mit ungeschneuztem Schnabel,
Denn es verging – wir lesen's grausend –
Noch manches finstere Jahrtausend,
Bis unsre Welt kam zu dem Schluß,
Daß man auch Kinder schneuzen muß.

Das Taschentuch, das ist vermutlich
Ja überhaupt nicht vorsintflutlich:
Der Noah, der die Flut durchkreuzte,
Wohl einfach über Bord sich schneuzte.
Doch wer das Alte Testament
Sonst als ein Bibelfester kennt,

Wo Moses bis zur Peinlichkeit
Befahl dem Volk die Reinlichkeit,
Der liest von Webern und von Schneidern,
Von Hemden und von Leinenkleidern –
So daß er, wenn er tiefer schürfte,
Aufs Taschentuch wohl stoßen dürfte.
Ein Tuch, zu wischen Schweiß und Tränen,
Sieht man die Bibel oft erwähnen.
Vielleicht – das ist ein Deutversuch –
Hört man nur nichts vom Taschentuch,
Weil man das Tuch zwar – und die Nas –
Doch keine *Taschen* noch besaß.

Wer – hier sei's ausnahmsweis erlaubt –
Nun an die Heilge Schrift nicht glaubt
Und nicht, daß wir von Gott erschaffen,
Kurz, wer die Menschen hält für Affen,
Umsonst Jahrtausende durchsuche:
Nichts findet er vom Taschentuche!
Es wär auch schwer sich vorzustellen,
Daß, dürftig angetan mit Fellen,
Einst in der Eiszeit, in der kältern,
Sich unsre Ur-Ur-Urgroßeltern,
Wenn sie sich ihre Nasen putzten,
Was andres, als die Hand benutzten.
Vielleicht auch machten sie es so,
Wie heute noch der Eskimo:
Das Nasentröpfchen dem gefriert
Und, wenn er's nicht von selbst verliert,
Schlägt er's – gefroren spröd wie Glas –
Sich einfach klirrend von der Nas.

Auch als die Welt dann aufgetaut,
Kein Taschentuch wird rings erschaut.
Pfahlbauern – wie noch heut die Fischer –

War'n wohlgeübte Nasenwischer
Und Neger oder Hottentotten,
Die durch die heißen Wüsten trotten,
Ganz nackt im glühnden Sonnenlicht –
Die brauchten Taschentücher nicht.
Sie machen's ja noch heute kurz,
Sich schneuzend in den Lendenschurz.
Noch unerforscht ist, ob die Inder
Groß warn als Taschentucherfinder,
Ob man im fernen, wilden Tibet,
Wo man das Nasenreiben liebet,
Sich diese vorher hat gereinigt;
Auch ist es keinesfalls bescheinigt,
Ob etwa bei der roten Rasse
Das Taschentuch sich finden lasse –
Obwohl sie alle, was zu loben,
Die schönsten bunten Tücher woben.

Hingegen sind es die *Chinesen,*
Von denen wir begeistert lesen,
Daß sie so klug schon war'n wie wir:
Sie machten Tüchlein aus *Papier!*
Man hätt auch im Ägypterland,
Wo des Papyrus Wiege stand,
Erfinden können sowas schon –
Doch leider hört man nichts davon.
Nachrichten überhaupt sind spärlich
Vom Taschentuch – wie leicht erklärlich:
Es ging das *klassische Altertum*
Auf nichts so aus, als auf den *Ruhm!*
Die Dichter schrieben nur Gedichte
Und die Gelehrten Weltgeschichte.
Auch was an Bildwerk ist erhalten,
Sind durchwegs edle Steingestalten,
Vom Kopfe bis hinab zur Wade –

Und höchstens »Venus nach dem Bade«
Ist oft in Marmor dargestellt,
Wie sie gerad ihr *Handtuch* hält.
Wie Griechen putzten ihre Nasen,
Verrät kein Bild uns auf den Vasen.
Obwohl man dort doch allerhand
Sonst der Beschreibung würdig fand.

Wahrscheinlich waren noch die Dorer
Ganz ungepflegte Nasenbohrer;
Die Bildung lehrte erst Athene –
Doch wußt sie nichts von Hygiene.

Ob schön Helenchen sich »mit nischt«
Ihr holdes Näschen abgewischt,
Tat uns Homer nicht weiter melden;
Auch bei Odysseus, seinem Helden,
Der doch bei der Nausikaa
Die ganze Damenwäsche sah –
Sogar gebügelt und gestärkt –
Wird nichts vom Taschentuch vermerkt.

Ein *Römer* war, ein wirklich alter,
Gewiß kein Taschentuchentfalter.
Ein Mann von echtem Schrot und Korn,
Wie Cato, kam gewiß in Zorn,
Wenn man ihm sprach von solchen Moden,
Und schneuzte streng sich auf den Boden.
Doch als in Zeiten des Verfalls
Die Damen, Schlangen um den Hals,
Sich räkelten auf Lotterbetten,
In raffiniertesten Toiletten,
Als sich mit Lippenstift und Puder
Geschminkt die abgefeimten Luder,
Da trugen sie wohl auch ein Rüchlein

Parfum in seidenen Taschentüchlein –
Und, höchstwahrscheinlich, auch die Männer.
Ja, fragt nur die Antiken-Kenner!

Zwar schildert Tacitus genau
Die Kleidung der *Germanenfrau*.
Doch ob ein Taschentuch sie trug,
Er leider Gotts uns unterschlug.
Auch, wie's in Deutschland später war,
Wird nicht aus den Berichten klar.
Ob sich die edlen Minnesinger
Geschneuzt ganz einfach in die Finger?
Ob rings im weiten Vaterland
Wohl damals schon ein Spucknapf stand?
Wir hören nichts in diesem Sinne:
Man sang ja nur von hoher Minne!
Und doch war ganz besonders bitter
Ein Schnupfen für die alten Ritter,
Die in geschlossnen Eisenhauben
Nicht konnten sich die Nasen schnauben.
Ein Kreuzzug ohne Schneuztuch gar
Erscheint uns heute undenkbar.

Doch kommt aus den verschollnen Zeiten
Ein Zeugnis: *Friederich dem Zweiten,*
Dem mächtig-kühnen Hohenstaufen,
Schien auch die Nase oft zu laufen.
Drum hat er's Taschentuch benützt –
Denn die Behauptung wird gestützt
Durch die Verfügung, die bestimmt,
Daß jede Frau zwei Tücher nimmt,
Eins im Gebrauch und eins in petto –
Man hieß es damals »fazzoletto«.
Wir wissen selbst die Zahl des Jahres:
1215 nämlich war es.

Seitdem reißt bis zur heut'gen Stunde
Nicht ab die Taschentücherkunde.

Vom *Sultan* und vom *Papste* auch
Ist uns verbürgt nun der Gebrauch.
Der *Sultan* saß in wunderbarem,
Von schönen Fraun erfülltem Harem.
Die, der er warf das Taschentuch,
Mußt' folgen ohne Widerspruch.
Auch sonst das seither Sitte war:
Man hieß es: »Jeter le mouchoir«.
Zum Zeichen, daß man jemand liebt,
Man ihm ein Taschentüchlein gibt.

Den *Papst*, hat Raffael gemalt –
Und wurde hoch dafür bezahlt. –
Wir sehen Julius den Zweiten
Ein Tuch auf seine Kniee breiten.
Velasquez malte der Infantin
Ein Riesen-Schneuztuch an die Hand hin
Und seitdem lichtet sich die Wildnis,
Wir finden Bildnis über Bildnis,
Die Leda selbst, mit sonst nichts an,
Zeigt man mit Taschentuch und Schwan.

Genau so durch die Lit'ratur
Zieht plötzlich eine klare Spur:
Denn dafür, daß *Othello* tot
Sein Weib und sich gestochen, bot
Den Anlaß – nur ein Taschentuch!
Und seither wards wohl oft zum Fluch.
Wenn jemand solch ein Liebespfand
Leichtfertig gab aus seiner Hand.

Um fünfzehnhundert freilich war
Das Taschentuch noch ziemlich rar.
Gabs doch – den Laien wirds befremden! –
Auch noch so gut wie keine Hemden.
Trotz unerhörtem Kleiderprunken
Hat – mit Verlaub – man arg gestunken.
Schon weil sich fast kein Mensch gewaschen,
Drum wirds auch kaum wen überraschen,
Daß Frankreichs Heinerich der Vierte,
Den höchster Ritteradel zierte,
Vier Taschentücher, wie wir wissen,
Besaß – und die war'n noch zerrissen!

Mit Gold und Silber reich gestickt,
Mit Spitzen aus Brabant gespickt,
Die Faziletlein in den Jahren
Natürlich schrecklich teuer waren –
Mitunter bis zweitausend Gulden!
Sie stürzten manchen arg in Schulden.
Begreiflich, daß sich das Geschneuz
Da schon verbot aus purem Geiz –
Man hat sie nur an Ehrentagen
Vorsichtig in der Hand getragen.
Doch hört man auch schon andre Stimmen,
Die über Männer sich ergrimmen,
Die einen solchen Sacktuchschatz
Geborgen gar im Hosenlatz.

Erst als die Leut' mit Taschen protzten,
Am Staatsrock, die vom Golde strotzten,
Konnt' man die Mode auch entdecken,
Das Taschentuch dorthin zu stecken.
Doch unter all den Kleidernarren
Gabs sicher Männer ohne Sparren,

Gemütlich sitzend hinterm Humpen,
Im Sack den schlichten Nasenlumpen.

Erasmus schon von Rotterdam
Mit Fug und Recht dran Anstoß nahm,
Daß im Gesicht trug seinen Rüssel
Manch einer wie 'ne schmutzge Schüssel.
Auf deutsch verwahrte und lateinisch
Er sich dagegen, daß so schweinisch
Selbst bessre Leute ihre Glocke
Am Ärmel wischten sich vom Rocke.
Und er verwies sie auch, die Mützen,
Statt Hand und Sacktuch, zu benützen.
Ein Erzherzog von Österreich –
Hat – und man sieht, 's war überall gleich! –
Gepredigt Ohren, meist wohl tauben,
Sich in das Tischtuch nicht zu schnauben,
Und Pommerns Herzog sah mit Schrecken
Bei Tafel Herrn das Mundtuch stecken
»Ganz in Gedanken« in den Sack. –
Was nicht von Schliff zeugt und Geschmack.

Wenn das schon Kavaliere taten –
Wie gings erst zu bei den *Soldaten!*
Am Ärmel wischten sich die Tröpfe:
Drum nähte dorthin man die Knöpfe,
Daß ihnen solche Lust vergeh:
Denn an den Knöpfen tut es weh.

Mit unsern Taschentüchlein gehts
Wie bei dem Modezeuge stets:
Erst tragens große Fraun und Herrn,
Dann trügens auch die kleinen gern.
Heut leben wir in einem Freistaat –
Doch damals gab's den Polizeistaat!

Und der – in Dresden beispielsweis –
Verbot, bei solchem Wahnsinnspreis,
Die teuren Tücher noch zu kaufen
Und frecht damit herumzulaufen.
Umsonst – die Mode schert sich wenig,
Wenn sie nicht mag, um Rat und König.

Im achtzehnten Jahrhundert dann
Die wüste Schnupferei begann
Mit Rauchtabak, vermischt mit Schmalz.
Und Liselotte von der Pfalz
Erzählt, wie, nehmend Pris' auf Pris'
Die Weiber schmutzig in Paris.
Von großen Männern, großen Nasen
Wir in der Weltgeschichte lasen:
Der Alte Fritz, der schnupfte feste –
Und streute alles auf die Weste.
Ob's bei Napoleon und Blücher
Gestimmt in puncto Taschentücher,
Ist, wie auch sonst bei Feldmarschällen,
Nicht nachprüfbar in allen Fällen.
Graf York zum Beispiel schnupfte munter. –
Die Taschentücher wurden bunter,
Gestreift, getüpfelt, rötlich, bläulich –
Um zu verbergen, was abscheulich.
Und während meist sie, wie wir lesen,
Bis dort oval und rund gewesen,
Verfügte –'s war sein einz'ger Sieg! –
Der arme König Ludewig,
Dem man den Kopf dann abgeschlagen,
Man müssen sie *quadratisch* tragen.

Die Incroyables, diese Stutzer,
War'n fleiß'ge Taschentuchbenutzer;
Auch wurden damals, wie wir wähnen,

Nicht alle Weiber zu Hyänen;
Im Gegenteil, aus all dem Leid
Erwuchs die Weltschmerz-Werther Zeit,
Der Taschentücher unentbehrlich,
Wenn auch die Tränen oft nicht ehrlich.
Und bald gehörte im *Salon*
Ein Taschentuch zum guten Ton.

Der Biedermeier-Mode Gipfel
Wars dann, des Schnüffeltuches Zipfel
Zu zeigen, bei der Männer-Jugend,
Blühweiß, vorn aus dem Busen lugend.
Wahrscheinlich, zu des Schneuzens Zweck
Trug noch ein andres solch ein Geck.
Den älteren Herrn hingegen hing
Ein ungeheures buntes Ding
Wie eine Fahne, eine große,
Weit aus dem Rock- und Mantelschoße.
Bald freilich, gar bei Herrn von Stand,
Diskret in Taschen es verschwand.

Die Frau trug's teils im Ridikul,
Teils legte sie's auf Tisch und Stühl'
Und sonst, wohin es nicht gehörte –
Was nur Verliebte wenig störte:
Im Gegenteil, die Narren freute
Solch unverhoffte Liebesbeute.
Sie holten – wenig zu beneiden –
Oft Schnupfen- sich und Eheleiden,
Und schimpften später voller Zorn:
»Schon wieder 's Taschentuch verlorn?
Wo D' hinlangst, liegt ein solcher Fetzen!
Laßt Euch aufs Kleid halt Taschen setzen!«

Schon anno siebzehnhundertzehn
War ferner folgendes geschehn:
Frau Anna, Englands Königin,
Ließ, als ein Weib von klugem Sinn,
Die von ihr selbst gehaltnen Reden
Zugänglich machen einem jeden,
Indem sie ihres Geists Produkte
Auf große Taschentücher druckte,
Daß jeder Untertan die Nas' –
Sofern er solch ein Tuch besaß –
Gleich in die Politik konnt' stecken:
So wuchs das Tuch mit höhern Zwecken
Und alsbald war die ganze Welt
Und Weltgeschichte dargestellt;
Sei es der Briten Haß und Hohn
Auf ihren Feind Napoleon,
Sei's, was man später häufig sah,
Die Werbung für Amerika.

Doch auch Gemüt und Volkshumor
Kam auf den Taschentüchern vor.
Dem Kind bedruckte man sie später
Mit Robinson und Struwwelpeter.
Von Palmström weiß und andern Käuzen
Man längst, daß, sich hineinzuschneuzen
In solche unerhörten Prachten,
Sie sich Gewissensbisse machten.

Sind sie auch nicht, wie eh, beliebt,
Noch heut es solche Tücher gibt.
Ein Kaufmann einst begriff den Trick
Und wandte an ihn mit Geschick:
Bot Taschentücher zum Verkauf
Mit schön gedruckten Bildern drauf.
Mehr Schwung noch dem Geschäft er lieh

Durch eine Art von Lotterie:
Für ein bestimmtes Tuch gewann
Ein Mann ein Weib, ein Weib 'nen Mann.
Zum Glücke meldeten genau
Sich nur ein Mann und eine Frau –
Da war der Fall leicht zu entscheiden:
Der Kaufmann hat vermählt die beiden,
Die, wie man hört, nach vielen Jahren
Noch miteinander glücklich waren.
Ein andrer Kaufmann, der gedacht,
Das wird jetzt einfach nachgemacht,
Der hatte freilich damit Pech:
Es meldeten – und wurden frech –
Die Partner sich in hellen Haufen:
Nichts blieb ihm, als davonzulaufen,
Eh mit Entschädigungsprozessen
Die Leute konnten Geld erpressen.

Der König – heißt ein Rätselwort –
Steckt's ein, der Bauer wirft es fort.
Das dient uns heut noch zum Beweise
Dafür, daß nur die höhern Kreise
Der feinen Herrn und holden Damen
Das Taschentuch in Anspruch nahmen.
Dem ist nicht so: im Volkstum auch
Gibts manchen guten alten Brauch.
Sei's, daß zum Beispiel die Rumänen
Das Taschentuch, benetzt mit Tränen,
Ins Grab nachwarfen ihren Toten,
Sei's, daß bei Eheaufgeboten
In manchem Land der Bräutigam
Ein Dutzend zum Geschenk bekam.
Auch bei verschiednen Landestrachten
Muß man das Taschentuch beachten.
»Verstüchel«, schön mit Reimen, gibt

Die Maid dem Burschen, den sie liebt.
»B'scheidtüchel« teilt man aus in Bayern
Bei Hochzeits- oder Kirchweihfeiern,
Damit sich jeder Gast bequem,
Was er nicht ißt, nachhaus mitnehm.

Macht einmal selbst nur den Versuch:
Wozu braucht man das Taschentuch?
Um sich durch Fächeln zu erfrischen,
Um Schweiß und Tränen abzuwischen,
Um es im Zorne zu zerbeißen,
Um's, zu Verbänden, zu zerreißen,
Um beim Gedächtnis, einem schwachen,
Sich einen Knopf hineinzumachen;
Als Sonnenschutz bei kahlem Schädel,
Als Knebel, Schleuder, Fliegenwedel,
Man brauchts, um »Blinde Kuh« zu spielen,
(Und heimlich drunter vor zu schielen,)
Um »übers Schnupftuch« sich zu schießen,
Wie, zu verhindern Blutvergießen,
Indem mans schwenkt als weiße Fahne,
Man brauchts als Bund bei hohlem Zahne,
Als Netz, in dem die Fischlein blinken,
Zum Willkomm- oder Abschiedwinken,
Um Schwammerl darin aufzuheben –
Kurzum, es hat im Menschenleben
Vielfältigern und höhern Nutzen
Als den nur, sich die Nas zu putzen.
Mein Rat, zum Schluß, nicht überrasche:
Hab stets ein saubres in der Tasche!

Das Oktoberfest

Vom Ernst des Lebens halb verschont
Ist der schon, der in München wohnt,
Wo man mit Fasching, Starkbier, Dulten
Und andern fröhlich-feuchten Kulten
Das Jahr noch immer weiß zu feiern.
Drum kommt ein jeder gern nach Bayern.
Nun, daß der arme Fremdling auch
Von Münchens Wesen einen Hauch –
Und sei's auch nur im Geist! – mag spüren,
Will ich ihn auf die Wiesen führen!

Zu Münchens schönsten Paradiesen
Zählt ohne Zweifel seine Wiesen.
Im Frühling, Sommer, auch im Winter
Ist allerdings nicht viel dahinter,
Da ist sie nur ein weiter Plan,
Ein Umweg für die Straßenbahn.
Jedoch im *Herbst* ist dieser Platz
Des Münchners wundervollster Schatz.
»Auf geht's«, mit dieser Lustfanfare
Eröffnet man in jedem Jahre
Das Volksfest, welches hochgepriesen
Der Münchner bündig nur nennt »D' Wies'n«.

Nur ungern, das sieht jeder ein,
Geht auf die Wiese man allein.
Denn wenn man in der Budenstadt
Nicht gleich den richtigen Anschluß hat,
Dann steht man stur in dem Gedudel,
Fühlt sich wie ein begoss'ner Pudel,
Schweift stumm und traurig her und hin,
Besauft sich höchstens ohne Sinn,
Denkt »Fauler Zauber«, »Alter Leim«,
Und geht verdrossen wieder heim.

Höchst unbeliebt sind die Begleiter,
Die rücksichtslos, geschäftig-heiter
Im Volksgewühl an allen Kassen
Gerade dich vorangehn lassen,
Großmütig in der Tasche graben,
Doch leider grad kein Kleingeld haben,
Die tückisch warten bis zum Schluß,
Wo irgendeiner zahlen muß,
Und die erreichen mit viel List,
Daß du dann dieser eine bist!

Mit andern Worten, derben, kurzen,
Kein Mensch macht gerne eine Wurzen.

Als erstes gibts wohl, für den Magen
Zu schaffen rechte Unterlagen.
Doch steuert nie, in kurzem Wahn,
Die »nächste, beste« Bude an!

Doch was ist auf dem bunten Feste
Zu nennen wohl das nächste beste?
Hier schmort die Schweinswurst auf dem Rost,
Dort schenkt man Wein und Apfelmost,
Hier sieht man bei fidelen Schrammeln
Sich wieder andre froh versammeln,
Und schon wird an dem dritten Punkt
Die Dünne in den Senf getunkt.
Dort fieselt wer an seinem Tisch,
Beziehungsweis am Steckerlfisch
Und leckt mit einer kaum geringern
Begierde an den eignen Fingern.
Die Wünsche werden immer kühner
Und blicken auf gebratne Hühner,
Die unerschwinglich sind zumeist,
Auch wenn man sie nur »Hendln« heißt.

Doch schau, was kommt am Schluß heraus?
Der Bierpalast mit Hendlschmaus,
Wo ungeheure Blechmusiken
Den Lärm durch Rauch und Bierdunst schicken
Und wo die Menge brausend schwillt,
Vom Bier zum Teil schon ganz erfüllt,
Teils erst vom Wunsch, erfüllt zu werden,
Doch durchwegs selig schon auf Erden.
Es laufen Kellnerinnen emsig
Durch alle Reih'n, wo wild und bremsig

Die Menge ohne Unterlaß
Sich heiser schreit nach einer Maß.
Zwölf Krüge an den Brüsten säugend,
Wirkt solche Wunschmaid überzeugend.

Wer zählt die Völker, kennt die Namen,
Die gastlich hier zusammenkamen?
Von Augsburg und vom Isengau,
Von Freising, aus der Hallertau,
Aus Franken, Schwaben, Sachsen, Hessen,
Die Preußen selbst nicht zu vergessen,
Und all die andern Wiesenpilger,
Die Drei-Millionen-Maß-Vertilger.

Doch will das Volk zum Bier auch Spiel,
Drum sucht man noch ein andres Ziel;
Man stürmt die Wunderstadt der Buden
Mit Löwenmenschen, Botokuden
Und ist schon tief hineingeraten
In Zauberwälder von Plakaten,
Die in phantastisch grellen Bildern
Die Märchenwelt der Wiesen schildern.
Hier ist ein Zwillingspaar verwachsen,
Aus Siam oder nur aus Sachsen,
Die Seekuh ist halb Fisch, halb Weib,
Die Dame ohne Unterleib
Wetteifert mit der Pantherdame,
Usamba-Wamba ist ihr Name,
Der wonnevoll nach Wüste schmeckt,
Ihr ganzer Leib ist braun gefleckt;
Ein Schlangenmensch grotesk sich renkt,
Beim Schichtl sich das Fallbeil senkt.
Kurzum, was grauenvoll und selten,
Wird angepriesen vor den Zelten,
Bis, was der Vorhang tief verbirgt,

So zwingend auf die Neugier wirkt,
Daß wir uns ahnungsvoll und schauernd
(Erst hinterher das Geld bedauernd)
Hindrängen, um, hereingebeten,
Das Innere staunend zu betreten.
Da stehn sie, ahnungstief wie Kinder,
Vor einem Manne im Zylinder,
Und in der Menge, die sich staut,
Brüllt dieser Mensch entsetzlich laut:
»Sie sehen hier für billiges Geld
Das größte Phänomen der Welt!
Das Urwelträtsel jeder Rasse!
Zur Kasse, Kassa, Kassakasse!
Das Phänomen der Mumienleichen!
Die Glocke gibt das letzte Zeichen!
Enthüllung magischer Natur!
Zehn Fennich! Für Erwachsne nur!«
Der Schweiß ihm aus den Haaren rinnt:
»Zehn Fenniche! Der Akt beginnt!«

Man sucht sich nunmehr als Stratege
Nach Kräften immer neue Wege.
Hinweg von Flöh'n und Marionetten
Und Wachsfigurenkabinetten,
Heraus jetzt aus den wilden Dünsten
Von Papa Schichtls Zauberkünsten,
Zu neuem Ziel hinauf, hinan,
Hinein in eine Achterbahn!
Man fühlt sich sanft emporgehoben
Und sieht die Lichterstadt von oben,
Wie alles glänzt und dampft und braust,
Bis unverhofft man abwärts saust
In Stürzen, wollustangsterregend,
Besonders in der Magengegend.
Wie herrlich da die Weiber kreischen,

Indes verzückt in fremden Fleischen
Im selig-wirren Klirren, Schwirren,
Die Männerhände sich verirren.

Wie schnell macht solche Fahrt gefährtlich,
Man wird zu zweien schon recht zärtlich,
Und mancher legt um manches schlanke
Gewölbe die Beschützer-Pranke.
Das ist die hochberühmte Zeit
Der Münchner Urgemütlichkeit,
Wo an den bunt besetzten Tischen
Die Unterschiede sich verwischen,
Die Herkunft, Bildung, Geld, Beruf
Dem Menschen oft zum Unheil schuf.
Der Maurer hockt bei dem Professer,
Und zwar je enger, um so besser,
Und auch die andern sitzen da,
Mit Leib und Seel' einander nah.
Nicht lästerlich und liederlich,
Nur schwesterlich und brüderlich.
Man sucht sich wild ins Volk zu mengen,
Sich in die andern einzuhängen.
Schiffsschaukelorgelorgien rasen
Mit Trommeln und Trompetenblasen,
Sirenenheulen, Schiffsgebimmel
Stürzt unabsehbar mit Gewimmel
Zu ewig neuer Lust entfacht
Die Menge in die Wiesenschlacht.
Es blitzt von Purpur, Perlenflitter,
Die Schweinswurst raucht am glühnden Gitter,
Die Rösser stampfen stolz und schwer,
Die Banzen rollen prächtig her,
Der Kasperl krächzt »Seid's alle da?«
Und tausendstimmig jauchzt es: »Ja!«
Und ringsum brodelt's, brandet's, gaukelt's

Und rollt's und rutscht's und schießt's und schaukelt's,
Das Jahr ist lang, die Wies'n kurz,
Hinein denn in den wilden Sturz!
Zufrieden jauchzet groß und klein:
»Hier bin ich Mensch, hier darf ich's sein!«

Kurze Suppenkunde

Wer nähm' nicht, jung, sich manches vor,
Woran er dann die Lust verlor?
Auch ich hätt gern die kleine Welt,
Gereimt, dem Leser vorgestellt –
Doch leider bliebs nur beim Versuch:
»Tierleben« oder »Taschentuch« –
Bei anderm, etwa bei den Pflanzen,
Hats nicht gereicht zu einem Ganzen.
Und auch ein Buch vom Essen, Trinken,
Seh ich ins Nichts hinuntersinken.
Ich frage selber mich als Greis:
Hätt es gelohnt den Witz, den Fleiß?
Doch, ob ers tadle, ob ers lobe:
Dem Leser geb ich eine Probe!

Trotz tiefer Forschung ist nicht klar,
Wie unsre Suppen-Urzeit war.
Das Feuer – uns so selbstverständlich –
Mußt erst erfunden werden, endlich!
Doch dann auch läßt sichs leicht erraten:
Noch vor der Suppe kam der Braten –
Heut ists bekanntlich umgekehrt –

Gelegt hätt sicher größten Wert
Die erste Eiszeit-Menschengruppe
Auf eine gute, heiße Suppe;
Denn, hat was Warmes man im Magen,
Läßt Kälte leichter sich ertragen.
Doch fehlte noch der kluge Kopf,
Der fand den Kessel oder *Topf*.
Von da an erst ging alles schneller,
Vom Holznapf bis zum irdnen Teller
Und gar mit Zinn und Porzellan
Ging die *Kultur* der Suppe an.

Der Name kommt von Saufen, Schlürfen:
Der Löffel, des' wir heut bedürfen,
Ist zwar das älteste *Eß*-Gerät,
Doch wird bezeugt er ziemlich spät.
Ursprünglich hängte man den Rüssel
Ganz einfach in die Suppenschüssel.

Die *Bibel* gibt uns wohl im Grunde
Die erste sichre Suppenkunde.
Es nährte ja von Rohkost zwar
Sich selbst das erste Menschenpaar;
Doch hats, vom Satan süß verlockt,
Uns jene Suppe eingebrockt,
An der, obwohl sie keiner mag,
Wir löffeln, bis zum jüngsten Tag.

Das Salz zur Suppe zu verdienen,
Ist *uns* schon manchmal schwer erschienen –
Und fällt doch selbst dem Ärmsten leicht,
Wenn mit der Urzeit mans vergleicht.

Recht unklar ist auch heut noch, was
Der Mensch in der *Antike* aß.
Die Götter lebten, weiß man ja,
Von Nektar und Ambrosia.

Groß war im späten Altertum
Dann Spartas schwarzer Suppenruhm;
Der erste Eintopf – jedenfalls
Hing bald er allen aus dem Hals.

Mit attischem Salz hat, wie wir sehn,
Gewürzt die Suppen sich *Athen*.
Aspasia, als Hetäre groß,
Hatt auch das Suppenkochen los,
Was von dergleichen Frauen man
Wohl heute nicht mehr sagen kann.

Den Römern, anfangs sparsam-schlicht,
Galt Suppe wohl als Leibgericht.
So wußte beispielsweis Vergil
Auch vom Gemüse-Anbau viel
Und – ob mit Käse oder ohne –
Gabs sicher häufig Minestrone,
Und von »lagana« nährte sich
Der alte Cato sicherlich.
Doch später, als aus aller Welt
Sich Leckerbissen Rom bestellt,
Und nachgab jeder Mode-Schrull' –
Berühmt ist heute noch Lukull –

Sprach man mit höhnischem Bedauern,
Die Suppe wär nur was für Bauern.

Dem *Tacitus* sind wir verpflichtet,
Weil von Germanen er berichtet.
Sie lebten kriegerisch und keusch,
Sie sotten Bier und brieten Fleisch.
Erst später sich entwickelt haben
Die Sueben auch zu Suppenschwaben.

Die Suppe ist, ganz ohne Frage,
Zu finden in der deutschen Sage:
Ein Zwerg war *Mime*, ein verschlagner,
Der – nach dem Text von Richard Wagner –
Dem Siegfried einen Sudel braute,
Den der voll Wut vom Herde haute.

Im Mittelalter warn die Klöster
Der armen »Supplikanten« Tröster;
Vor »breiten Bettelsuppen« graust'
Es zwar schon Herrn Professor *Faust*.

Leicht ändern stets sich die Geschmäcker:
Wer fände heute Suppen lecker,
Wie sie sich da und dort in alten
Speiszetteln noch, zum Glück, erhalten?
So gabs schon dreizehnhundertdrei
Als erstes Suppe, fast nur Ei
Mit Pfeffer, Safran, Hirse, Honig –
Und wieder fänd in mancher Chronik
Man derart wunderliche Speisen,
Geschichtlich Suppen nachzuweisen.

Die Bauern füllten ihren Magen
Mit Fleisch nur an den Feiertagen;

Sonst gab es Suppen bloß und Brei,
Vielleicht auch Mehlspeis mancherlei
Doch meistens Hirs- und Hafergrütz
Bis dann bei uns der Alte Fritz,
Wofür ihm sicher Dank gebührt,
Hat die Kartoffeln eingeführt.
Wenn auch die Schlemmer sie erst lieben,
Falls man sie durch die Sau getrieben.

Jedweder Suppe Hauptbestand
Ist *Wasser,* von dem Thales fand,
Der erste von den sieben Weisen,
Es sei als höchstes Gut zu preisen,
Liebt man auch Wassersuppen nicht,
Auf Wasser liegt das Schwergewicht
Und zwar im strengen Sinn des Worts:
Die Schwierigkeiten des Transports!

Man sagt, im Großen habe schon
Daran gedacht *Napoleon*
Und zur Verpflegung seiner Truppen
Selbst eingeführt die Trockensuppen.

Vom Apotheker, ungelogen,
Hat Bouillontafeln man bezogen,
Weil man in Fleischbrüh, eingedickt,
Die beste Medizin erblickt.
Noch glaubte der berühmte Liebig,
Sein Fleischextrakt sei sehr ergiebig.
Es mußten Riesen-Rinderherden
Für diesen Zweck geschlachtet werden.
Die Welt bediente sich in Kürze
Der Suppenwürfel, Suppenwürze
Und gar die Erbswurst ist bekannt
Als bester Touren-Proviant.

Ein Koch mit Namen Grüneberg
Hat sein ursprünglich kleines Werk
Nach kurzer Zeit, im Siebziger Krieg,
Geführt zu beispiellosem Sieg.

Man teilt die vielen, vielen Gruppen
In klare und legierte Suppen.
Ausschöpfen kann man, wie sonst nie,
Als Suppenkoch die Fantasie:
Ob Brillat-Savarin, Rumohr, Vaerst,
Ob Walterspiel uns gilt zuerst,
Nennt man die Namen, ists, als röche
Den Zauber man der großen Köche.

Gewiß, es werden den Gesunden
Weit mehr als hundert Suppen munden;
Doch müssen auch die armen Kranken
Für ihr bescheidnes Süpplein danken,
Auch wenn natürlich, Tag für Tag,
Den Haferschleim nicht jeder mag.

Und wenn auch Suppenkaspar spricht:
»Nein, meine Suppe eß ich nicht!« –
Wer weiß, was sie dem armen Knaben
Für Mehlpapp angeboten haben
Und ob er nicht doch wohl am Ende
Bei all den Suppen eine fände,
Die, falls er sie entdecken würde,
Ihm ausgezeichnet schmecken würde.

Zum Schlusse, aus der Suppenküche
Noch ein paar weltbekannte Sprüche:
Man ißt die Suppe nie so heiß,
Wie man sie kocht – wohl dem, ders weiß.
Doch Vorsicht! Oft hat sich den Rand

Der Volksmund schon dabei verbrannt.
Wer Weisheit mit dem Löffel frißt,
Auf allen Suppen Peterl ist,
In jeder Suppe find't ein Haar,
Zählt nicht zu unsrer Freunde Schar.
Der eigne Herd ist Goldes Wert –
Gewiß; doch gilt auch umgekehrt,
Daß mancher sich, als Kosten-Scheuer
Sein Süppchen kocht am fremden Feuer.
Daß Salz die Köchin, die verliebt,
Zu viel in eine Suppe gibt,
Mag hingehn – doch als Drohung galts
Seit je, daß man sie wem versalz'.
Noch schlimmer (ungern läßt mans drucken),
Dem Nachbarn in die Suppe spucken.
Er sei – sagt wer, nicht vollgenommen –
Nicht auf der Brennsupp hergeschwommen.

In Hamburg heißts, nach alten Sitten,
Wen auf 'nen Löffel Suppe bitten.
Doch wirds ein Mahl dann, reich bemessen. –
Gar »mit dem großen Löffel essen«,
Wird weit sich, über alle Suppen,
Als Riesenfresserei entpuppen.

Beileib nicht alles, was wir wissen –
Sollte drum jemand was vermissen
So darf er gar nicht stolz drauf sein,
Fällt dies und das noch selbst ihm ein.
Sprichwörtlich schließen wir, abrupt:
»Der lange lebt, wer lange suppt.«
Wir hoffen, alle tun da mit, –
Wir wünschen: »Guten Appetit!«

Kunterbuntes Alphabet

Daß ichs dem Leser nur gesteh:
Versucht hab ich manch ABC,
Auf daß auch ich, von A bis Zett,
Moral in güldnen Reimen hätt'
Und daß Natur- und Weltgeschicht'
Gemünzt wär silbern im Gedicht.
Doch tückisch hat sich stets zuletzt
Der Müh ein Buchstab widersetzt,
So, daß von dem, was ich geschrieben,
Brauchbar nur ein paar Trümmer blieben.
Gern will dem Leser ich erlauben,
Das, was ihm paßt, herauszuklauben.

A Die *A*rbeit macht uns kein Vergnügen,
Wenn wir nur fremden *A*cker pflügen.

Vor *Ä*rger wird der *A*utler grün:
*A*ndauernd rot die *A*mpeln glühn.

*A*tride *A*gamemnon war;
Er führte der *A*chäer Schar.

B *B*egabung *b*rauchts und *B*ienenfleiß,
Daß *B*argeld man der Welt entreiß.

Der *B*art allein es nicht *b*eweist,
Daß man ganz *b*ar von *B*ürgergeist.

Das *B*itten-müssen *b*itter ist:
Sei froh, daß du kein *B*ettler *b*ist.

C Charakter – chemisch rein der sei –
Nur: etwas Charme sei auch dabei.

Die Spannung wächst – es schweigt der Chor:
Zum hohen C klimmt der Tenor.

Wer nicht raucht, voll Charakter ist –
Wer raucht, ist auch kein schlechtrer Christ.

D Dem deutschen Dichter droht Terenz
Wie Dante noch als Konkurrenz.

Ich kann beim Denken und beim Dichten
Schwer auf den blauen Dunst verzichten.

Dem Glück mißtrau, je länger's dauert;
Der Dämon desto drohnder lauert.

E Nur durch das E einander gleichen
Die Erlen, Eschen, Eiben, Eichen.

Manch Einer – ernsthaft schwer erklärlich,
Ist reich an Ehren, doch nicht ehrlich.

Dem Esau ging, für ein paar Linsen
Das Erstgeburtsrecht in die Binsen.

F Die Freizeit macht die Massen frei –
Für Fußball, Fernsehn, Fresserei.

Der Film zeigt freie Frauenzimmer –
Im Fernsehn schießen sie fast immer.

Die leise Fliege den oft stört,
Der kaum den lauten Flieger hört.

G Der Geizhals giert nach Geld-Gewinnung
Der Gammler nährt sich von Gesinnung.

Gewiß kann Schweigen Gold oft sein.
Doch bringt auch Reden Geld herein.

Selbst größte Geister rauchten zwar –
Doch grimmer Gegner Goethe war.

Den Greisen grausam wirs verübeln,
Wenn grantelnd sie ins Grab sich grübeln.

H Hanswursten trifft man weit und breit
Humor ist mehr als Heiterkeit.

Wer auf den Hirschen hebt die Büchse,
Läßt Hasen laufen oder Füchse.

Das Heitre hält meist nicht lang vor:
Homer hats leichter als Humor.

I Illusion welkt heut wie nie:
Am Indus selbst gibts Indus-Trie.

Den Rhein versau'n die Industrien –
Rheinländer drum zur Isar ziehen.

J Verschieden lang erscheint ein *J*ahr
Dem *J*üngling und dem *J*ubilar.

Der *J*ugend zur Beherzigung:
Auch *J*ubelgreise waren *j*ung!

Nicht für den *J*uni, *J*uli spar,
Was *j*etzt zu tun, im *J*anuar.

K *K*affee ist bitter – ich gesteh:
Noch bitterer ist *k*ein *K*affee.

*K*alender *k*riegt man ganze Haufen
Den, den man braucht, muß man sich *k*aufen.

Es schafft, wer nicht mehr *k*ochen *k*ann,
*K*onserven sich und *K*ühlschrank an.

L *L*autstärken sind noch nicht Beweise:
Die *L*autersten sind *l*ieber *l*eise.

Die *L*iebeskunst tritt außer Kraft –
Sie ward zur *L*eibes-Wissenschaft.

Vom *L*eumund *l*eicht der *L*eser sieht
Zum *L*öwenmaul den Unterschied.

M Zur *M*äßigkeit sei stets bereit –
Nur nicht zur *M*ittel*m*äßigkeit.

Im *M*orgenblatt liest *m*an genau:
*M*acht, *M*einung, *M*ord und *M*odenschau.

Der *M*enschen werdens immer *m*ehr –
Wo nimmt *m*an all das *M*itleid her?

N Ein *N*arr selbst *n*ichts zu sagen wagt –
*N*ur, weils ein *N*azi schon gesagt.

*N*och bringt in *N*ot uns die *N*atur:
Zahm fahr bei *N*acht und *N*ebel *n*ur.

*N*ett, wenn man *n*ach Gebühr uns preist ·
Die *N*achgebühr verdrießt uns meist.

O Der Nachtbar-Ober bringt die Karten –
Die Orgien lassen auf sich warten.

Oft scheitert an der Ordnung schon,
Die fehlt, Organisation.

P Zur *P*olitik mag sich bequemen
Nur, wer es wagt, *P*artei zu nehmen.

Der *P*egasus im Stalle steht –
Hochtraben will heut kein *P*oet.

Wem *P*olitik nicht *p*aßt, erwägt,
Daß *P*ack sich schlägt und sich verträgt.

Q Wenns manchmal auch durch Quatsch gerät –
Quell des Erfolgs bleibt Qualität.

Daß Wahl zur Qual wird, ist bekannt.
Doch *q*uengle nicht als Querulant!

R Zwar *r*atlos, aber doch in *R*uh
Schaun wir der *R*iesen-*R*üstung zu.

Die *R*othaut schlug der Weiße tot –
Zur *R*ache sind jetzt Gelbe *r*ot.

S Den *S*ex hochspielen? – Kein Gewinn:
*S*elbst *S*innlichkeit verliert den *S*inn.

Kaum *s*ank der *S*ommer, *s*onnenreich –
»*S*auwetter!« *s*chimpft ein jeder gleich.

Sch Der *Sch*ütz, zum Laden erst ent*sch*lossen,
Hat *sch*on so gut wie *sch*arf ge*sch*ossen.

Die *sch*limmste *Sch*ule ist auf Erden
Doch die: durch *Sch*aden *sch*lau zu werden!

Der *Sch*lauste, wenn genau ers nimmt,
Ist doch ein *Sch*wätzer nur, der *sch*wimmt.

St Von *St*entor, dem homerischen Helden
Ist nur der *St*imme Kraft zu melden.

Statt daß den Freund man warm sich halt',
*St*ellt man aus *st*urem *St*olz ihn kalt.

T *T*rug ist nur selten der Humor –
Den *T*iefsinn *t*äuscht man leichter vor.

Die *T*echnik *t*äuscht uns vor: Genuß!
Und macht uns nur zum *T*antalus.

Vor *T*roja lag Odysseus wach:
Was macht daheim mein *T*elemach?

U Die *U*ngeduld oft *U*nheil schafft,
Auch *U*nmut trübt die *U*rteilskraft.

Von *U*SA lern jeder gern –
Doch manchem *U*nfug bleib er fern.

Der *U*nmensch, jeder *U*rteilskraft bar,
Macht *u*ns nur für sein *U*nglück haftbar.

V *V*ielweiberei ist jetzt modern –
Frau *V*enus bleibt dem Treiben fern.

An *V*or-*V*erstorbnen kannst du's messen:
So *v*öllig sinkst du ins *V*ergessen.

*V*orfreude oft genügen muß:
*V*ielleicht kommts nie zum *V*ollgenuß.

W Selbst alten *W*eisen *w*ird nicht klar,
Ob just ihr *W*eg der rechte *w*ar.

Kommt *W*issenschaft je überein:
*W*as *w*ollte *w*ohl der *W*allenstein?

Ein *W*agnis *w*ars in *w*üsten Jahren,
Die *w*eiße *W*este sich zu *w*ahren.

X Der *X*aver ist ein fleißiger Sohn:
Brav liest er seinen *X*enophon.

Ist *X*anten auch ein braver Ort –
*X*anthippen gibt es wohl auch dort.

Xanthippe selbst, die böse Hex,
Wird aufgewertet heut durch Sex.

XY Als »unbekannt« macht' immer schon
Mir Qual das »$X + Y$«!

Recht rar sind Ypsilon und X –
Du findest beide noch im Styx.

Y Das Ypsilon mich arg verdroß,
Seit man vor Ypern auf mich schoß.

Vom Ypsilon sind wir fast frei –
Nur, leider, gibts noch Tyrannei!

Z Was nützte wohl die Zigarette
Dem Raucher, der kein Zündholz hätte.

Selbst Zeiss hat Hilfe nicht bereit,
Siehst du die Zeichen nicht der Zeit.

Dumm ists, im ersten Zorn zu prahlen –
Zuletzt muß man die Zeche zahlen.

Inhaltsverzeichnis

Tierleben (1948/49)

Zum Geleit	7	Beutel- und Kloakentiere	182
Affen	18		
Dickhäuter	39	Waltiere	187
Huftiere	53	Fische	200
Paarzeher	55	Kriechtiere	227
Unpaarzeher	88	Echsen	241
Raubtiere	99	Lurche	251
Hunde	136	Vögel	257
Insektenfresser	152	Insekten	330
Handflügler	157	Niedere Tiere	375
Nagetiere	160	Protozoen	395
Zahnlücker	177		

Die Frau in der Weltgeschichte (1936)

Zum Geleit	399	Die Germanen	444
Die Bibel	401	Mittelalter	450
Die Antike	418	Die Neuzeit	463

Der Schrift und Druckkunst Ehr und Macht von Eugen Roth in Reime bracht (1959)

Vorwort	485	Die Bibel	515
Die Urzeit	487	Die Drucker	518
Die Ägypter	489	Die Schriftentwicklung	525
Im Zweiströmeland	491	Harter Kampf	527
Die Phöniker	497	Die Schreibmaschine	529
Die Griechen	499	Setzmaschinen	531
Die Römer	503	Die Neuzeit	532
Das Mittelalter	505	Die Handpressen	536
Der Buchdruck	511	Schriftreigen	538

Die Schriftgrade	539	Die Verleger	554
Die Druckersprache	542	Sortimenter	557
Die Buchbinder	544	Die Leser	561
Die Kurzschrift	546	Die Bibliophilen	564
Lithographie	547	Die Dichter	566
Die Zeitung	549	Schlußbetrachtung	568

Das Taschentuch (1966)
571

Das Oktoberfest (1960)
587

Kurze Suppenkunde (1970)
595

Kunterbuntes Alphabet (1970)
603